WEINWANDERN SCHWEIZ

DIE AKTIVSTE ART, SCHWEIZER WEINE ZU ENTDECKEN

Weinwandern Schweiz
Die aktivste Art, Schweizer Weine zu entdecken
Ellen Wallace

Texte: Ellen Wallace
Fotos: Ellen Wallace
Satz und Layout: Daniel Malak und Ajša Zdravković
Übersetzung aus dem Englischen: Stefanie Kuballa-Cottone
Lektorat: Jonas Gut
Korrektorat: Ulrike Ebenritter

ISBN: 978-3-907293-85-0

Zweite Auflage: September 2023
Hinterlegung eines Pflichtexemplars in der Schweiz: September 2022
Gedruckt in der Tschechischen Republik

Mittlere Strasse 4
CH-4056 Basel, Schweiz

Alkohol gefährdet Ihre Gesundheit. Bitte massvoll geniessen.

HEL VETiQ helvetiq.com

FSC www.fsc.org MIX Papier aus verantwortungsvollen Quellen FSC® C014138

WEINWANDERN SCHWEIZ

DIE AKTIVSTE ART, SCHWEIZER WEINE ZU ENTDECKEN

ELLEN WALLACE

AUS DEM ENGLISCHEN VON STEFANIE KUBALLA-COTTONE

Für Nick, Liam und Tara:
Ihr habt mir, auf verschiedene Weise,
zu der Einsicht verholfen, dass man auf Nebenwegen
sein Glück finden kann.

INHALT

1

EINLEITUNG

ÜBER ELLEN

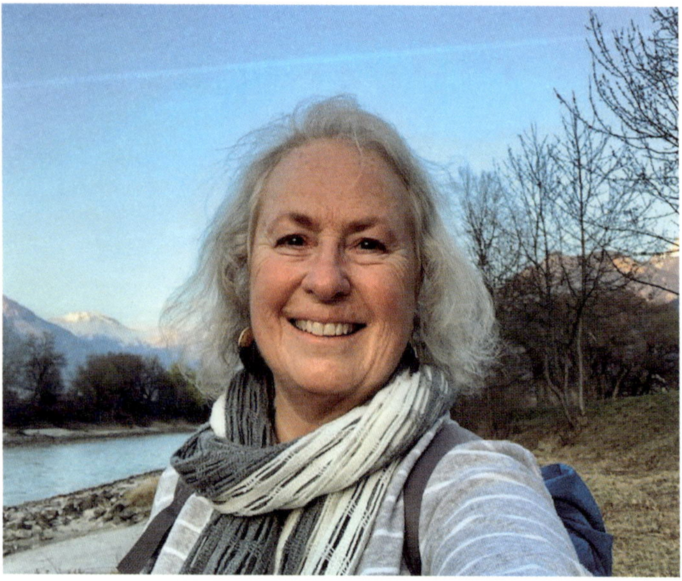

Ihre ersten «Slow Travel»-Erfahrungen zu Fuss und per Velo machte Ellen als Studentin im US-Bundesstaat Wisconsin, wo sie auch einen Nebenjob in einem Restaurant hatte. Der dortige Sommelier brachte ihr bei, dass Wein nicht bloss ein Getränk ist, sondern eine Welt, die erkundet werden will. Ihre späteren (geografischen) Reisen führten sie – natürlich gelassen – 1985 auf dem Velo durch China, mit dem Velo und zu Fuss rund um die Britischen Inseln und durch einen Grossteil Europas sowie durch Kuba und Teile Afrikas. Die Schweiz ist nach wie vor ihr liebstes Wanderland. Ihre Weinreisen liessen sie noch mehr Kulturen entdecken, samt deren Geschichte, Literatur, Sprachen, Landwirtschaft und Kunst. Die traditionellen Weinkellereien der Schweiz zählt sie heute zu den besten der Welt. Die Beschaffenheit der Schweizer Weinberge und die Arbeit der Winzer ist eng mit den Bergen, Seen, Flüssen und Wäldern verwoben, die Schweizer Wanderer lieben. Das ist gemeint, wenn man von traditionell hergestelltem Terroir-Wein spricht.

Ihr Rat: Nehmt euch die Zeit, den Weinen zuzuhören, sie nicht nur zu trinken, sondern etwas über sie zu erfahren, und ihr werdet feststellen, dass die Orte, durch die ihr wandert, Teil ihrer Geschichte sind. Selbst wenn ihr keine ausgesprochenen Weintrinker oder Weintrinkerinnen seid, die jahrhundertealten Geschichten, die die Weinberge uns zuflüstern, werden euch gefallen.

Ellen hat als Nachrichten-, Reise- und Weinjournalistin bereits vieles publiziert. Heute schreibt sie Romane, Essays und Sachbücher, darunter *Vineglorious! Switzerland's Wondrous World of Wines*, eine Einführung in die Welt der Schweizer Weine.

ÜBER DIESES BUCH

Setzt einen Fuss vor den anderen, und ihr werdet an einen anderen Ort gelangen. Wenn ihr dann noch eine gute Karte dabeihabt und wisst, wo ihr hinwollt, werdet ihr an einem interessanten Ort landen. Bei Wein funktioniert es genauso: Ihr probiert einen Wein, dann einen anderen, und ihr werdet Weine entdecken, die ihr mögt. Nehmt eine schöne Wanderung hinzu, die euch durch Weinberge führt und mit einem Besuch in einem traditionellen Weingut endet, und der Wein wird gleich viel interessanter.

Ich schreibe seit Jahrzehnten über Weine aus der Schweiz und anderen Ländern, aber habe erst mit der Zeit bemerkt, dass ich Eulen nach Athen trage: Leute, die über Wein lesen, sind meist Weinkenner oder haben beruflich mit Wein zu tun. 2019 beschloss ich, Menschen zu helfen, sich für Wein zu begeistern, ohne sie mit mehr Informationen zu behelligen als nötig. Ich hörte auf, über Aromen im Wein zu schreiben, und pausierte meinen Blog.

Ich wollte mich stärker auf die Orte, Menschen, Pflanzen und Tiere konzentrieren, die zusammenkommen, um etwas Wunderbares herzustellen, das man gemeinsam mit Freunden geniessen kann.

Genau im richtigen Augenblick bat mich Helvetiq, eine Reihe von Wanderungen durch die Schweiz zu konzipieren, bei denen Menschen jeden Alters einen schönen Tag in der Natur verbringen können und die mit einem Glas gutem, handgemachtem Wein für die Erwachsenen enden. Eine Wanderung, ein Wein, ein Weingut. Das Konzept gefiel mir auf Anhieb. Ich würde Menschen, die gerne Wein trinken, dafür gewinnen, neue Orte zu entdecken und neue Dinge zu lernen.

Bei der Auswahl der Wanderungen standen immer zunächst der Wein und das Weingut im Vordergrund, sodass das Buch Weine vorstellen kann, die aus unterschiedlichen Rebsorten gekeltert werden, verschiedene Stile repräsentieren und aus allen Schweizer Regionen stammen. Es gibt sechs offizielle Schweizer Weinregionen, aber da eine davon die deutschsprachige Schweiz ist, die weit mehr Fläche einnimmt als die anderen, habe ich sie noch einmal unterteilt in einen westlichen und einen östlichen Teil. Manche Weingüter sind gross, andere bestehen nur aus einer Person, aber alle arbeiten nach traditioneller handwerklicher Methode und konzentrieren sich auf Terroir-Weine. Die höchsten Rebstöcke des Landes wachsen auf 1100 Metern über dem Meeresspiegel, in Visperterminen im Wallis – und die sind etwas ganz Besonderes. Anderswo wachsen Reben selten oberhalb von 900 m ü. M.

Sobald die Weine und Weingüter feststanden, begann ich, die Wanderungen zu konzipieren. Start- und Endpunkt sind immer Haltestellen des öffentlichen Verkehrs, und die Strecken verläuft so weit wie möglich auf Wegen des gepflegten Schweizer Wanderwegnetzes.

Schnürt eure Wanderschuhe und macht euch auf den Weg! Und ein «Zum Wohl» von mir, wenn ihr nach der Wanderung das besagte gute Glas Wein geniesst.

2

WIE ES FUNKTIONIERT!

WEIN ODER WANDERWEG AUSWÄHLEN

NAME DER WANDERUNG

REGION

SCHWIERIGKEITSGRAD

KARTE

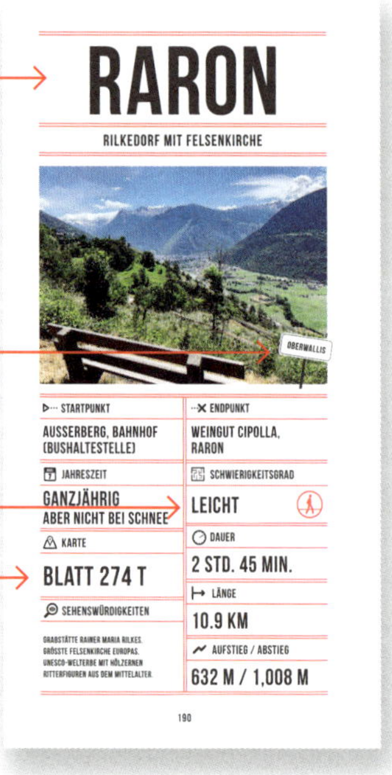

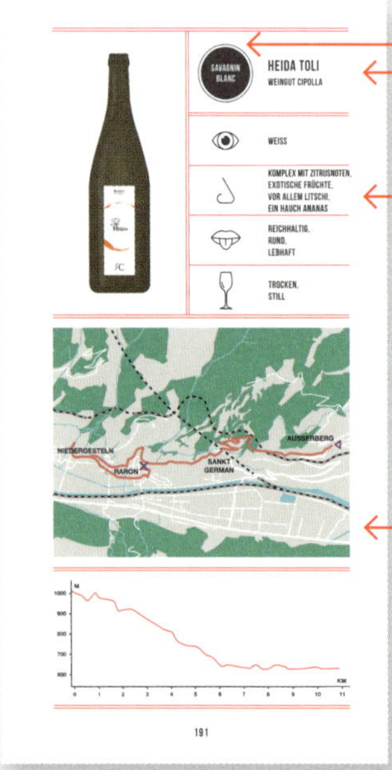

NAME DER REBSORTE(N)

NAME DES WEINS

ANGABEN ZUM WEIN

ANGABEN ZUR WANDERUNG

SCHWIERIGKEITSGRAD DER WANDERWEGE

Die Einordnung richtet sich nach den schwierigsten Teilstrecken der Wanderung. Abschnitte, die besonders schwierig sind, werden in der Wegbeschreibung erwähnt. Der Schwierigkeitsgrad basiert auf guten Wetterverhältnissen. Schlechtes Wetter, Eis oder Schnee erschweren jede Wanderung und können sich auch auf die Dauer auswirken.

LEICHTE WANDERUNG

Die Wege sind breit und eben oder höchstens leicht ansteigend. Wenn sie nicht durch Regen oder Schnee aufgeweicht sind, kann man sogar einen geländegängigen Kinderwagen schieben. Gelbe Schilder und Markierungen des Wanderwegnetzwerks.

MITTELSCHWERE WANDERUNG

Die Wanderwege sind gut zu erkennen. Geringes Sturzrisiko. Leichte Wanderschuhe sind ausreichend. Gefährliche Teilabschnitte sind durch Geländer gesichert. Flüsse werden mithilfe von Brücken überquert. Gelbe Schilder und Markierungen des Wanderwegnetzwerks.

ANSPRUCHSVOLLE WANDERUNG

In diese Kategorie fallen in erster Linie Bergwanderungen mit steilen und schmalen Abschnitten und schwierigem Terrain. An bestimmten Stellen besteht ein Sturzrisiko. Manchmal müsst ihr die Hände zu Hilfe nehmen, um das Gleichgewicht nicht zu verlieren.

Beim Durchqueren von Gewässern könntet ihr nasse Füsse bekommen. Diese Wanderungen erfordern robuste Wanderschuhe mit rutschfester Sohle. Trittsicherheit ist vorausgesetzt, man darf keine Höhenangst haben und muss sich mit den Gefahren im Gebirge (Wetter, Sturzgefahr, Steinschlag) auskennen. Schilder und Markierungen sind weiss-rot-weiss.

Hinweis
Bei Wanderungen, die als MITTELSCHWER/ANSPRUCHSVOLL ausgewiesen sind, ist der grösste Teil der Strecke mittelschwer, aber es gibt einzelne schwierige Teilabschnitte mit weiss-rot-weissen Markierungen.

VOR BEGINN DER WANDERUNG

AUSRÜSTUNG ÜBERPRÜFEN

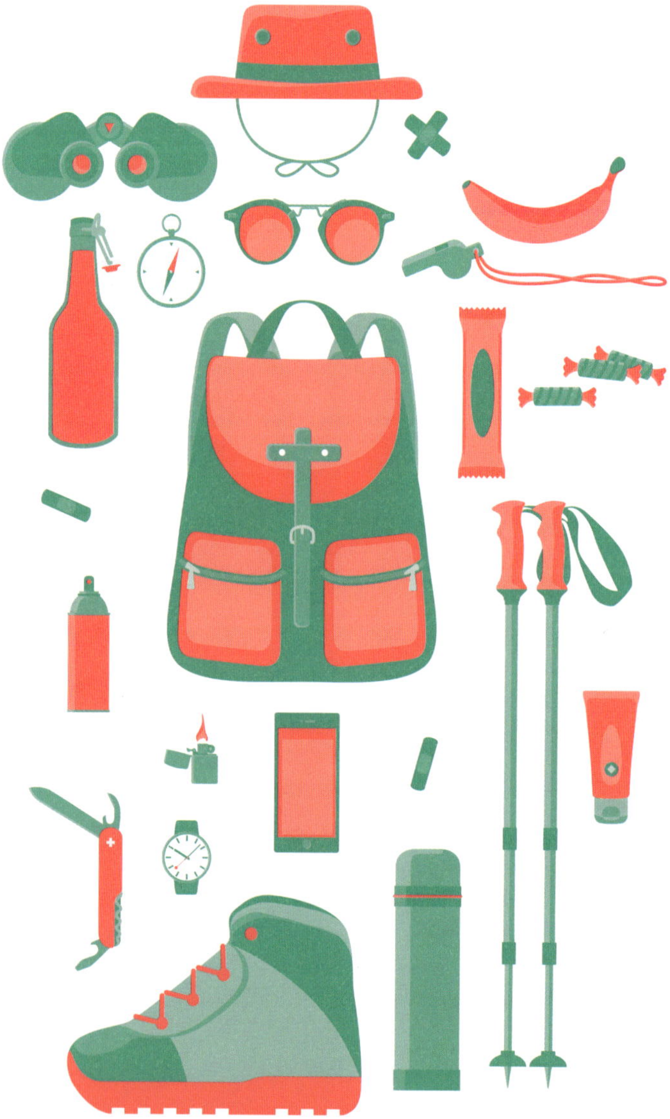

WETTER

Detaillierte Wettervorhersagen finden sich auf der Webseite des Schweizer Bundesamtes für Meteorologie und Klimatologie MeteoSchweiz: www.meteoschweiz.admin.ch

KARTEN & ORIENTIERUNG

Die hier abgedruckten Karten dienen nur der groben Orientierung. Wir empfehlen, immer gutes Kartenmaterial mitzuführen:

- Wanderkarte aus Papier:
  Bei jeder Wanderung ist die Nummer des entsprechenden Einzelblatts des Schweizer Wanderwegenetzes angegeben. Die Blätter können im offiziellen Onlineshop von swisstopo (Schweizer Bundesamt für Landestopografie) erworben werden:
  https://shop.swisstopo.admin.ch/de
  Klickt im linken Bildschirmmenü auf «Karten», dann auf «Freizeitkarten» und «Wanderkarten». Unter dem Punkt «Weiterführende Informationen» findet ihr einen Link zur «Blattübersicht Wanderkarten im Massstab 1 : 50 000» bzw. eine «Blattübersicht Wanderkarten im Massstab 1 : 33 333» (Letztere sind handlicher, decken aber nicht die gesamte Schweiz ab).
- swisstopo-App: Die Landeskarten der Schweiz gibt es auch digital über die kostenlose App. Sie wurde zum «Master of Swiss Apps 2021» gekürt und gilt als sehr benutzerfreundlich.
- Smartphone-Karte: Für jede Wanderung könnt ihr euch bei www.helvetiq.com die GPX-Daten herunterladen. Ihr benötigt dazu auf eurem Smartphone eine App, mit der ihr GPX-Daten öffnen könnt, da gibt es verschiedene. Ich habe swisstopo (s. o.) benutzt, um Wanderungen zu planen, und habe sie für mehr Übersichtlichkeit mithilfe der App von SchweizMobil (www.schweizmobil.ch/de/wanderland.html) bearbeitet. Orts- und Strassennamen basieren auf den offiziellen swisstopo-Versionen oder bei Ausnahmen auf den Angaben von Google Maps.

WIE MAN ZUM STARTPUNKT GELANGT

Alle Wanderungen sind gut mit öffentlichen Verkehrsmitteln zu erreichen. Verkehrszeiten und Fahrpläne findet ihr auf der Webseite der Schweizerischen Bundesbahnen: www.sbb.ch

ZUSTAND DER WANDERWEGE UND SCHNEE

Das Schweizer Wanderwegenetz wird durch Freiwilligenarbeit gepflegt, meist durch Mitglieder einer der kantonalen Wanderweg-Organisationen. Es gibt keinen offiziellen Service, der über den aktuellen Zustand der Wanderwege informiert, aber die örtlichen Touristeninformationszentren helfen in der Regel gerne.

Das WSL-Institut für Schnee- und Lawinenforschung SLF stellt detaillierte Karten und Informationen über die Schneebedingungen zur Verfügung: www.slf.ch

NÜTZLICHE PLANUNGSHILFEN

Swisstopo (www.swisstopo.ch) und SchweizMobil (www.schweizmobil.ch) bieten bewährte Wanderwege und alles, was man für die Planung braucht. Bei SchweizMobil finden sich Wanderberichte und ausführliche Informationen zu allen nationalen, regionalen und lokalen Routen sowie zu hindernisfreien Wegen. Die Online-Versionen unterscheiden sich ein wenig von den Apps, aber beide sind sehr hilfreich und – im Gegensatz zu anderen kostenlosen Apps in diesem Genre – werbefrei.

Die 3D-Visualisierungen von Swisstopo können nützlich sein, sind aber kostenpflichtig.

SchweizMobil bietet gegen einen jährlichen Beitrag eine «Plus»-Version an, die es unter anderem ermöglicht, die Karten auch ohne Netzempfang zu nutzen und eigene Wanderungen zu archivieren, zu bearbeiten und mit anderen zu teilen.

Eine Einführung in die Verwendung von GPX-Dateien bei Wanderungen finden sich zum Beispiel hier: https://hikingguy.com/how-to-hike/what-is-a-gpx-file/ (in englischer Sprache)

Der Verband Schweizer Wanderwege (www.schweizer-wanderwege.ch/de/home) bietet Wandervorschläge und zahlreiche weitere Tipps und Infos.

Die private Webseite www.wandersite.ch bietet eine umfangreiche Auswahl an Wandervorschlägen und Informationen rund ums Wandern in der Schweiz.

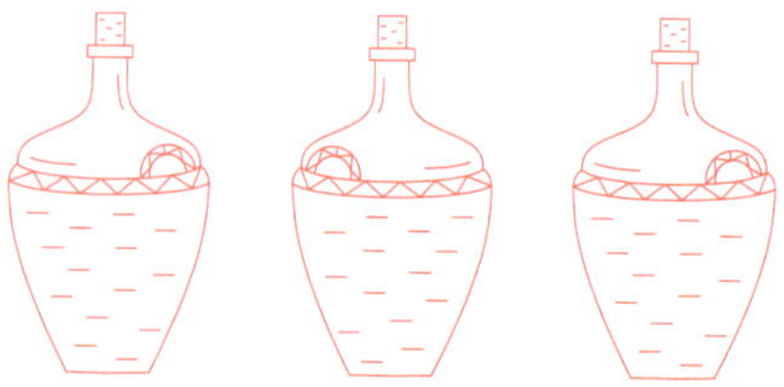

HUNDE

Auf den meisten Wanderwegen der Schweiz sind Hunde willkommen, müssen aber in Naturschutzgebieten, Parks und vor allem, wenn Kühe oder andere Viehherden in der Nähe sind, an der Leine geführt werden. Bei den meisten Wanderungen in diesem Buch müssen Hunde zumindest zeitweise an die Leine.

WEINGÜTER

Wichtiger Hinweis: Achtet darauf, das Weingut vorab zu kontaktieren, wenn ihr ihm einen Besuch abstatten möchtet, und versucht, eure Ankunftszeit so genau wie möglich anzugeben. Traditionelle Weinkellereien sind kleine Unternehmen, manchmal nur aus ein oder zwei Personen bestehend, die meist keine regulären Öffnungszeiten haben. Alle sind sonntags geschlossen, und auch jene mit regulären Öffnungszeiten sind in der Regel am Samstagnachmittag geschlossen, aus einem einfachen Grund: Sie verbringen unheimlich viel Zeit in den Rebbergen und dann noch einmal im Weinkeller, und sie verkaufen ihren Wein hauptsächlich an Restaurants und Händler. Gelegentliche Besucher sind weder ihre Haupteinnahmequelle noch die beste Möglichkeit, ihre Weine zu vermarkten. Dessen ungeachtet wird man dort immer herzlich empfangen, denn den Winzern liegt es am Herzen, ihre Weine Menschen vorzustellen, die sich die Zeit zum Lernen nehmen.

Für den Fall, dass die Weinkellerei geschlossen ist, wenn ihr in der Gegend seid, habe ich einige Restaurants, Bistros oder Weinstuben (manchmal auch Geschäfte) herausgesucht, in denen ihr die betreffenden Weine alternativ finden können. Bitte beachtet, dass es infolge der Corona-Pandemie oftmals zu Inhaberwechseln und einer Veränderung des Angebots kommt, sodass es zu meinem Bedauern vorkommen kann, dass der erwähnte Wein doch nicht mehr verfügbar ist.

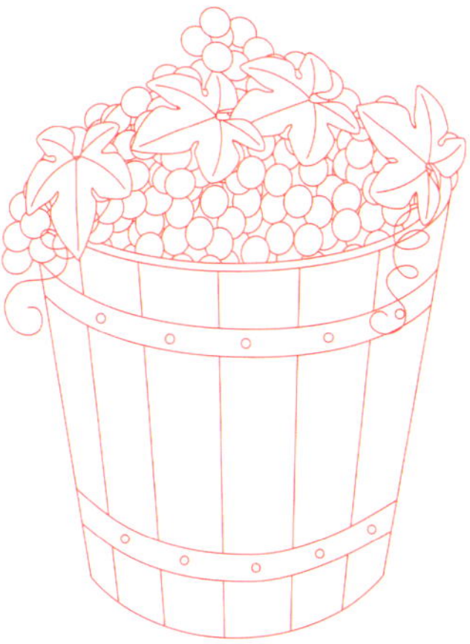

INTERESSANTE FAKTEN

PRODUKTION & REBSORTEN

EINE STANDARDFLASCHE ENTHÄLT
75 CL

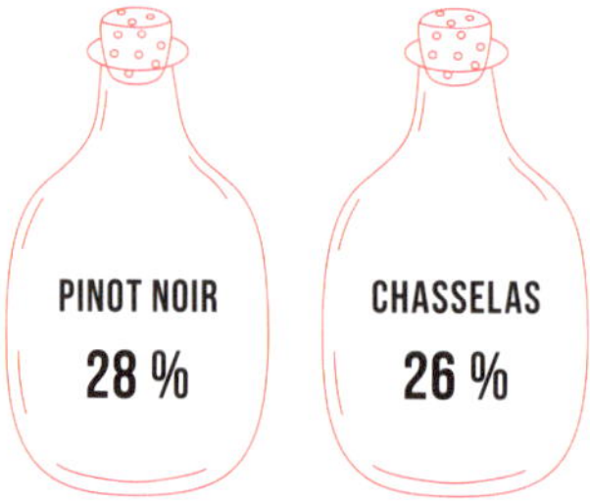

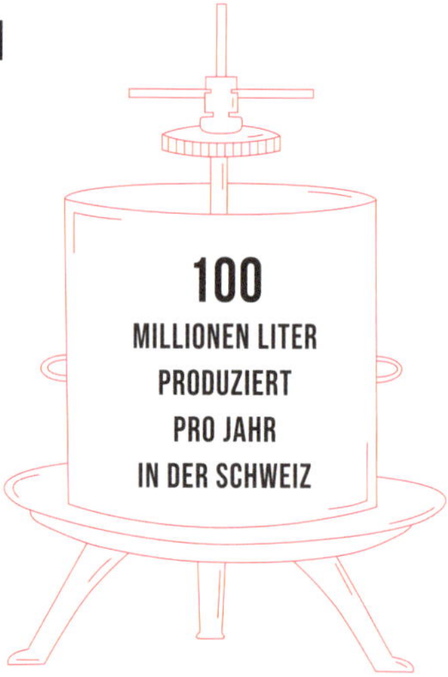

IN ALLEN REGIONEN AUSSER DEM WAADTLAND
WIRD MEHR ROT- ALS WEISSWEIN PRODUZIERT

KONSUM

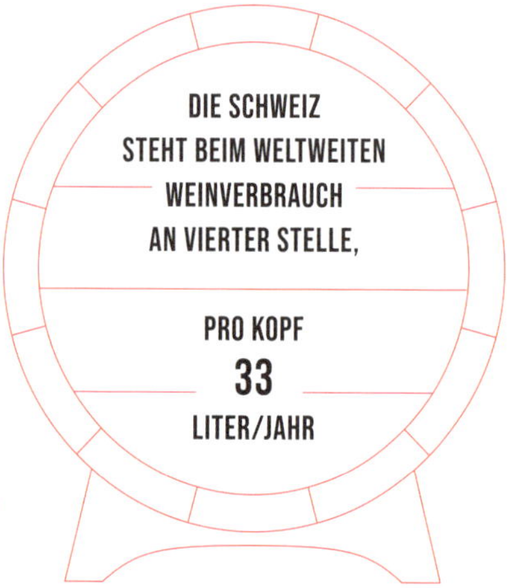

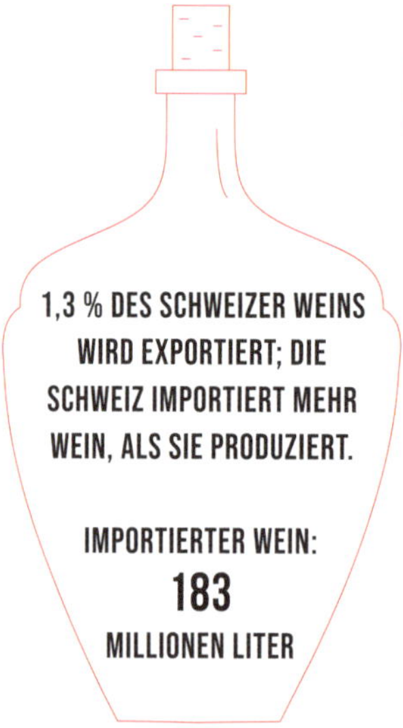

ANBAU & HERSTELLUNG

15 000 WINZER

REBFLÄCHEN

14 696

HEKTAR WEINREBEN, WAS ETWA DER HÄLFTE DER WEINANBAUFLÄCHE IM BURGUND ENTSPRICHT

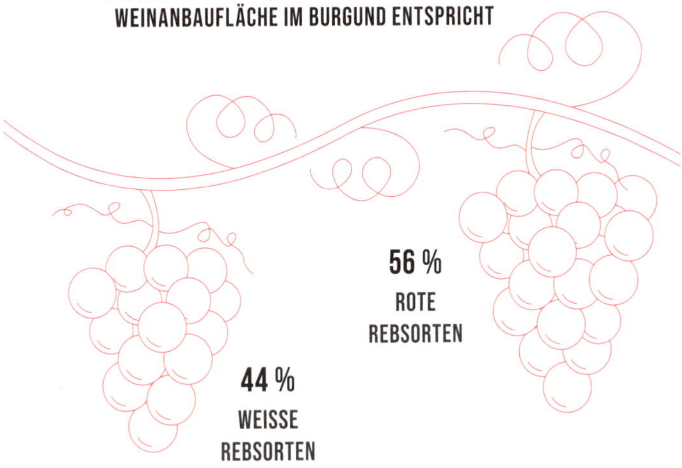

REGIONEN

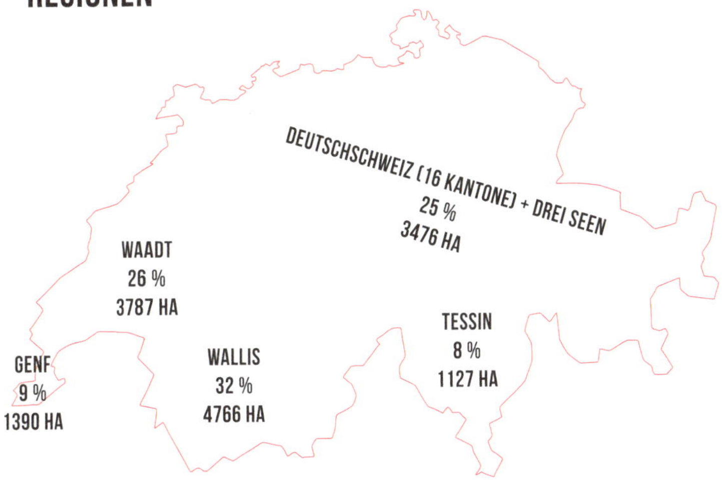

Quellen:
Das Weinjahr 2020, Bundesamt für Landwirtschaft BLW
OIV (Internationale Organisation für Rebe und Wein)

WEINETIKETTE, WEINSPRACHE

- Ihr könnt an Weinproben teilnehmen, ohne Wein zu kaufen, aber seid freundlich und bestellt euch doch ein oder drei Flaschen nach Hause, innerhalb der Schweiz ist der Versand kein Problem.

- Es gibt keine festen Regeln für die Bezahlung von Weinproben. Früher wurden sie von den meisten Weingütern gratis angeboten, aber die Kundinnen und Kunden kamen damals in der Regel aus der Gegend und kauften ihren jährlichen Weinbedarf. Heute könnt ihr in vielen Weinkellereien mit 15–25 Franken rechnen, um 4–6 Weine zu probieren. Wenn die Möglichkeiten vor Ort gegeben sind, könnt ihr einen Imbiss dazubuchen oder vom Winzer eine Führung durch das Weingut erhalten – Kundenbildung und Informationsvermittlung in einem! Kleine Weinkellereien, die von einer Person oder einem Ehepaar betrieben werden, haben weder Zeit noch Mittel, um regelmässig Verköstigungen anzubieten, aber wenn ihr sie kontaktiert und einen Termin vereinbart, kostet die Weinprobe in der Regel nichts.

- Spuckt den Wein aus und macht euch keine Sorgen, wie das aussieht oder klingt – nur so könnt ihr mehrere Weine nacheinander probieren. Das Trinken könnt ihr euch für später aufsparen.

- Für die Beurteilung eines Weins gibt es drei Kriterien: wie er aussieht, wie er riecht und wie er schmeckt. Lasst euch von der hochtrabenden Sprache, die einem im Kontext mit Weinbeschreibungen begegnet, nicht beirren. Fragt euch selbst, ob euch der Wein in allen drei Aspekten anspricht. Wenn der Winzer oder die Winzerin euch fragt, ob ihr den Wein mögt, könnt ihr ruhig ehrlich sein. Es ist keine höfliche Floskel, er bzw. sie will es wirklich wissen.

- Bittet den Winzer oder die Winzerin, den Geruch und Geschmack zu beschreiben, und nehmt ein bisschen Wissen mit nach Hause.

- Fragt, wie der Wein hergestellt wird. Die traditionellen Kellereien der Schweiz sind Paradebeispiele für Präzision und Umsichtigkeit, mit einer Vision für Produkte, die eng mit ihrem Herkunftsort verbunden sind. Die Winzerinnen und Winzer wollen ihre Erfahrungen teilen, die sie auf dem Weg der Weintrauben von der Rebe bis zur Flasche machen.

- Frischt euer Grundwissen auf. Die Schweiz war in den 1990er Jahren eines der ersten, die die Integrierte Produktion (IP) in der

Landwirtschaft einführten, um möglichst naturnah und tierfreundlich produzieren zu können, und heute gibt es eine starke Tendenz, dies weiter voranzutreiben: Viele Weingüter stellen auf biologischen und biodynamischen Weinanbau um. Ein Hauptaugenmerk liegt in der Bewahrung des Bodens, da dieser der Schlüssel für perfekte Weintrauben ist. Die Schweiz hat eine grosse Vielfalt an Bodentypen, und diese spielen eine Schlüsselrolle für die Charakteristiken eines Terroirs. Nachdem die Trauben geerntet sind, werden sie gepresst und vinifiziert, das bedeutet, mittels Fermentation in ein alkoholisches Getränk verwandelt. Sobald aus dem Saft Wein wird, muss er reifen, manchmal in Edelstahl- oder Betontanks, manchmal in Behältnissen aus Eichenholz (Bottiche oder unterschiedlich grosse Fässer). Fragt, wann der Wein in Flaschen abgefüllt wird, was normalerweise zwischen Januar und August des Jahres nach der Ernte passiert, möglicherweise aber auch viel später. Fragt, wie das Etikett zu lesen ist. Und macht euch bewusst, dass der Winzer während des gesamten Prozesses der Weinherstellung eine Menge Entscheidungen treffen muss, die das Endergebnis beeinflussen. Diese Weine sind kein industrielles Produkt, sondern ein Geschenk des Bodens, erschaffen durch viel harte Arbeit und eine grosse Portion Liebe.

- «Winzer» heisst auf Französisch übrigens *vigneron*. Es gibt auch Weinbauern, die ihre Trauben zur Weinherstellung an andere weitergeben, entweder an eine Winzergenossenschaft oder an sogenannte *Winemaking Consultants*. Winzerinnen und Winzer sind in der Regel ausgebildete Önologinnen beziehungsweise Önologen.

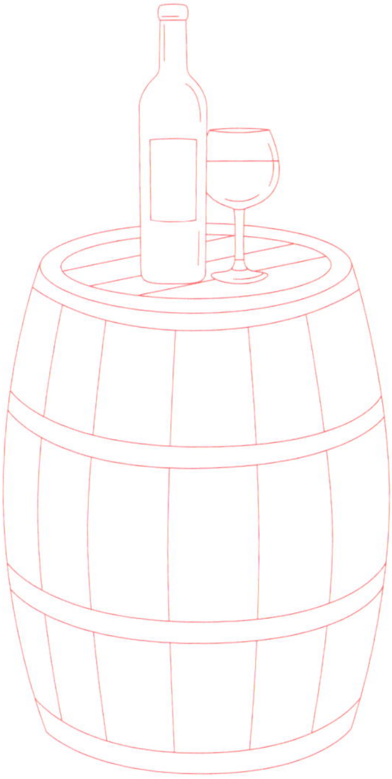

3

KARTE & INDEX

KARTE

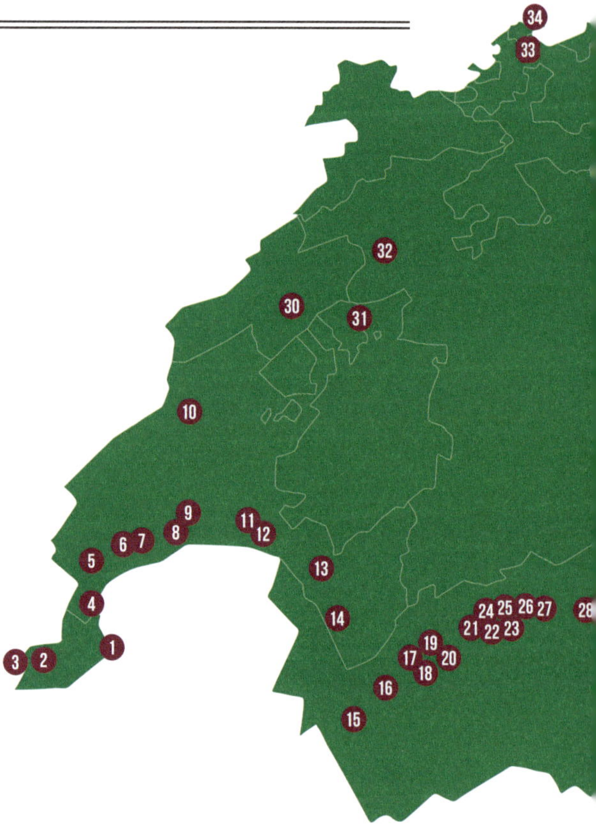
34
33
32
30
31
10
9
11
12
8
6
7
5
13
4
14
24
25
26
27
28
21
22
23
19
1
17
20
18
3
2
16
15

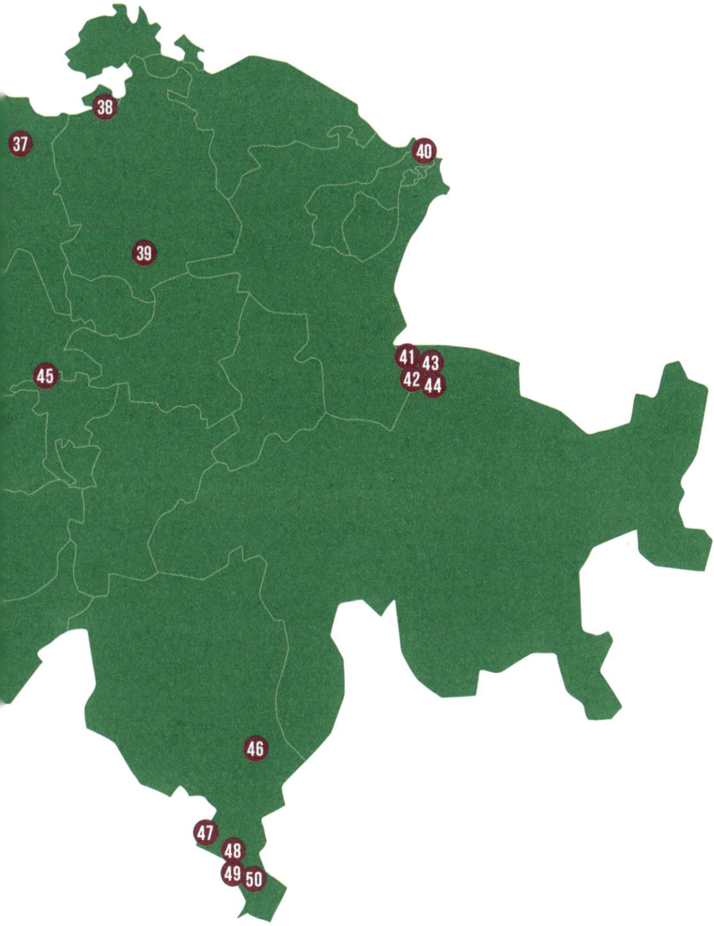
37
38
39
40
41
42
43
44
45
46
47
48
49
50

WANDERUNGEN

NAME DER ROUTE	AUSGANGSORT	LÄNGE	KARTE
Aran-Villette	Chexbres	8,2 km	11
Capolago	Besazio	8,7 km	50
Croglio-Castelrotto	Novaggio	8,5 km	47
Cully	Vevey	12,8 km	12
Dardagny	Peissy	12,2 km	3
Échichens	Saint-Prex	11,7 km	9
Eglisau	Eglisau	11,4 km	38
Erlinsbach	Wittnau	8,6 km	35
Féchy	Aubonne	8,3 km	7
Flanthey	Granges	11,1 km	21
Founex	Céligny	10,3 km	4
Fully	Branson	11,7 km	16
Givrins	Vich	10,6 km	5
Jenins	Fläsch	8,5 km	42
Jussy	Hermance	12,7 km	1
Kastanienbaum	Niederwald	9 km	45
Küttigen	Salhöhe	10,9 km	36
Leuk	Bratsch	9,6 km	27
Lugano	Lugano	7 km	48
Maienfeld	Bad Ragaz	15,5 km	41
Malans	Malans	12,3 km	44
Malans	Malans	7,3 km	43
Martigny-Combe	Martigny Croix	7,4 km	15
Meilen	Forch	14,2 km	39
Milvignes	Bevaix	10,35 km	30
Monte Carasso	Monte Carasso	10 km	46
Morcote	Paradiso	11,8 km	49
Môtier-Vully	Murten	10,9 km	31
Muttenz	Liestal	10,6 km	33
Ollon	Yvorne	9,8 km	14
Raron	Ausserberg	10,9 km	28
Riehen	Basel	10,4 km	34
Saint-Pierre-de-Clages	Chamoson	11 km	18
Saint-Pierre-de-Clages	Saillon	13,1 km	17
Saint-Prex	Etoy	6,8 km	8
Salgesch	Sierre	22,6 km	26
Satigny	Satigny	8,8 km	2
Sierre Muraz	Colombire	12,3 km	24
Siders	Chalais	12 km	23
Siders	Grimisuat	19,9 km	22
Sitten	Drone	10,3 km	20
Tartegnin	Rolle	9,3 km	6
Thal	Heiden	7,7 km	40
Twann	Neuveville	8,3 km	32
Untersiggenthal	Kirchdorf	13,3 km	37
Valeyres	Romainmôtier	13 km	10
Venthône	Veyras	10,3 km	25
Vétroz	Chandolin	13,1 km	19
Villeneuve	Saint-Gingolph	13,6 km	13
Visperterminen	Visperterminen	6,8 km	29

WEINGÜTER & WEINE

WEINGUT	WEIN	SEITE
Domaine Mermetus	Plant Robert	90
Castello di Cantone	Merlot Riserva	318
Zündel Azienda Agricola	Orrizonte	302
Domaine Louis Bovard	Médinette	94
Domaine de Chafalet	Shéhérazade	44
Domaine Henri Cruchon	Pinot Noir Grand Cru Champanel	78
Bechtel-Weine	Blauburgunder	250
Tom Litwan	Thalheim Chalofe	232
Domaine La Colombe	Bayel Grand Cru	66
Cave La Romaine	Syrah Les Empereurs	150
Les Frères Dutruy	Gamay Les Romaines	50
Domaine La Rodeline	La Murgère Petite Arvine	120
Cave Philippe Bovet	Merlot	56
Weingut Eichholz	Alte Reben	274
Vins de la Gara	Chardonnay	32
Weinbau Ottiger	Le Petit Mousseux	288
Weingut Wehrli	Esprit Barrique AOC Küttigen	238
Vin d'œuvre	To Die For	184
Cantina Kopp von der Crone Visini	Balin	308
Möhr Niggli Weingut	Pilgrim	268
Weingut Georg Fromm	Pinot Noir Spielmann	284
Weingut Donatsch	Malanserrebe Completer	278
Gérald Besse	Gamay St. Théodule	114
Schwarzenbach Weinbau	Räuschling Seehalden	256
Cave Chambleau	Pur Sang	204
Settemaggio	Tributo	296
Tenuta Castello di Morcote	Castello di Morcote	312
Le Petit Château	Freiburger	210
Weingut Jauslin	Hohle Gasse Pinot Noir	222
Bernard Cavé Vins	Gamaret	106
Weingut Cipolla	Heida Toli	190
Weingut Riehen	Chardonnay; Le Grand	226
Cave Daniel Magliocco & fils	Fendant	132
Simon Maye et fils	Syrah Vieille Vignes	126
Domaine de Terre-Neuve	Servagnin Morges	72
Cave du Rhodan	Pinot Cuvée Espace Bio	178
Domaine Grand Clos Jean-Michel Novelle	Iconique Sauvignon	38
Cave Maurice Zufferey	Cornalin	168
Cave Mercier	Cornalin	162
Domaine les Crêtes	Fendant	156
Mont d'Or	St Martin Grain Noble	144
Domaines de Penloup and Es Cordelières	Pinot Blanc pur	62
Roman Rutishauser Weingut am Steinig Tisch	Sauvignon Blanc	262
Schott Weine	Aroma der Landschaft Sauvignon-Orange	216
Pirmin Ubricht	Malbec blend	244
Château de Valeyres	Le Couron	84
Cave Mabillard-Fuchs	Humagne Rouge	174
Cave de la Madeleine	Amigne Grand Cru (2 bees)	138
Cave des Rois	Syrah Les Evouettes	100
St. Jodern Kellerei	Heida Grand Cru Visperterminen	196

4

DIE WANDERUNGEN

GENF

JUSSY

EINE ECHTE GRENZERFAHRUNG

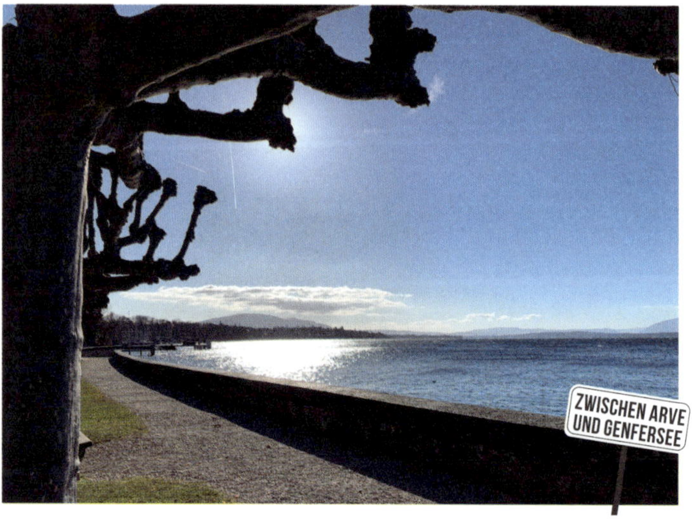

STARTPUNKT	ENDPUNKT
HERMANCE, VILLAGE (BUSHALTESTELLE, ENDSTATION)	VINS DE LA GARA, JUSSY
JAHRESZEIT	SCHWIERIGKEITSGRAD
GANZJÄHRIG	LEICHT
KARTE	DAUER
BLATT 270 T	3 STD. 15 MIN.
SEHENSWÜRDIGKEITEN	LÄNGE
ALTSTADT VON HERMANCE. GEBÄUDE AUS DEM 19. JAHRHUNDERT UND FISCHERHÜTTE AM SEE. TERROIR-HÖFE DES KANTONS GENF. BLICK AUF DEN MONT BLANC. JUSSYS DREI BURGEN BZW. SCHLÖSSER.	12,7 KM
	AUFSTIEG / ABSTIEG
	227 M / 142 M

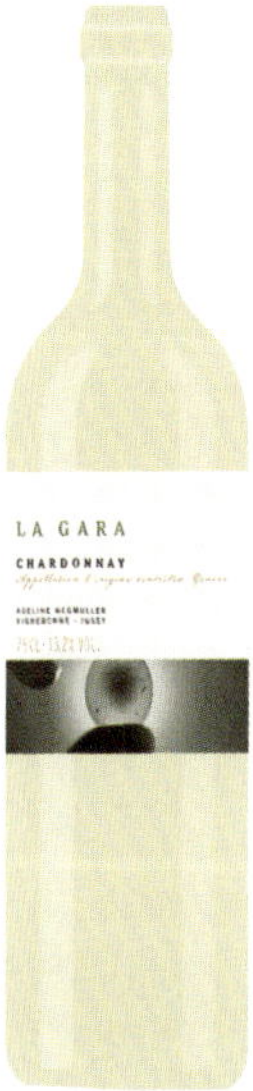

CHARDONNAY

CHARDONNAY
VINS DE LA GARA

WEISS

WEISSE BLÜTEN,
ZITRUSFRÜCHTE,
DEUTLICH MINERALISCH

TROCKEN UND FILIGRAN,
MINERALISCH UND
SCHWACH FRUCHTIG

TROCKEN,
STILL

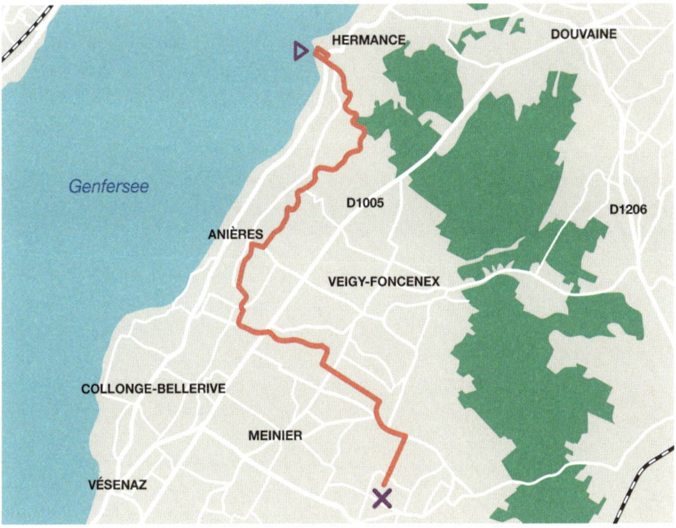

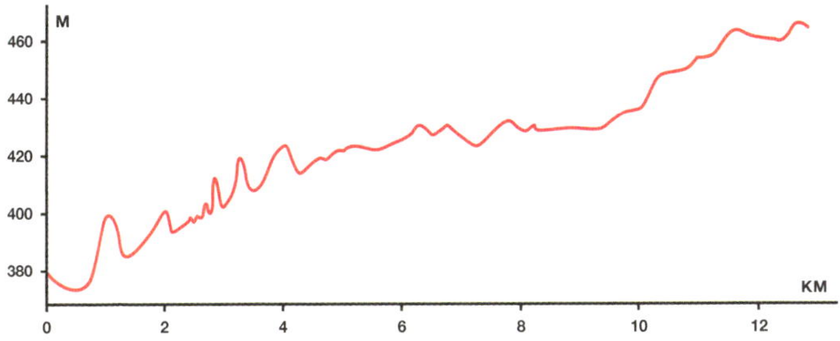

WEGBESCHREIBUNG

Die Buslinie endet an einem Wendekreis in Hermance. An der Bushaltestelle befinden sich nützliche Informationen über das Wandern in der Region. Von hier aus könnt ihr das mittelalterliche Zentrum des Örtchens erkunden, das direkt an Frankreich grenzt und dann zum See hinunterläuft: Folgt der Route d'Hermance in Richtung Grenze (Genf liegt in der entgegengesetzten Richtung), biegt links ab in die Rue Centrale, läuft diese hinunter, biegt links ab bei der Ruelle des Galeries, biegt am Ende rechts ab und erreicht einen kleinen Strand und einen Fussweg am Seeufer. Jenseits des Strands ist die Stelle, wo die Hermance in den Genfersee mündet.

Folgt dem Uferweg zurück zur Bushaltestelle, indem ihr an der Fischerhütte links abbiegt (sie ist leicht an ihren bunten Netzen und ihrer Anglerdeko zu erkennen). Folgt dem Chemin des Fossés bis zum Busparkplatz und geht weiter geradeaus, den Berg hinauf, auf dem Chemin du Crêt-de-la-Tour. Die Strasse macht eine Rechtskurve. Folgt dem Strassenverlauf, bis die Strasse sich gabelt: Rechts geht die grössere Route de Chevrens weiter, nehmt aber den linken Weg, den schmaleren Chemin des Chenaillettes. Hier beginnt ein Abschnitt, den Wanderer und Hundebesitzer an Sonn- und Feiertagen lieben, da Autos hier an diesen Tagen verboten sind und die kleinen Strassen ganz den Fussgängern gehören. Der Weg führt durch offene Wälder und folgt in etwas Abstand dem kurvigen Verlauf des Flüsschens Hermance, das die Grenze zu Frankreich bildet. Folgt dem markierten Weg eine ganze Weile. Bei Croix de Bally zweigt rechts ein Weg ab (den ihr ignoriert) und ein Stück weiter kommen ein kleines Strässchen und ein Fusspfad auf der rechten Seite (ebenfalls ignorieren), aber sonst gibt es keine Abzweigungen, bis ihr bei Les Tattes auf eine schmale Strasse und ein Bauernhaus stosst, kurz vor dem Bauerndorf Chevrens. Folgt weiterhin dem markierten Weg, nah am Fluss, bis kurz nach Chevrens, das sich nun rechts von euch befindet.

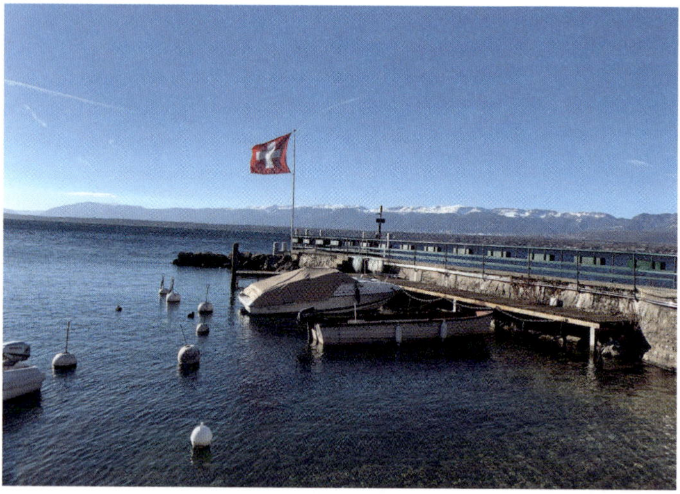

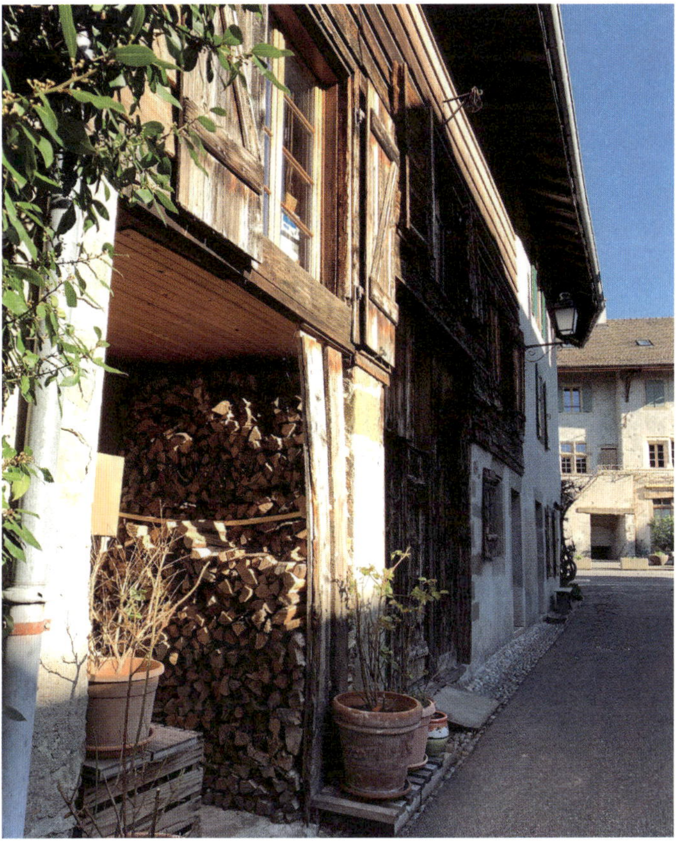

In Les Cheneviers teilt sich der markierte Weg: Nehmt den rechten Pfad. Theoretisch könntet ihr auch den linken nehmen, entlang der französischen Grenze, aber dann müsstet ihr am Ende an einer viel befahrenen Strasse entlanglaufen. Nehmt daher den schmalen Feldweg rechts, geht durch Felder und, ein Stückchen weiter, durch Rebberge. Überall weisen Schilder auf «Genève Terroir»-Produkte der örtlichen Bauern hin. Der Weg macht eine Kurve nach rechts und stösst auf den Chemin de Boret, auf den ihr nach links abbiegt. Folgt ihm bis zum Chemin des Champs-Nabez. Hier biegt ihr rechts ab und danach gleich wieder links auf einen Fussweg, der hinter L'Abbaye entlangführt. Wenn der Fussweg endet, biegt ihr rechts ab auf die Route de l'Hospice. Kurz nach dem Friedhof rechter Hand biegt ihr links ab und folgt einem Fussweg, der am oberen Ende eines Weinbergs entlangführt. Am Ende der Reben biegt ihr links auf die Route de la Côte d'Or ab, die nach einer Rechtskurve das kleine Flüsschen Nant d'Aisy überquert. An einer T-Kreuzung biegt ihr links ab, an der nächsten Kreuzung rechts auf den Chemin du Château. Die Strasse verläuft mitten durch das bäuerliche Örtchen Corsier. An der Kreuzung biegt ihr links ab auf die Route de l'Eglise, der ihr bis zum Kreisel folgt. Hier nehmt ihr, wenn ihr im Uhrzeigersinn um den Kreisel geht, die zweite Strasse (Chemin des Groubeaux), die einen kleinen Fluss überquert und bald in einen Fussweg übergeht, der entlang des Flüsschens verläuft. Folgt ihm etwa einen halben Kilometer bis kurz vor den Weiler Veigy und

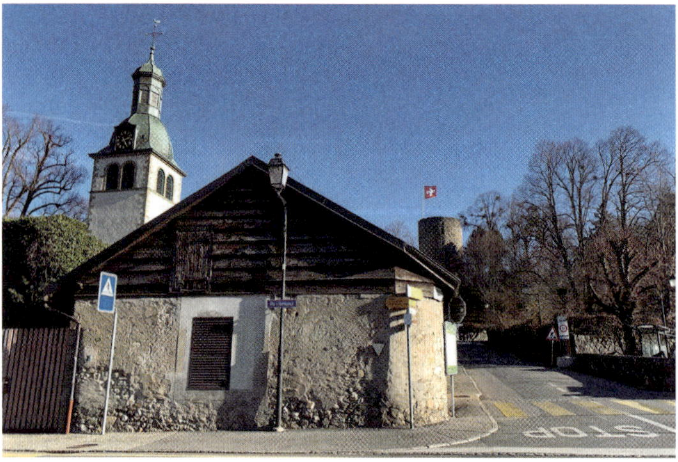

biegt dann rechts ab. Die Route biegt nach links ab und führt zum Dorf Gy. Dort biegt ihr rechts auf die Hauptstrasse ab, dann, kurz vor dem Kreisel, haltet ihr euch links und folgt den Schildern Richtung Jussy.

Nach einem kleinen Bauernhof auf der rechten Seite nehmt ihr die nächste Strasse rechts und folgt ihr durch Felder, eine kleine Rebfläche und über den kleinen Fluss Le Chambet direkt nach La Gara.

Rückweg

In fünf bis zehn Minuten Entfernung stehen mehrere Bushaltestellen zur Auswahl.

Ergänzende Hinweise

Besonders schön ist eine Fahrt mit dem Schaufelradschiff über den Genfersee nach Hermance. So habt ihr einen herrlichen Blick auf das Ufer und das sanfte Ansteigen der Landschaft dahinter Richtung französische Alpen – an klaren Tagen kann man sogar den Mont Blanc sehen. Diese Wanderung kann man sehr gut mit Hunden unternehmen, die Wege sind schön breit, und manche sind am Wochenende und an Feiertagen für motorisierten Verkehr gesperrt. Stellt euch auf Gesellschaft ein: Ihr seid zwar auf dem Land, aber die Stadt ist nicht weit, und viele Genfer nutzen die Gegend als Naherholungsgebiet.

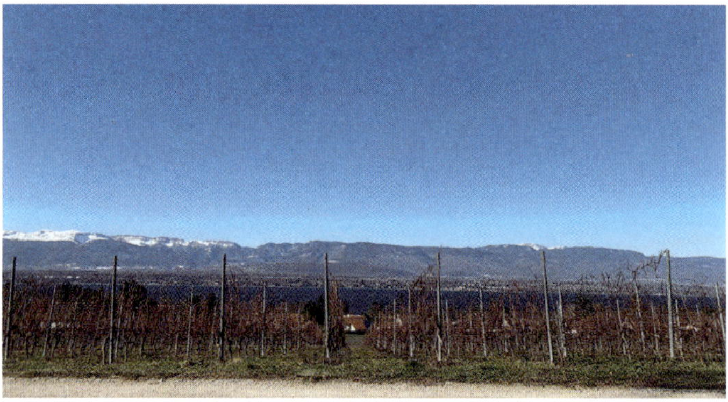

VINS DE LA GARA

Dieses kleine, aber feine und sehr besondere Weingut ist für die Öffentlichkeit nicht sichtbar: Das wunderschöne Anwesen aus dem 18. Jahrhundert, mit einem Heckenlabyrinth und herrlichen Gartenanlagen, ist von hohen Mauern umschlossen. Das Weingut und die Gärten können nur nach Voranmeldung besucht werden, und beides ist unbedingt einen Besuch wert. Die Gartenanlage wurde im Jahr 2000 restauriert und wird heute nach Permakulturprinzipien gepflegt. Der Kanal, der einzige Kanal dieser Art aus dem 18. Jahrhundert, wurde 2015 ebenfalls restauriert, als das Labyrinth angelegt wurde. Wein wird hier seit 1753 aus den drei Hektaren an Rebfläche gewonnen, die rund um das Gutshaus kultiviert werden. Die Winzerin Adeline Wegmüller, die ihr Handwerk in der Schweiz, in Frankreich und in Neuseeland gelernt hat, ist erst seit 2020 auf dem Weingut, hat sich aber bereits mit ihren eleganten Weinen, die für ihre reinen, klaren Linien und zarten Farben geschätzt werden, profiliert. Die Weine werden im Keller des Anwesens produziert und sind ihr Geld wirklich wert.

Chardonnay: Diese junge Winzerin hat eine sehr klare Vorstellung davon, was ein guter, nicht im Eichenfass gelagerter Chardonnay können sollte, angefangen mit der sehr blassgelben Farbe – die Frucht ist klar erkennbar, ein toller Wein.

ADRESSE

Vins de la Gara
Rte de la Gara 36
1254 Jussy
+41 79 647 42 57
awegmuller@lagara.ch
Für die Gärten von La Gara: lesjardins@lagara.ch
lagara.ch

DEGUSTATION

Kostenlos. Ausschliesslich nach Vereinbarung.

ORTE IN DER NÄHE, AN DENEN DIE WEINE DIESER KELLEREI AUSSERDEM ZU FINDEN SIND

Auberge de la Couronne, Rte de Jussy 316, 1254 Jussy,
+41 22 759 12 66
reservation@aubergecouronne.com

SATIGNY

GENF JENSEITS DER STADTGRENZE: DIE GRÖSSTE WEINBAUGEMEINDE DER SCHWEIZ

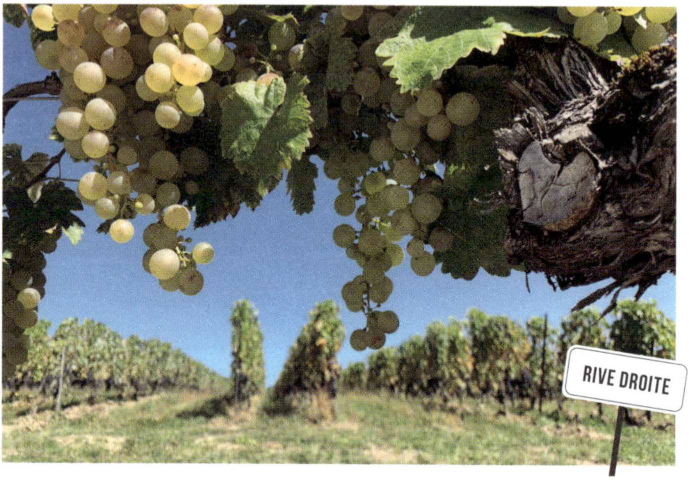

STARTPUNKT	ENDPUNKT
SATIGNY BAHNHOF	DOMAINE GRAND CLOS, SATIGNY
JAHRESZEIT	SCHWIERIGKEITSGRAD
GANZJÄHRIG	LEICHT
KARTE	DAUER
BLATT 261 T	2 STD. 15 MIN.
SEHENSWÜRDIGKEITEN	LÄNGE
IDYLLISCHE GENFER LANDSCHAFT. BLICK AUF DEN JURA UND DIE FRANZÖSISCHEN BZW. SCHWEIZER ALPEN. GUTSGEBÄUDE.	8,8 KM
	AUFSTIEG / ABSTIEG
	183 M / 183 M

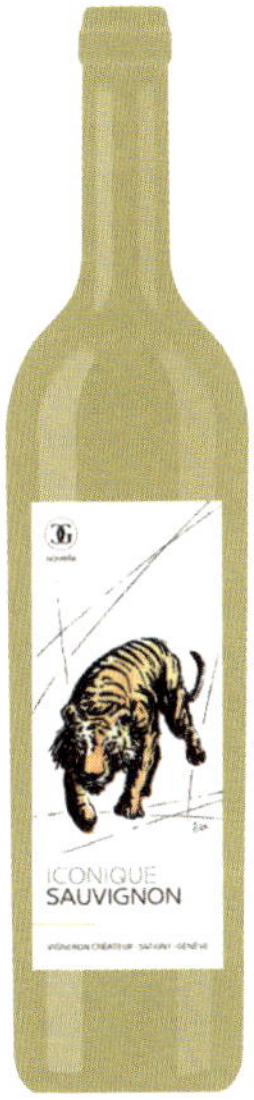

SAUVIGNON BLANC

ICONIQUE SAUVIGNON

GRAND CLOS

WEISS

EIN FEUERWERK AUS INTENSIVEN NOTEN VON GRAPEFRUIT, LIMETTE, SALBEI, EXOTISCHEN FRÜCHTEN

KNACKIG, MINERALISCH, LEICHT SALZIG, ERFRISCHEND

TROCKEN, STILL

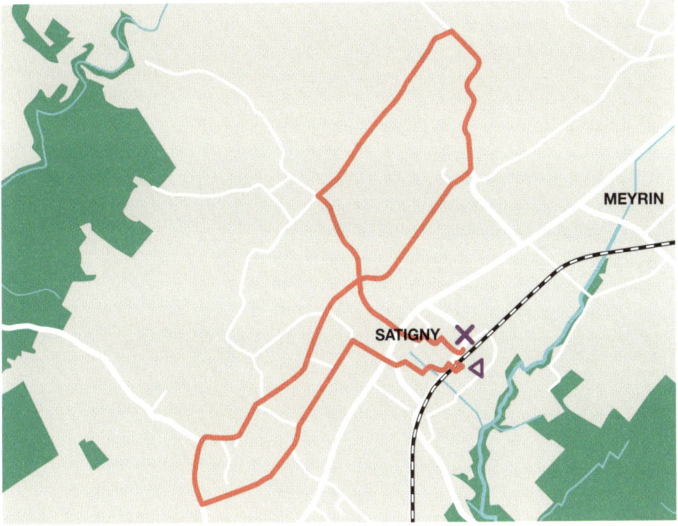

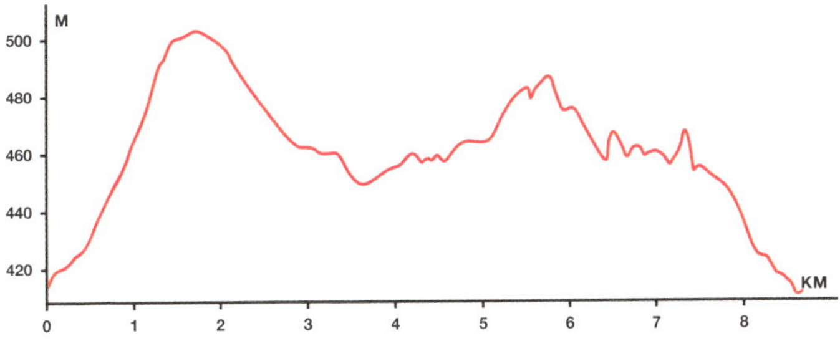

WEGBESCHREIBUNG

Ein idyllischer Spaziergang durch die Genfer Weindörfer, wo man leicht vergessen kann, in welchem Jahrhundert man sich befindet, sobald man den Bahnhof in Satigny (am Genfer Hauptbahnhof fahren die Züge vom halb versteckten Gleis 5 ab) verlassen hat. Ihr lauft geradewegs den Berg hinauf nach Choully, und schon befindet ihr euch direkt im Herzen der grössten Weinbaugemeinde der Schweiz, Satigny, und seid von Rebbergen umgeben.

Biegt nach rechts ab und geht zum Weiler Bourdigny, vorbei an Bio-Bauernhöfen, die per Direktverkauf die ökologisch eingestellten Genfer und Genferinnen versorgen. Dann wandert ihr zurück zum oberen Ende von Satigny, folgt aber den Schildern Richtung Peissy, einem besonders hübschen Dorf, das einige der besten Weingüter im Kanton Genf beherbergt. Da häufig Leute aus der Stadt hierherkommen, um Wein zu verkosten und zu kaufen, ist hier so einiges los. Die Hauptstrasse rechter Hand führt bergab. Am Fusse des Hügels sind an einem Holzpfosten Informationen über Weinaromen aufgelistet, ein Service von Genève Terroir, der Stiftung zur Förderung der landwirtschaftlichen Produkte Genfs. Für künftige Wandervorhaben: Die Strasse geradeaus gehört zu einem sehr langen kantonalen Wanderweg mit mehreren solcher Informationstafeln.

Die heutige Route führt aber nach links, Richtung Russin, wo ihr wieder im Land der fleissigen Weinbauern seid. Einige hundert Meter geht es bergauf und bergab. Folgt aber nicht der Strasse, die zum Fusse des Hügels und einer belebten Kreuzung führt, sondern biegt vorher links

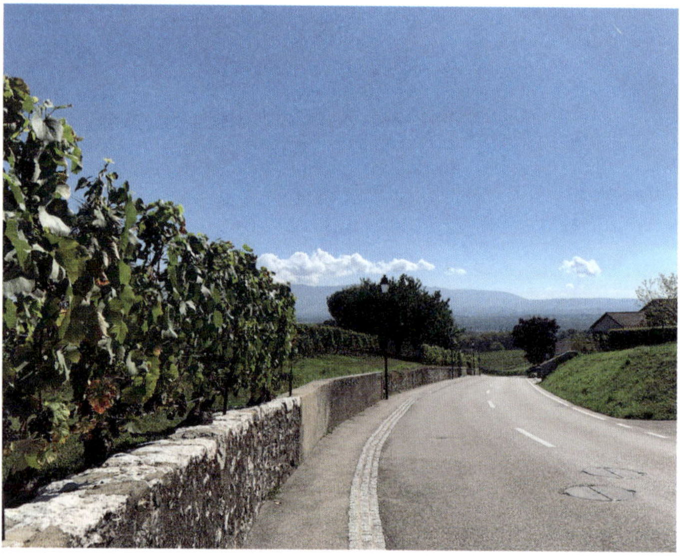

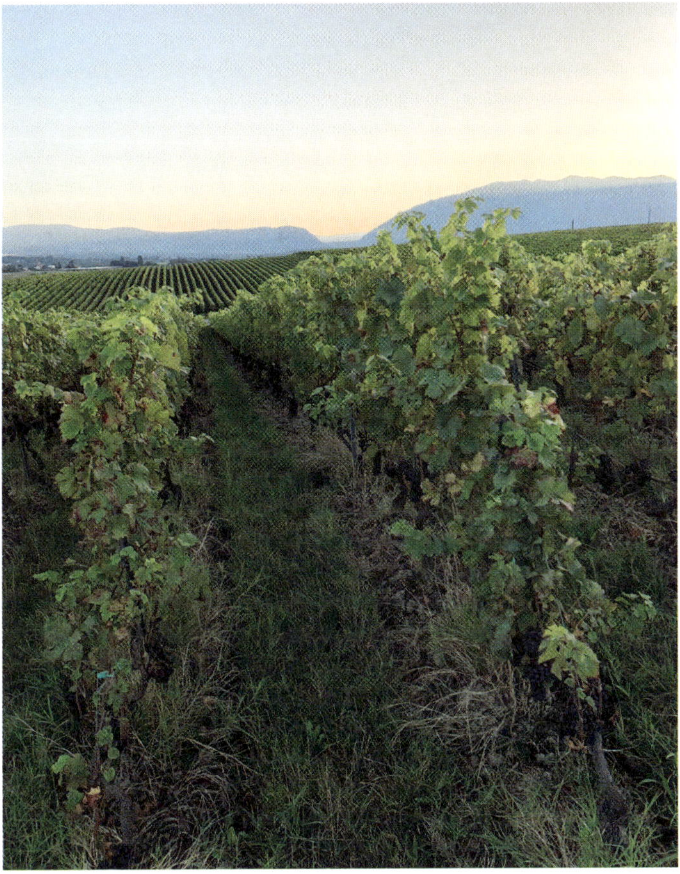

auf einen Feldweg ab, der zurück nach Satigny, Domaine Grand Clos, und Richtung Bahnhof führt. Bleibt auf den breiten Traktorstreifen und geht nicht durch die Reben. Die Streifen zwischen den Reihen der Reben sind nicht einfach nur ungemäht und verwildert, sondern wurden mit nützlichen Deckfrüchten bepflanzt. Sie sind ein wichtiger Lebensraum für zahlreiche Vögel und Säugetiere, wie zum Beispiel Hasen. Die Genfer Winzerinnen und Winzer geben sich alle Mühe, die Umstellung auf biologischen und biodynamischen Anbau zu bewerkstelligen, und der Kanton steht in dem Ruf, sich gut um seine Tier- und Pflanzenwelt zu kümmern.

Rückweg
Fünf Minuten Fussweg zum Bahnhof Satigny.

Ergänzende Hinweise
Die entlang des Weges gelegenen Dörfer erlangten in den 1980er Jahren einige Berühmtheit, als hier zum ersten Mal die «Offenen Weinkeller» («Caves Ouvertes») veranstaltet wurden – eine Aktion, die auch in den anderen Weinregionen rasch Anklang fand. Für Uneingeweihte ist es eine Überraschung, dass Satigny die grösste Weinbaugemeinde der Schweiz ist. Die Rebflächen nehmen mehr Raum als die Gemeinde selbst ein.

Choully ist, ebenso wie Bourdigny, ein typisches Mandement-Dorf mit jahrhundertealten Gutshäusern hinter hohen Mauern, die hier und da einen flüchtigen Blick auf das geschäftige Treiben auf den Innenhöfen der aktiven Weingüter erlauben. Die Gemeinde Satigny macht einen Grossteil der historischen Weinregion Le Mandement aus. Das älteste historische Dokument des Kantons Genf bezieht sich auf eine Schenkung dieser Dörfer an das Kloster St. Peter, in dem die Besitzerin vom Bischof fordert, ihr das Recht auf Niessbrauch zu garantieren. Im Laufe der Jahrhunderte wurde das Land hier im Rahmen zahlreicher religiöser Zankereien immer wieder von Bischöfen, Mönchen und Gräfinnen hin und her getauscht und verschenkt. Die Dörfer liegen am Fusse des französischen Juras und blicken auf die Stadt Genf herab. Die historische Verbindung mit Frankreich ist nach wie vor eng. Das urbane Genf erscheint so nah und ist doch, wenn man wandert, so angenehm weit weg, dass man den Lärm und die Hektik der Stadt schnell vergessen hat. In Bourdigny kann man einen längeren Rundweg wandern, der direkt zum CERN führt (der grosse weisse Komplex ist vom Wanderweg aus zu sehen), der Europäischen Organisation für Kernforschung, die den grossen Teilchenbeschleuniger beherbergt. Der über 26 km lange Beschleunigerring des *Large Hadron Collider* (LHC) verläuft unterirdisch Richtung Frankreich.

Ungeachtet seines grossen Renommees ist die Ladenfront des Weinguts in der Hauptstrasse von Satigny klein und leicht zu übersehen.

Wenn ihr eine lange Tageswanderung machen möchtet, kann diese Wanderung gut mit einem Teil oder der gesamten Wanderung von Peissy nach Dardagny kombiniert werden.

DOMAINE GRAND CLOS JEAN-MICHEL NOVELLE

Grand Clos ist der offizielle Name dieses Familienweinguts, aber Jean-Michel Novelle hat sich einen derart guten Ruf erarbeitet, dass viele denken, Novelle sei auch der eigentliche Name des Weinguts. Er hat viele Jahre in Südamerika und Frankreich gearbeitet, während er gleichzeitig weiter in Genf tätig war, und hat eine radikal puristische Philosophie hinsichtlich des Anbaus und der Herstellung charaktervoller Weine entwickelt. Er produziert erstaunliche 38 Weine aus 17 Rebsorten, von denen viele seinem eigenen «Versuchslabor», wie er es nennt, entstammen. Seine ikonische Auswahl an Weinen konzentriert sich auf reinsortige Weine, deren Aromen so klar sind, dass man fast die Trauben singen hören kann.

Iconique Sauvignon: Die gesamte Aufmerksamkeit liegt auf der Rebsorte und ihrem fruchtigen Profil; ein Klassiker dieses innovativen Winzers.

ADRESSE

Domaine Grand Clos
Route du Mandement 153
1242 Satigny-Genf
+41 22 753 10 09 oder +41 79 596 67 53
https://de.novelle.wine

DEGUSTATION

Verschiedene Optionen; nach Vereinbarung.

ORTE IN DER NÄHE, AN DENEN DIE WEINE DIESER KELLEREI AUSSERDEM ZU FINDEN SIND

Domaine de Châteauvieux, Peney-Dessus 16, 1242 Satigny,
+41 22 753 15 11
reservation@chateauvieux.ch
Le Renfort, Rte du Creux-du-Loup 19, 1285 Avusy,
+41 22 756 12 36
Auf der Webseite des Weinguts gibt es eine Liste.

DARDAGNY

GENFER TERROIR IN ALL SEINER PRACHT

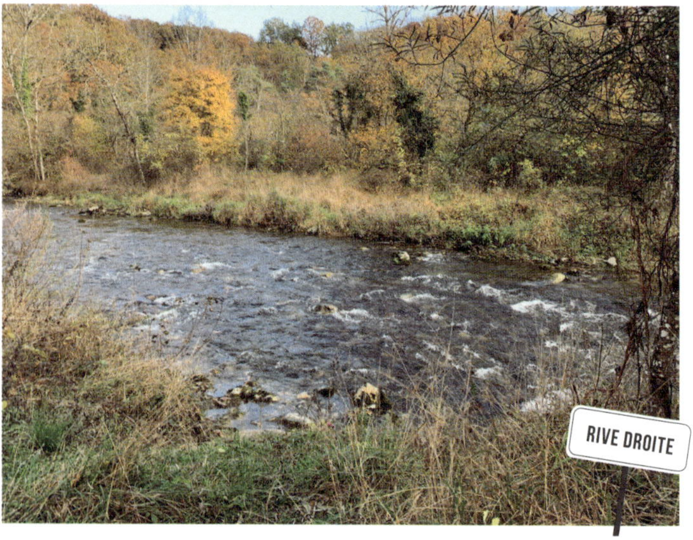

STARTPUNKT	ENDPUNKT
SATIGNY, PEISSY (BUSHALTESTELLE)	DOMAINE DE CHAFALET, DARDAGNY (ESSERTINES)
JAHRESZEIT	SCHWIERIGKEITSGRAD
GANZJÄHRIG	LEICHT
KARTE	DAUER
BLATT 270 T	3 STD. 10 MIN.
SEHENSWÜRDIGKEITEN	LÄNGE
NATURSCHUTZGEBIET ALLONDON. KLASSISCHE MANDEMENT-WEINDÖRFER. SCHLOSS, IN DEM MOZART ZEIT VERBRACHT HAT. SKULPTUREN VON SYLVIE RAMU.	12,2 KM
	AUFSTIEG / ABSTIEG
	275 M / 303 M

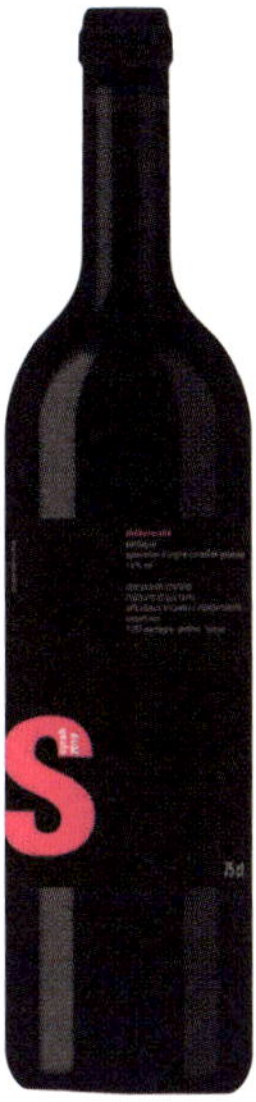

SYRAH

SHÉHÉRAZADE
DOMAINE DE CHAFALET

ROT

FLORAL, WÜRZIG

FRISCH, SEIDIG,
SUBTILE EICHENNOTE,
LANGER ABGANG

TROCKEN,
STILL

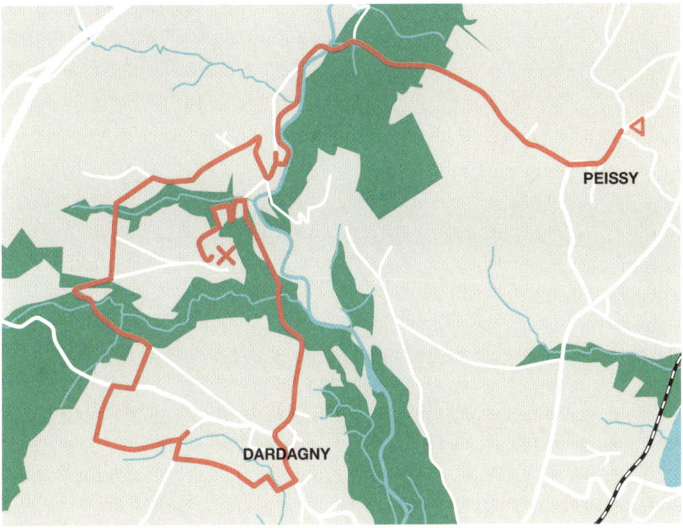

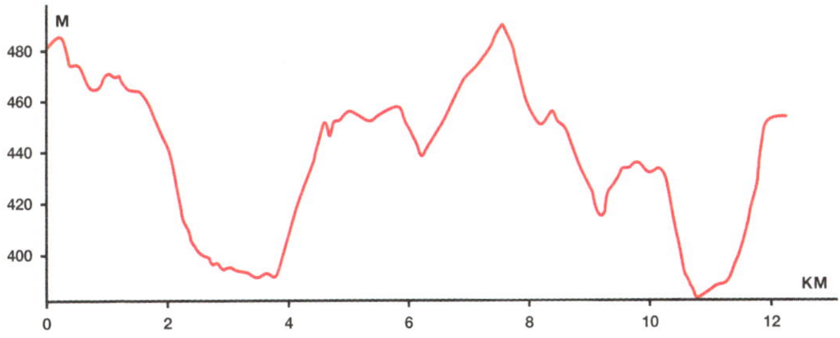

WEGBESCHREIBUNG

Von der Bushaltestelle aus geht es die Hauptstrasse entlang durch Rebberge und Getreidefelder und an einigen der bekanntesten Genfer Weinkellereien vorbei. Genf ist stolz auf seine intensiven Bemühungen um Nachhaltigkeit, Wildtierschutz und gemischte Landwirtschaft, und in dieser Gegend funktioniert all das vorbildlich. Die Strasse führt zum Naturschutzgebiet Grands Bois de Satigny. Kurz vor dem Wald geht linker Hand ein Weg ab, der einmal rund durch den Wald führt und sich wieder an diesen Weg anschliesst. Die Route folgt der Strasse.

Es geht sanft bergab zur Allondon, und nach dem Überqueren des Flusses haltet ihr euch links. Nach einem kurzen Stück auf der Strasse folgt ihr den Wanderschildern, die den Weg zum leicht bewaldeten Flussufer weisen. Hier gehen viele Leute mit ihren Hunden spazieren, und es gibt mehrere Naturlehrpfade, die von Schulen und anderen Bildungseinrichtungen rege genutzt werden. Folgt den Schildern zum Weg, der in Flussnähe verläuft, und erreicht bald darauf das Zentrum von Allondon. Dann biegt ihr nach links ab und folgt kurz der Strasse, bis ihr zu einer Kreuzung mit einer Bushaltestelle kommt. Hier biegt ihr nach rechts auf die Strasse in Richtung Malval ab. Sie umrundet die Hügelkuppe, auf der sich der Weiler Essertines samt Weingut Domaine de Chafalet befindet. Der Name kommt von *chafale*, so hiessen früher Zollposten an der Grenze, die den Handelsverkehr überwachten.

Der Weg führt weiter nach Dardagny, einem der wichtigsten Mandement-Weindörfer. Kurz nach der Ansammlung von Häusern, aus denen Malval besteht, biegt ihr links auf die markierte Route durch die Rebberge ab, der Route de Malval entlang, und überquert die Strasse, die nach Essertines führt. An der T-Kreuzung biegt ihr rechts ab; es ist immer noch die Route de Malval (auf der ein Bus verkehrt). Folgt den Wanderwegweisern nach Dardagny und somit einem Weg, der sich durch Weinreben und Felder schlängelt.

Ihr erreicht das Ende des langgestreckten Dorfes unterhalb des Château de Dardagny, wo Mozart 1766 seine grosse Reise durch die Schweiz begann. Heute befindet sich eine Schule wie auch das Rathaus in dem Gebäude. Wendet euch nach links und folgt der Hauptstrasse bergauf bis zum zentralen Platz, an dessen oberem Ende die Route nach rechts abbiegt. Eine ruhige Strasse führt aus dem Ort heraus und einen Höhenrücken entlang, der einen schönen Blick auf das ferne Genf bietet. Dann geht ihr ein bewaldetes Stück Strasse hinab in den Vallon de l'Allondon und folgt den Schildern in Richtung Essertines und dem Weingut.

Rückweg

Bushaltestelle in Essertines Richtung Gare de La Plaine.

Ergänzende Hinweise

Um wieder zum Ausgangspunkt der Wanderung zu gelangen, könnt ihr auch vom Bahnhof Satigny aus der Strasse entlanggehen, auf der auch der Bus verkehrt. Die ca. 4,5 km sind leicht zu bewältigen, sie verlängern die Wanderung etwa um eine Stunde, dafür müsst ihr jedoch nicht auf den Bus warten.

In Essertines und Dardagny stellen verschiedene Mitglieder der alteingesessenen Familie Ramu preisgekrönte Weine her. Achtet auf Schilder zum Weingut Chafalet.

DOMAINE DE CHAFALET

Diese familiengeführte Weinkellerei ist eine der lebendigsten in der Gegend. Sylvie Ramu, Künstlerin und siebenfache Mutter, hat auf dem Anwesen ihr Atelier, in dem sie ihre bekannten Skulpturen anfertigt. Die verschiedenen Aktivitäten der sieben erwachsenen Kinder prägen, neben den Pferden und ihren Stallungen, das weitläufige Anwesen, aber im Mittelpunkt steht natürlich die Kellerei. Mathurin trat mit 17 Jahren in die Fussstapfen seines Vaters und ist nun, im reifen Alter von 30 Jahren (2022), für die Reben und Weine verantwortlich. Er ist ein wahrer Wirbelwind, ein unermüdliches Energiebündel, der Preise einheimst und dabei stets seinen jugendlichen Enthusiasmus und seine fröhliche Art bewahrt hat. Pure Lebensfreude in Kombination mit edlen Weinen.

Shéhérazade: Vollreife Trauben. Ein weiteres schönes Beispiel der wachsenden Sammlung an Syrahs aus dem Schweizer Rhonetal, ein kleines Stück nördlich der berühmten französischen Weine der nördlichen Rhone.

ADRESSE

Domaine de Chafalet
Chemin du Chafalet 16
1283 Essertines
+41 79 364 65 99
mathurin@chafalet.ch
chafalet.ch

DEGUSTATION

Kostenlos.

ORTE IN DER NÄHE, AN DENEN DIE WEINE DIESER KELLEREI AUSSERDEM ZU FINDEN SIND

Café-Restaurant Vignoble doré, Rte du Mandemant 332, 1281 Russin, +41 22 754 11 13

WAADT

FOUNEX

HÜBSCHE BAUERNHÖFE, SCHLÖSSER AUS DEM 17. JAHRHUNDERT, MITTELALTERLICHE STADT

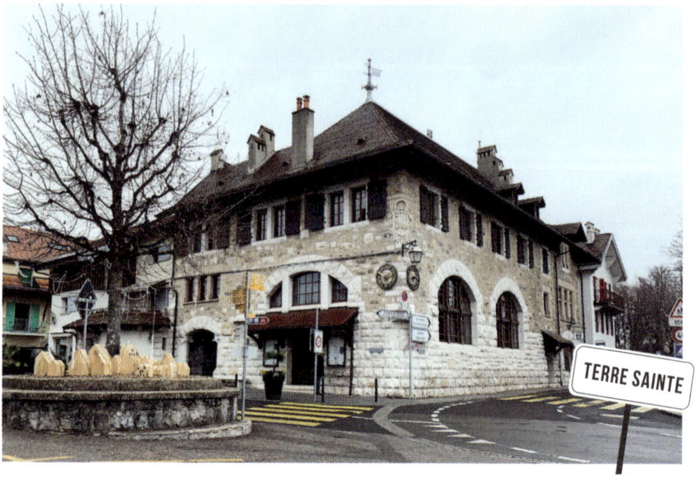

STARTPUNKT	ENDPUNKT
CÉLIGNY, VILLAGE (BUSHALTESTELLE AM PLATZ MIT DEM BRUNNEN)	LES FRÈRES DUTRUY, FOUNEX
JAHRESZEIT	SCHWIERIGKEITSGRAD
GANZJÄHRIG	LEICHT
KARTE	DAUER
BLATT 270 T	2 STD. 30 MIN.
SEHENSWÜRDIGKEITEN	LÄNGE
CHÂTEAU GARENGO. CHÂTEAU DE BOSSEY. CHÂTEAU DE COPPET UND DIE MITTELALTERLICHE STADT COPPET. DORF FOUNEX.	10,3 KM
	AUFSTIEG / ABSTIEG
	119 M / 152 M

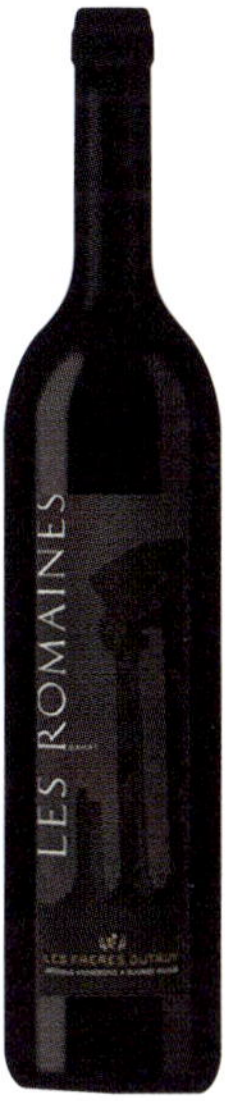

GAMAY

GAMAY LES ROMAINES
LES FRÈRES DUTRUY

ROT

KIRSCHEN UND BLAUBEEREN,
GEWÜRZE,
FLORAL – VEILCHEN UND IRIS

KOMPLEX UND SEHR LANG

TROCKEN,
STILL,
IM EICHENFASS GELAGERT

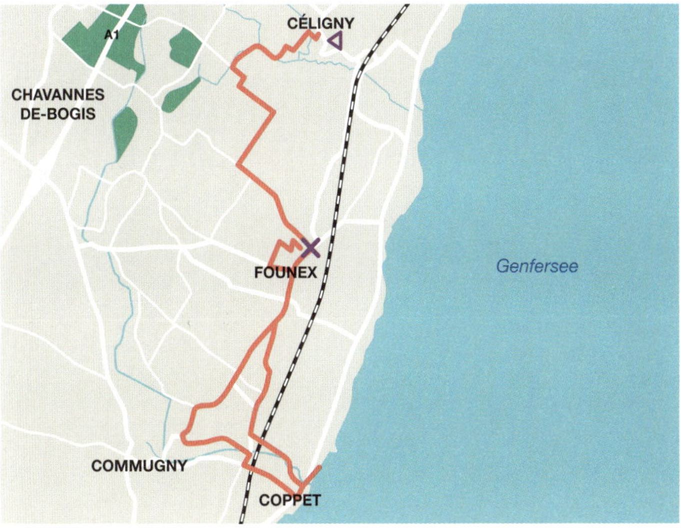

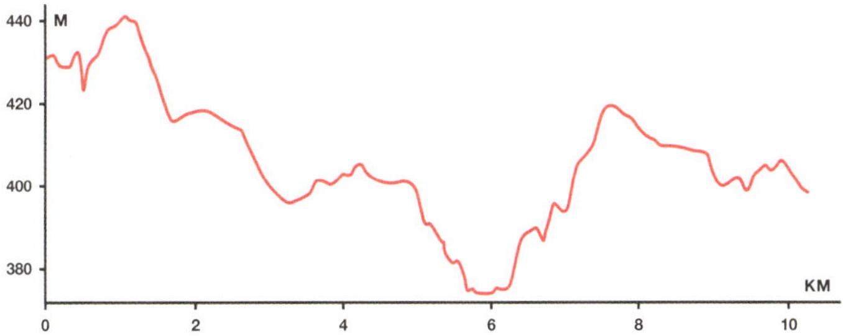

WEGBESCHREIBUNG

Die Bushaltestelle befindet sich vor dem Temple de Céligny, einer protestantischen Kirche im romanischen Stil mit einem architektonisch ungewöhnlichen Glockenturm, direkt neben einem Schloss aus dem 18. Jahrhundert (in Privatbesitz) mit Gartenanlage und tollem Innenhof. Das Dorf stimmt uns auf diese Gegend zwischen Waadt und Genf (Céligny ist eine Genfer Enklave) ein, die landwirtschaftlich und architektonisch an eine Zeit zwischen Mittelalter und 18. Jahrhundert erinnert. Die Route führt links an diesen Gebäuden vorbei und ein Stück bergauf. Bei den Schildern, die zum Château de Bossey weisen, biegt ihr links ab. Der Weg führt durch lichten Wald und Felder um den grossen Bauernhof aus dem 18. Jahrhundert mit dem passenden Namen «Domaine de Belle-Ferme» herum.

Die Route trifft am renovierten Château de Bossey auf den Jakobsweg. Das 1722 erbaute Schloss beherbergt das Ökumenische Institut des Ökumenischen Rates der Kirchen. Unterhalb des Schlosses biegt ihr

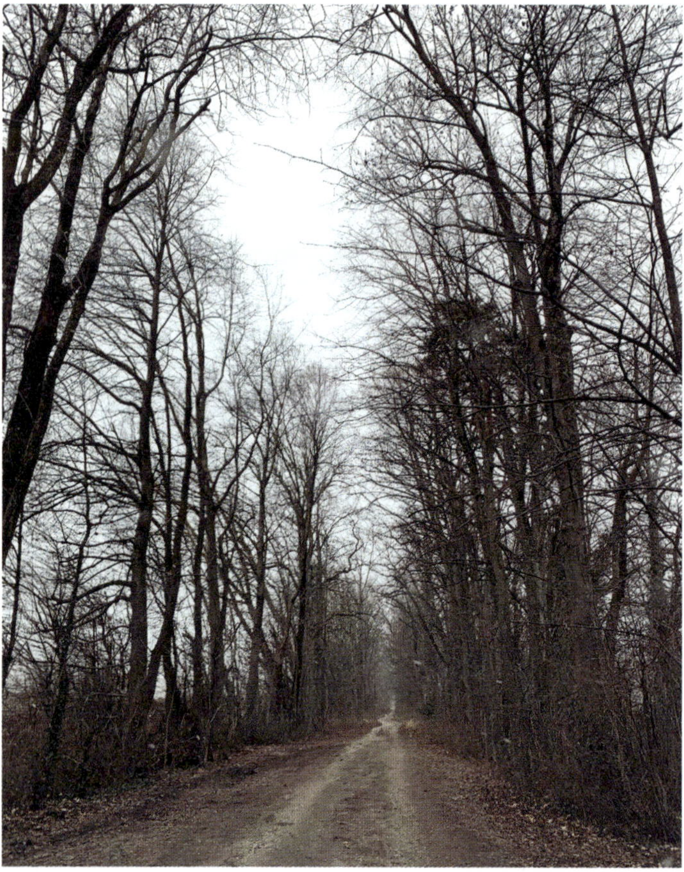

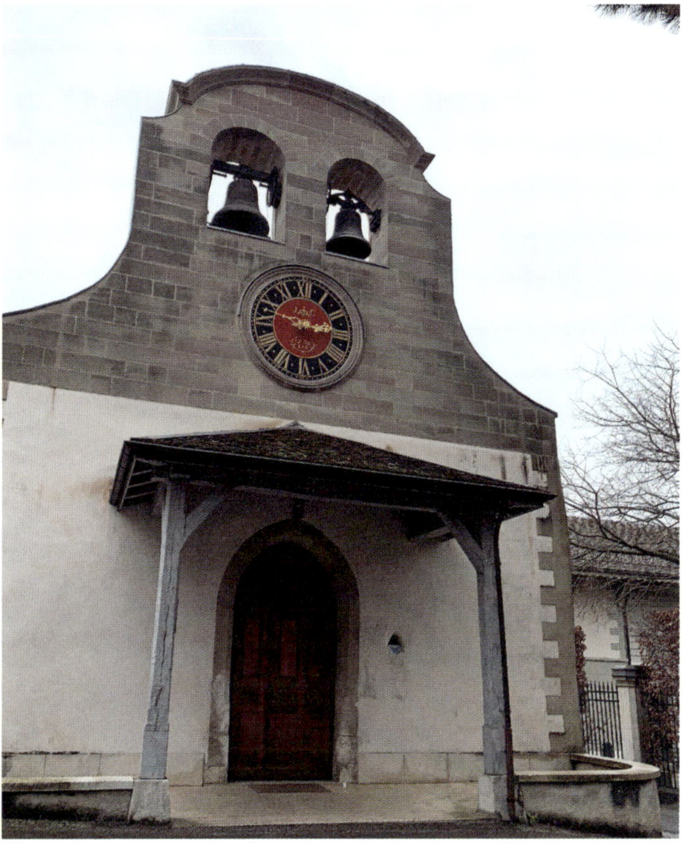

rechts auf den Chemin Chenevière ab, danach links und folgt den Wanderschildern in Richtung Founex. Folgt den gelben Pfeilen nach rechts; die Belle-Ferme befindet sich nun hinter euch. Bei der T-Kreuzung geht ihr nach links auf den Chemin de Pacoty und folgt ihm, bis ihr auf die Grand'Rue in Founex stosst.

Hier biegt ihr rechts ab. Geht die reizende schmale Strasse entlang bis zur Abzweigung der Route de Founex, mit Weinbergen zur Linken. Folgt der Strasse bergab, bis auf der linken Seite die kleine Strasse Le Chemin Bleu abzweigt, der ihr folgt. Der Name des Strässchens ändert sich zweimal, es führt unterhalb von Schloss Coppet entlang und stösst schliesslich auf die Route Suisse, die Hauptstrasse Coppets. Geht nach links, überquert die Strasse und geht auf dem Chemin des Jardins zum Seeufer hinunter, wo sich auch ein kleiner Schiffsanleger befindet.

Kehrt dann zurück zur Route Suisse, auch Grand-Rue genannt, und folgt den Schildern in Richtung Genf. Das Musée Régional Vieux Coppet befindet sich auf der rechten Seite. Biegt rechts auf die Rue du Perron ab und am Ende dieser Strasse links auf die Rue du Greny, die sich direkt unterhalb des Schlosses, das nun rechts über euch thront, mit der Rue des Murs vereint. Folgt der Strasse bergauf, überquert die Gleise und biegt rechts auf die Route de Founex ab. Nehmt dann die erste Strasse links, folgt dem Chemin du Clos, vorbei an einem

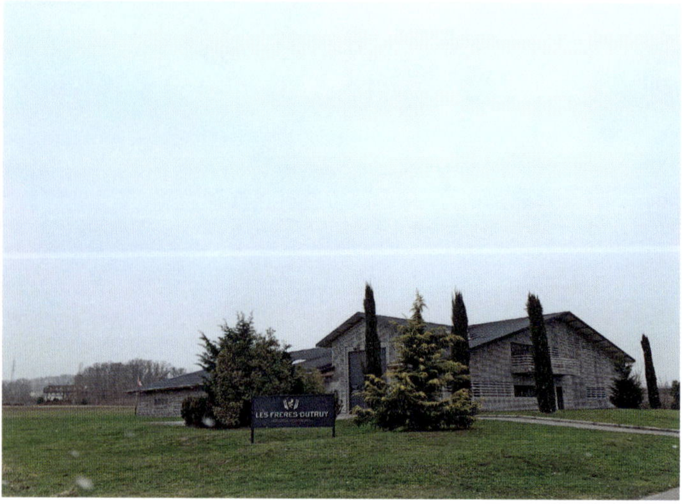

Weingut linker Hand, bis ihr zu einer T-Kreuzung mit der Route de l'Église kommt. Hier geht ihr nach rechts, folgt der Linkskurve der Strasse und biegt dann rechts ab auf die Route de Founex, der ihr eine Weile folgt. Sie wird zur Route du Jura und geht dann in die Grand-Rue über. Danach biegt ihr links auf die Route de Chataigneriaz ab, danach rechts auf einen Feldweg namens Chemin des Fancous. Dann wieder rechts auf den schmalen Chemin des Hutins und links auf den Chemin de la Treille. Die zweite Strasse rechts führt zum Hintereingang des Weinguts und schliesslich zur Hauptstrasse von Founex (Grand-Rue).

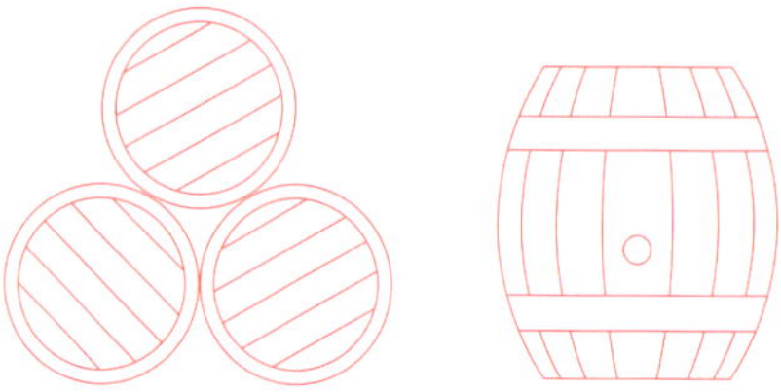

Rückweg
Auf der Grand-Rue von Founex fahren mehrere Buslinien.

Ergänzende Hinweise
Bei dieser meist ebenen Wanderung durch das Waadtland bietet sich euch der ganze Charme des Landlebens (Pferde, Schafe, Getreidefelder und Weinreben), ergänzt durch einen Spaziergang durch die mittelalterliche Stadt Coppet am Genfersee. Der Wanderweg führt am Weingut vorbei zum See. Ihr könnt die Wanderung auch um etwa die Hälfte verkürzen, indem ihr den Coppet-Besuch auslasst. Für weniger laufstarke Mitgliedern einer Wandergruppe könnte es eine gute Option sein, währenddessen am Weingut auf den Rest zu warten.

Beachtet, dass sich die Anlegestelle in Coppet für die Schiffe der CGN-Flotte unterhalb des Schlosses befindet.

LES FRÈRES DUTRUY

Die Familie Dutruy feierte 2017 ihr einhundertjähriges Jubiläum: Seit vier Generationen wird hier Wein gekeltert. Trotz der überschaubaren Grösse ist dieser traditionell geführte Betrieb eine der grossen Erfolgsgeschichten im Waadtländer Weinanbau des 20. Jahrhunderts. 2017 wurde er beim Grand Prix du Vin Suisse zum Schweizer Weingut des Jahres gekürt. Die Brüder Julien und Christian begannen schon in jungen Jahren zusammenzuarbeiten, nachdem jeder von ihnen Zeit im Ausland verbracht und auf Weingütern in verschiedenen Ländern gearbeitet und dazugelernt hatte. Der eine kümmert sich um die Reben, der andere macht den Wein, ausserdem haben sie eine bedeutende Rebschule. Dank dieser Kombination verfügen die beiden über eine sehr grosse Expertise in Sachen Rebsorten und Terroir, was in ihren Weinen zum Ausdruck kommt.

Gamay Les Romaines: Les Romaines gehört zur Riege der Topweine dieses Weinguts; alle reifen mindestens ein Jahr im Eichenfass. Vergleicht diesen Gamay mit seiner wundervollen Tiefe mit den sehr guten, aber gewöhnlicheren Gamays der Kellerei, die nur die Hälfte kosten und in Stahltanks reifen, dann werdet ihr den Unterschied erkennen.

ADRESSE

Les Frères Dutruy
Grand-Rue 18
1297 Founex
+41 22 776 54 02
dutruy@lesfreresdutruy.ch
lesfreresdutruy.ch/contact/

DEGUSTATION

Kostenlos. Weinverkostungen in der Regel möglich während der Geschäftszeiten und an Samstagvormittagen.

ORTE IN DER NÄHE, AN DENEN DIE WEINE DIESER KELLEREI AUSSERDEM ZU FINDEN SIND

Auberge de Founex, Grand-Rue 31, 1297 Founex,
+41 22 776 10 29
aubergedefounex@bluewin.ch
L'Intemporel, Grand-Rue 6, 1297 Founex,
+41 76 360 29 78
reservation@lintemporel.ch
Hôtel Everness, Les Champs-Blancs 70b, 1279 Chavannes-de-Bogis,
+41 22 960 81 81

GIVRINS

TOBLERONEN AUS DEM ZWEITEN WELTKRIEG

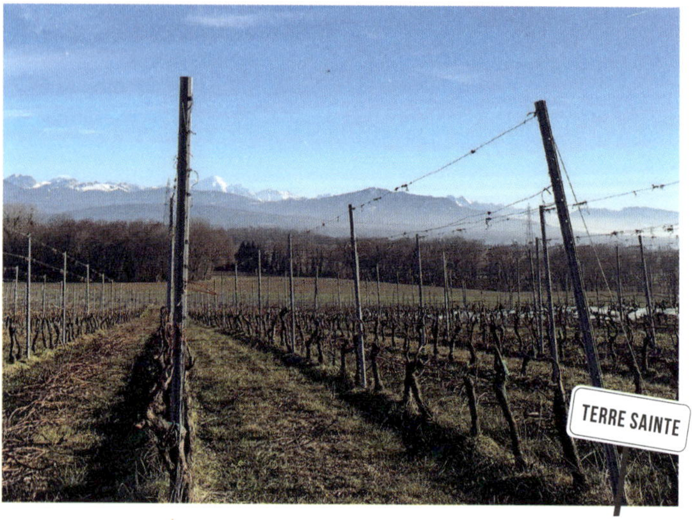

STARTPUNKT	ENDPUNKT
VICH, POST (BUSHALTESTELLE)	CAVE PHILIPPE BOVET, GIVRINS
JAHRESZEIT	SCHWIERIGKEITSGRAD
GANZJÄHRIG	LEICHT
KARTE	DAUER
BLATT 460 T	2 STD. 45 MIN.
SEHENSWÜRDIGKEITEN	LÄNGE
TOBLERONEWEG (KEINE SCHOKOLADE, SONDERN EIN WEG ENTLANG EINER VERTEIDIGUNGSLINIE VOM ZWEITEN WELTKRIEG!). FERME DU BOIS DE CHÊNES IN GENOLIER.	10,6 KM
	AUFSTIEG / ABSTIEG
	330 M / 223 M

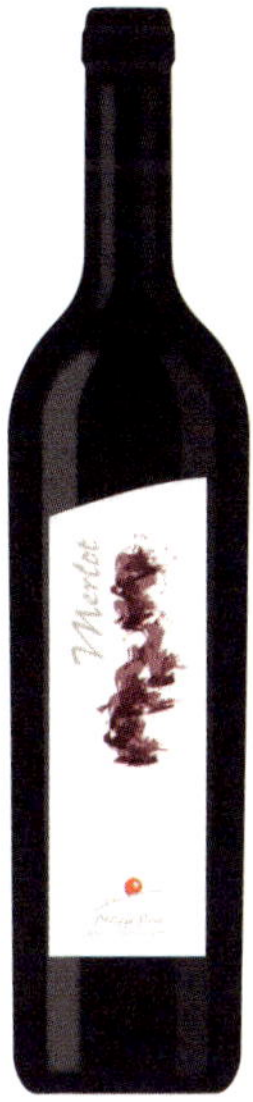

MERLOT

MERLOT
CAVE PHILIPPE BOVET

ROT

SCHWARZE FRÜCHTE,
LAKRITZ, RÖSTAROMEN,
SCHOKOLADE, PFEFFER

REICHHALTIG UND KRÄFTIG,
SCHWARZE JOHANNISBEERE
UND KIRSCHEN, EIN GROSSER
UND SINNLICHER WEIN.

TROCKEN,
STILL

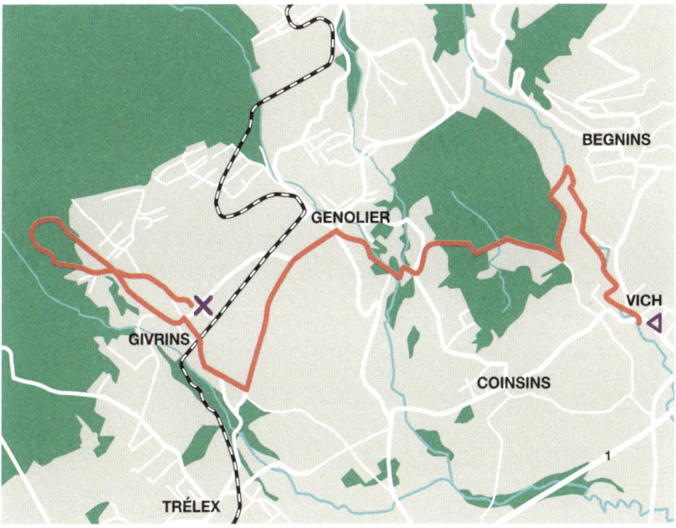

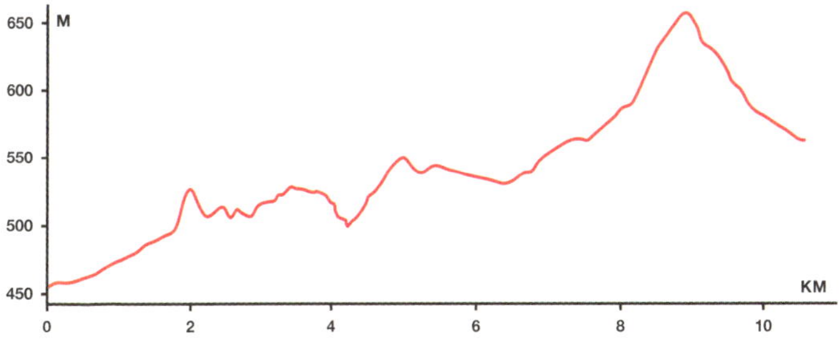

WEGBESCHREIBUNG

Von der Bushaltestelle an der Post in Vich geht ihr die Route de Begnins entlang und haltet linker Hand Ausschau nach Hinweisen auf den Wanderweg Nr. 114 «Sentier des Toblerones». Der Tobleroneweg ist 18 km lang, und über einen Teil davon verläuft diese Route. Die meiste Zeit wandert ihr an einem kleinen Fluss entlang und erfahrt auf Informationstafeln, was es mit diesen «Tobleronen» auf sich hat. An einer Stelle überquert die Route den Fluss Serine, rechts sind Rebberge zu sehen. Dann geht es noch einmal über den Fluss, zurück auf die andere Seite. In der Nähe des Ortseingangs von Begnins, bei La Crosette, biegt ihr links scharf ab und überquert den Fluss ein drittes Mal. Bevor ihr das Château Grillet erreicht, kommt ihr an zwei weiteren Abzweigungen vorbei: Haltet euch immer links (beim zweiten Mal wird der Wanderweg zu einer Strasse). Beim Château Grillet biegt ihr scharf nach rechts ab und folgt dem Weg Richtung La Ferme du Bois de Chênes.

Ihr passiert die Ferme du Bois de Chêne und lauft die Strasse weiter entlang, die sich durch den Wald schlängelt. Wenn ihr aus dem Wald heraus seid, nehmt ihr den schmalen Fusspfad links, kurz vor der Weggabelung. Dort, wo er endet, überquert ihr die Strasse und folgt dem Weg ein kurzes Stück durch den Wald und über einen Fluss bis zum Dorfrand von Genolier. Geht nach rechts, sodass die grossen landwirtschaftlichen Gebäude links von euch sind, und geht um diese herum, vorbei an einer Strasse rechter Hand, bis zu einer Abzweigung. Dort biegt ihr rechts auf den Chemin de la Brégentenaz ab, dann noch einmal rechts auf die Route de Duillier und umrundet in einer Linkskurve den Platz.

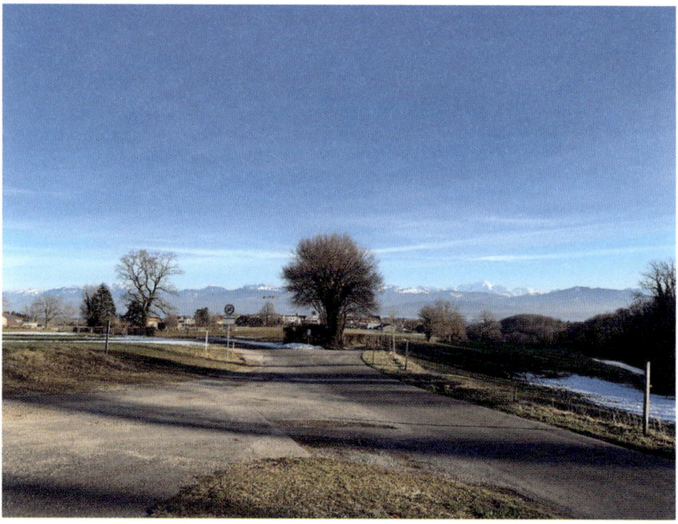

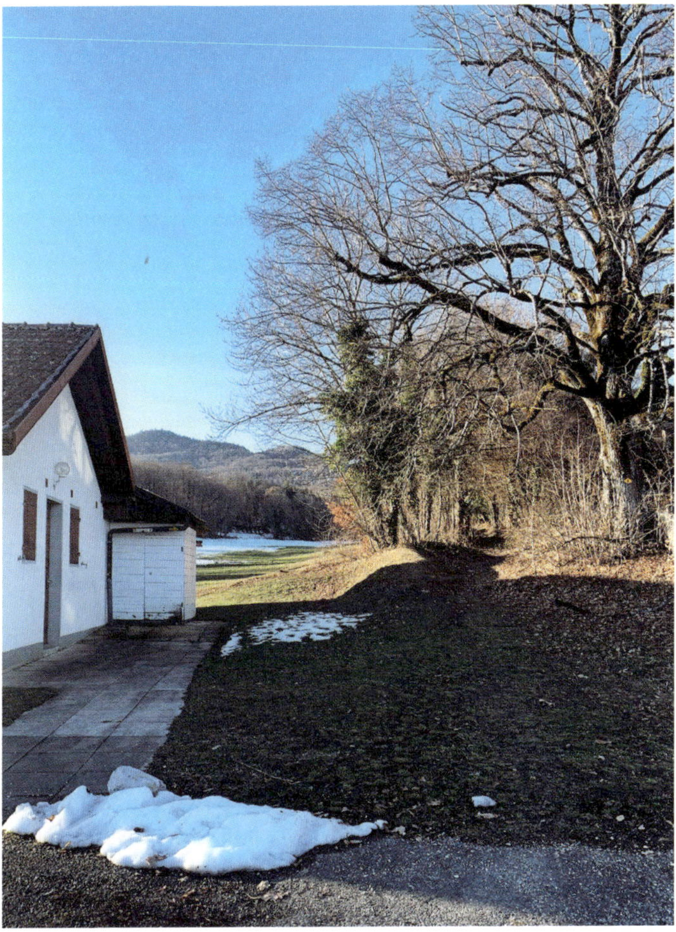

Folgt nun der Route de Trélex, die zwar nicht sehr viel befahren ist, aber es gibt kein Trottoir. Nach etwa 1,5 km kommt ihr zu einer Kreuzung. Biegt rechts auf die Route de Duillier ab, in Richtung Givrins. Nach einem Bauernhof auf der linken Seite fällt die Strasse ab und mündet in die Route de Trélex. Dieser Strasse folgt ihr bis zum Dorfzentrum – das Weingut ist ganz in der Nähe, auf der rechten Seite, aber wir kommen später hierhin zurück. (Wenn ihr euch die übrigen 2 km sparen wollt, könnt ihr auch einfach zum Weingut gehen, das nach ca. 100 m auf der rechten Seite auftaucht.)

Wer weiterwandern will: Am Kreisel links und der Rechtskurve folgen. Die Strasse geht in die Route de la Scie über. Bei der Abzweigung haltet ihr euch rechts und nehmt den Chemin des Epinettes. Folgt ihm, bis er auf die Route du Stand stösst, biegt links ab auf den Chemin en Pont-Trembley. Kurz nach dem Chemin des Oiseaux wird die Strasse zu einem Fussweg. Bleibt auf diesem Weg, und wenn er sich gabelt, haltet euch rechts und lauft in einem Bogen zurück Richtung Givrins. Von links kommt ein anderer Weg, dann noch einer, und danach biegt ihr links ab auf den Chemin du Pré-de-la-Maison. Nach wenigen Metern biegt ihr rechts ab auf den Fussweg Route du Stand.

So kommt ihr zurück zum Ortsrand von Givrins. Am Ortseingang teilt sich die Strasse. Nehmt die linke Option, Chemin du Carre. Während ihr dieser Strasse folgt, achtet auch rechter Hand auf Schilder, die zum Weingut weisen. Wenn ihr diesen Zugang verpasst, könnt ihr die Kellerei auch über die Route de Genolier erreichen.

Rückweg
Der Bahnhof Givrins ist zehn Minuten, die nächste Bushaltestelle zwei Minuten zu Fuss vom Weingut entfernt.

Ergänzende Hinweise
Man könnte Jahre in dieser Gegend verbringen und glauben, sie beherberge in erster Linie Pferde, Kühe, Weinreben und Getreide, dabei ist sie vollgepackt mit historischen Ereignissen. Der Tobleroneweg, auf dem wir uns hier ein Stück weit bewegen, führt Wanderer zu einigen der 3000 mannshohen Betondreiecke, die auf einer Strecke von 10 km zwischen den Ausläufern des Juras und dem Genfersee liegen. Die Tobleronen (benannt nach der bekannten Schokolade, die war zuerst da) wurden Anfang der 1940er Jahre entlang von Flüssen und Bächen aufgestellt, als Nazi-Deutschland Belgien und Norwegen angriff, die ebenfalls neutrale Länder waren. Nach dem Krieg wurden einige davon restauriert, und der Wanderweg mit seinen Informationstafeln ist eine Art Freilichtmuseum.

Nicht weit vom Bois de Chênes stand in alter Zeit (um 1210) die Festung Le Molard, wie damals üblich von einem Burggraben umgeben. Die Vorgänger gehörten im 10. Jahrhundert zur Entourage der Könige von Burgund. Seit mehr als einem Jahrtausend ist dieses Gebiet eine wohlhabende landwirtschaftliche Hochburg, und der Bois de Chêne war einer der bedeutendsten Orte der Gegend.

CAVE PHILIPPE BOVET

Philippe Bovet ist sowohl für seine kreative Energie als auch für die Qualität seiner Weine bekannt. Er war für mehrere Kellereien der Umgebung als Consultant tätig, während er sein eigenes Weingut aufbaute, das 2002 eröffnet wurde. Die Spannbreite seiner Weine ist interessant und gross. Dieser humorvolle Winzer ist ein begeisterter Unterstützer mehrerer Sportmannschaften, und die Weine sind herausragend. Als die Region im Juni 2013 durch einen schweren Hagelsturm schlimme Verluste erlitt – er verlor damals 95 % seiner Trauben –, beeilte er sich, Trauben von anderswo einzukaufen, und vermarktete den daraus gekelterten Notwein: Der Zeitpunkt des Hagelsturms fungiert als Name, und auf dem Etikett findet sich die vorletzte Wettervorhersage.

Merlot: Philippe Bovet war als einer der Ersten überzeugt, dass ein Merlot in diesem Teil der Schweiz gut gedeihen könne. Fragt nach seinem anderen, sehr besonderen Merlot, A Mon Rhône.

ADRESSE

Cave Philippe Bovet
La Cour, Route de Genolier 7
1271 Givrins
Tel: +41 22 369 38 14
Mobil: +41 79 445 87 30
info@philippebovet.ch
philippebovet.ch

DEGUSTATION

Kostenlos. Reguläre Öffnungszeiten.

ORTE IN DER NÄHE, AN DENEN DIE WEINE DIESER KELLEREI AUSSERDEM ZU FINDEN SIND

Auberge Communale Au Sapin, Rte de Genolier 1, 1271 Givrins, +41 22 369 18 01
nathaly.michaud@bluewin.ch

TARTEGNIN

SIEBEN JAHRHUNDERTE BURGEN UND WEIN

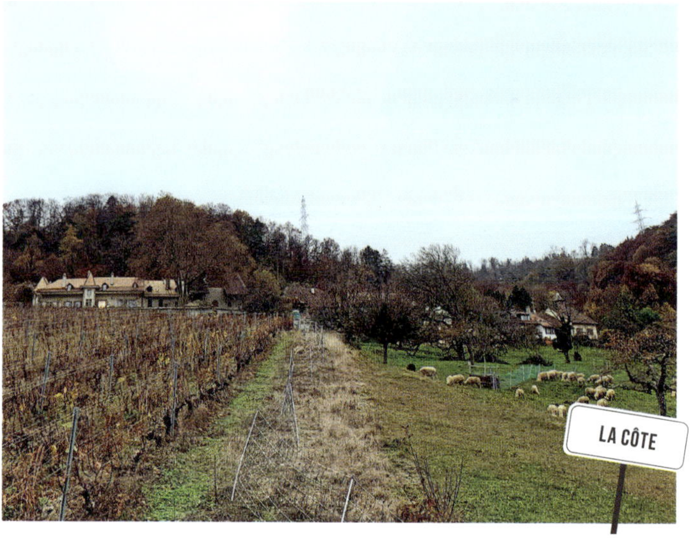

STARTPUNKT	ENDPUNKT
ROLLE BAHNHOF	DOMAINE DE PENLOUP, TARTEGNIN
JAHRESZEIT	SCHWIERIGKEITSGRAD
GANZJÄHRIG	MITTEL
KARTE	DAUER
BLATT 460 T	2 STD. 45 MIN.
SEHENSWÜRDIGKEITEN	LÄNGE
SCHLOSS VINCY AUS DEM 11. JAHRHUNDERT. LE PAUL & HENRI CARNAL HALL IN ROSEY. CHÂTEAU DE CHÂTAGNERÉAZ. RUINE DES CHÂTEAU DE MONT DE VIEUX.	9,3 KM
	AUFSTIEG / ABSTIEG
	412 M / 294 M

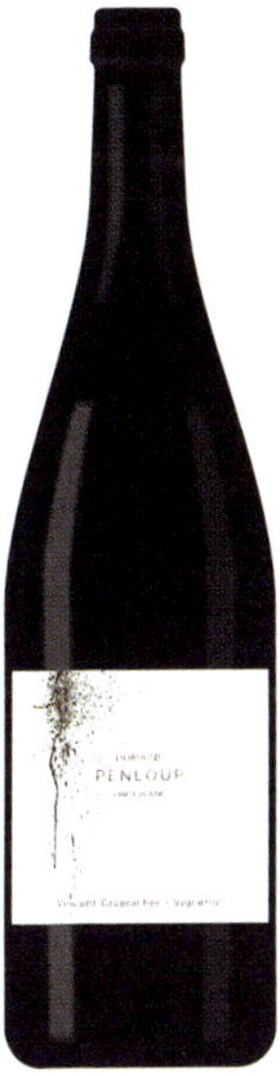

PINOT BLANC

PINOT BLANC PUR

DOMAINES DE PENLOUP UND ES CORDELIÈRES

WEISS

ZITRUSFRÜCHTE

FRISCH, VOLLMUNDIG

TROCKEN, STILL

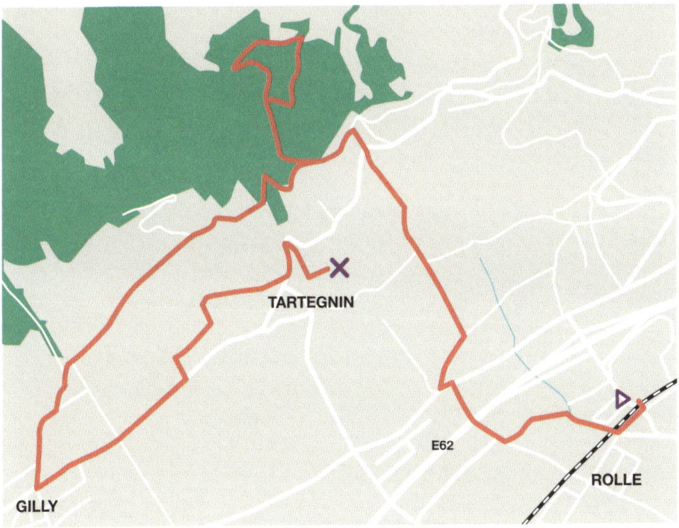

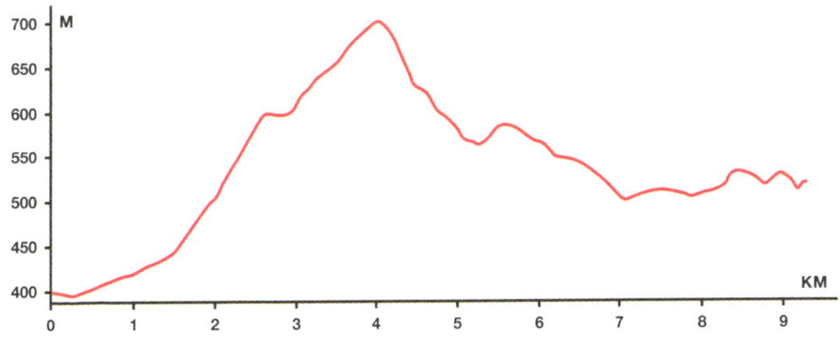

WEGBESCHREIBUNG

Vom Bahnhof in Rolle aus nehmt ihr einen der Fusswege, die an beiden Seiten der Gleise entlangführen, und lauft in Richtung Genf. Dann geht ihr rechts einen Fussweg auf der nordwestlichen Seite der Gleise hinauf, bis ihr auf die Route des Quatre Communes stosst, aus der kurz darauf eine kleine Strasse wird. Die Strasse macht eine Haarnadelkurve. Ganz in der Nähe befindet sich Le Rosey, eine 150 Jahre alte Schule, die nicht nur wegen ihrer architektonischen Mischung aus Alt und Neu interessant ist, sondern auch wegen ihres Rufes, die «Schule der Könige» zu sein - und eines der teuersten Internate der Welt sein soll. Folgt der Strasse weiter geradeaus, über die Autobahn hinweg zu einem Kreisel. Nehmt die linke Ausfahrt in Kreisverkehr, überquert die Route de l'Etraz, nehmt die erste rechts und geht auf der Route du Creux-du-Mas bergauf.

Nehmt die zweite Strasse links und lauft auf der Route de Châtagneréaz stetig bergauf. Das Château de Châtagneréaz auf der linken Seite hat eine mehr als tausendjährige Tradition als Weingut. Zu den Besitzern zählten religiöse Orden genauso wie reiche *Seigneurs*, je nachdem, aus welcher Richtung der religiöse, politische und wirtschaftliche Wind gerade wehte. Heute zählen die Reben des Schlosses zu den besten der Region. Ihr lauft immer weiter bergauf, bis ihr den alten Kastanienwald oberhalb der Rebberge erreicht.

Beim Weiler Bugnaux biegt ihr links ab, nehmt dann die erste Strasse rechts und folgt dem weiter ansteigenden Weg, vorbei an der Ruine des Château de Mont le Vieux, einst der Sitz der Machthaber in der Gegend. An der Ruine geht ihr nach links und folgt der Route de Châtel, die in einer Schleife zurück nach Bugnaux hinunterführt. Kurz vor dem Dorf biegt ihr scharf rechts ab auf La Rommaz. Ihr passiert einige Gebäude, dann nehmt ihr den Weg, der rechts von der Strasse wegführt, und überquert den Ruisseau de Famolens. Der Weg mündet auf die Strasse nach Vincy, die erst Chemin de la Bossenaz heisst, dann Route du Pavillon. Auf der Strasse weisen Schilder auf das «Hôpital de Gilly» hin, eine Klinik, die sich rechter Hand ein Stück weiter bergauf befindet.

Lauft weiter nach Vincy, das aus einigen wenigen Häusern und einem Château besteht, in dem ein weltberühmter zeitgenössischer Architekt lebt, Norman Foster. Das Land und die Weinberge gehören zu einer der ältesten Grundherrschaften, *Seigneurie* genannt, am Genfersee. Der Wanderweg führt anfangs bergab, biegt dann nach links ab und führt um das Schloss herum. Die restliche Strecke führt auf einem von mehreren parallel verlaufenden Wegen durch Rebberge. Eigentlich könnt ihr jeden dieser Wege nehmen, aber gegen Ende, in Tartegnin, geht es ziemlich steil bergauf, daher empfiehlt es sich, in Vincy nicht allzu weit hinunterzugehen.

In Tartegnin folgt ihr den Schildern Richtung Ortsmitte zur Domaine Penloup.

Rückweg
Von Tartegnin aus verkehren Busse zu den Bahnhöfen in Gland und Rolle.

Ergänzende Hinweise
Zu Beginn geht es länger bergauf, aber schon allein die herrliche Aussicht auf die Weinberge von La Côte und den Genfersee ist die Mühe wert.

DOMAINES DE PENLOUP UND ES CORDELIÈRES

Das Weingut Penloup gehört der Familie Graenicher erst seit 1983, was sie in dieser tausend Jahre alten Weinbauregion zu Newcomern macht, aber für Es Cordelières stellen sie schon seit 1967 Wein her. Als «junge» Inhaber haben sie ihre frische Energie genutzt, um herausragende Weine zu keltern. In der Domaine Es Cordelières wird mindestens seit dem 15. Jahrhundert Wein hergestellt. Das Weingut befindet sich gegenüber dem Château de Châtagneréaz, das wir im ersten Abschnitt der Wanderung gesehen haben. Dieses zweite Gut produziert einen Waadtländer Premier Grand Cru (Chasselas) und gehört zu der renommierten Association Clos, Domaines & Châteaux. Der Fokus liegt eindeutig auf Terroir-Weinen, und die Graenichers stellen gerade auf ökologische und biodynamische Produktion um.

Pinot Blanc pur: Ein sehr langes und langsames Keltern der Trauben ohne zweite Gärung ergibt einen ungewöhnlich frischen, lebendigen Pinot Blanc mit einer schönen Spannung.

ADRESSE

Domaine de Penloup
1180 Tartegnin
+41 79 671 72 91
info@graenicher-vins.ch
graenicher-vins.ch

DEGUSTATION

Man kann verschiedene kostenpflichtige Optionen buchen, etwa eine Weinprobe mit Imbiss oder ein Dinner mit Spaziergang durch die Weinberge und Degustation mit dem Winzer. Vorab reservieren.

ORTE IN DER NÄHE, AN DENEN DIE WEINE DIESER KELLEREI AUSSERDEM ZU FINDEN SIND

Hostellerie du Château, Grand-Rue 16, 1180 Rolle,
+41 21 822 32 62,
info@lhotel-rolle.com
Auberge Communale de la Clef d'Or, Rte du Village 26, 1195 Bursinel,
+41 21 824 11 06

FÉCHY

MITTELALTERLICHES DORF UND CHASSELAS-KONSERVATORIUM

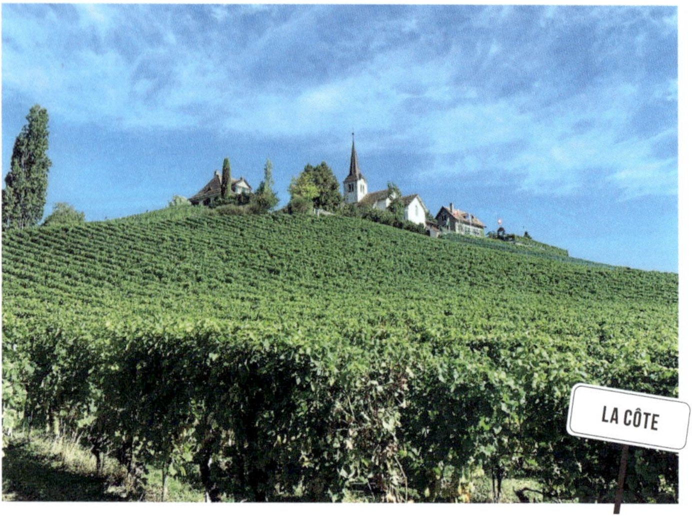

STARTPUNKT	ENDPUNKT
AUBONNE, GARE (BUSHALTESTELLE)	DOMAINE LA COLOMBE, FÉCHY
JAHRESZEIT	SCHWIERIGKEITSGRAD
GANZJÄHRIG	LEICHT
KARTE	DAUER
BLATT 261 T	2 STD. 15 MIN.
SEHENSWÜRDIGKEITEN	LÄNGE
ALTSTADT VON AUBONNE. CHASSELAS-KONSERVATORIUM.	8,3 KM
	AUFSTIEG / ABSTIEG
	165 M / 229 M

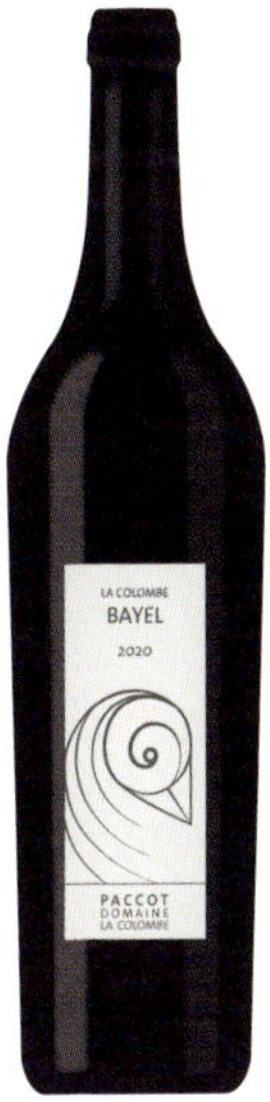

CHASSELAS

BAYEL GRAND CRU

DOMAINE LA COLOMBE

WEISS

ZITRUSNOTEN,
IN MANCHEN JAHRGÄNGEN
ETWAS LINDENBLÜTE

LEICHT UND LUFTIG,
AUSGEWOGEN

TROCKEN,
STILL

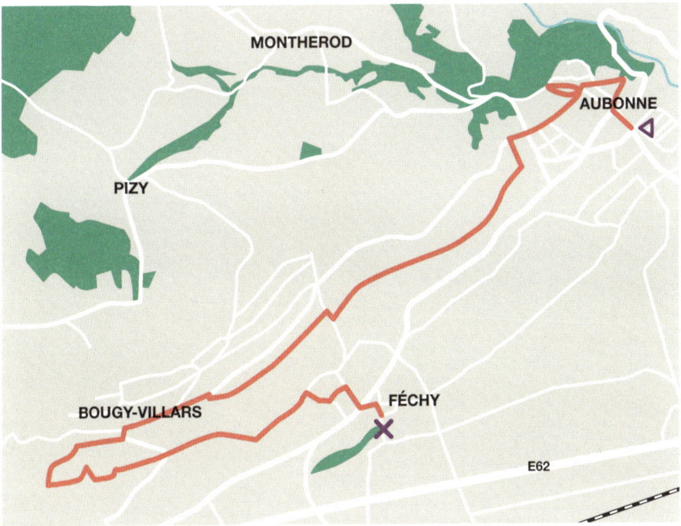

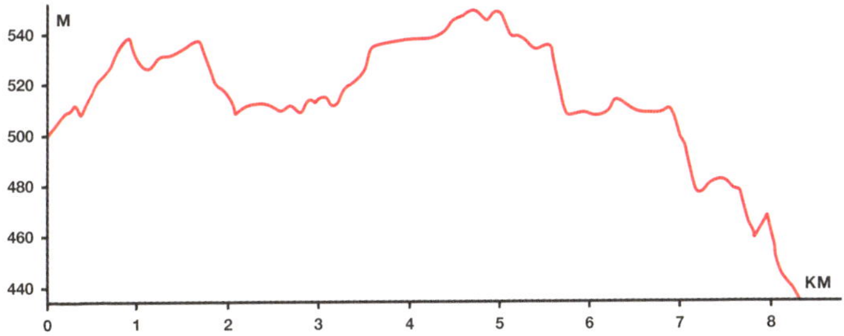

WEGBESCHREIBUNG

Von der Bushaltestelle aus lauft ihr zur Altstadt hinauf und immer weiter bergauf. Ihr passiert linker Hand das Gebäude der Gemeindeverwaltung («Administration Communale») und biegt gegenüber rechts ab in die Rue des Marchands, die gleich darauf eine Linkskurve macht. Von hier aus lohnt sich ein Rundgang, um die alten Patrizierhäuser zu betrachten. Die lebendige kleine Stadt zu Füssen der Burg aus dem 12. Jahrhundert ist einen Ausflug wert, mit ihren steilen Gassen und den schmalen, eng beieinanderstehenden Häusern.

Der Wanderweg verlässt die Stadt an der Abzweigung (einen kurzen Block von der Grande-Rue entfernt) von Rue des Fossés-Dessus und Rue du Chaffard, die zur Route de Bougy wird, nachdem ihr die viel befahrene Strasse überquert habt, die zum Abenteuerpark «Signal de Bougy» führt. Eines der schönsten Privatschlösser im Kanton Waadt, das im 18. Jahrhundert erbaute Bougy-Saint-Martin, steht hier und erinnert an die vielgerühmte Schweizer Diskretion in Geldangelegenheiten: Es gibt eine Verbindung zwischen dem Vermögen aus dem Verkauf von Spezialtinte für den Druck der Schweizer Banknoten und dem Schloss.

Biegt links ab auf die Strasse Sous-Bougy und lauft bergab, bis ihr auf den Chemin des Curzilles stosst. Hier biegt ihr rechts ab und folgt dem Weg, der zum Feldweg wird. Die Domaine La Colombe hat Terroir-Weine,

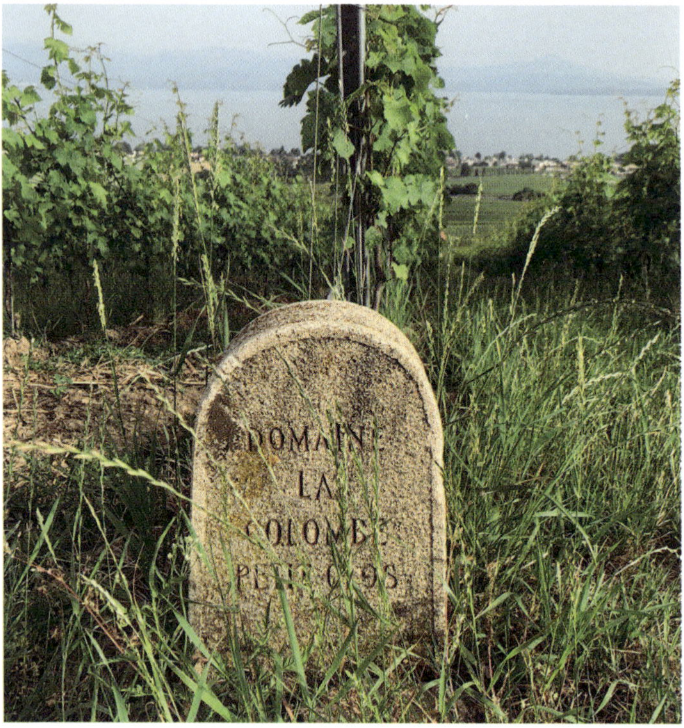

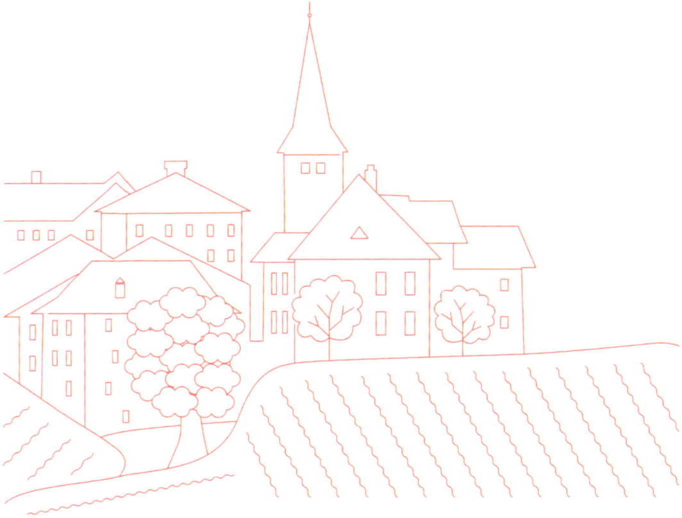

deren Trauben jeweils von einer ganz bestimmten Rebparzelle stammen. Die erste dieser Parzellen befindet sich gleich hinter Aubonne, auf der rechten Seite: die berühmten Curzilles-Reben. Die Parzelle ist nach dem System der sogenannten *Complantation* bepflanzt, das heisst, dass hier mehrere Rebsorten nebeneinanderwachsen, die auch gemeinsam gelesen werden. In der Vergangenheit nutzte man dieses System recht häufig, um das Risiko von Rebkrankheiten zu reduzieren, aber heute greifen nur noch wenige Winzer darauf zurück, weil die Trauben zu unterschiedlichen Zeiten reif werden.

Lauft geradeaus, mit zwei kleinen Rechts-links-Schlenkern, der erste bei einer T-Kreuzung, der zweite ebenfalls bei einer T-Kreuzung (Château de Riencourt), und gelangt so auf den Chemin de la Plantaz. Am Ende des Weges biegt ihr nach rechts ab und stosst kurz darauf auf die Grand'Rue von Bougy. Bougy ist ein windiges Strassendorf, das sich entlang eines Höhenrückens oberhalb der Weinberge erstreckt. An klaren Tagen könnt ihr den 140 m hohen Jet d'Eau sehen, der 40 km entfernt in Genf gen Himmel schiesst. Lauft geradeaus durchs Dorf und bleibt auf der Hauptstrasse, die eine Linkskurve macht. Dann biegt ihr rechts auf den Chemin des Civières ab und folgt dieser Strasse bergab.

An den Versuchsrebbergen des Weltkonservatorium des Chasselas könnt ihr haltmachen, den Pfaden durch die Reben folgen und die Namen der verschieden Chasselas-Biotypen studieren. Dieses bemerkenswerte Forschungsprojekt mit zwei Standorten – ein weiterer Weingarten befindet sich in Lavaux – wurde geschaffen, um alle bekannten Varietäten dieser Rebsorte zu erhalten. Die allermeisten Chasselas-Weine werden aus der Rebsorte Chasselas Fendant Roux gekeltert, aber das Konservatorium beherbergt so ausgefallene Chasselas-Klone wie Blanchette und Giclet, in der Hoffnung, diese Vielfalt retten und so besser auf Rebkrankheiten und die Auswirkungen des Klimawandels reagieren zu können.

Nach diesem Zwischenstopp geht es weiter nach Civières. Nehmt die erste Strasse links, so gelangt ihr zu einer kleinen T-Kreuzung und biegt links ab.

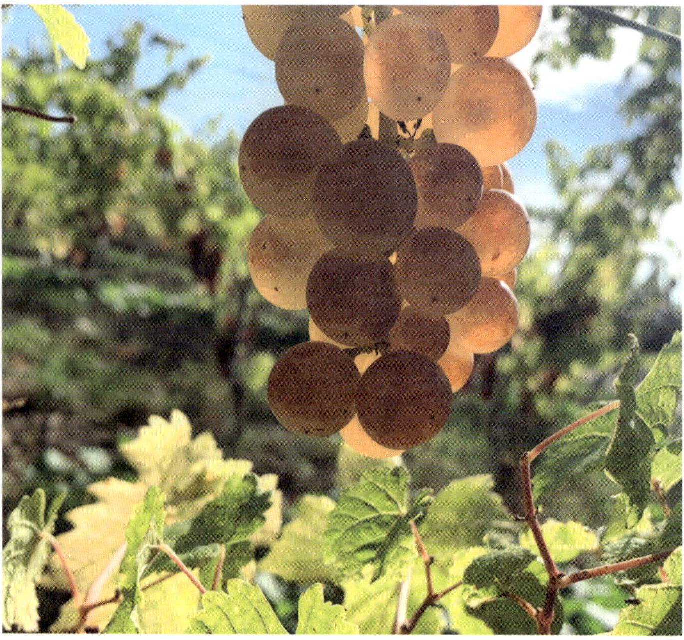

Die Route verläuft oberhalb der bewaldeten Fläche. Biegt links auf den Chemin des Crosettes ab, folgt seiner Linkskurve und überquert den Chemin de la Gaillarde, um auf dem Chemin du Mollard weiterzulaufen. Es geht geradeaus weiter, bis ihr einen Bauernhof und eine Abzweigung erreicht. Hier geht ihr rechts und lauft auf dem Chemin du Chaummon bergab, der an einer kleinen Abzweigung in den Chemin des Barrettes übergeht. Rechter Hand liegt der Rebberg Bayel, aus dessen Trauben ein charakterstarker Terroir-Wein gekeltert wird. Hier kommt schon die malerische Église de Féchy in Sicht. Die Strasse wird zur Chemin de Mi-Coteau, folgt ihr in einer Rechtskurve bis zum Dorf Féchy und der Kirche.

Von der Kirche aus lauft ihr auf dem Chemin de la Crausaz bergab, überquert die viel befahrene Hauptstrasse, lauft ein Stück die Route du Saugey entlang und biegt dann rechts auf die Route du Rionzier ab. Das Weingut kommt gleich nach der Auberge.

Rückweg

Vom Weingut aus sind es 100 m zur nächsten Bushaltestelle. Der Bahnhof Allaman ist einen gemütlichen halbstündigen Spaziergang entfernt.

Ergänzende Hinweise

Beim Chemin des Civières müsst ihr besonders gut aufpassen, den richtigen Weg zu erwischen, denn es gibt hier drei Optionen.

Wenn ihr eine längere und etwas beanspruchendere Wanderung möchtet, könnt ihr noch zum Parc Aventure Signal de Bougy hinauflaufen, einem beliebten Abenteuerpark mit Hochseilgarten und anderen Attraktionen, der im Besitz der Migros-Stiftung ist. Dadurch stockt ihr eure Wanderung auf 11 km auf, mit zusätzlichen 306 m Aufstieg und 371 m Abstieg, über Les Cassivettes, La Bossenaz, Pizy, Signal de Bougy, Chemin du Signal.

DOMAINE LA COLOMBE

Raymond Paccot ist ein Pionier des modernen Schweizer Weins – präzise, klare, unaufdringliche Weine mit engem Bezug zu ihrer Herkunftsregion. In den 2010er Jahren hat er den Betrieb auf biodynamischen Wein umgestellt. Seine Tochter Laura folgt seinem Beispiel und hat sich vorgenommen, möglichst naturbelassene Weine zu produzieren. Ihr Bayel ist ein klassischer, preisgekrönter La Côte Chasselas. Die gleichnamige Rebsorte ist bekannt für ihr feines, aber breites Spektrum an Aromen. Die Chasselas-Palette von La Colombe umfasst die Terroirs, die wir auf der Wanderung gesehen haben, und sich durch diese Sorten durchzuprobieren, ist eine grossartige Einführung in diese Rebsorte.

Bayel Grand Cru: Wenig Säure, trinkt sich leicht; ein eleganter Qualitäts-Chasselas aus dem Kanton Waadt.

ADRESSE

Domaine La Colombe
Route du Monastère 1
1173 Féchy
+41 21 808 66 48
domaine@lacolombe.ch
lacolombe.ch

DEGUSTATION

20 Franken pro Person; wird angerechnet, wenn ihr mindestens 6 Flaschen kauft.

Weltkonservatorium des Chasselas; c/o La Colombe
https://www.conservatoiremondialduchasselas.com

ORTE IN DER NÄHE, AN DENEN DIE WEINE DIESER KELLEREI AUSSERDEM ZU FINDEN SIND

Njørden, Pl. du Marché 15, 1170 Aubonne,
+41 21 808 50 90
contact@njorden.com
Café du Port, Rue du Port 9, 1180 Rolle,
+41 21 825 15 20
info@nrt.ch
Hostellerie du Château, Grand-Rue 16, 1180 Rolle,
+41 21 822 32 62
info@lhotel-rolle.com
Auberge communale de Féchy, Rte du Rionzier 3, 1173 Féchy,
+41 21 808 03 35
info@aubergefechy.ch

SAINT-PREX

RAFFINIERTE INGENIEURSKUNST AUS DEM 17. JAHRHUNDERT, ALTE TRAUBEN, NEUES GLAS

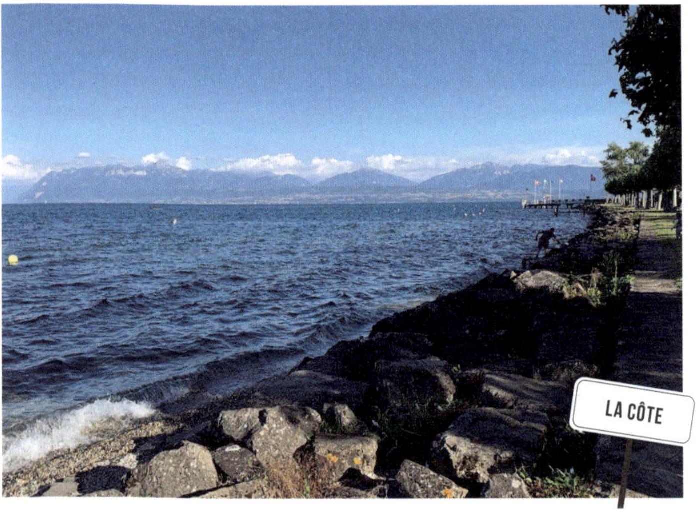

STARTPUNKT	ENDPUNKT
ETOY BAHNHOF	DOMAINE DE TERRE-NEUVE, SAINT-PREX
JAHRESZEIT	SCHWIERIGKEITSGRAD
GANZJÄHRIG	LEICHT
KARTE	DAUER
BLATT 261 T	1 STD. 45 MIN.
SEHENSWÜRDIGKEITEN	LÄNGE
SPAZIERGANG AM FLUSSUFER. HISTORISCHER STADTKERN VON SAINT-PREX. LE VIEUX BOURG. HERRENHAUS LE MANOIR. JAKOBSWEG.	6,8 KM AUFSTIEG / ABSTIEG 74 M / 82 M

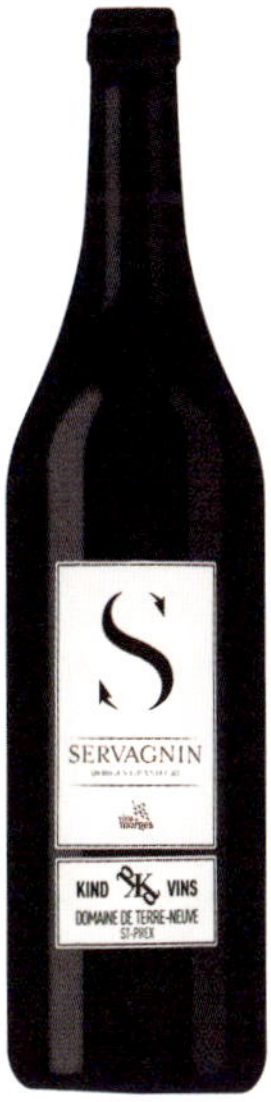

PINOT NOIR, SERVAGNIN VARIETY

SERVAGNIN MORGES

DOMAINE DE TERRE-NEUVE

ROT

INTENSIVE SCHWARZKIRSCHE

ROTE BEEREN; WEICH UND AUSBALANCIERT DURCH SEIDIGE TANNINE

TROCKEN, STILL

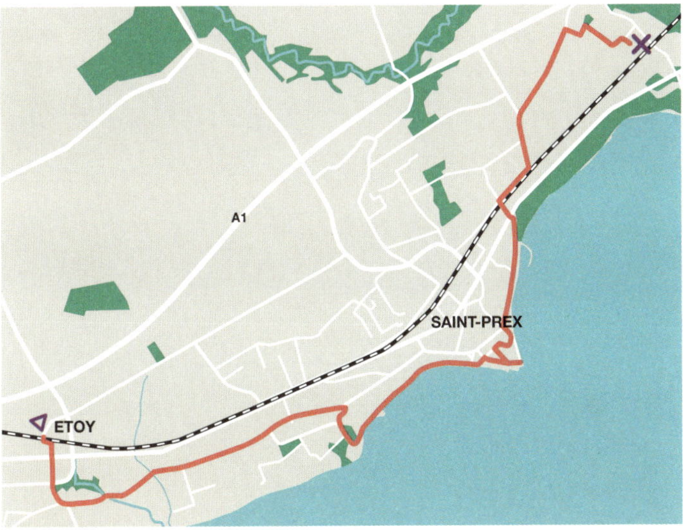

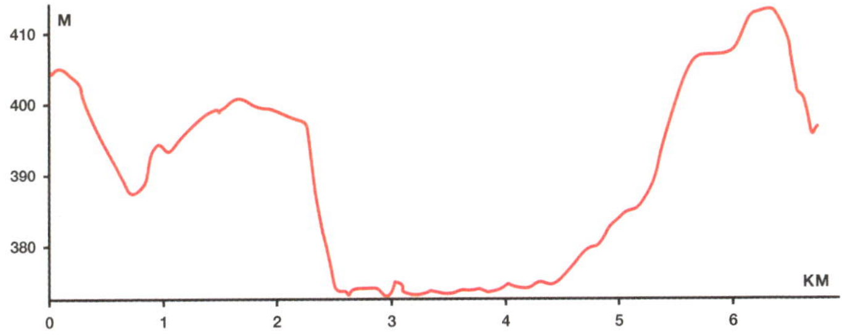

WEGBESCHREIBUNG

Der Bahnhof in Etoy liegt am Rande eines Gewerbegebiets. Lauft geradeaus den Berg hinunter Richtung See und überquert dabei den viel befahrenen Kreisel auf der kantonalen Schnellstrasse. An der T-Kreuzung nach dem zweiten Kreisel biegt ihr links ab auf die Strasse nach Saint-Prex bzw. Buchillon und teilt euch den Weg mit Fahrrädern und hin und wieder einem Auto. Wenn ihr Schilder Richtung Coulet und STEP (eine Wasseraufbereitungsanlage) seht, biegt ihr rechts ab und lauft auf dem Chemin de Coulet bergab, bis ihr den Strand Plage du Coulet und den dazugehörigen kleinen Park erreicht. Hier beginnt ein geschützter Uferweg: eine schöne Ausnahme von der Regel, da die Besitzer der Grundstücke direkt am Genfersee der Öffentlichkeit den Zugang zum Wasser normalerweise verwehren.

Nehmt euch die Zeit, um die Altstadt – Vieux Bourg genannt – zu erkunden, wenn ihr St-Prex erreicht. Sie wird von einem kleinen dreieckigen Areal gebildet, das an einer Seite von einer Strasse namens

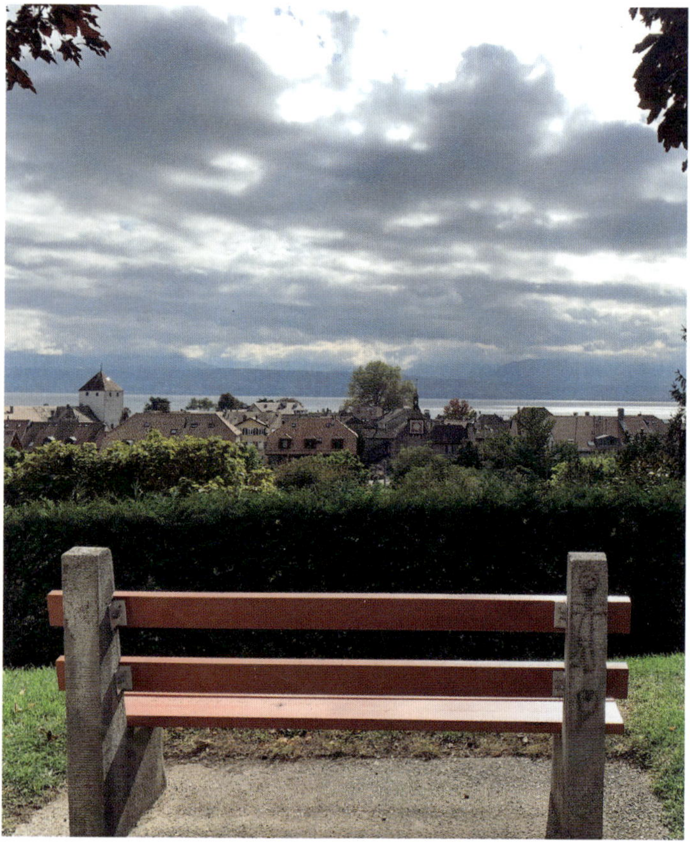

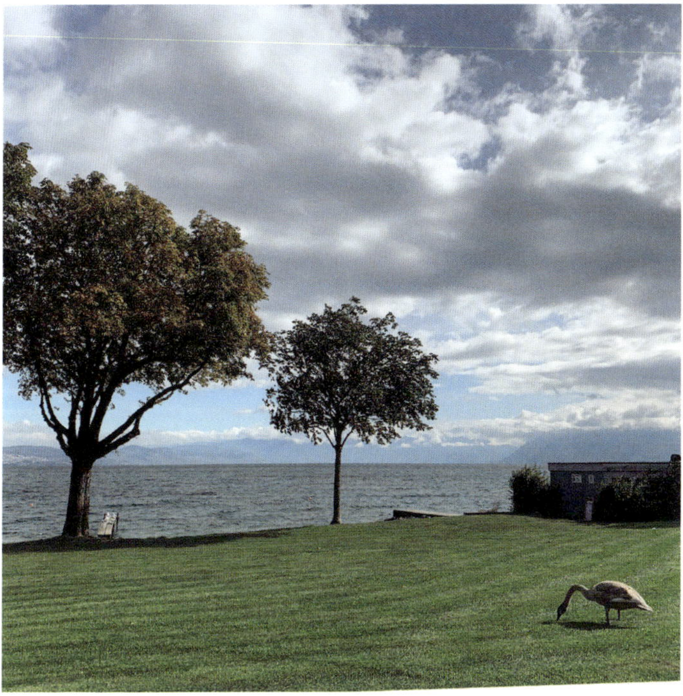

Rue du Pont-Levis («Zugbrücke») begrenzt wird, in Erinnerung an den Wassergraben, der den Ort einst vom Rest der Welt trennte. Im 18. Jahrhundert wurde die Altstadt so umgestaltet, dass alle Strassen in einem leichten Bogen verlaufen und unterbrochen sind. Ein erfolgreicher Trick, um die starken Winde in Schach zu halten, die manchmal vom See heraufwehen. Im Zentrum ist es sogar an stürmischen Wintertagen windstill.

An einem Schulgebäude (Collège du Chauchy), direkt nach einem Park, der das Ende des Uferwegs anzeigt, biegt ihr links ab und nehmt dann die erste Strasse rechts. Ein kleiner Abstecher zum 20 Schritte entfernten Bain des Dames erinnert an eine Zeit, in der Frauen einen kleinen Strand für sich allein hatten. Dann lauft ihr zurück zur Strasse, geht nach rechts und folgt der Rue Forel, vorbei am Manoir und einem Brunnen, zum Steg, wo die Personenschiffe anlegen. Dann lauft ihr zur Grand'Rue und in Richtung Stadttor mit Uhrturm, biegt kurz davor rechts ab und folgt einer der schmalen Gassen zum Château aus dem 12. Jahrhundert mit seinem auffälligen quadratischen Turm, der später als Getreidelager diente, und weiter zum Park am Ufer.

Folgt der Avenue de Taillecou fast bis zum Ende, wo sie auf die kantonale Schnellstrasse mündet. Biegt links ab, überquert die Schnellstrasse und folgt dem Chemin du Perreret durch die Eisenbahnunterführung, um gleich danach rechts auf den Chemin de Pomeiry abzubiegen. An einer Bank und einem Hinweis auf den Jakobsweg macht die Strasse eine Linkskurve, weg von den Gleisen, und ihr folgt dem Verlauf des Chemin de Pomeiry. Der Weg macht eine Rechtskurve und heisst nun Chemin de Bon Boccard. Ihr passiert einen Bauernhof, der etwas abseits der Strasse steht. Kurz vor der

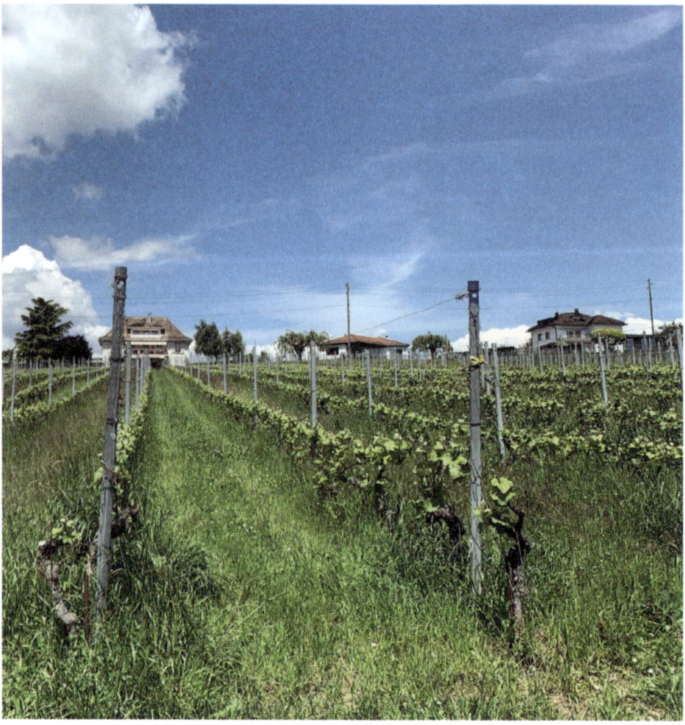

Autobahn biegt ihr rechts ab und lauft bergab zur Domaine de Terre Neuve mit ihren Rebbergen und einem eleganten Park mit altem Baumbestand.

Rückweg
Zehnminütiger Spaziergang zurück nach Saint-Prex auf einem Weg entlang der Gleise zur Bushaltestelle am Seeufer.

Ergänzende Hinweise
Saint-Prex ist ungemein geschichtsträchtig, von den Pfahlbauten der ersten Siedler bis zu seiner Rolle in der Römerzeit; später diente es drei Jahrhunderte lang als Sommersitz der verschiedenen Herzoge von Morges, stieg erfolgreich in die Glasherstellung ein (Sandstrände boten das Rohmaterial) und wurde im 20. Jahrhundert zu einem von drei nationalen Zentren für Glasverwertung – die Schweiz recycelt gut 95 % ihres Glasverbrauchs, grösstenteils für Weinflaschen. Ein fünfminütiger Abstecher vom Park am Seeufer führt bergauf Richtung Bahnhof zur romanischen Kirche aus dem 12. Jahrhundert.

DOMAINE DE TERRE-NEUVE

Dass hier seit 200 Jahren Wein gekeltert wird, können die alten Zedern, Linden und Eichen im weitläufigen Park des Weinguts bezeugen. David Kind bewirtschaftet das Gut seit 1996. Sein Sohn, der zehn Jahre lang mit ihm zusammengearbeitet hat, besitzt nun eine eigene Kellerei. Der Wein ist von höchster Qualität, und die Kellerei ist eine Oase der Ruhe, obwohl man sich zwischen Bahngleisen und Autobahn befindet.

Servagnin Morges: Dies ist ein geschichtsträchtiger Wein. Der Servagnin war der erste Pinot Noir, der in der Schweiz angebaut wurde, war aber Ende des 20. Jahrhunderts fast verschwunden, weil die Winzer die ertragreicheren Versionen der Rebsorte bevorzugten. Die Rettung kam in letzter Minute durch eine Handvoll Winzer. Heute wird der Servagnin nur aus Trauben der gleichnamigen Varietät gewonnen, die in der Weinbauregion Morges wachsen. Der Wein muss bestimmte Standards erfüllen: Die Trauben müssen voll ausgereift sein (d.h. sie müssen mindestens 82 Grad Oechsle erreicht haben), die Erträge müssen sehr niedrig sein (maximale Produktion von 50 Hektoliter pro Hektare) und der Wein muss 16 Monate in Eichenfässern heranreifen. Die ersten Reben kamen durch Marie von Burgund nach St-Prex, die Tochter von Philipp dem Kühnen, Herzog von Burgund. Er verbannte 1395 den Gamay von den Weinbergen der burgundischen Côte d'Or, weil er den Pinot Noir so sehr liebte. Seine Tochter floh vor der in Morges wütenden Pest in das friedliche St-Prex, als sie mit ihrem zehnten Kind schwanger war. Die Dorfbewohner hiessen sie herzlich willkommen, und Marie schenkte ihnen zum Dank einige Rebstöcke der Rebsorte, die sie und ihr Vater so liebten.

ADRESSE

Domaine de Terre-Neuve
1162 Saint Prex, Vaud
+41 79 216 94 44
info@terreneuve.ch
terreneuve.ch

DEGUSTATION

Kostenlos.
Feste Öffnungszeiten, vorab telefonisch ankündigen.

ORTE IN DER NÄHE, AN DENEN DIE WEINE DIESER KELLEREI AUSSERDEM ZU FINDEN SIND

Restaurant Le Taillecou, Av. de Taillecou 4, 1162 Saint-Prex, +41 21 806 11 98
Auberge de l'Union, Rue du Pont-Levis 11, 1162 Saint-Prex, +41 21 544 35 77
info@auberge-union.com

ÉCHICHENS

WAADTLÄNDISCHE FLUSSIDYLLE: VON FORELLEN UND BIENEN

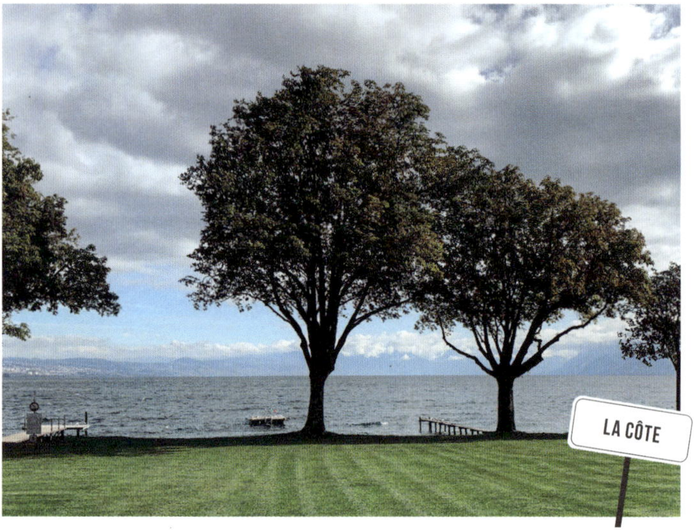

STARTPUNKT	ENDPUNKT
SAINT-PREX, PARK AM SEEUFER (PLACE D'ARMES)	DOMAINE HENRI CRUCHON, ÉCHICHENS
JAHRESZEIT	SCHWIERIGKEITSGRAD
GANZJÄHRIG	MITTEL
KARTE	DAUER
BLATT 261 T	3 STD.
SEHENSWÜRDIGKEITEN	LÄNGE
UFERPROMENADE SAINT-PREX UND MORGES. DER VERSTECKTE FLUSS BOIRON. SCHLOSS MIT HISTORISCHEM MUSEUM UND WAFFEN- BZW. MILITÄRAUSSTELLUNG.	11,7 KM
	AUFSTIEG / ABSTIEG
	229 M / 138 M

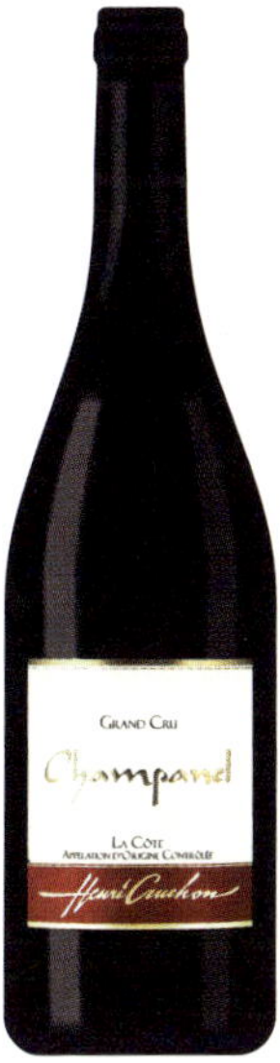

PINOT NOIR

PINOT NOIR GRAND CRU CHAMPANEL

DOMAINE HENRI CRUCHON

ROT

FRUCHTIG, MIT EINER ZARTEN GRÜNEN NOTE; MARKANTER CHARAKTER

ELEGANT UND STILVOLL, ABER AUCH KRAFTVOLL UND TROTZDEM MIT DER TYPISCHEN SANFTHEIT DES PINOT NOIR

TROCKEN, STILL

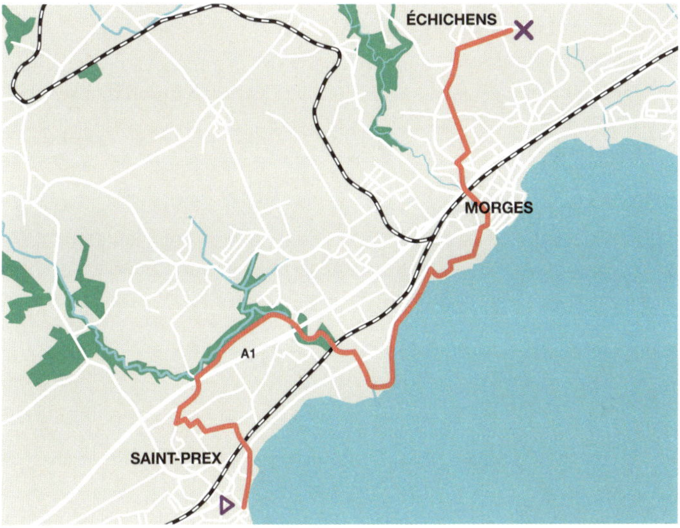

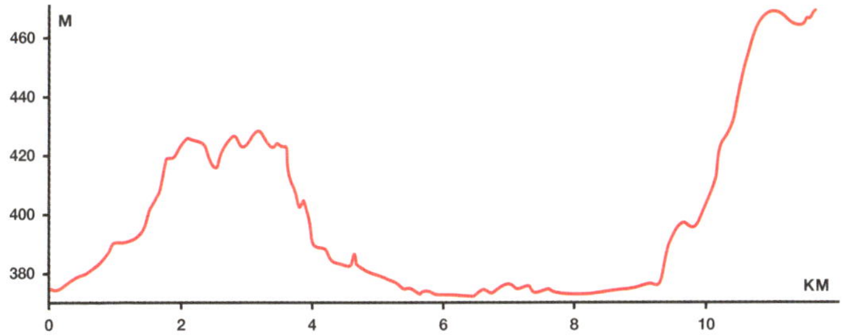

WEGBESCHREIBUNG

Der Park am Seeufer ist vom Bahnhof Saint-Prex aus (Anschluss an den Regionalverkehr) in fünf Minuten zu erreichen. Die kleine Grünfläche wird von örtlichen Familien an sonnigen Tagen rege genutzt, ist sonst aber ruhig. Ihr lauft Richtung Morges am Ufer entlang, vorbei am kleinen, für die Dörfer am Genfersee typischen Freizeithafen. An windigen Tagen könnt ihr den Kitesurfern zuschauen, Lausanne in der Ferne weiss strahlen sehen und am gegenüberliegenden Seeufer einen Blick auf das französische Evian erhaschen. Ihr überquert die viel befahrene Hauptstrasse, lauft unter den Bahngleisen hindurch und dann geradeaus auf die T-Kreuzung zu, wo ihr links abbiegt und an einigen Schrebergärten vorbeilauft. An der Schule biegt ihr rechts ab, geht dann links und gleich wieder rechts (alternativ könnt ihr, wenn ihr ihn entdeckt, den kurzen markierten Fussweg nehmen, der den Berg hinaufführt).

Die Autobahn zur Linken, die Fondation Perceval (eine Bildungseinrichtung) zur Rechten, folgt ihr der Strasse, die euch aus der Stadt herausbringt. Lauft unter der Autobahn hindurch, und einige Meter später verlasst ihr die Strasse und folgt den Schildern Richtung «Sentier de la Truite», einem Lehrpfad rund um die Forelle. Die Route führt am Rande eines dicht bewaldeten Gebiets entlang, aber es gibt einen zweiten, parallelen Pfad, der in den Wald hinein, hinunter zum Fluss und schliesslich zum *Sentier de la Truite* führt. Der Weg durch den Wald ist allerdings nicht immer eindeutig markiert.

An einer kleinen Abzweigung, wo die Strasse nach rechts zu einem Bauernhof führt, biegt ihr scharf links ab und geht auf einer kleinen Strasse bergab in den Wald. Direkt vor der Wasseraufbereitungsanlage (STEP) führt die Route auf den Waldweg entlang des Flusses Boiron. Vorsicht: Er ist leicht zu verfehlen! Nehmt den schmalen Asphaltweg und achtet

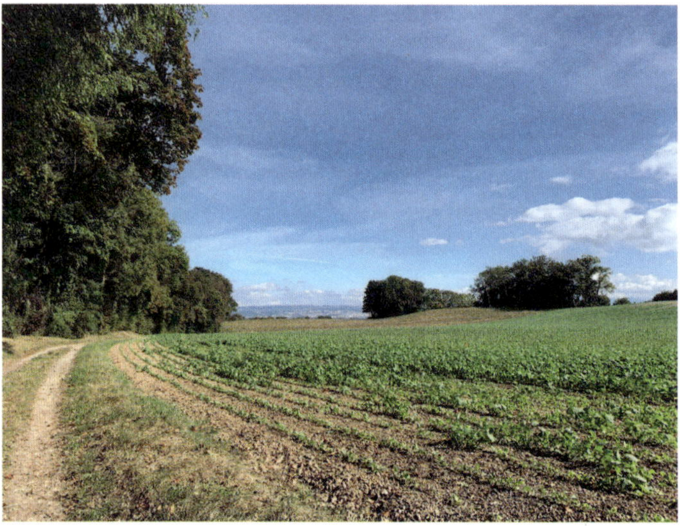

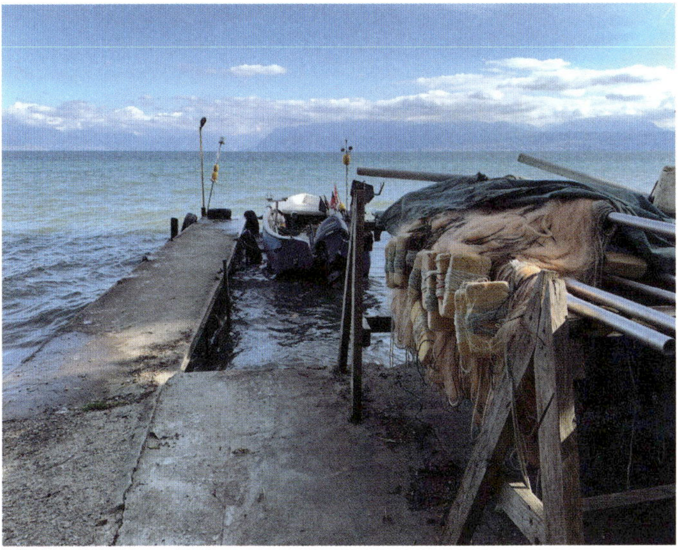

auf eine gelbe Raute auf einem zugewucherten Baum. Es ist ein wunderschöner und sehr friedlicher Weg, auch wenn er an einer Stelle unter der Autobahn hindurchführt. Folgt dem schlängelnden Verlauf des Boiron, ein Fluss, den man eigentlich nur sieht, wenn man diesen Weg entlangspaziert. Wenn ihr an der Imkerhütte ankommt – ein Schild warnt vor Bienen –, verlasst ihr den Wald. Die Route führt nun durch offenes Gelände, vorbei an Bauernhöfen der Gemeinde Tolochenaz mit kleinen Verkaufsständen.

Bis zum Parc de l'Indépendance («Park der Unabhängigkeit») in Morges verläuft der Weg nun am Fluss und dann am teilweise sandigen Seeufer entlang. Er ist gut ausgeschildert und bequem zu laufen. Unterwegs erfährt man auf Informationstafeln etwas über die Flüsse, die hier in den See münden. Im letzten Abschnitt des Boiron kommt ihr an einem Wissenschaftsmuseum («House of the River») vorbei und passiert eine kleine Anlegestelle der örtlichen Fischer. Es folgt einer der schönsten und ruhigsten Abschnitte dieses Sees, wo das Wasser direkt neben dem Weg sanft ans Ufer schwappt. Morges verfügt über einen beeindruckenden Park am Ufer, es gibt ein Schwimmbad und weitere Sporteinrichtungen, und im Parc de l'Indépendance blühen jedes Frühjahr im April und Mai über 100 000 Tulpen. Direkt daneben steht das Schloss von Morges, das Ludwig von Savoyen im 13. Jahrhundert zum Schutz der Stadt errichten liess. Es beherbergt heute fünf Museen, darunter ein Militär- und Artilleriemuseum.

Von hier aus führt die Route mitten durch das Zentrum dieser regional bedeutenden Handelsstadt zum Bahnhof von Morges hinauf. Am Kreisel oberhalb des Bahnhofs biegt ihr rechts ab und lauft stetig bergauf durch ein Wohngebiet. Alternativ könnt ihr auch auf der Avenue de Marcelin weiterlaufen, aber sie ist stark befahren. Plötzlich tauchen die ersten Rebberge auf, und linker Hand befinden sich die Domaine de Marcelin und das kantonale Bildungszentrum Marcelin mit mehreren Schulen, an denen unter anderem Weinbauern und Kellermeister ausgebildet werden.

Bald darauf stösst die Route wieder auf die Avenue du Marcelin, die hier etwas ruhiger ist. Lauft weiter bergauf, jetzt durch ländliches Terrain, bis ihr zu einer kleinen Strasse kommt, die nach Échichens führt. Hier biegt ihr rechts ab und lauft zum Weingut.

Rückweg
Die Domaine Henri Cruchon befindet sich oberhalb des Krankenhauses von Morges (fünf Minuten Fussweg), von wo aus Busse zum Bahnhof fahren.

Ergänzende Hinweise
Wein: Bei den Cruchons habt ihr die seltene Gelegenheit, biodynamische und klassische Weine aus demselben Weingut miteinander zu vergleichen. Die Winzer erklären auch, nach welchen Kriterien sie entscheiden, welche Methode für bestimmte Parzellen und Rebsorten infrage kommt.

Wanderung: Ein lohnender Abstecher, vor allem im Sommer: Vom Château de Morges am Bootshafen vorbei zum Igor-Strawinski-Kai, wo von Juli bis Oktober zahllose Dahlien blühen. Dann lauft ihr in einer Schleife über die Rue Louis de Savoie zurück und geniesst die typische waadtländische Stadtarchitektur aus dem 17. bis 19. Jahrhundert. Am Schloss gelangt ihr zurück auf die Route.

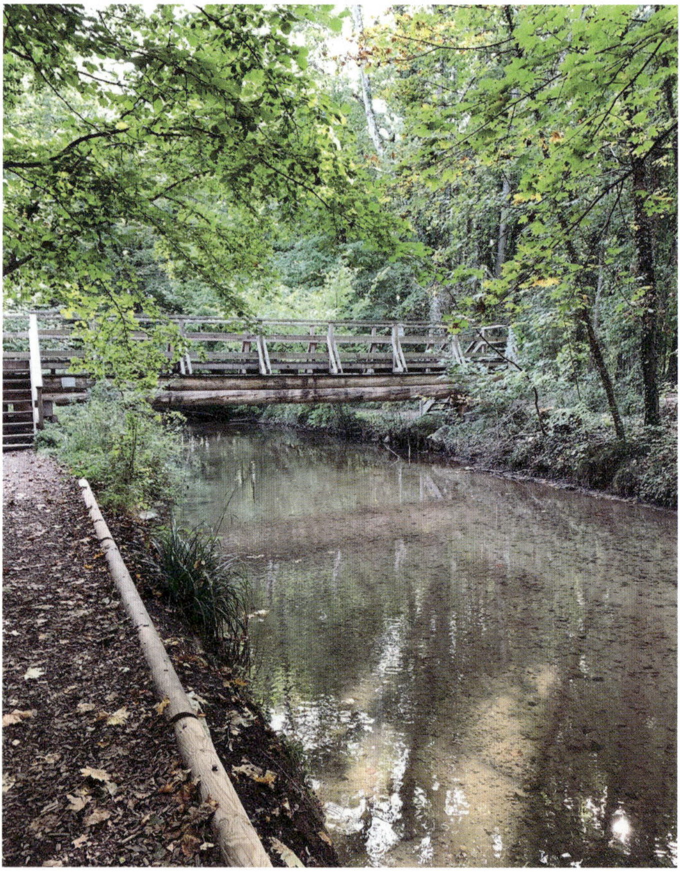

DOMAINE HENRI CRUCHON

Für schweizerische Verhältnisse ist dieses familiengeführte Weingut relativ gross. Mehrere Familienmitglieder aus verschiedenen Generationen arbeiten aktiv mit, um eine breite Auswahl an renommierten Weinen zu produzieren. Sie haben schon früh auf biodynamischen Anbau umgestellt und verfügen dadurch über beträchtliche Expertise in diesem Bereich, die sie gerne weitergeben. 17 Rebvarianten wachsen auf ihren Parzellen, die über die Region verteilt sind. Ein Schwerpunkt liegt immer auf der Frage, wie das Terroir dieser verschiedenen Parzellen für die unterschiedliche Rebsorten funktioniert. Die Parzelle Champanel befindet sich rechts von der Strasse zwischen dem Weingut und dem Krankenhaus von Morges. Aus ihren Trauben wird sowohl ein weisser Chasselas gekeltert als auch der hier vorgestellte rote – zwei sehr charakterstarke Weine.

Pinot Noir Grand Cru Champanel: Charakterstark, passt gut zu Weichkäse und herzhaften Fleischgerichten.

ADRESSE

Henri Cruchon
Route du Village 32
1112 Échichens
+41 21 801 17 92
contact@henricruchon.com
henricruchon.com

DEGUSTATION

15 Franken pro Person. Es gibt auch eine Degustation mit Käseplatte. Beim Kauf von mindestens 6 Flaschen wird der Degustationspreis angerechnet.
Öffnungszeiten: Mo–Fr: 10–12 Uhr und 14–18 Uhr, Samstag: 8–12 Uhr.

ORTE IN DER NÄHE, AN DENEN DIE WEINE DIESER KELLEREI AUSSERDEM ZU FINDEN SIND

Romantik Hôtel Mont-Blanc Au Lac, Rue des Alpes 1, 1110 Morges, +41 21 804 87 87
info@hotel-mont-blanc.ch

VALEYRES

ALTE ABTEI AUF DER HÖHE UND VERTRÄUMTE SCHLUCHTEN

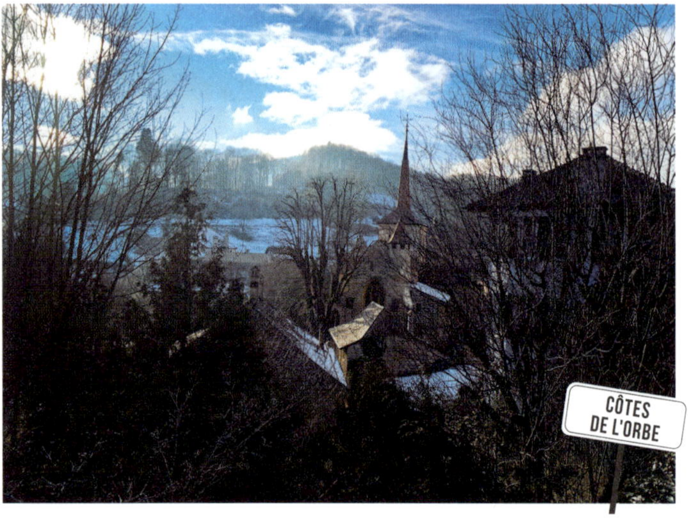

▷··· STARTPUNKT	···✕ ENDPUNKT
ROMAINMÔTIER, ÉGLISE (BUSHALTESTELLE)	CHÂTEAU DE VALEYRES, VALEYRES-SOUS-RANCES
JAHRESZEIT	SCHWIERIGKEITSGRAD
GANZJÄHRIG	MITTEL
KARTE	DAUER
BLATT 251 T	3 STD. 30 MIN.
SEHENSWÜRDIGKEITEN	LÄNGE
ABTEIKIRCHE VON ROMAINMÔTIER. DIE ORBE. CHÂTEAU DE VALEYRES.	13 KM
	AUFSTIEG / ABSTIEG
	310 M / 476 M

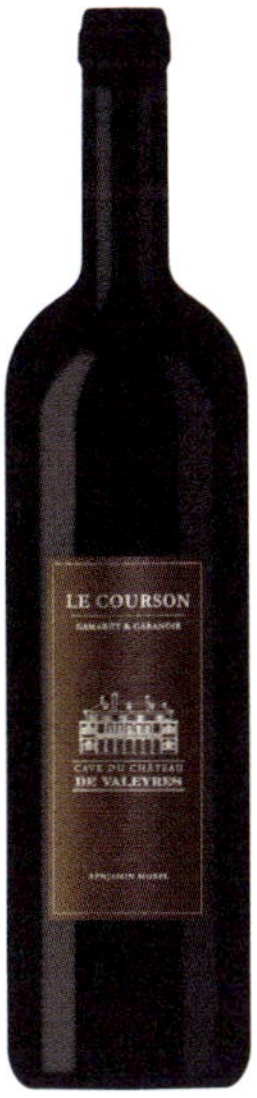

RED BLEND, GAMARET AND GARANOIR

LE COURSON

CHÂTEAU DE VALEYRES

ROT

REIFE FRÜCHTE, PFLAUME UND ROTE BEEREN

SAMTIG, GUTE STRUKTUR – EIN HERVORRAGENDES BEISPIEL FÜR DIESE REBSORTEN

TROCKEN, STILL

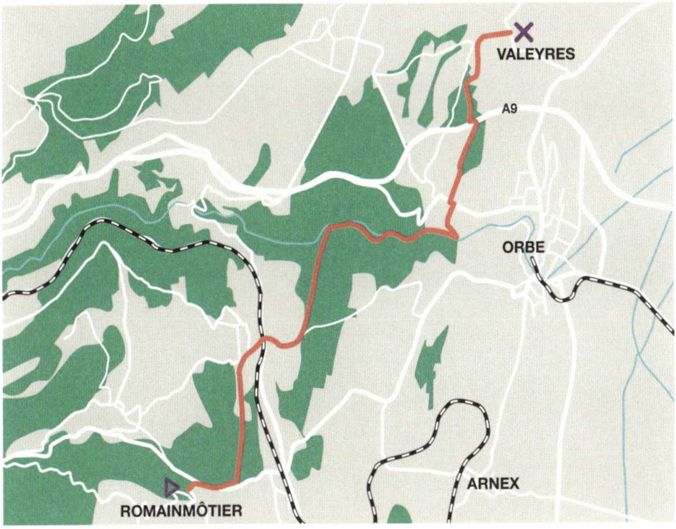

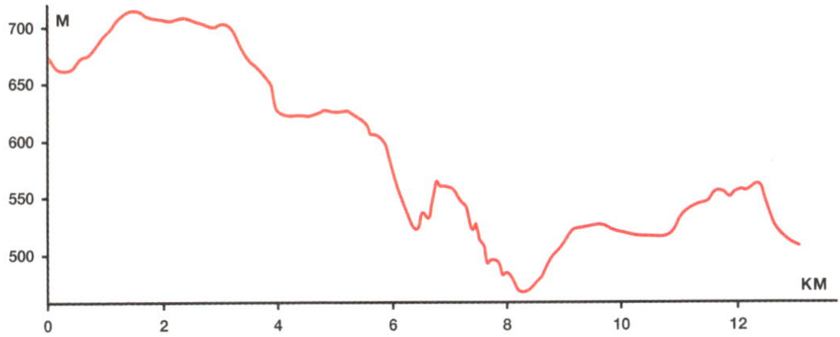

WEGBESCHREIBUNG

Von der Bushaltestelle oben auf der Anhöhe lauft ihr zur Abtei hinunter (ihr könnt sie nicht verfehlen) und bummelt ein wenig durch die schmalen Gassen, bevor ihr zum Ausgangspunkt zurückkehrt. Nehmt einen vor allem bei Hundebesitzern beliebten Fussweg, der anfangs parallel zur Strasse verläuft. Nach ein paar Minuten biegt der Weg vor Croy nach links ab. Danach lauft ihr geradeaus durch den Wald von Forel entlang eines kleinen Kamms oberhalb des Dorfes Croy.

Am Ortseingang von Bretonnières mündet die Route auf die Strasse, die in die Stadt hineinführt. Folgt der Strasse und biegt rechts auf die Rue Etienne ab. Die Strasse macht eine Rechtskurve, heisst nun Route d'Agiez und führt unter der A9 hindurch. Kurz nach der Autobahn-Unterführung nehmt ihr linker Hand den Fussweg, der euch die Schleife erspart, welche die Strasse hier macht. Nach dieser Abkürzung führt die Route ein kurzes Stück der Strasse entlang, zweigt dann aber links ab (haltet Ausschau nach den gelben Pfeilen) und führt am Waldrand entlang, ungefähr parallel zu einem kleinen Fluss. Geht Richtung Norden. Wenn der Weg sich leicht

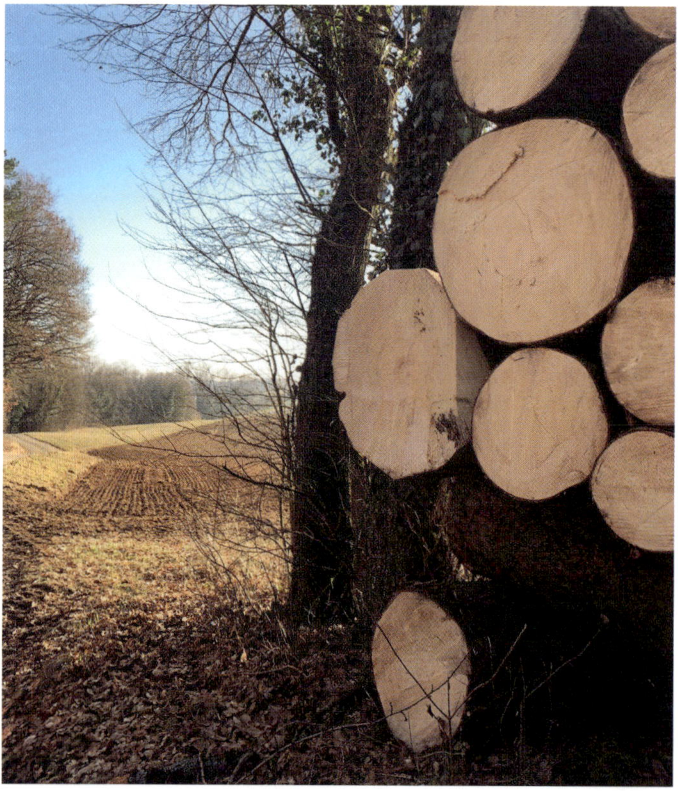

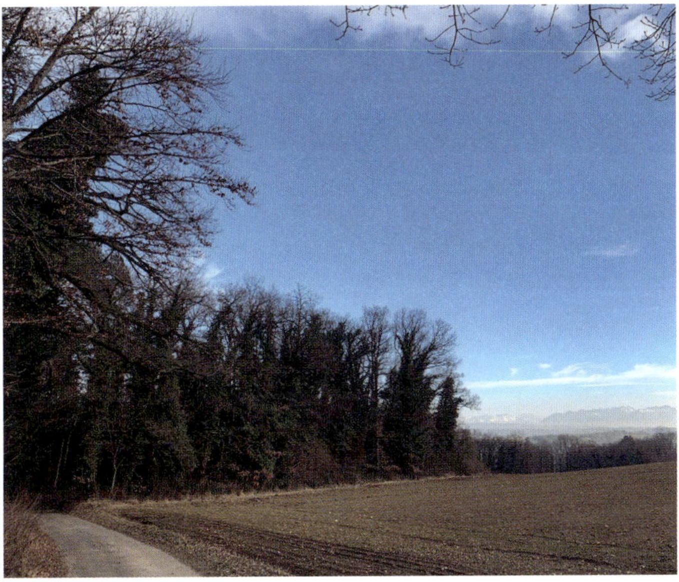

nach rechts krümmt, tiefer in den Wald hinein, ist es ratsam, gut auf die Markierungen zu achten und auf der markierten Route zu bleiben (linker Hand befinden sich ein paar landwirtschaftliche Gebäude).

Haltet euch links, wo sich der Weg teilt und es rechts nach Agiez geht. Folgt den Schildern Richtung Orbe-Schlucht («Gorges de l'Orbe»). Wandert geradeaus weiter durch den Wald bis zur Orbe. Hier vereinigt sich die Route mit einem Abschnitt des wunderschönen, 17 km langen Wanderwegs von Vallorbe nach Orbe, der nach der Schlucht benannt ist. Die Schilder können etwas Verwirrung stiften, denn es gibt einen älteren Weg am Flussufer, der 2020 erneuert wurde, als man den neuen, höher gelegenen und etwas sichereren Weg baute. Beide Wege können benutzt werden. Die Route macht eine Rechtskurve, der Fluss ist links. Geht weiter, bis ihr an eine Brücke kommen. Am anderen Flussufer befindet sich das Wasserkraftwerk, das sich vorab mit Hochspannungsmasten und Stromleitungen ankündigt.

Die Route tritt aus dem Wald heraus und verlässt nun auch das Flussufer. Es geht leicht bergan auf einer kleinen Strasse, die nach ein paar engen Schleifen geradeaus führt und das Kraftwerk links hinter sich zurücklässt. Bald darauf verläuft die Route ein kurzes Stück auf der Strasse nach Montcherand, biegt aber gleich wieder rechts ab und führt weiter nach Norden, Richtung Valeyres-sous-Rances, durch Felder und entlang an kleinen Wäldchen. Der Weg kreuzt die Autobahn A9 und teilt sich: Nehmt die linke Option, eine kleine Strasse. Kurz darauf wird diese zum Fussweg und macht eine Rechtskurve. Ihr geht durch lichten Wald und dann auf das Dorf zu, rechter Hand erstrecken sich Felder. Kurz vor dem Ortseingang biegt ihr links ab und umrundet einen Friedhof, dann folgt ihr dem Weg, der zum Chemin du Moty führt, und lauft auf diesem geradeaus bis zu der Stelle, wo er in die Rue du Village mündet. An der grossen Kreuzung biegt ihr rechts ab. Das Weingut befindet sich im Schlosshof auf der rechten Seite.

Rückweg
Bushaltestelle direkt vor dem Weingut.

Ergänzende Hinweise
Romainmôtier mit seinem mittelalterlichen Charme und den hügeligen Strassen ist ein beliebtes Ausflugsziel für Touristen, vor allem wegen der schönen Abteikirche, die nach den Plänen der Kirche von Cluny auf den Ruinen eines Klosters aus dem 11. Jahrhundert erbaut wurde. Der Wanderweg macht am Anfang nur einen kleinen Umweg über das Dorf, aber vielleicht nehmt ihr euch für diesen eindrucksvollen Ort etwas mehr Zeit.

Die Wanderung ist auch im Winter kein Problem, es sei denn, es hat kurz davor besonders ausgiebig geschneit, passt jedoch im Wald gut auf: Zu dieser Jahreszeit werden Baumfällarbeiten durchgeführt. Achtet auf die entsprechenden Warnschilder!

Ein weiterer, bei Touristen beliebter Abstecher liegt 1,5 km vom Weg entfernt: Die römischen Bodenmosaike in Orbe aus der Zeit um 170 n. Chr., die von Mai bis Oktober besichtigt werden können.

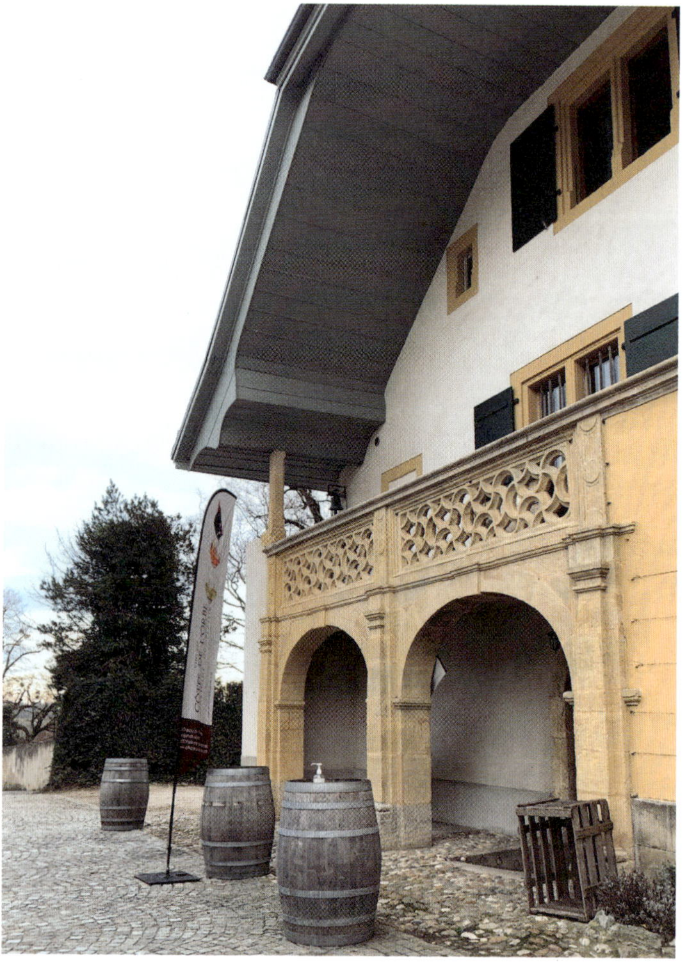

DAS WEINGUT

Das Schloss aus dem 17. Jahrhundert im Berner Stil spiegelt die bedeutende Rolle seiner Besitzer und anderer mächtiger Berner in der Geschichte dieses nördlichen Zipfels des Waadtlandes wider. Benjamin Morel und seine Geschwister sind in dritter Generation auf dem Château. Die Familie erwarb das Schloss 2004, als kurz zuvor Renovierungsarbeiten begannen. Das Gut liegt in einem Teil des Kantons, dessen Renommee als Hersteller guter Weine einige Jahre lang litt, obwohl sich hier die ältesten Rebflächen der Schweiz befinden. Benjamin Morel und sein Kollege Frédéric Hostettler haben eine führende Rolle in der Wiederauferstehung der regionalen Weinszene gespielt, und die Ergebnisse finden landesweit Beachtung. Die beiden arbeiten eng mit einer Handvoll lokaler Produzenten zusammen, um das Profil der Weine der Côtes de l'Orbe zu verbessern.

Le Courson: Dies ist einer der frühen Weine dieses Weinguts. Durch die Erfolgsgeschichte dieser Rebsorten, die vor ungefähr 50 Jahren vom Schweizer Forschungsinstitut Agroscope gezüchtet worden waren, erhielt die Kellerei viel Aufmerksamkeit und konnte darauf aufbauen, vor allem auf ihrem guten Ruf im Assemblieren – traditionell nicht die Stärke der Schweizer Weinbauern.

ADRESSE

Château de Valeyres
Rue du Village 5
1358 Valeyres-sous-Rances
+41 79 658 26 14
info@chateauvaleyres.ch
chateauvaleyres.ch

DEGUSTATION

Kostenlos.
Geöffnet Samstagvormittag und nach Vereinbarung.

ORTE IN DER NÄHE, AN DENEN DIE WEINE DIESER KELLEREI AUSSERDEM ZU FINDEN SIND

Restaurant A La Vieille Auberge, Rte Romaine 2,
1358 Valeyres-sous-Rances,
+41 24 441 00 06
(direkt nebenan).

ARAN-VILLETTE

DIE «DREI SONNEN» DER WEINBERGTERRASSEN BEI LAVAUX

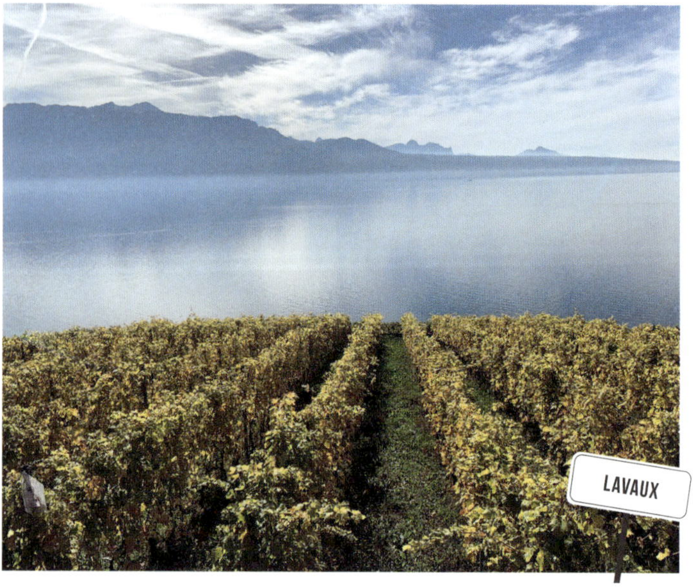

▷··· STARTPUNKT	···✕ ENDPUNKT
CHEXBRES BAHNHOF	DOMAINE MERMETUS, ARAN (BOURG-EN-LAVAUX)
JAHRESZEIT	SCHWIERIGKEITSGRAD
GANZJÄHRIG	MITTEL
KARTE	DAUER
BLATT 261 T	2 STD. 15 MIN.
SEHENSWÜRDIGKEITEN	LÄNGE
UNESCO-WELTERBE TERRASSIERTE WEINBERGE DES LAVAUX. DIE STEINMAUERN UND SCHLÖSSER VON DÉZALEY. BLICK AUF DEN GENFERSEE.	8,2 KM
	AUFSTIEG / ABSTIEG
	307 M / 269 M

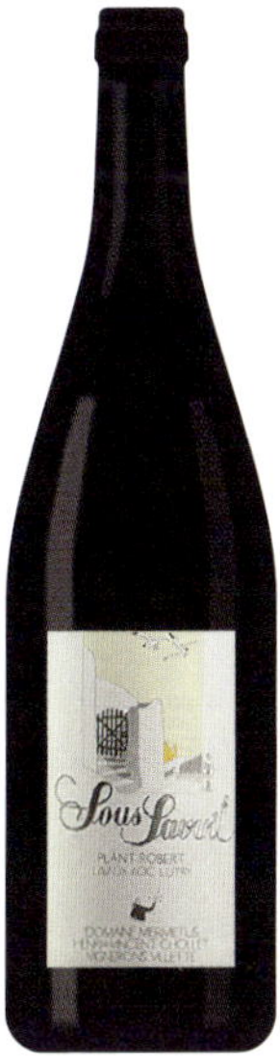

GAMAY,
ALTE SORTE

PLANT ROBERT
DOMAINE MERMETUS

ROT

WÜRZIG,
SCHWARZER PFEFFER,
ERDBEEREN

TIEFER UND
VOLLMUNDIGER ALS
ZEITGENÖSSISCHE
GAMAY-KLONE

TROCKEN,
STILL

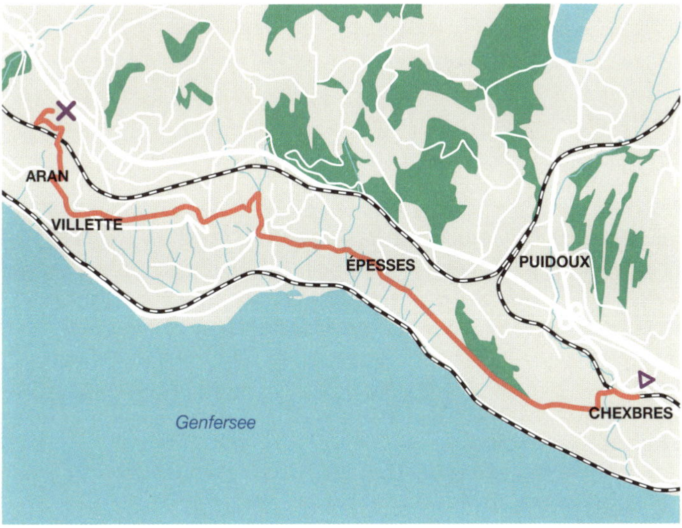

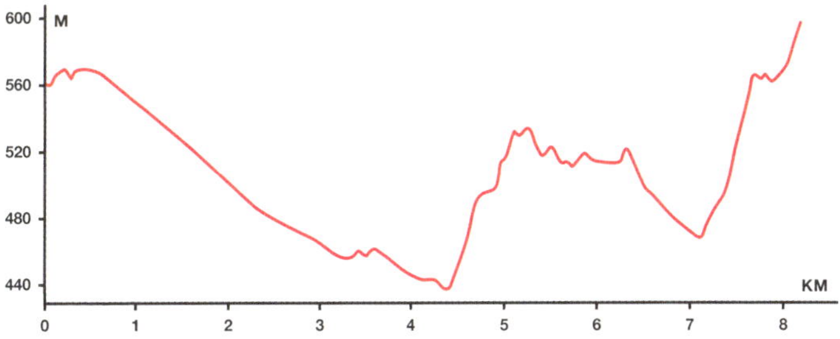

WEGBESCHREIBUNG

Vom Bahnhof Chexbres-Village (Halt des RER Vaud S7) aus geht ihr nach Westen und dann bergab am Rande von Chexbres-Village, an einer alten Mühle vorbei, bis ihr auf die Route de la Corniche stosst. Diese Strasse schlängelt sich oberhalb des Sees entlang und bietet beste Sicht auf die Rebberge und den See weiter unten. Ihr gelangt zum Dorf Epesses, durchquert es und lauft weiter Richtung Riex. Kurz vor Epesses fällt das grosse Schild «Dézaley» ins Auge. Dies ist die Weinbauregion Lavaux *par excellence*, 90 % der angebauten Reben sind Chasselas-Trauben, auf unterschiedlichen Böden. Dézaley ist die älteste kultivierte Weinparzelle im UNESCO-Welterbe Lavaux, und ganz in der Nähe befindet sich der mittelalterliche Wehrturm Tour de Marsens.

Vor nicht allzu langer Zeit haben die Winzerinnen und Winzer dieser Dörfer beschlossen, vollständig auf biologische Produktion umzustellen, und ihr werdet viele Informationstafeln finden, auf denen die Öffentlichkeit etwas über die lokale Flora, Fauna und nachhaltige Weinherstellung erfahren kann.

An dem Kreisel am Ortsausgang von Riex führt der Weg eine steile schmale Strasse bergauf, mit einem kleinen Bach auf der rechten und Rebbergen auf der linken Seite. Oben auf dem Berg befindet sich ein toller Picknickplatz. Dort biegt die Route nach links ab, und es geht auf einer weiteren, aber ruhigeren «Aussichtsplattform» weiter.

Der Weg führt durch mehrere ruhige kleine Weiler, wo sich alles ums Weinmachen dreht. Dann kommt ihr nach Aran, ein Dorf mit ein paar hübschen alten Häusern und einer ebenso schönen Kirche. Haltet hier Ausschau nach den Wanderschildern (ein wenig rechts von der Kirche), die bergauf weisen. Der schmale Feldweg von Aran nach Mermetus ist überraschend steil, aber kaum frequentiert, und man hat eine fantastische Aussicht. Nach der Eisenbahnunterführung biegt ihr links ab und lauft auf einem schmalen Weg zwischen den Reben der Weinberge. Hier wachsen einige sehr besondere Rebsorten der Domaine Mermetus. Dann biegt die Route scharf rechts ab und klettert weiter den Hang hinauf. Das Weingut befindet sich vor der Autobahn auf der rechten Seite.

Rückweg

Vom Weingut aus lauft ihr bergauf (etwa zehn Minuten), unter der Autobahn hindurch und geht dann nach links zur Bushaltestelle. Der Bus 67 fährt zum Bahnhof Cully (Strecke Vevey–Lausanne).

Ergänzende Hinweise

Die «drei Sonnen» beschreiben die dreifache Sonnen- bzw. Wärmestrahlung, von der die Reben profitieren: Sie werden vom direkten Sonnenlicht gewärmt, der See reflektiert das Licht zusätzlich und die Steinmauern (wie auch der See) speichern die Wärme und geben sie nachts wieder an die Reben ab.

Das letzte Stück bergauf ist sehr steil. Die Aussicht ist die Mühe aber wert, genauso wie der herzliche Empfang.

DOMAINE MERMETUS

Dieses Weingut ist eines der höchstgelegenen des Lavaux, neben der Autobahn A9, einem Punkt, wo Höhe sowie Bodenbeschaffenheiten den Weinen der Familie Chollet einen eigenen Charakter verleihen. Sie besitzen einige 100 Jahre alte Reben! Ausserdem haben sie die allerschönsten Etiketten und ganz besondere Weinkorken. Der Vater, Henri Chollet, hat in jungen Jahren als Grafikdesigner gearbeitet, und seine verrückten Zeichnungen sind ein Kennzeichen der Kellerei. Plant Robert ist nicht ihr Flaggschiff, da er nicht immer erhältlich ist. Der Wein hat jedoch viel zu ihrem Renommee beigetragen. Mermetus war einer der Retter der alten, heute seltenen Varietät Gamay, die auf eine schillernde Vergangenheit zurückblickt (fragt nach den Räubern). Wenn ihr Plant Robert mögt, findet ihr hier einen der besten: einen Wein mit Tiefe und Würze.

Plant Robert: Aromareich und süffig, mit einer wunderschönen Geschichte, wie die Rebsorte in letzter Minute gerettet wurde.

ADRESSE

Domaine Mermetus
Chemin du Graboz 2
1091 Aran-Villette
+41 21 799 24 85
info@mermetus.ch
mermetus.ch

DEGUSTATION

Kostenlos. Nach Vereinbarung.

ORTE IN DER NÄHE, AN DENEN DIE WEINE DIESER KELLEREI AUSSERDEM ZU FINDEN SIND

Lavaux Vinorama, Rte du Lac 2, 1071 Rivaz,
+41 21 946 31 31
info@lavaux-vinorama.ch

CULLY

BUMMEL DURCH DIE WELTERBE-WEINTERRASSEN AM SEE

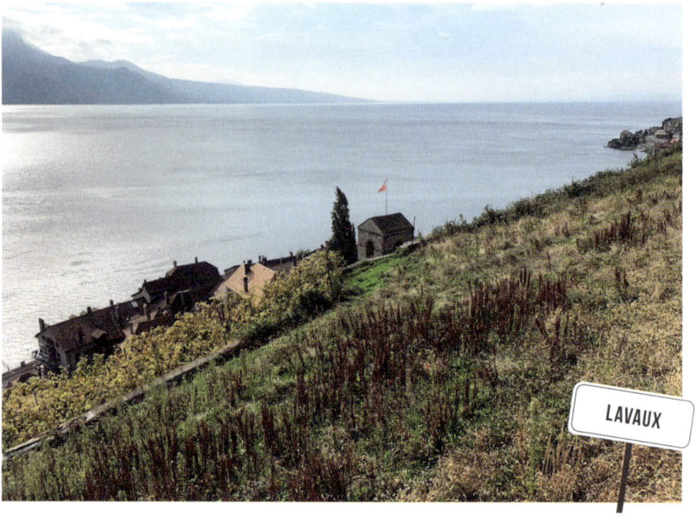

STARTPUNKT	ENDPUNKT
VEVEY BAHNHOF	DOMAINE LOUIS BOVARD, CULLY
JAHRESZEIT	**SCHWIERIGKEITSGRAD**
GANZJÄHRIG	LEICHT
KARTE	**DAUER**
BLATT 261 T	3 STD. 10 MIN.
SEHENSWÜRDIGKEITEN	**LÄNGE**
KONZERNSITZ DER NESTLÉ-GRUPPE. GRAB VON CHARLIE CHAPLIN. DIE TERRASSIERTEN WEINBERGE DES LAVAUX. SAINT-SAPHORIN. JAZZ-DORF CULLY.	12,8 KM
	AUFSTIEG / ABSTIEG
	361 M / 369 M

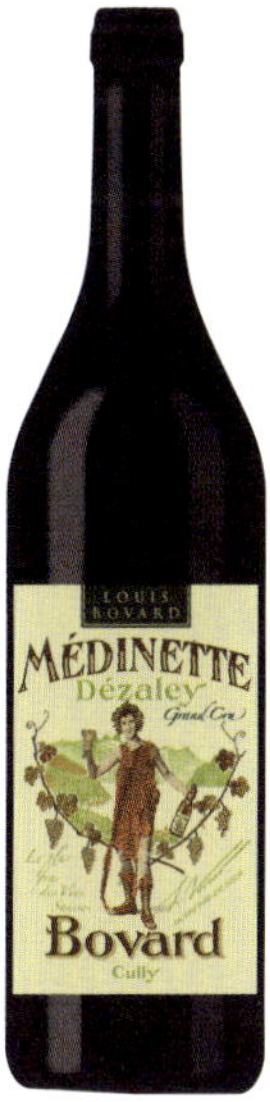

CHASSELAS

MÉDINETTE

DOMAINE LOUIS BOVARD

WEISS

RÖSTAROMEN, KIESEL, TROCKENFRÜCHTE

BEMERKENSWERTE MINERALITÄT

TROCKEN, STILL

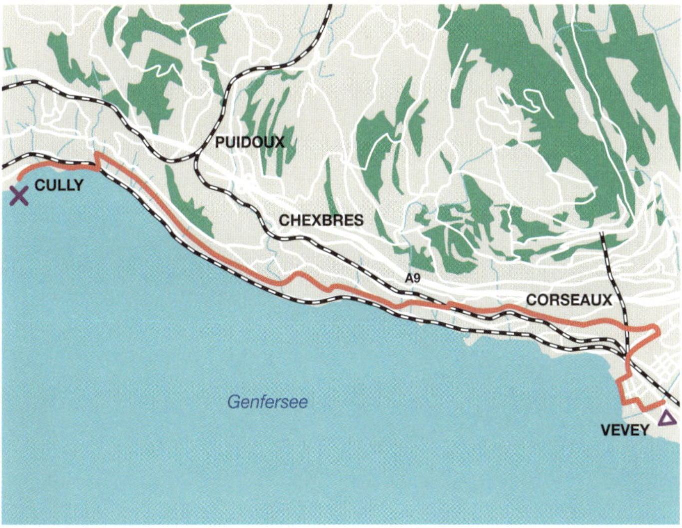

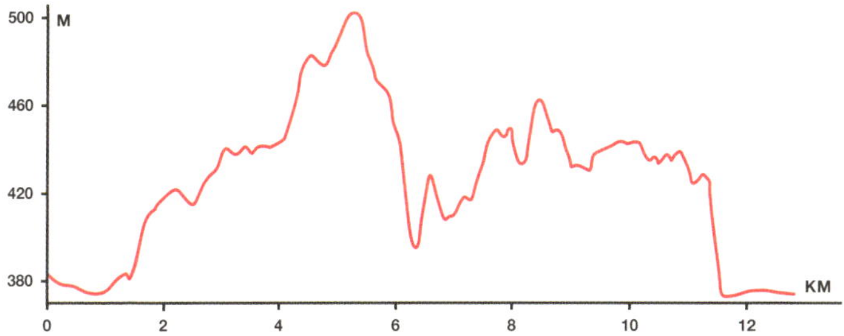

WEGBESCHREIBUNG

Vom Bahnhof aus lauft ihr bergab zur und durch die Altstadt von Vevey hindurch und anschliessend ein Stück am Ufer entlang. Am Nestlé-Gebäude biegt ihr nach rechts ab und lauft in Richtung Berghang. Nachdem ihr die verkehrsreiche Strasse überquert habt, seht ihr die Standseilbahn (Funiculaire), die zum Mont-Pèlerin hinauffährt. Bleibt auf der rechten Strassenseite und folgt den Schildern, die zum Grab von Charlie Chaplin führen. Der friedliche kleine, schattige Friedhof liegt keine zwei Gehminuten von der Strasse weg und ist nur einen Steinwurf von dem Haus entfernt, in dem der unsterbliche Filmemacher und Schauspieler mit seiner Grossfamilie lebte.

Lauft zur Hauptstrasse zurück, überquert sie und folgt der Route du Cyprès durch ein Wohngebiet – achtet auf das Grab aus der Jungsteinzeit am Strassenrand! – zum Zentrum von Corseaux. An der Weggabelung haltet ihr euch links und setzt euren Weg auf der Route du Jordils fort, dann auf der Avenue Félix-Cornu. An der Weggabelung mit dem Chemin de la Fin biegt ihr rechts auf diesen ab und folgt dieser Strasse bis zu ihrem Ende, dann geht ihr links auf den Chemin des Combes. An der T-Kreuzung biegt ihr links auf den Chemin de Chavonchin ab, dem ihr eine Weile folgt. An der Kreuzung neben der Weinkellerei Henri Pinget biegt ihr links ab und lauft bergab. Die Strasse macht eine Rechtskurve, und ihr folgt dem Strassenverlauf, bis ihr linker Hand die Domaine du Burignon passiert: ein schönes altes Gebäude, Hotel mit Weingut, im Besitz der Stadt Lausanne. Die dazugehörigen Reben stammen noch aus der Zeit der Zisterziensermönche. Ihr überquert eine mitunter viel befahrene kantonale Strasse und lauft das kurze, wenn auch steile Stück zum Dorf St-Saphorin hinunter. Nehmt euch

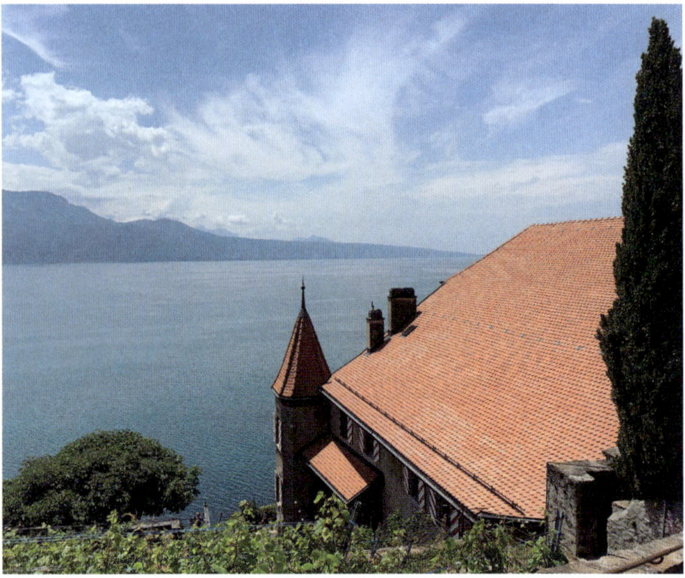

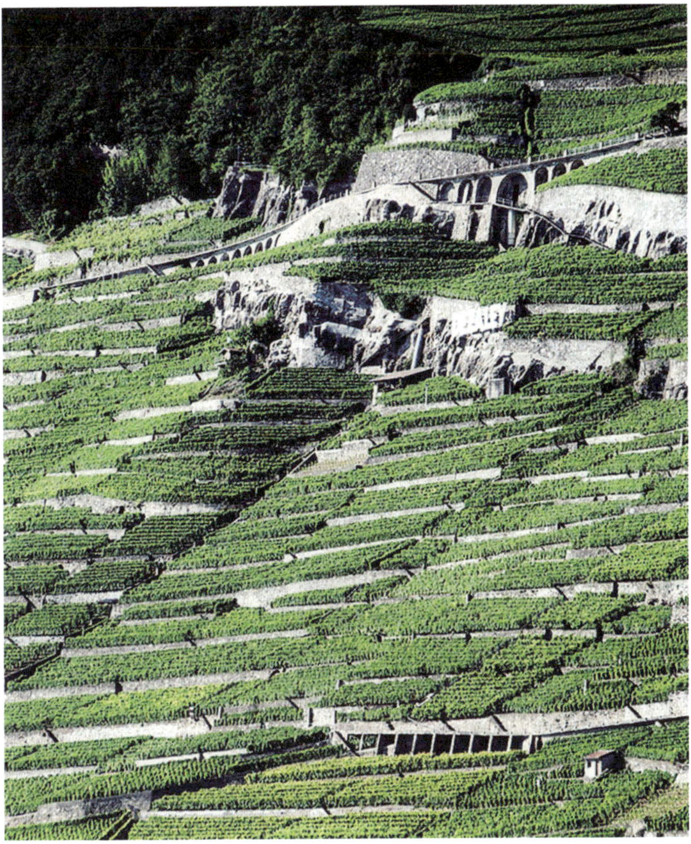

etwas Zeit, um dieses bildhübsche Örtchen am Ufer des Genfersees zu erkunden. Die Türme, Bögen, Gewölbe und alten, steinernen Bauwerke erzählen von Zeiten, als dies ein befestigtes Dorf war.

Verlasst das Dorf in nordwestlicher Richtung, parallel zum See, und wo sich der Weg teilt, haltet ihr euch links, Richtung Rivaz. Ihr gelangt zum oberen Ende des Dorfes, lauft zum unteren Ende und folgt den Schildern Richtung Les Abbayes (ein altes Weingut im Besitz der Stadt Lausanne) Treytorrens und Epesses entlang der untersten Strasse, die parallel zum See verläuft.

Epesses hat einen oberen und einen unteren Teil. Bleibt unterhalb des Hauptdorfs, biegt an einer Häuseransammlung links ab und folgt den Schildern bergab Richtung Bahnhof. Hier nehmt ihr die Eisenbahnunterführung und gelangt auf den Uferweg Richtung Cully. Das Weingut befindet sich am unteren Ende der Dorfmitte.

Rückweg
Bahnhof Cully.

Ergänzende Hinweise
In der Nähe von Dézaley verläuft die Route zum Teil auf dem Wanderweg Chexbres–Epesses–Aran–Mermetus. Es gibt hier mehrere parallel

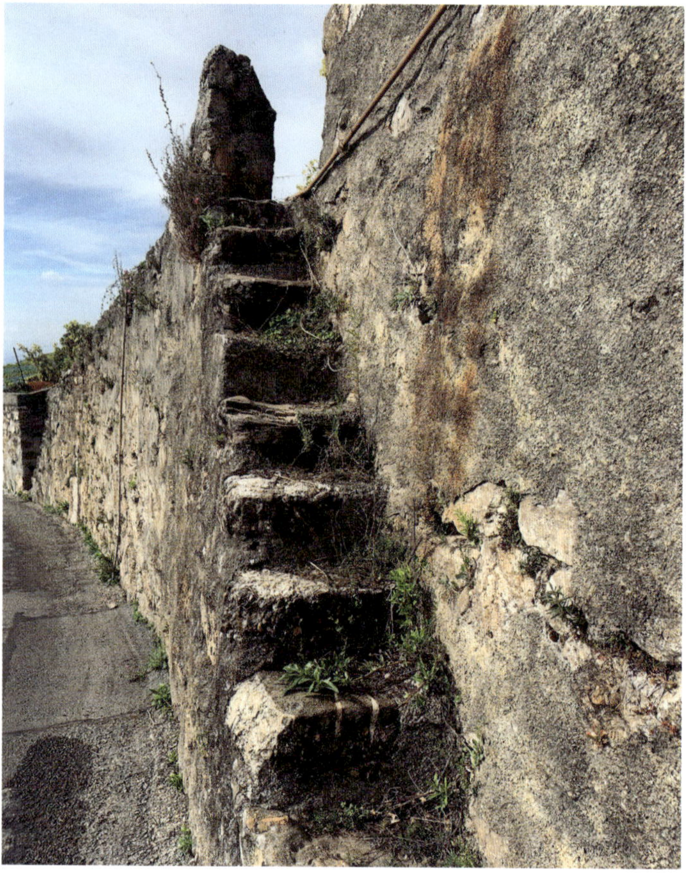

verlaufende Wege, und ihr könnt in der Regel zwischen ihnen hin und her wechseln, um mal ein Stück weiter oben oder weiter unten zu spazieren. Hier ist eine Karte besonders hilfreich, damit ihr nicht in einer Sackgasse landet.

Beachtet, dass zwischen Rivaz und Epesses im Rahmen eines mehrjährigen Projektes das Seeufer umgestaltet wird und es durch die damit verbundenen Baumassnahmen manchmal schwierig ist, direkt am Wasser entlangzulaufen. Die steilen terrassierten Hänge rutschen langsam, aber unaufhaltsam Richtung See ab, und mit dem Projekt sollen die meistgefährdeten Bereiche abgestützt werden.

DOMAINE LOUIS BOVARD

Louis-Philippe Bovard ist in der Welt der Schweizer Weine so etwas wie eine Legende. Der Mann, den man selten ohne seine Kapitänsmütze sieht, wurde von Gault&Millau 2016 zur «Ikone der Schweizer Weinszene» gekürt. Er ist nicht nur Gründungsmitglied einflussreicher

Vereinigungen wie Mémoire des Vins Suisses, La Baronnie du Dézaley und Arte Vitis, sondern war auch massgeblich verantwortlich für die Gründung des Conservatoire Mondial du Chasselas, das ältere Klone dieser Rebsorte erforscht. Und er war ein Pionier in der Verwendung von Eichenfässern beim Chasselas, einem entscheidenden Faktor für Weine aus Terroirs, deren Trauben sehr gut lagerfähig sind, allen voran Dézaley.

Médinette: Der Médinette ist ein klassischer Wein, einer der ersten kommerziellen Chasselas-Erfolge in der heutigen Zeit, in der ganzen Schweiz bekannt und beliebt. Er wird zwar in der Regel jung getrunken, ist aber berühmt für seine gute Lagerfähigkeit, sein Alterungspotenzial wird mit 20–40 Jahren angegeben. Auch das Etikett hat Furore gemacht, das der Winzer wie folgt beschreibt: «Es stellt den Bacchus des Winzerfests von 1905 dar. Ein Neffe der Familie, Albert Bovard, den wir hier ohne sein legendäres Leopardenfell-Kostüm sehen, verkörperte die Figur. Der Name Médinette bezieht sich auf die altägyptische Stadt Medinet Habu, in der Nähe von Theben in Oberägypten. Einer der dortigen Tempel ist der Arbeit und den Gottheiten der Reben und des Weines gewidmet.»

ADRESSE

Domaine Louis Bovard
Place d'armes 2
1096 Cully
+41 21 799 21 25
vin@domainebovard.com
domainebovard.com

DEGUSTATION

Kostenlos.
Öffnungszeiten: Montag bis Freitag 8:30–12:00 Uhr und 14:00–17:00 Uhr

ORTE IN DER NÄHE, AN DENEN DIE WEINE DIESER KELLEREI AUSSERDEM ZU FINDEN SIND

Vinothèque La Maison Rose, Pl. d'Armes 6, 1096 Cully,
+41 21 799 55 66
vin@domainebovard.com
Cafe de Riex, Rte de la Corniche 24, 1097 Riex,
+41 21 799 13 06
Le Major Davel, Pl. d'Armes 8, 1096 Cully,
+41 21 552 19 50
info@major-davel.ch
Tout un Monde, Pl. du Village 7, 1091 Grandvaux,
+41 21 799 14 14
info@toutunmonde.ch

VILLENEUVE

WO DIE RHONE IN DEN GENFERSEE MÜNDET, DIE ALTEN BARKEN VON SAINT-GINGOLPH

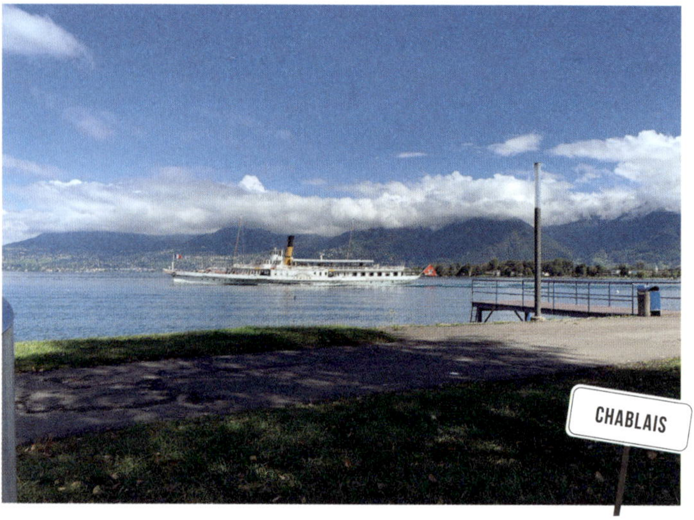

STARTPUNKT	ENDPUNKT
SAINT-GINGOLPH BAHNHOF	CAVE DES ROIS, VILLENEUVE
JAHRESZEIT	SCHWIERIGKEITSGRAD
GANZJÄHRIG	LEICHT
KARTE	DAUER
BLATT 262 T	3 STD. 30 MIN.
	LÄNGE
SEHENSWÜRDIGKEITEN	13,6 KM
SCHIFFSBAUMUSEUM IN SAINT-GINGOLPH. RHONE-DELTA BEI LE BOUVERET. SWISS VAPEUR PARC (MODELLEISENBAHNEN).	AUFSTIEG / ABSTIEG
	264 M / 113 M

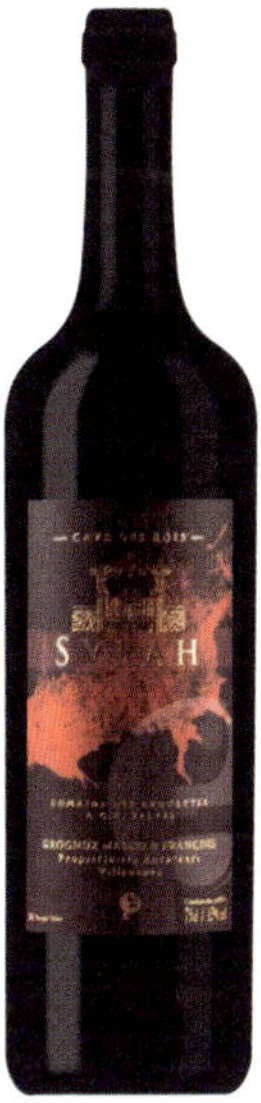

SYRAH

SYRAH LES EVOUETTES
CAVE DES ROIS

ROT

GEWÜRZE,
EIN HAUCH GRÜNER
PFEFFER

REICHHALTIG,
RUND,
WEICH

IN NEUEN BARRIQUE-
FÄSSERN AUSGEBAUT

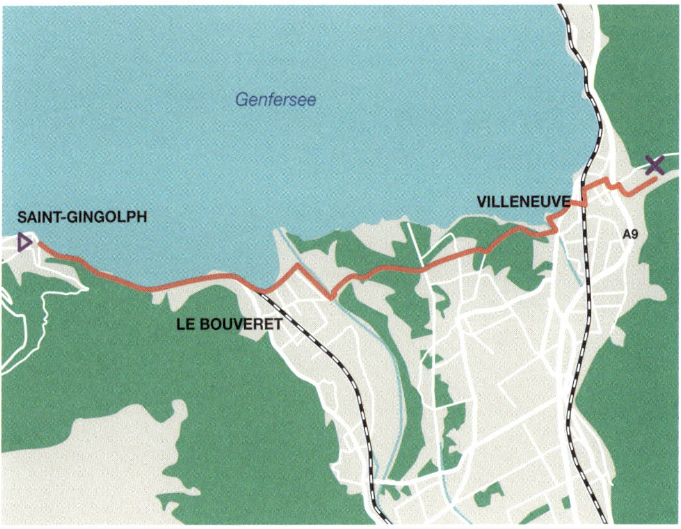

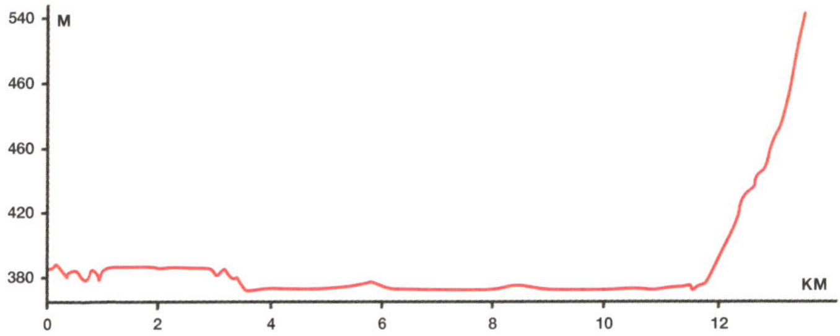

WEGBESCHREIBUNG

Saint-Gingolph gehört überraschenderweise zum Kanton Wallis, obwohl es am Ufer des Genfersees liegt, der ja hauptsächlich von Waadt und Genf eingerahmt wird. Der Ort an der Grenze zu Frankreich ist die Endhaltestelle der Bahnlinie rund um den See. Vom Bahnhof aus folgt ihr der Strasse nach Osten Richtung See. Wer den Blick von der viel stärker frequentierten Seite – Montreux, Vevey – gewöhnt ist oder von der Autobahn A9 (die Skifahrer und Wanderer ins Kanton Wallis schaufelt), für den ist dieses kleine, ruhige und geschichtsträchtige Dorf eine wahre Entdeckung. Über 200 Jahre lang war es der wichtigste Bootsbau-Standort am Genfersee. Von hier aus wurden Steine, Holz, Roherzeugnisse und Kalk über den See verschifft, und von der anderen Seite, vor allem aus der Marktstadt Vevey, kamen die Boote beladen mit Wein, Nüssen, Geflügel, Obst und Heu zurück. Die *Cochères*, wie diese Boote genannt wurden, verkehrten bis zum frühen 20. Jahrhundert zwischen Evian, Genf, Lausanne und Vevey.

Geht auf dem Trottoir der Grenzstrasse Richtung Le Bouveret. Eine schöne, aber anstrengendere Route führt hinauf zum Wald, von wo aus man einen herrlichen Blick auf das UNESCO-Welterbe der Lavaux-Weinterrassen jenseits des Wassers hat. Beim Priesterseminar Le Bout de la Forêt nehmt ihr die schmale Strasse, die bergab führt, um den Weg am Seeufer fortzusetzen. Am Ortseingang von Le Bouveret gibt es einen Park mit Spielplatz und Picknickbereich, und gelegentlich werden hier auch Kunstwerke ausgestellt.

Le Bouveret ist vielen ein Begriff: Am Mündungsort der Rhone in den Genfersee macht die grosse Segelregatta Bol d'Or kehrt und segelt zurück nach Genf, und ausserdem gibt es hier den Swiss Vapeur Parc, eine Ausstellung von Modelleisenbahnen im Massstab 1:4.

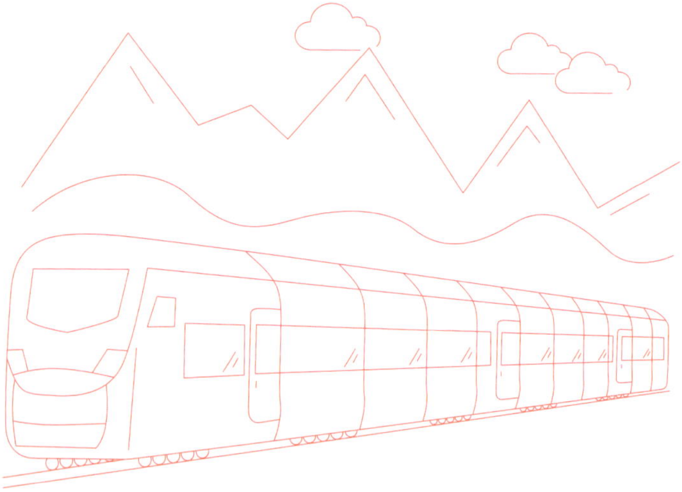

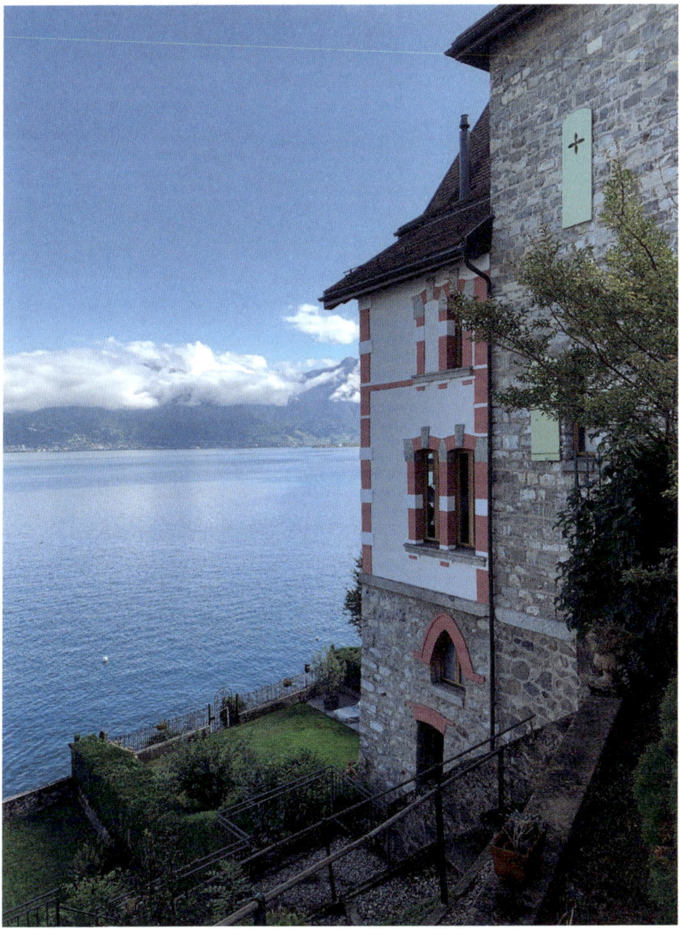

Am Hafen liegen Privat-, Sport- und Fischerboote, und es gibt eine CGN-Anlegestelle. Viele kleine Restaurants säumen den Weg. Der Swiss Vapeur Parc befindet sich zwischen dem Stockalperkanal und der Rhone. Auf einem kleinen Streckennetz von 2 km Länge drehen elf Miniatur-Dampflokomotiven ihre Runden durch eine idealisierte Modellversion der Schweiz mit viel Grün, sechs Tunnels und zwölf Brücken. Man kann auf den Zügen mitfahren oder einfach durch die Miniaturwelt spazieren.

Die beste Sicht auf das Rhone-Delta hat man am linken Flussufer in der Nähe des Strandes. Alternativ könnt ihr dem markierten Fussweg flussaufwärts zur Fussgängerbrücke Passerelle des Grangettes und bis über die Rhone folgen. Den ca. 300 m entfernten See im Blick, verlasst ihr kurz den Wanderweg und lauft auf einem Pfad flussabwärts am rechten Flussufer entlang, bevor ihr über ein paar Stufen wieder auf den Wanderweg gelangt. Nun überquert ihr den Grand Canal und lauft eine Weile landeinwärts, bis zu einem weiteren Kanal am Ortseingang von Villeneuve. Hier kehrt die Route zum Ufer zurück, und man hat einen schönen Blick zurück auf Saint-Gingolph. An der CGN-Anlegestelle geht ihr nach rechts und beginnt bergauf zu wandern. Ihr passiert den Bahnhof, überquert die Hauptstrasse und lauft über die A9

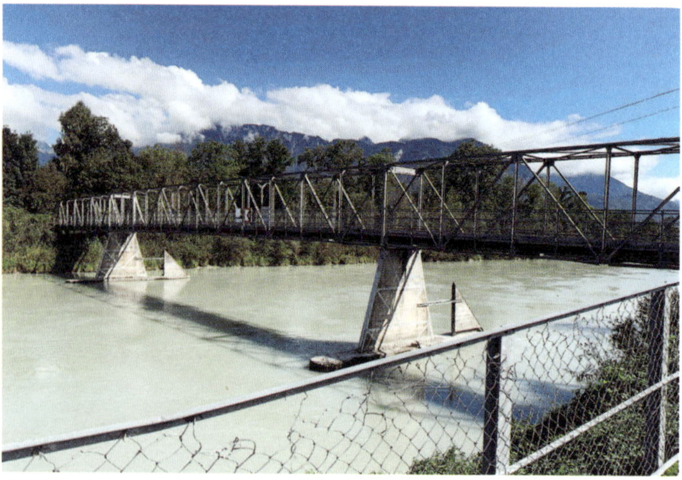

hinüber. Der Aufstieg zur Cave Les Rois ist steil, aber die Mühe wird mit einer schönen Aussicht auf den See und auf Evouettes, die kleine Rebparzelle nahe der Rhone, wo das Land unvermittelt zu den Alpen hin ansteigt, belohnt. Hier wird der erlesene Wein angebaut.

Rückweg
Ihr lauft wieder bergab, über die Autobahn, zurück zum Bahnhof; das dauert etwa 20 Minuten.

Ergänzende Hinweise
Die Strasse ab Saint-Gingolph ist zur Rushhour sehr laut und voll, wegen der vielen Lastwagen und Pendler, aber die übrige Zeit ziemlich ruhig.

Optional könnt ihr einen Teil des Chemin des Hameaux wandern, der direkt oberhalb des Weinguts entlangläuft. Folgt den Schildern in der Nähe einer Fussgängerbrücke, wenige hundert Meter die Route de Plancudray hinauf. Ihr überquert die Brücke, wandert durch Wälder und kommt immer wieder an schönen Aussichtspunkten vorbei.

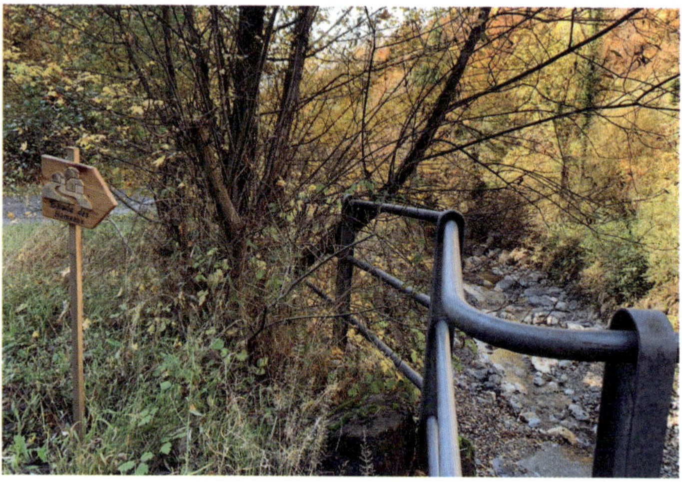

CAVE DES ROIS

Marco Grognuz ist langjähriger Chasselas-Experte und Mitglied des Komitees, das alljährlich das Qualitätslabel Terravin an die besten Waadtländer Chasselas-Weine vergibt. Die hierfür nötigen Weinverkostungen finden das ganze Jahr hindurch statt. Seine familiengeführte Kellerei ist relativ gross; sie produzieren zahlreiche Weine aus einem Dutzend Rebvarietäten und haben Rebflächen im Waadtland und im Wallis, in der Nähe von Evouettes und Fully, stromaufwärts am Rhone-Knie.

Syrah Les Evouettes: Ungeachtet seines Alterungspotenzials ist dieser Syrah dafür gemacht, jung getrunken zu werden.

ADRESSE

Cave des Rois
Chez-les-Rois 2
1844 Villeneuve
Tel: +41 21 960 20 38
Mobil: +41 76 370 70 18
info@cavedesrois.ch
cavedesrois.ch

DEGUSTATION

Kostenlos.

ORTE IN DER NÄHE, AN DENEN DIE WEINE DIESER KELLEREI AUSSERDEM ZU FINDEN SIND

Das Weingut hat einen zweiten kleinen Degustationsraum im Stadtzentrum von Montreux.
La Gondola Veneziana, Grand Rue 89, 1844 Villeneuve,
+41 21 960 31 36
sabine.spicher@hotmail.com

OLLON

GEOGRAFIE UND GESCHICHTE, WO WAADT UND WALLIS AUFEINANDERTREFFEN

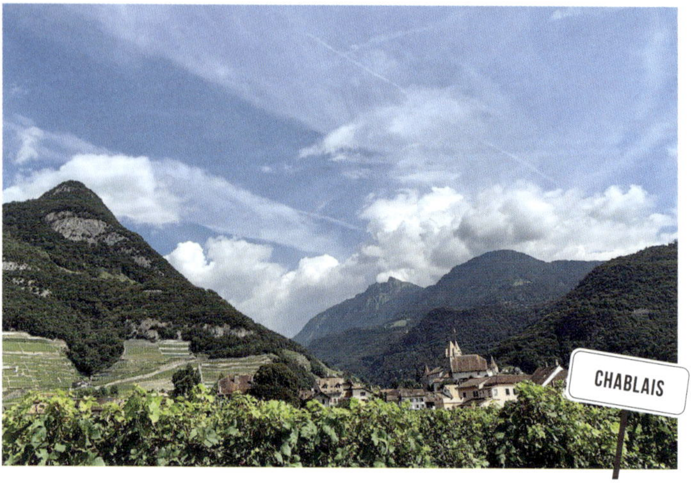

STARTPUNKT	ENDPUNKT
YVORNE, CLOS DE L'OMBRON (BUSHALTESTELLE)	BERNARD CAVÉ VINS, OLLON
JAHRESZEIT	SCHWIERIGKEITSGRAD
GANZJÄHRIG ABER DEN HINWEIS BZGL. SCHNEEFALL BEACHTEN!	MITTEL
KARTE	DAUER
BLATT 272 T	3 STD.
SEHENSWÜRDIGKEITEN	LÄNGE
REBBERG AUF DEM SCHUTT DES BERGSTURZES (YVORNE). MAISON BLANCHE. CHÂTEAU D'AIGLE. OLLONS VERSTECKTE REBBERGE.	9,8 KM
	AUFSTIEG / ABSTIEG
	416 M / 409 M

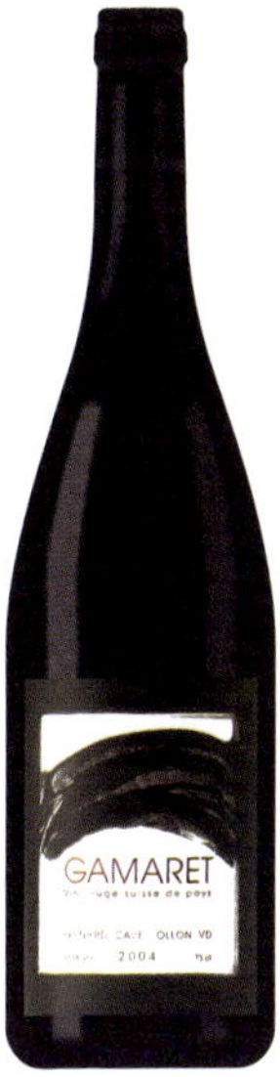

GAMARET

GAMARET

BERNARD CAVÉ VINS

ROT

WALDFRÜCHTE,
BROMBEEREN,
SUBTIL

ÜBERRASCHEND GROSS:
GUTE STRUKTUR, WÜRZIG,
ROTE BEEREN

TROCKEN,
STILL

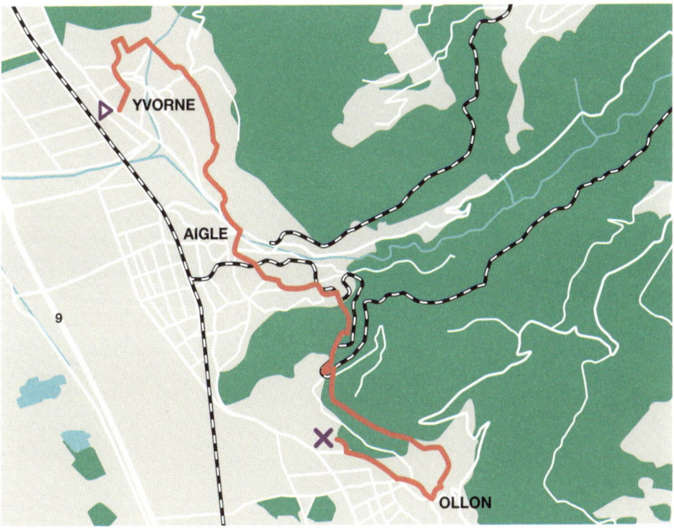

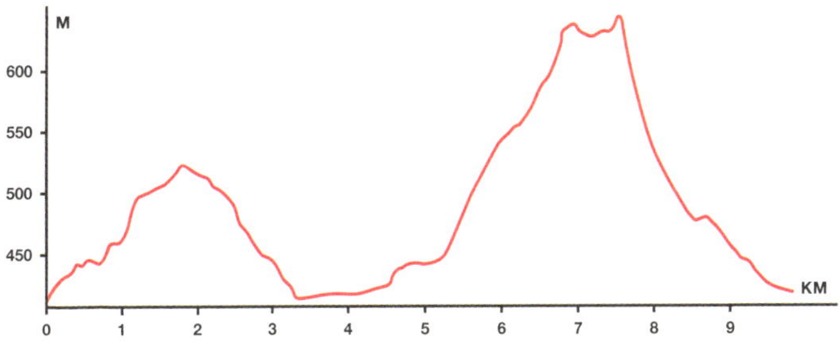

WEGBESCHREIBUNG

Von der Bushaltestelle auf der Hauptstrasse aus lauft ihr bergauf und dann nach links: Der Hügel, auf den ihr hier blickt, ist das Ergebnis eines historischen Ereignisses. 1584 begrub ein gewaltiger Bergrutsch (*ovaille* genannt) das Dorf Yvorne unter sich und hinterliess Schwemmboden und Kies. Diese Mischung ist heute berühmt dafür, eines der besten Terroirs in der Welt der Chasselas-Weine zu begründen. Um zum Maison Blanche zu gelangen, geht ihr auf schmalen Wegen durch die Rebberge und biegt an einer Ansammlung von Häusern rechts ab. Das ursprüngliche Herrenhaus war nicht lange vor dem Bergsturz errichtet worden, und das heutige «weisse Haus», dessen Turm von Weitem bereits zu sehen ist, wurde 25 Jahre später im Jahr 1609 erbaut. Am oberen Ende des Hauses biegt ihr nach rechts ab, folgt dem Weg über einen Fluss und lauft geradeaus durch den Weiler Vers Morey hindurch, der oberhalb von Yvorne liegt (das hübsche Dorf ist übrigens einen Abstecher wert). Geht zwischen den Reben durch, die einigen der grössten Namen des Waadtländischen Weinanbaus gehören. Nachdem ihr das obere Ende von Yvorne hinter euch gelassen habt, fällt der Weg langsam ab, während ihr auf den Rhone-Zufluss Grande Eau zulauft.

Folgt dem Fluss ein kurzes Stück, überquert ihn dann auf einer schmalen Brücke, wodurch ihr zu einem Kreisel mit Schulgebäuden auf der linken Seite gelangt. Geht geradeaus weiter, tangiert den Ortskern von Aigle und gelangt zu den entzückenden schmalen Gassen des Quartiers du Cloître zu Füssen des Château d'Aigle. Biegt links zum Schloss hinauf ab. Der Weg führt durch den Hof, in dem sich ein interaktives Weinmuseum befindet (Musée de la Vigne et du Vin). Der Weg macht einen Schlenker nach links, zur Rückseite des Schlosses, wo ihr einen

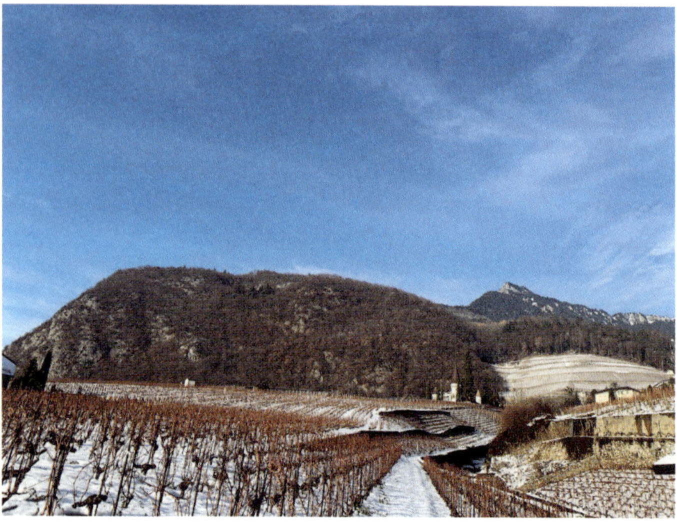

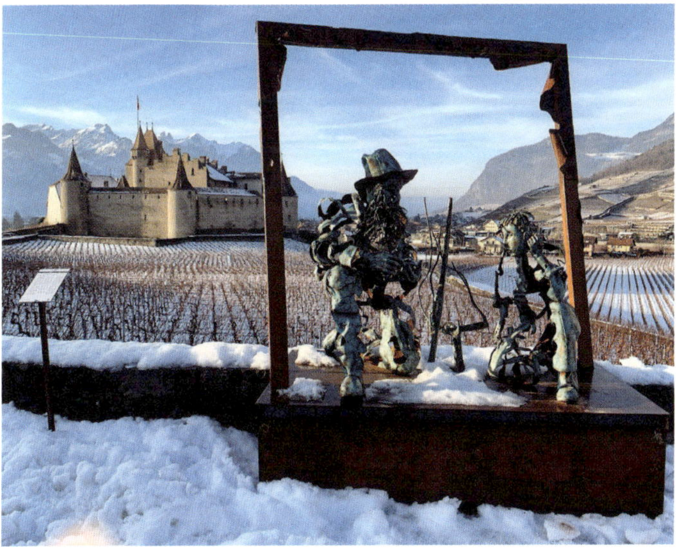

schönen Blick auf dieses Gebäude aus dem 12. Jahrhundert und seine Rebberge erlangt. Das Schloss wurde von den Chevaliers d'Aigle erbaut, beim Angriff der Republik Bern auf die Region zerstört und von den Bernern wieder aufgebaut, um ihre Gouverneure zu beherbergen. Nach der Renovierung zog 1970 das Museum ein.

Folgt der gelben Wanderbeschilderung bei der ersten Abzweigung nach rechts. Dann geht es geradeaus weiter, hinauf zum Wald und den Steilhängen. Der sanft ansteigende Weg führt zum Weiler Verschiez. Hier solltet ihr euch nicht vom Wanderweg entfernen, denn das Gelände fällt stellenweise abrupt zum Tal hin ab! Kurz vor Verschiez biegt der Weg unvermittelt nach links ab. Im Winter, wenn es sehr verschneit ist, könnt ihr geradeaus auf der kleinen Strasse, auf die Häuser zu, weiterlaufen, bis sich Weg und Strasse wieder vereinen.

Gemütlich geht es weiter durch den Bois de Glaive, bis ihr plötzlich zwischen offenen Feldern und Weinreben steht und freien Blick nach Südosten auf die Berggipfel des Wallis habt. Diese etwas versteckt gelegenen Reben gehören bereits zu Ollon. Der Weg führt bergab und ins Dorf. Am Place de l'Hotel de Ville biegt ihr rechts ab, um im Dorf zu bleiben und die oft verkehrsreiche Route d'Aigle so lang wie möglich zu meiden. Kurz nach dem Bahnhof, wenn ihr bergauf lauft, bleibt ihr auf der linken Strassenseite und wechselt auf die kleinere Parallelstrasse, Chemin des Truits. Dann folgt ihr dem schmalen Pfad zwischen Chemin des Truits und Route d'Aigle, bis sich eine Möglichkeit ergibt, die Strasse zu überqueren (gegenüber befindet sich ein Rebberg). Folgt dem Fussweg auf dieser Strassenseite bis zum Ende, geht dann noch etwa 50 Meter bis zum Anfang der langen Auffahrt zum Weingut, das rechter Hand in einiger Entfernung zur Strasse zu sehen ist.

Rückweg
Bahnhof Ollon oder mit dem Bus ab St-Triphon Village, ca. 15 Minuten zu Fuss.

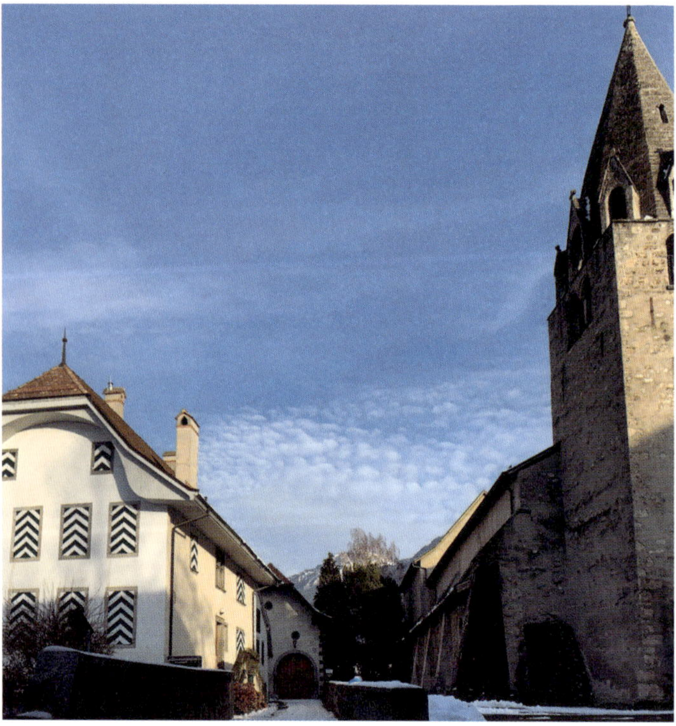

Ergänzende Hinweise
Diese Wanderung ist prinzipiell das ganze Jahr über machbar, es sei denn, es hat im Flachland sehr stark geschneit. In diesem Fall wird der höchstgelegene Abschnitt der Route, oberhalb von Ollon, schwierig. Eine Alternative: Dort, wo der Weg die scharfe Linkskurve macht und bergauf durch den Wald führt, folgt ihr der Strasse rechts bis zu der kleinen Ansammlung von Häusern namens Verschiez. Die Parallelstrasse von Verschiez ist weniger hoch als der Wanderweg und auch im Winter befahrbar.

BERNARD CAVÉ VINS

Bernard Cavé ist einer der gefragtesten und angesehensten Önologen der Region. Er berät etliche andere Kellereien, überwacht deren Weinproduktion und hilft ihnen, ihre Weinlinie weiterzuentwickeln. Er begann seine Laufbahn als Weinhändler, studierte dann Weinbereitung und arbeitete ab 1995 als Berater, während er gleichzeitig 4000 Liter Wein unter seinem eigenen Namen produzierte. Heute produziert er um die 200 000 Liter – und weitere 300 000 für andere Kellereien. Dabei arbeitet er mit 33 Rebsorten auf einer Fläche, die ungefähr so gross ist wie die drei Dörfer auf dieser Wanderung. Der Gamaret stammt von einem Rebberg jenseits von Ollon, in der Nähe des Salzbergwerks in Bex.

Gamaret: Der Gamaret ist eine moderne Kreuzung (Gamay Noir x Reichensteiner), die in der Schweiz kreiert und 1990 erstmals angebaut wurde und eine starke Krankheitsresistenz aufweist. Er wird gerne mit anderen Rebsorten kombiniert, um für mehr Tannin, Farbe und Kraft zu sorgen. Bernard Cavé macht jedoch, als einer der Ersten, zunehmend reinsortigen Wein aus dem Gamaret. Die zweite Gärung erfolgt in Fässern, danach lagert der Wein in Eiche.

ADRESSE

Bernard Cavé Vins
En Chatoney
1867 Ollon
Tel: +41 24 499 29 58
Mobil: +41 79 210 741 6
bernard.cave@bluewin.ch
bernardcavevins.ch

DEGUSTATION

Kostenlos.

ORTE IN DER NÄHE, AN DENEN DIE WEINE DIESER KELLEREI AUSSERDEM ZU FINDEN SIND

Le refuge de Frience, Rte de l'Alpe des Chaux 40, 1882 Gryon,
+41 24 498 14 26
refugedefriencerestaurant@gmail.com
www.lerefugedefrience.ch

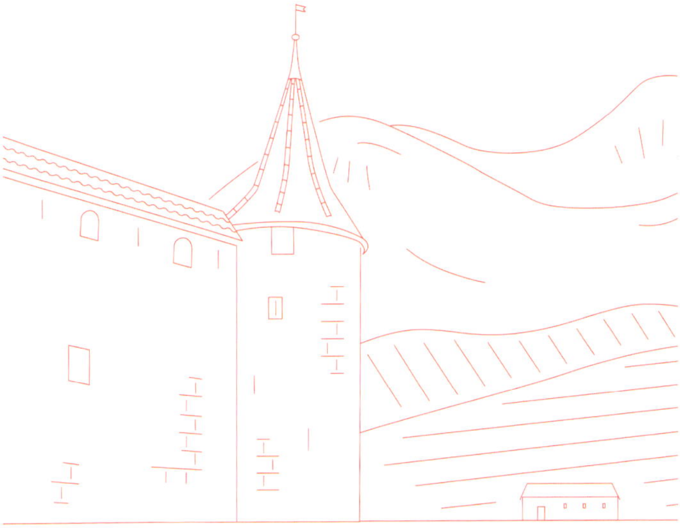

WALLIS

MARTIGNY-COMBE

DAS GOLDENE DREIECK, DRAMATISCHE TERRASSEN, DIE RHONE

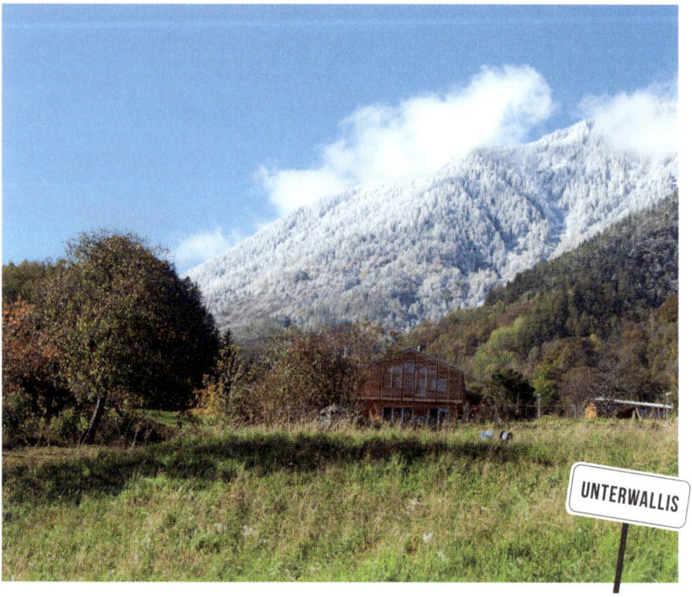

STARTPUNKT	ENDPUNKT
MARTIGNY-CROIX, CROISÉE (BUSHALTESTELLE)	DOMAINE GÉRALD BESSE, MARTIGNY-CROIX

JAHRESZEIT

GANZJÄHRIG

KARTE

BLATT 282 T

SEHENSWÜRDIGKEITEN

PLAN-CÉRISIER. OBERLAUF DER RHONE. TROCKENSTEINMAUERN IN DEN REBBERGEN. SCHLOSSRUINE. TERRASSIERTE REBBERGE.

SCHWIERIGKEITSGRAD

MITTEL

DAUER

2 STD. 45 MIN.

LÄNGE

7,4 KM

AUFSTIEG / ABSTIEG

561 M / 435 M

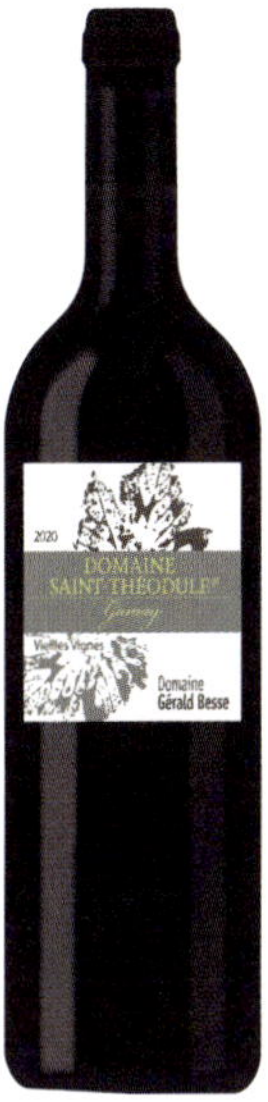

GAMAY

GAMAY ST. THÉODULE

GÉRALD BESSE

ROT

SCHWARZE BEEREN,
GEWÜRZE,
VEILCHEN

WEICH UND ELEGANT,
GUTE STRUKTUR MIT
STABILEN TANNINEN

TROCKEN,
STILL

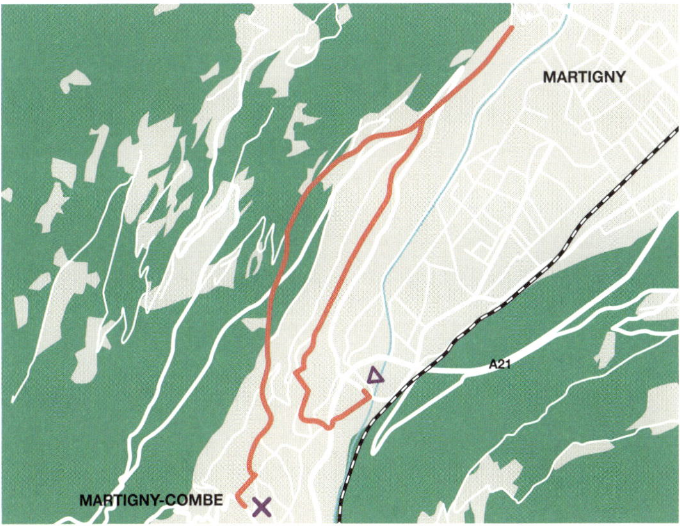

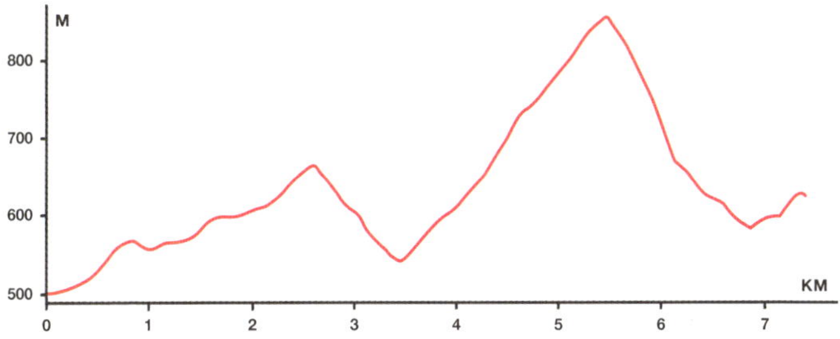

WEGBESCHREIBUNG

Von der Bushaltestelle an der Avenue du Grand Saint-Bernard geht ihr ein kurzes Stück in Richtung Fluss und biegt dann auf die Route de la Croix ab. Kurz vor der Autobahn A21 geht ihr nach links, um sie zu überqueren, und lauft auf der Strasse weiter, die zur Route de Plan-Cerisier wird. Nehmt die zweite Strasse rechts: Sie wird zu einem Fussweg und ist eine Abkürzung, die kurz vor den ersten Häusern des alten Dorfs in die Route de Plan-Cerisier mündet. Der ansteigende Weg führt zwischen den dicht an dicht stehenden Häusern hindurch – das winzige Museum ist auf der rechten Seite, gleich nachdem die Strasse sich teilt (links ist ein Parkplatz). Nachdem ihr ein wenig zwischen den Häusern umherspaziert seid, kehrt ihr zur Route de Plan-Cerisier zurück, könnt dann noch eine zweite Häuseransammlung in Augenschein nehmen und geht auf der Strasse weiter, die kurz nach dem gleichnamigen Restaurant endet.

Aus der Strasse wird ein Fussweg, der Les Guières genannt wird, da die Rebberge, die er durchquert, so heissen. Hier stehen einige der eindrucksvollsten Trockensteinmauern des Wallis, wunderschön im Wechsel der Jahreszeiten und von weiten Teilen des Rhone-Tals aus sichtbar. Der Weg ist stellenweise nur so breit wie eine Person, mit Mauern und Reben ober- und unterhalb. So wandert ihr eine Weile, während die Hauptstrasse zum Forclaz-Pass stetig näher rückt. Wenn der Pfad auf einen befahrbaren Feldweg stösst, der von links oben kommt, lauft ihr ein Stück auf diesem Feldweg weiter, aber nur bis kurz vor der Route de la Forclaz (oberhalb von links kommend): Der Feldweg führt zur Strasse hinauf, aber die Route biegt vorher rechts ab. Beachtet, dass ihr diesen Teil der Route später auch wieder zurücklauft. Überquert einen unteren Abschnitt der meist viel befahrenen Route de la Forclaz.

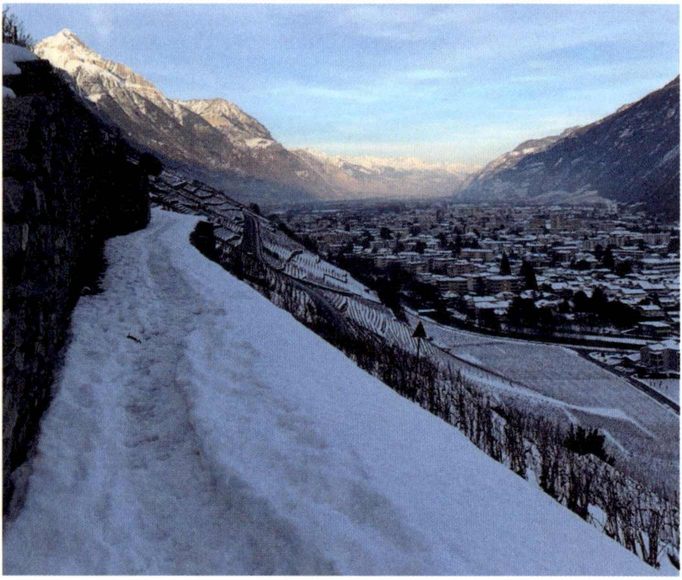

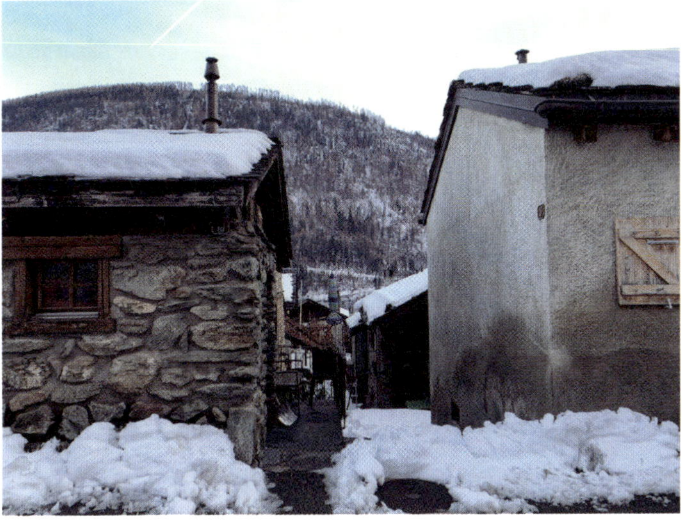

Die Route führt in einer Schleife zur Burgruine. Danach lauft ihr auf demselben Weg zurück, macht aber eine kurze Schleife nach links, weg von den Rebbergen oberhalb. Zurück auf dem Wanderweg, geht ihr geradeaus und überquert die Route de la Forclaz an derselben Stelle wie zuvor. An der Stelle, wo der Fusspfad auf den Feldweg trifft, geht ihr nun nach rechts und lauft zum passend benannten Örtchen Sommet des Vignes hinauf, liegt es doch oberhalb der Rebberge, bevor Wald und Felsen die Herrschaft übernehmen. Kurz nachdem der Weg sich teilt, überquert ihr erneut die Route de la Forclaz. Lauft auf eine Ansammlung von Häusern zu, überquert einen schmalen Feldweg namens Route du Sommet des Vignes und lauft dann am unteren Rand der Siedlung entlang. Schenkt allen kleinen Strässchen keine Beachtung und lauft auf der Strasse weiter, die nun Chemin des Rives heisst, bis ihr zu einer kleinen, kurvenreichen Strasse kommt, die zu einigen Dörfern oberhalb führt. Geht ein kurzes Stück auf dieser Strasse, aber wenn linker Hand ein Fussweg auftaucht, folgt ihm. Langsam, aber sicher geht es wieder zu den Weinbergen hinunter. Dieser Streckenabschnitt führt durch einen Wald mit einigen schönen, grossen alten Bäumen. Folgt dem Pfad, bis linker Hand Weinreben und ein Bauernhof auftauchen. Bald darauf endet der Fussweg. Lauft ein paar Meter nach links, bis ihr zu einer Strasse kommt. Folgt ihr bergab durch die Rebberge. Die Strasse führt zu einigen Weilern unterhalb von Plan-Cerisier, nicht weit entfernt vom Restaurant und den Weilern, die ihr auf dem Hinweg passiert habt. An der T-Kreuzung geht ihr nach links und biegt gleich darauf rechts auf die Rue du Perrey ab. Folgt ihr durch das Dorf, das ihr am unteren Ende Richtung Martigny-Croix verlasst, und bleibt auf dieser schmalen Strasse, bis sie sich teilt. Nehmt die Strasse rechts, Rue des Ecottins, und folgt den Schildern Richtung Les Rappes bis zur Kreuzung. Nehmt danach die zweite Strasse rechts und lauft die Rue du Village hinauf; alternativ könnt ihr auch die nächste nehmen, die noch steilere Route des Rappes – auf der früher die Postkutsche verkehrte, stellt euch das mal vor! Beide Strassen enden an der Route de la Combe, und die Kellerei Besse liegt genau zwischen ihnen, ihr könnt sie nicht verfehlen.

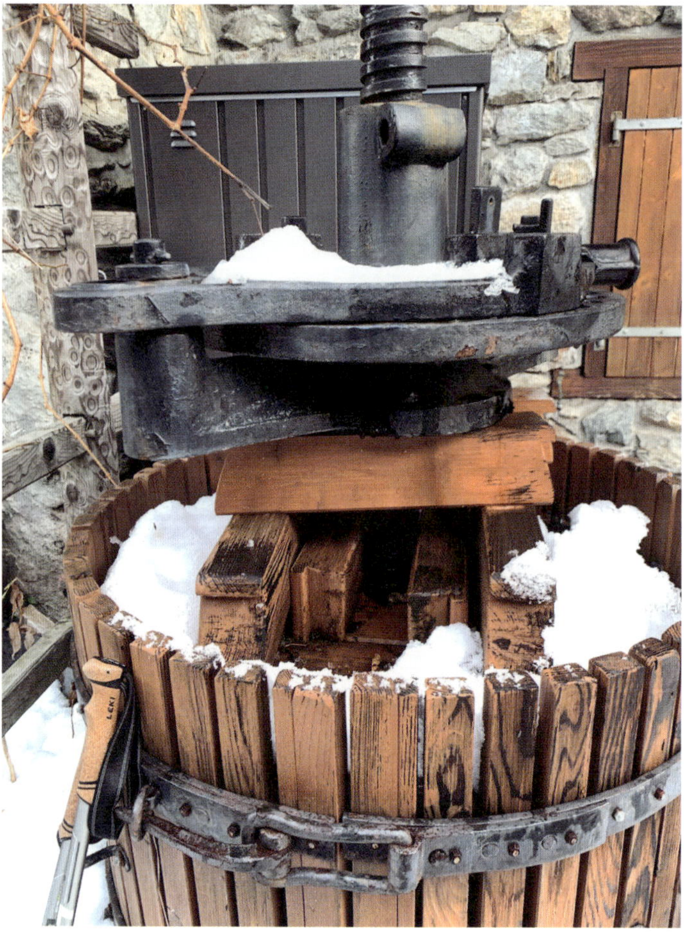

Rückweg

Ihr könnt den Bus nehmen oder nach Martigny hinunterlaufen (15 Minuten). Wenn ihr zum Weingut hinauflauft, seht ihr die Bushaltestelle auf der Route de la Combe, nur wenige Meter von Besse entfernt.

Ergänzende Hinweise

Das Mazot-Musée von Plan-Cerisier ist als das kleinste Weinbaumuseum der Schweiz bekannt. Trotzdem erfährt man hier viel über dieses sehr ungewöhnliche kleine Dorf. Früher kamen die Bewohner der Dörfer des Val de Trient, einem hoch gelegenen Tal, auf Maultieren herunter, um an ihren Reben zu arbeiten und die Trauben zu ernten, bevor sie später mit ihrem Wein wieder hinaufwanderten. Es gibt heute immer noch einige alte Häuser aus Lärchenholz mit Schieferdach. Das Museum ist im Sommer an zwei Abenden die Woche oder nach Vereinbarung geöffnet.

Dieses Gebiet gehört zu dem alten Wegsystem über die Passhöhe Grand Saint-Bernard, die Frankreich beziehungsweise das Walliser Rhone-Tal mit dem italienischen Aostatal verbindet.

Hundefreundliche Wanderung, aber stellenweise ist der Weg sehr schmal.

KELLEREI GÉRALD BESSE

Gérald Besse hat sich das Bergwinzerhandwerk selbst beigebracht. 1979 erwarb er seine erste Rebparzelle, und 1984 eröffnete er zusammen mit seiner Frau Patricia die Kellerei. Seitdem hat Besse sich nicht nur mit den feinen mineralischen Weinen, die auf den granithaltigen Böden des Mont-Blanc-Massivs wachsen, einen Namen gemacht, sondern auch mit seinem unermüdlichen Engagement zum Erhalt dieses besonderen Bodens und der eindrucksvollen Trockenmauern, die die Rebterrassen stützen. Die Kinder des Ehepaars arbeiten seit einigen Jahren im Familienbetrieb mit, vor allem Tochter Sara: Sie studierte Önologie- und Weinbauingenieurin, arbeitet Vollzeit in der Kellerei und begleitet die Umstellung auf biologische Weinproduktion. Das Ergebnis kann sich sehen lassen: Die Kellerei wird regelmässig zu den besten des Landes gezählt. Ihr Weisswein Ermitage Martigny Vieille Vigne Les Serpentines wurde in die Schatzkammer der renommierten Vereinigung Mémoire des Vins Suisses aufgenommen.

Gamay St. Théodule: Das Weingut stellt drei Gamay-Weine und mehrere andere Rotweine her und kennt sich mit dieser speziellen Rebsorte bestens aus. Dieser Wein steht an der Spitze der drei, aber die anderen sind ebenso erfreulich, allerdings leichter.

ADRESSE

Domaine Gérald Besse SA
Route de la Combe 14
Les Rappes
1921 Martigny-Croix
+41 27 722 78 81
info@besse.ch
besse.ch

DEGUSTATION

Kostenlos. Feste Öffnungszeiten.

ORTE IN DER NÄHE, AN DENEN DIE WEINE DIESER KELLEREI AUSSERDEM ZU FINDEN SIND

Restaurant de Plan-Cerisier, Les Guières 15, 1921 Martigny-Croix, +41 27 722 25 29
info@plan-cerisier.ch

FULLY

ALPENGEOGRAFIE IN HÜLLE UND FÜLLE

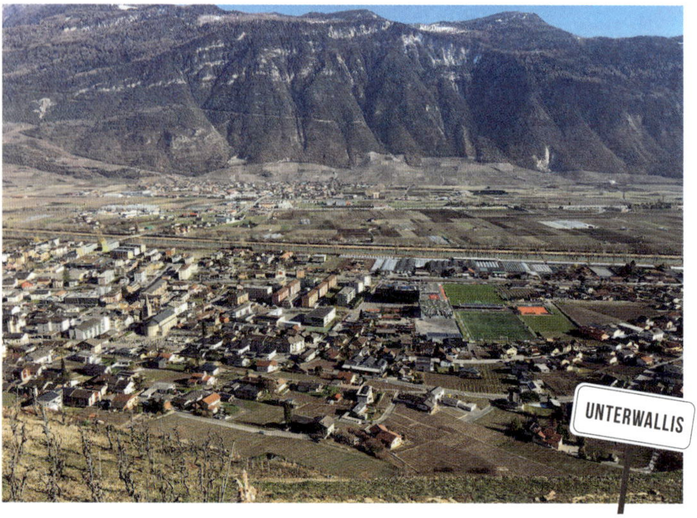

STARTPUNKT	ENDPUNKT
BRANSON, PONT DU RHONE (POSTBUSHALTESTELLE)	CAVE LA RODELINE, FULLY
JAHRESZEIT	SCHWIERIGKEITSGRAD
GANZJÄHRIG AUSSER BEI SCHNEE	MITTEL/ ANSPRUCHSVOLL
KARTE	DAUER
BLATT 272 T	3 STD. 45 MIN.
	LÄNGE
	11,7 KM
SEHENSWÜRDIGKEITEN	AUFSTIEG / ABSTIEG
RHONE-KANAL. COMBE D'ENFER. WALNUSSWALD.	625 M / 626 M

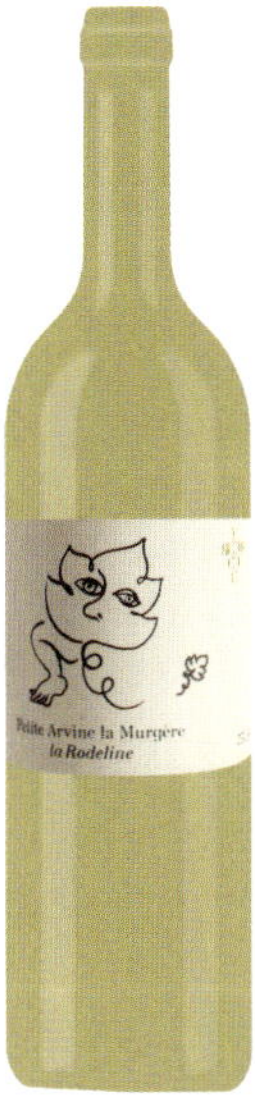

PETITE ARVINE

LA MURGÈRE PETITE ARVINE
DOMAINE LA RODELINE

WEISS

RHABARBER,
BLÜHENDER BLAUREGEN,
LEICHTE ZITRUSNOTE

FRISCH, MINERALISCH, LEBHAFT, MIT DEM PERFEKTEN SALINISCHEN ABGANG, DER FÜR DIESE REBSORTE TYPISCH IST

TROCKEN,
STILL

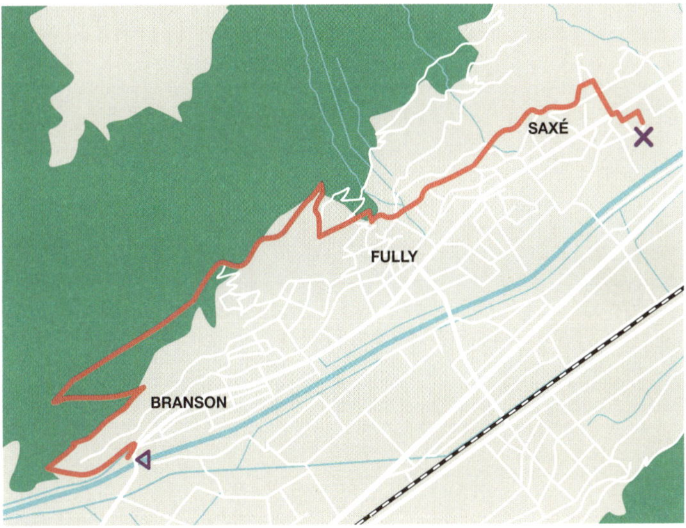

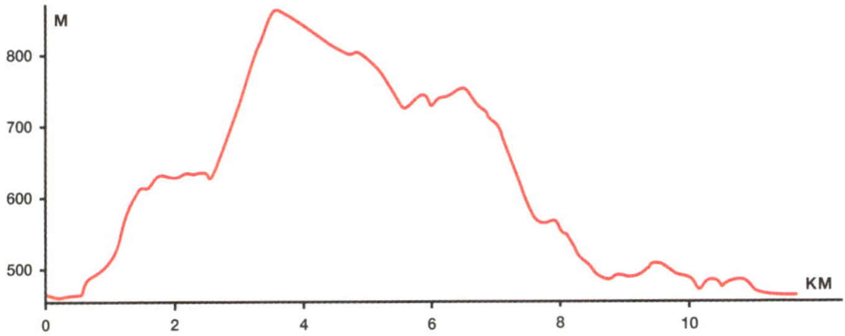

WEGBESCHREIBUNG

Von der Bushaltestelle aus folgt ihr dem Fussweg zur Fussgängerbrücke, auf der ihr den Canal de Fully überquert, und biegt dann links auf den Chemin de Clos des Follatères ab. Es geht bergauf; bald nachdem links ein anderer Weg abzweigt, macht der Weg eine scharfe Rechtskurve und führt dann geradeaus oberhalb der Weinberge entlang. An einer Weggabelung haltet ihr euch links, an der nächsten Weggabelung nehmt ihr die rechte Option und lauft dann geradeaus weiter. An der folgenden T-Kreuzung, umgeben von offenem Gestrüpp, biegt ihr scharf nach links ab. Die ersten Häuser von Branson, am Rande von Fully, sind nicht weit unterhalb.

Folgt dem Weg bergauf, ein Aufstieg von ungefähr 200 m im Zickzack, gleich nachdem rechts ein Weg abgeht. Dann mündet die Route in eine kleine Strasse namens Route de Jeur Brûlée, auf der ihr eine Weile bleibt. Dort, wo die Strasse in einer scharfen Rechtskurve bergab führt, geht ihr weiter auf einem Feldweg geradeaus: Ihr habt die Combe de l'Enfer erreicht, einen sehr aussergewöhnlichen (und überaus passend benannten) Ort, um Wein anzubauen, weil durch die Krümmung des terrassierten Hanges ganz besondere Bedingungen herrschen und extra viel Sonnenlicht eingefangen wird. Die Route führt durch den

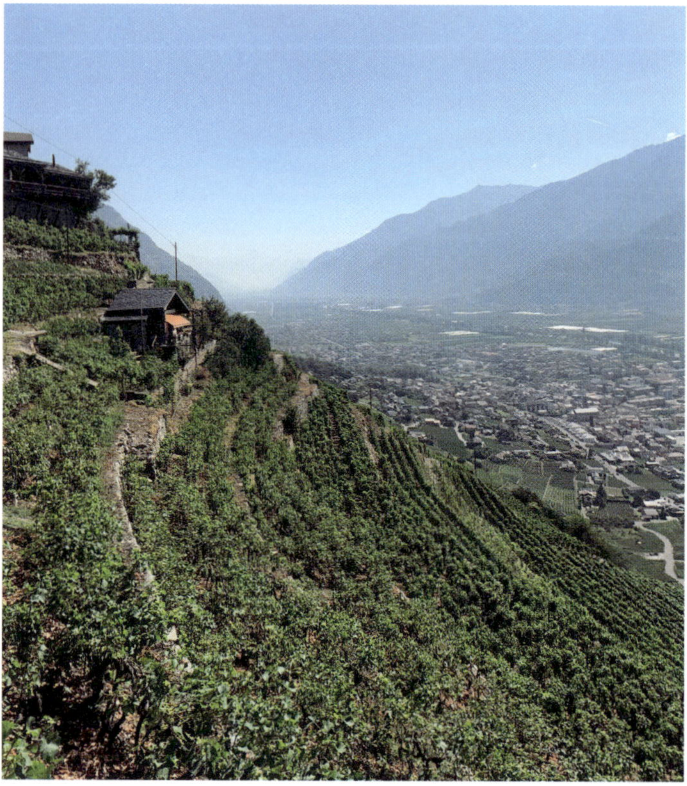

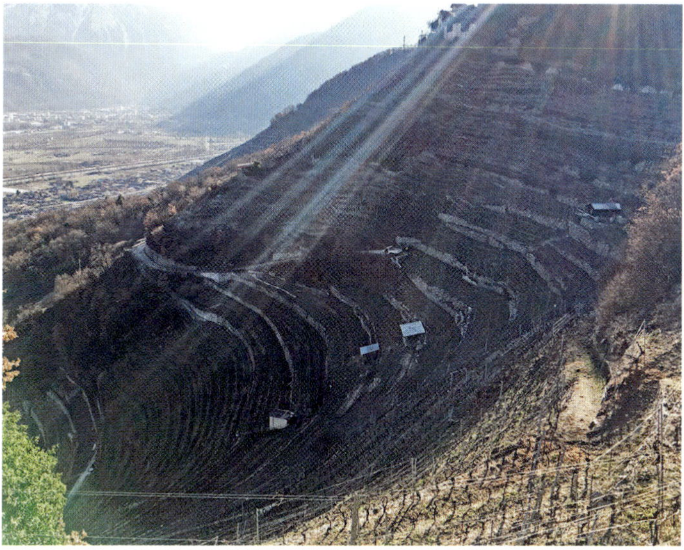

oberen Teil des Rebbergs, oberhalb des Weilers Tassonnières. Wenn ihr auf den Chemin de Plamont stosst, folgt ihr ihm nach links. Lauft weiterhin durch Rebberge, bis ein markierter Weg, der Chemin des Avasiers, auftaucht und scharf nach rechts abbiegt; dem folgt ihr bergab. Er führt zu einem beliebten Treffpunkt mit einem grossen Kreuz und ein paar Parkplätzen.

An besagtem Kreuz nehmt ihr den Fussweg, der bergab führt. Er mündet später in den Sentier Tassonnières Rappe, auf den ihr nach links abbiegt und der sich in eine kleine Strasse verwandelt. Am Ende der Strasse überquert ihr den Chemin des Avasiers, und wenn sich der Weg danach teilt, haltet ihr euch links. Dort, wo der Weg einen anderen kreuzt, biegt ihr rechts ab und kreuzt einen weiteren Weg. Am Chemin des Bogues biegt ihr links ab, nehmt dann den Pfad rechts und bleibt rechts, dann biegt ihr links an der kleinen T-Kreuzung kurz vor der Route d'Euloz ab. Ihr überquert den Parkplatz, folgt dem Fussweg am anderen Ende – nicht nach rechts gehen! – und überquert den Chemin de l'Usine. Nehmt den Chemin de la Treille, und wenn dieser nach rechts abbiegt, lauft ihr geradeaus weiter auf dem Wanderweg nach Châtaignier. Bei der Volkszählung 1798 war dieses Dorf mit 129 Seelen das mit den meisten Einwohnern.

An diesem Punkt der Wanderung hat der Weg die höheren Rebberge verlassen. Auf Fuss- und Landwirtschaftswegen führt die Route in einer mehr oder weniger geraden Linie weiterhin gen Osten (Richtung Sitten) bis La Fin de Saxé (wo zwölf Häuser 1939 durch einen Erdrutsch und Überschwemmungen zerstört wurden) und Mazembroz. Kurz vor dem letztgenannten Weiler biegt ihr auf den Chemin du Poubloz ab und nehmt kurz danach den Pfad auf der rechten Seite, der zur Hauptstrasse, Chemin de la Comballe, führt, die zur Rue Saint-Gothard wird. Ihr überquert den Kanal und die Route de Martigny auf der anderen Seite. Dann nehmt ihr die erste Strasse links und folgt der Rechtskurve des Chemin des Clares. Nehmt wieder die erste links, dann die dritte rechts. Die Weinhandlung ist auf der linken Seite.

Rückweg
Die Hauptstrasse (Route de Martigny) mit Busverkehr ist ca. fünf Minuten Fussweg entfernt.

Ergänzende Hinweise
Ein netter Abstecher gleich zu Beginn: Statt den Weg bergauf zu nehmen, folgt ihr der kleinen Strasse am Kanal (von Fully weg) zum Rhone-Knie. Es gibt eine kleine überdachte Fussgängerbrücke hier und gleich danach eine Uferstelle mit weissem Sand am Kanal. Die Rebberge rechter Hand werden alle biologisch bewirtschaftet.

Combe d'Enfer ist eine der bemerkenswertesten Rebflächen der Schweiz: Im Sommer extrem heiss, sehr steil (sogar für alpine Verhältnisse) und mit Trockenmauern, auf denen konstant der Druck des Berges lastet. Es ist erstaunlich, dass jemand auf die Idee kam, hier Wein anzubauen, und tatsächlich war die Fläche lange Zeit verlassen, bis vor gut zwei Jahrzehnten eine Handvoll fähiger Weinbauern aus Fully begann, die Rebberge wiederherzustellen – sie wussten, dass die Qualität der Trauben, die hier wachsen, sehr besonders sein würde.

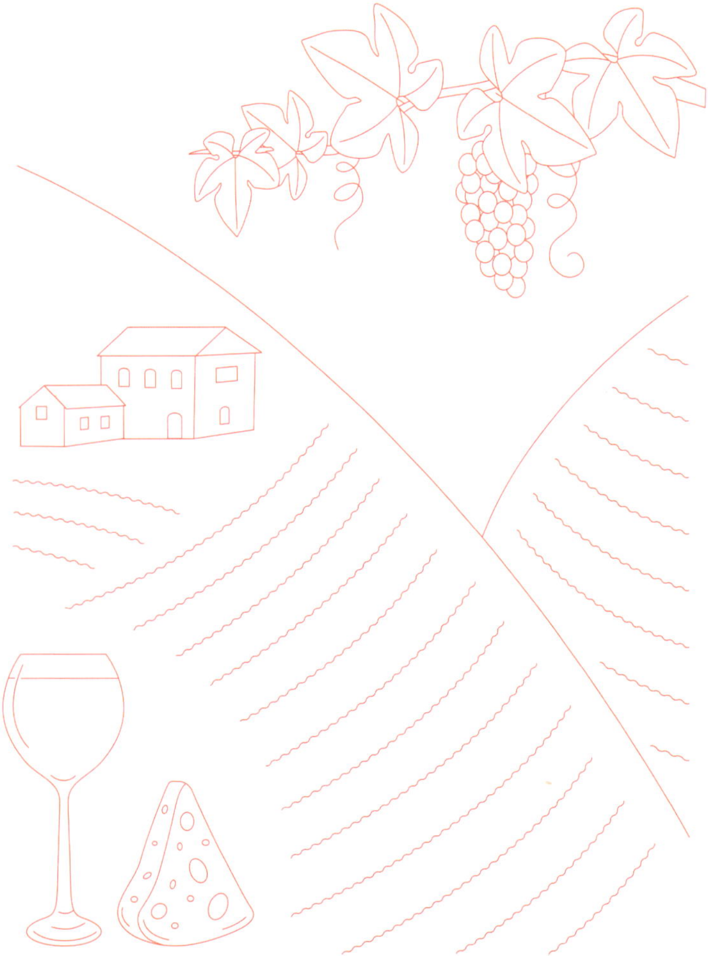

DOMAINE LA RODELINE

Claudine und Yvon Roduit produzieren einige der besten Terroir-Weine in Fully, einer Gemeinde, in der es von guten Weingütern nur so wimmelt. Seit 40 Jahren liegt ihr Fokus darauf, das Verhältnis zwischen dem Land und den Reben zu verstehen. Sie ist zuständig für die Bewirtschaftung der Rebberge, und er ist der Önologe, der die Vinifizierung betreut. Darüber hinaus haben die beiden ein profundes Wissen über die lokale Flora und Fauna und die Gesteinsarten und Bodentypen dieses so aussergewöhnlichen Berghangs. Daher verwundert es nicht, dass ihr Angebot neben den Weinen auch geführte Wanderungen und Naturspaziergänge umfasst, um die Weinberge hier in einem grösseren Kontext zu erklären.

La Murgère Petite Arvine: Dies ist ein klassischer Petite Arvine mit seiner prägnanten, aber angenehmen Rhabarbernote und einem Abgang, der deutlich macht, was ein saliner oder «salziger» Wein ist. Dieses Weingut ist der ideale Ort im Wallis, um etwas über die Rebsorte Petite Arvine zu erfahren, indem ihr drei sehr verschiedene Weine probiert, von denen jeder sein Terroir widerspiegelt – keiner gleicht dem anderen. Warum das so ist (fragt den Winzer!), wird auch auf der Wanderung deutlich.

ADRESSE

Domaine La Rodeline
Chemin des Sablons 11
1926 Fully
Neuer Weinkeller Cave Rodeline (seit 2010):
Rue de la Fontaine 114, 1926 Fully
+41 79 214 04 27
info@rodeline.ch
rodeline.ch

DEGUSTATION

Verschiedene Optionen möglich. Nach Vereinbarung.

ORTE IN DER NÄHE, AN DENEN DIE WEINE DIESER KELLEREI AUSSERDEM ZU FINDEN SIND

Fol'terres, Chem. du Rhône 135, 1926 Fully,
+41 27 746 13 13

SAINT-PIERRE-DE-CLAGES

AUF DEN SPUREN VON ROBIN HOOD ALIAS FARINET

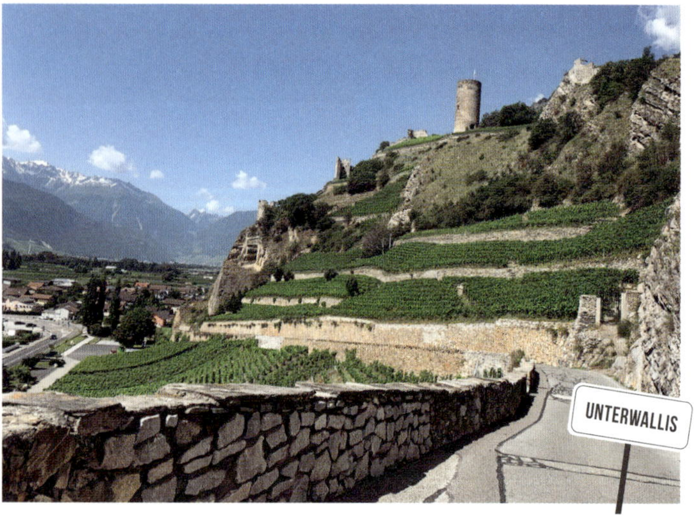

STARTPUNKT	ENDPUNKT
SAILLON, LES MOILLES	SIMON MAYE ET FILS, SAINT-PIERRE-DE-CLAGES
JAHRESZEIT	SCHWIERIGKEITSGRAD
GANZJÄHRIG SOFERN NICHT ZU VIEL SCHNEE LIEGT	**MITTEL**
KARTE	DAUER
BLATT 272 T	**3 STD. 45 MIN.**
	LÄNGE
	13,1 KM
SEHENSWÜRDIGKEITEN	AUFSTIEG / ABSTIEG
CHÂTEAU DE SAILLON (BURGRUINE) UND ALTSTADT VON SAILLON. VIGNE À FARINET: DER KLEINSTE REBBERG DER WELT. PASSARELLE À FARINET (HÄNGEBRÜCKE ÜBER DIE SALENTSE). LA LOSENTSE (FLUSS).	**585 M / 501 M**

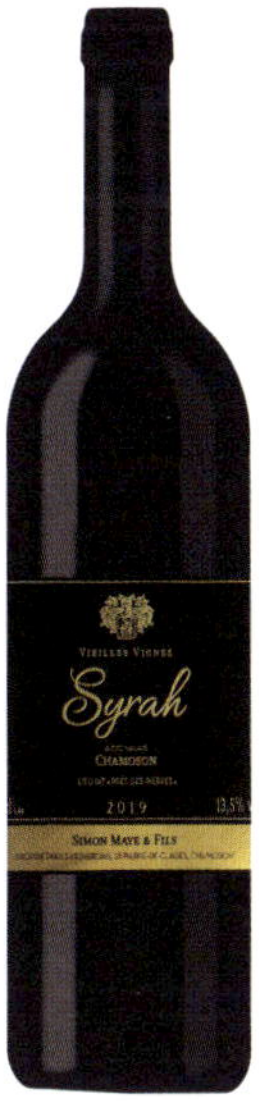

SYRAH

SYRAH VIEILLES VIGNES

SIMON MAYE ET FILS

ROT

SCHWARZE BEEREN UND GEWÜRZE

KOMPLEX, SCHÖNE TIEFE, SEHR ELEGANT

TROCKEN, STILL, EIN JAHR IM EICHENFASS GELAGERT, DANN EINIGE MONATE IM BETONTANK

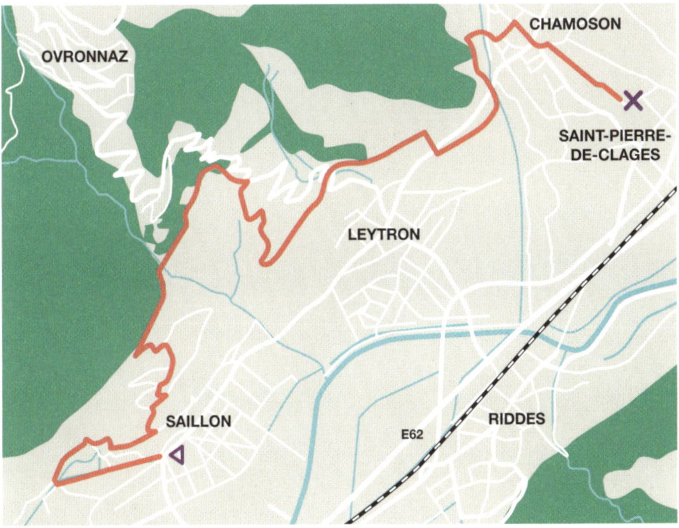

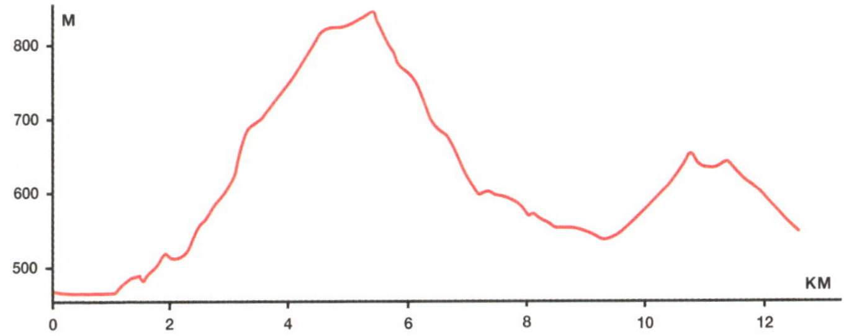

WEGBESCHREIBUNG

Ihr lauft in die Strasse Vers les Scex gegenüber der Bushaltestelle und biegt dann gleich links ab auf den Chemin des Amandiers, der Richtung Martigny führt. Auf der Route de Gru lauft ihr weiter am Kanal entlang, bis ihr zu einer kleinen Brücke kommt. Überquert den Kanal, passiert einen Parkplatz, biegt rechts ab und lauft die Route de Sinlio hinauf Richtung Schloss. Haltet Ausschau nach einem schmalen Pfad, der rechts abgeht: Sentier des Chèvres. Folgt dem Pfad, der zum Chemin des Barmes wird, dann zum Sentier des Anémones. Er führt hinter dem Burgturm entlang, am oberen Ende des mittelalterlichen Dorfkerns von Saillon.

Biegt links auf die Route des Chavannes ab, dann rechts auf die Ruelle des Champs, wo mehrere Wanderwege ausgeschildert sind. Läuft weiter geradeaus auf dem schmalen, steilen Weg direkt nach einem Haus auf der linken Seite. Alternativ könnt ihr auch die Strasse linker Hand nehmen, denn die beiden vereinigen sich wieder. Danach geht es auf der Route des Combes weiter, die sich zum kleinsten Weinberg der Welt hinaufschlängelt, la Vigne de Farinet, der dem Dalai Lama gehört.

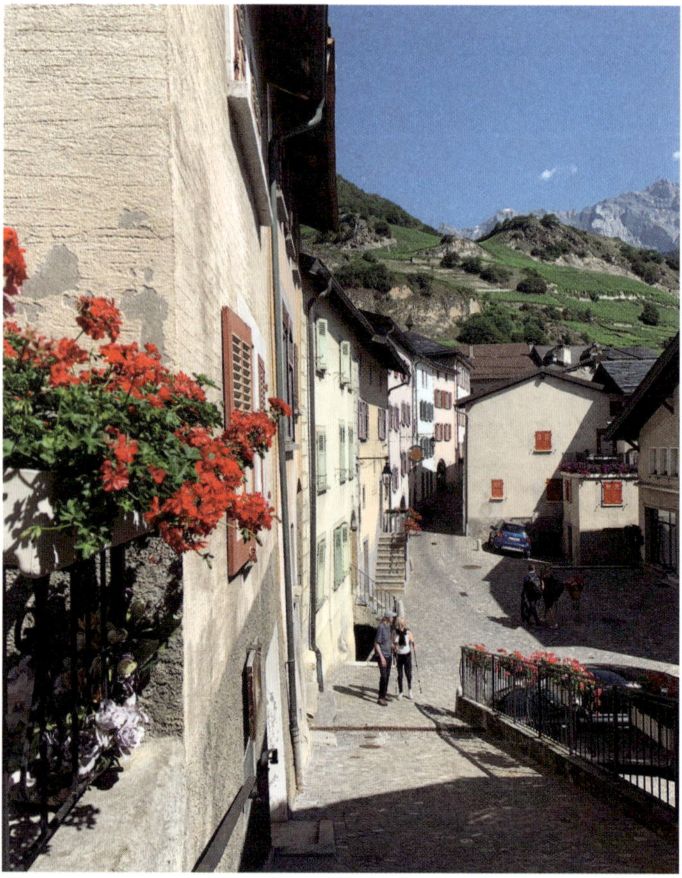

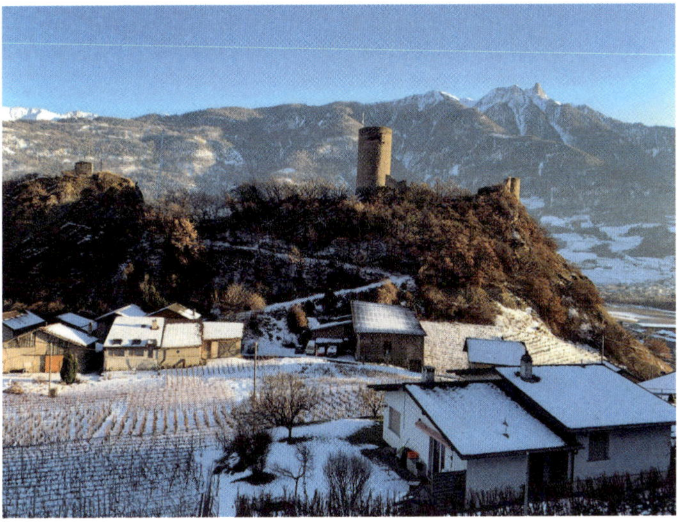

Die nächste Station ist die Passerelle à Farinet, die ihr nach etwa einer Stunde Wegzeit ab Saillon erreicht. Die 2001 erbaute Hängebrücke überquert die enge Schlucht der Salentse auf etwa 780 m ü. M. Vor der Passerelle, am Ende des Feldwegs (Punkt 715 auf der Swisstopo-Karte), lasst die Rebberge hinter euch und betretet lichten Wald. Denkt daran, das Tor, durch das ihr hindurchgeht, wieder zu schliessen! Ihr überquert die hölzerne Fussgängerbrücke, die 136 Meter über dem Fluss schwebt.

Nach der Brücke führt der Weg eine Weile geradeaus und bergab Richtung Leytron. Die Stadt unten in der Ebene ist schon gut zu sehen. Folgt einfach den gelben Wanderschildern und durchquert die Dörfchen Les Places, Montagnon und Produit. Der Weg führt jedoch nicht in die Stadt hinein, sondern führt oberhalb entlang, zwischen Champlan und Cavoucin. Auf der Route des Prix biegt ihr links ab auf die Route de la Collonge (600 m ü. M.) und geht geradeaus weiter. Wenn ihr zur Route d'Ovronnaz kommt, einer grösseren Strasse, folgt ihr dieser ein paar Meter, bevor ihr links auf den markierten Weg abbiegt, der zum Impasse Sous les Chênes wird. Dieser Weg biegt scharf nach rechts ab und überquert die Route de Chamoson. Auf einer schmalen Strasse namens Route des Champs Longs lauft ihr durch Rebberge und biegt dann links auf die Route de Prile ab. Dieses Strässchen macht kurz vor dem Fluss La Losentse eine Linkskurve und führt flussaufwärts an der Losentse entlang. Dies ist ein besonders schöner Streckenabschnitt, links ist Wald zu sehen, rechts unten Rebberge und der Fluss, der weiter flussabwärts schneller und mächtiger wird. Folgt den Markierungen Richtung La Palud/Chamoson, überquert den Fluss und biegt rechts auf die Rue de la Losentze ab. Dann nehmt ihr die erste links (Tiers de Mart), biegt noch einmal links ab auf den Chemin Neuf, dann rechts auf die Rue Saint-André und noch einmal rechts auf die Rue de Plane-Ville. Folgt der Linkskurve (gleich nachdem rechts die Rue Centrale abgeht), lauft auf der Rue des Plantys bzw. Rue Pré de Monthey weiter und biegt dann rechts in die Route de Trémazières ab, die durch Rebberge zum Weingut führt. Kurz vor dem Ortskern von St-Pierre-de-Clages befindet es sich auf der rechten Seite.

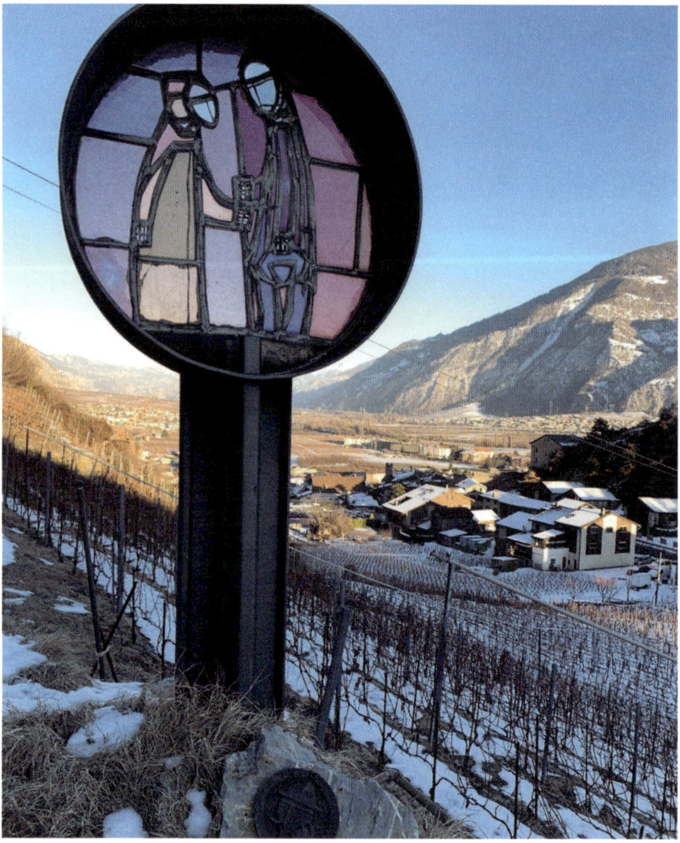

Rückweg
Der Bahnhof Chamoson ist zu Fuss ca. 15 Minuten entfernt.

Ergänzende Hinweise
Saillon und der Name Joseph-Samuel Farinet sind untrennbar miteinander verbunden. Der polizeilich gesuchte Falschmünzer aus dem 19. Jahrhundert war bei der Bevölkerung beliebt und eine Art Schweizer Robin Hood, der in Saillon Unterschlupf fand. 1880 kam er unter ungeklärten Umständen an der Salentse-Schlucht zu Tode, Gerüchten zufolge durch eine Polizeikugel. Heute ist nicht nur der berühmte winzige Rebberg nach ihm benannt, sondern auch die Hängebrücke über der Schlucht, in der er seinen letzten Atemzug tat. Vor dem Bau der Brücke nutzten die Ortsansässigen ein gewagtes Kabelsystem, um Weintrauben, Werkzeug und mehr über die Schlucht zu befördern. Und sie bauten einen schwindelerregenden schmalen Wasserkanal, eine Suone (französisch *Bisse*), entlang der Felswand, um Trinkwasser aus den Höhenlagen nach Saillon zu leiten. Auch die Via Ferrata unterhalb der Brücke, ein Museum, Wanderwege und verschiedene Kunstwerke tragen den Namen Farinets.

Ein weiteres Highlight dieser Wanderung sind die 21 kunstvoll gestalteten Wanderschilder aus Bleiglas von den Künstlern Robert Héritier, Théo Imboden und Pascal Thurre, die den Weg zu den Farinet-Reben (es sind nur drei) weisen.

SIMON MAYE & FILS

Die Kellerei ist bekannt dafür, dass sie Mitte des 20. Jahrhunderts, als allgemein das Motto «Masse statt Klasse» galt, eine Qualitätsoffensive gestartet hat. Simon Maye studierte Jura und hatte vor, ins Ausland zu gehen, aber sein Vater wollte ihn za Hause behalten – 1948, nachdem er seine ersten Trauben geerntet und seinen ersten Wein gekeltert hatte, war der Sohn mit seiner Heimat versöhnt. Vieles von dem, was er in den folgenden Jahrzehnten tat, widersprach dem, was damals in der Weinherstellung üblich war, aber seine Erzeugnisse waren ein Erfolg. Er gründete die Confrérie St-Théodule, deren Mitglieder, Walliser Winzer, sich verpflichten, die Qualität der Weine zu steigern. Seine beiden Söhne bauten das Geschäft weiter aus und hielten am Qualitätsversprechen fest. Vor Kurzem hat sein Enkel Raphaël, der in Weingütern verschiedener Länder sein Wissen vertiefte, die Leitung der Kellerei übernommen. Die Weine sind oft ausverkauft, da die Nachfrage so hoch ist.

Syrah Vieille Vignes: Dieser Wein ist oft schwer zu bekommen: Die Produktion ist sehr begrenzt, und da er als einer der besten Schweizer Weine der nördlichen Rhone gilt, ist er entsprechend gefragt.

ADRESSE

Simon Maye & Fils
Rue de Collombey 3
1955 St-Pierre-de-Clages
+41 27 306 41 81
info@simonmaye.ch
simonmaye.ch

DEGUSTATION

Kostenlos. Feste Öffnungszeiten, aber am besten ruft ihr vorher an.

ORTE IN DER NÄHE, AN DENEN DIE WEINE DIESER KELLEREI AUSSERDEM ZU FINDEN SIND

Café Le Centre, Rue Centrale 9, 1955 Chamoson,
+41 27 306 22 95
info@cafelecentre.ch
La Potagère, Rue de l'Église 3, 1955 Saint-Pierre-de-Clages,
+41 27 306 43 44
info@rittmann-compagnie.ch
Le 1955, Rue de l'Église 19, 1955 Saint-Pierre-de Clages,
+41 27 565 55 54
info@le1955.ch

SAINT-PIERRE-DE-CLAGES

RAUE SCHÖNHEIT SCHROFFER BERGGIPFEL, FLÜSSE

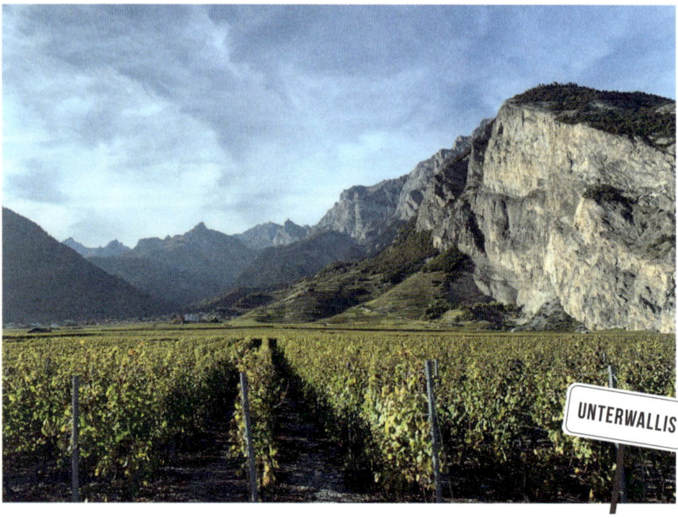

UNTERWALLIS

STARTPUNKT	ENDPUNKT
CHAMOSON-ST-PIERRE-DE-CLAGES (BAHNHOF UND BUSHALTESTELLE)	DANIEL MAGLIOCCO & FILS SAINT-PIERRE-DE-CLAGES
JAHRESZEIT	SCHWIERIGKEITSGRAD
GANZJÄHRIG SOLANGE SCHNEEFREI	**MITTEL**
KARTE	DAUER
BLATT 272 T	**3 STD. 15 MIN.**
SEHENSWÜRDIGKEITEN	LÄNGE
FELSWAND SIX DE GRU. GUERITES (KLEINE SCHUPPEN IN DEN WEINBERGEN). KUNST AUS DER KAROLINGERZEIT. ROMANISCHE KIRCHE IM «BÜCHERDORF» (VIELE ANTIQUARIATE) ST-PIERRE-DE-CLAGES.	**11 KM**
	AUFSTIEG / ABSTIEG
	442 M / 413 M

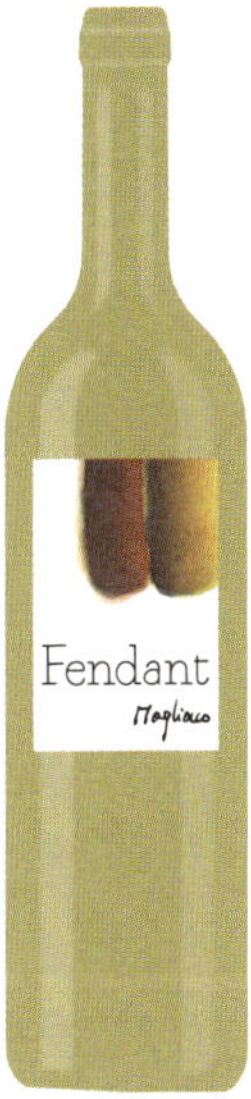

CHASSELAS

FENDANT

CAVE DANIEL MAGLIOCCO & FILS

WEISS

ZITRUSFRÜCHTE, KIESEL

MINERALISCH, TROCKEN, FRUCHTNOTEN, LEICHT SÄUERLICHER, ERFRISCHENDER ABGANG

TROCKEN, STILL

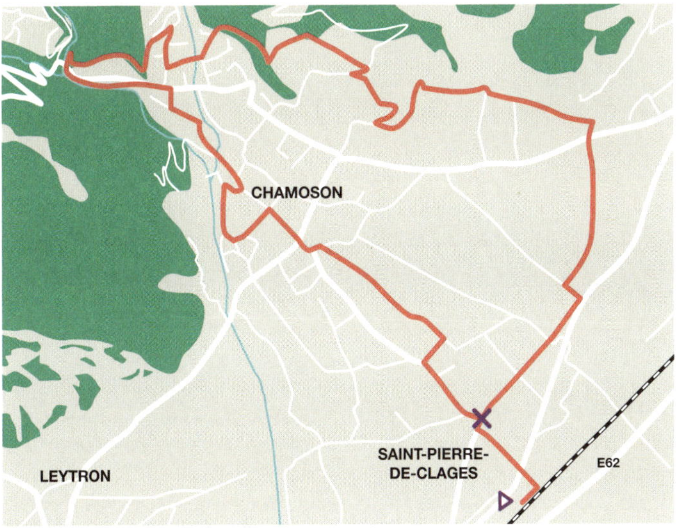

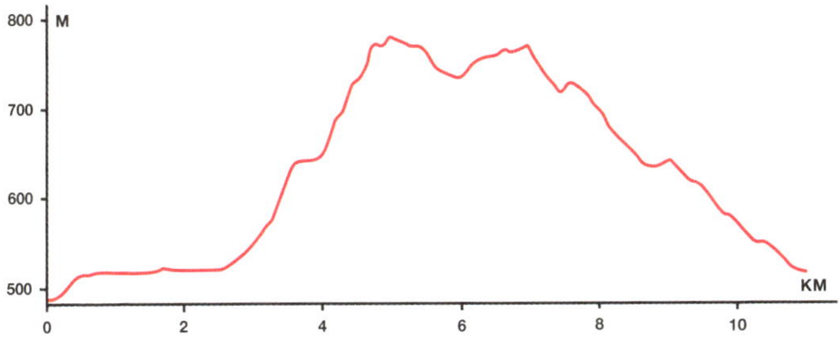

WEGBESCHREIBUNG

Vom Bahnhof aus lauft ihr geradeaus zu Ortsmitte von St-Pierre-de-Clages hinauf. An der Rue de l'Eglise biegt ihr rechts ab und folgt ihrem Verlauf. Beachtet die romanische Kirche aus dem 11. Jahrhundert auf der rechten Seite: Wenn ihr den Bau betretet, geht es sieben Treppenstufen hinab ins Kirchenschiff; früher war der Eingang ebenerdig, aber im Laufe der Jahrhunderte hat sich das Gebäude abgesenkt.

Auf der Rue de l'Eglise lauft ihr weiter, bis (nach der Autobahnauffahrt) auf der linken Seite eine Tamoil-Tankstelle auftaucht, und biegt nach der Tankstelle links ab. Nehmt euch ein paar Minuten Zeit, um die Informationstafel über die alpine Vegetation in den verschiedenen Höhenlagen zu studieren! Der Wanderweg führt durch die Reben in Richtung Six de Gru, eine imposante Felswand, an deren Fuss ihr links abbiegt. Folgt dem markierten Fussweg entlang der Felswand, der zunächst sanft, dann steiler ansteigt. Oberhalb der Rebberge, direkt unterhalb einer Strasse, biegt der Weg nach links ab. Die Route führt am Rande der Weinberge entlang und überquert eine Strasse. Folgt einfach den Pfeilen.

Auf diesem Streckenabschnitt liegt euch die ganze Pracht der Rebberge von Chamoson vor Füssen. Das war nicht immer so: Erst in den 1960er Jahren wurden die Gartenbaubetriebe und gemischte Landwirtschaft von Weinreben abgelöst, da der Weinmarkt boomte.

Die Route streift das obere Ende von Chamoson, überquert einen Bach und führt auf der Rue du Nasot durch ein Wohngebiet (folgt den Schildern). Ihr bleibt auf dieser Strasse, überquert den Fluss Tséné und biegt danach rechts ab auf die Rue Chez Moren (oder folgt den Pfeilen direkt nach der Brücke rechts auf einen Fussweg, der einige hundert Meter später am selben Punkt herauskommt). Folgt den Schildern Richtung Bisse de Poteu und nehmt einen Pfad auf der linken Seite. Der Weg führt am Waldrand entlang, krümmt sich nach rechts und macht eine Haarnadelkurve nach links, bevor er auf die Strasse Pont Crittin stösst. Bleibt auf dem Fussweg, der zwischen der Strasse und der Losentse verläuft, und lauft jetzt wieder Richtung Chamoson.

An einer Lichtung mit ein paar Häusern geht eine schmale Strasse namens Sentier des Amoureux nach links ab, der ihr folgt, um wieder auf die Strasse Pont Crittin zu gelangen. Nehmt die erste Strasse rechts (Chemin du Marqueu), und an der folgenden T-Kreuzung biegt ihr links ab auf den Chemin Proz chez Boz. Folgt dieser Strasse, die nach rechts

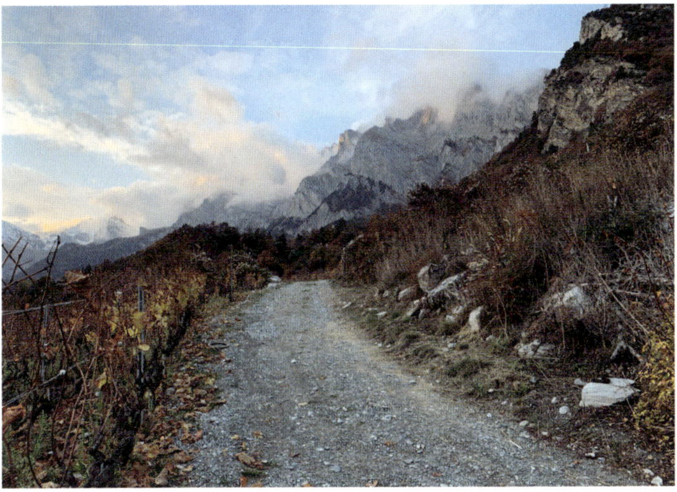

abknickt, bis zur Route du Châtelard neben dem Fluss. Folgt dem Verlauf der Strasse weiter, die nun wieder Proz chez Boz heisst, bis zur T-Kreuzung, wo ihr rechts abbiegt. Nehmt die erste rechts (Rue chez Pottier), dann die erste links auf die Rue de la Losentze.

Nehmt die erste links (Tiers de Mart), biegt kurz darauf links ab auf den Chemin Neuf und danach rechts auf die Rue Centrale. An dieser Stelle führt der Weg durch das Zentrum von Chamoson. Überquert die grosse Kreuzung und folgt der Strasse, die nach links abgeht (Rue Pré de Monthey). Nehmt dann die erste rechts (Route de Trémazières). Der Weg ist wieder in den Rebbergen angekommen und führt gemächlich nach St-Pierre-de-Clages hinunter. An der Route des Dahrres, wo die Häuser beginnen, biegt ihr rechts ab und nehmt die nächste Strasse links bei der Rue de Collombey. Folgt der Strasse bis zur Hauptkreuzung in der Ortsmitte und biegt rechts ab, nehmt dann die zweite links. Die Kellerei befindet sich ein Stück weiter bergab auf der linken Seite.

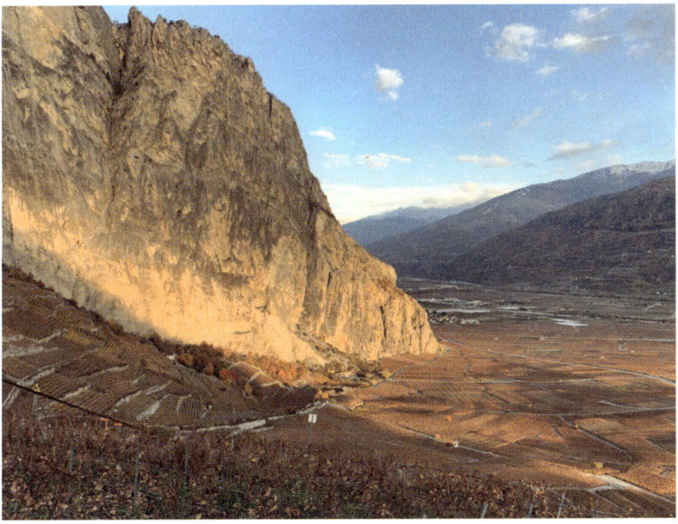

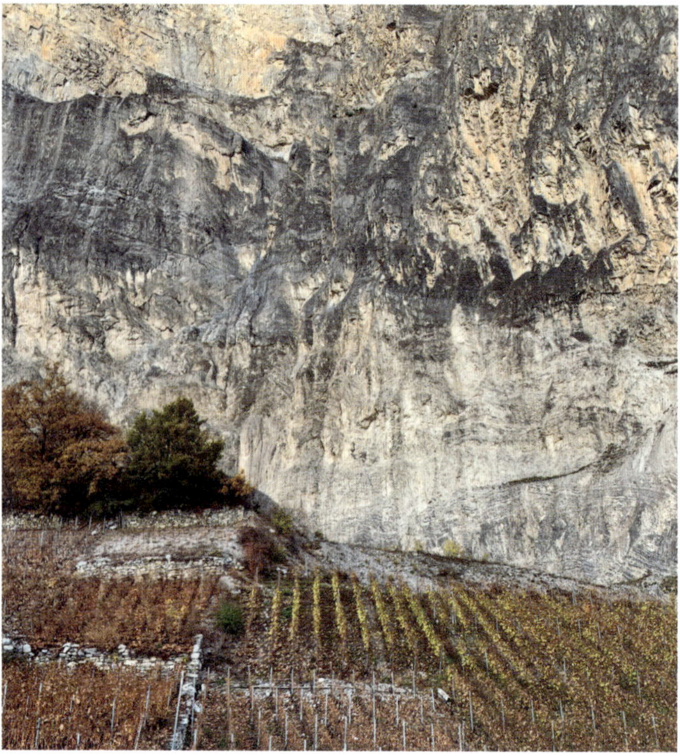

Rückweg
Zwei Minuten zu Fuss bis zur Bushaltestelle unterhalb vom Marktplatz, mit Verbindung zum Bahnhof.

Ergänzende Hinweise
Dies ist eine unkomplizierte Wanderung, bis auf das Stück, wo ihr am Ende von Chamoson Richtung Bisse du Poteu laufen müsst; die Wegweiser sind leicht zu übersehen, achtet also auf Schilder und Pfeile! Nach starken Regenfällen kann es hier ziemlich wild aussehen, in den letzten Jahren wurde der obere Ortsteil von heftigen Schlammlawinen getroffen. Bis in die 1960er Jahre hinein wurden auf dem Grossteil der heute mit Reben bepflanzten Flächen Feldfrüchte angebaut.

Ein geführter Rundgang durch die alte romanische Kirche in St-Pierre-de-Clage dauert knapp eine Stunde und lohnt sich.

CAVE DANIEL MAGLIOCCO & FILS

Die Familie kam 1952 in diese Gegend. Der Grossvater war Metzger. Magliocco *père*, Daniel, war 20, als die Familie Weinreben, Obstbäume und Flächen zum Gemüseanbau erwarb. Er baute die Kellerei im Herzen dieses grossen Weindorfs auf, das zu Chamoson gehört. Sein Sohn

Mikaël trat 2006 in die Firma ein. Ihm ist es wichtig, die Rebsorten für sich selbst sprechen zu lassen. Auf seine Initiative wurden ab 2015 keine synthetisch erzeugten Produkte mehr verwendet, und 2018 erfolgte die Umstellung auf Bio. Er ist überzeugter Verfechter davon, so wenig wie möglich einzugreifen und sehr genau zu beachten, was die Trauben der verschiedenen Ernten ihm sagen. Er ist ein unabhängiger Denker, interessiert sich nicht für kurzlebige Modeerscheinungen oder Weinrezepte, macht sich einen Namen durch Qualität und lässt andere gerne an seinen Gedanken darüber teilhaben, was funktioniert und was nicht.

Das Sortiment ist interessant, und viele Tropfen überraschen – der Fendant hat mehr Charakter als die meisten, ist mineralisch und schwungvoll. Der Gamay hat eine ungewöhnliche Tiefe. Einfach nur Wein zu verkosten, ist hier unmöglich: Ihr müsst Lust darauf haben, euch ausgiebig zu unterhalten. Danach werdet ihr garantiert mehr wissen als bei eurer Ankunft auf dem Weingut.

Fendant: Auch wenn hier vielleicht Rotweine die Spezialität sind, ist dieser Fendant in einem guten Jahr einer der interessantesten der Region, mit echtem Charakter.

ADRESSE

Magliocco & Fils
Av. de la Gare 10
1955 St-Pierre-de-Clages
+49 79 445 88 88
daniel@maglioccovins.ch
mikael@maglioccovins.ch
maglioccovins.ch

DEGUSTATION

Kostenlos.

ORTE IN DER NÄHE, AN DENEN DIE WEINE DIESER KELLEREI AUSSERDEM ZU FINDEN SIND

Le 1955, Rue de l'Eglise 19, 1955 Saint-Pierre-de Clages,
+41 27 565 55 54
info@le1955.ch
La Potagère, Rue de l'Eglise 3, 1955 Saint-Pierre-de-Clages,
+41 27 306 43 44
info@rittmann-compagnie.ch

VÉTROZ

WILDES WALLIS: EINE TIEFE FALTE IN DEN ALPEN

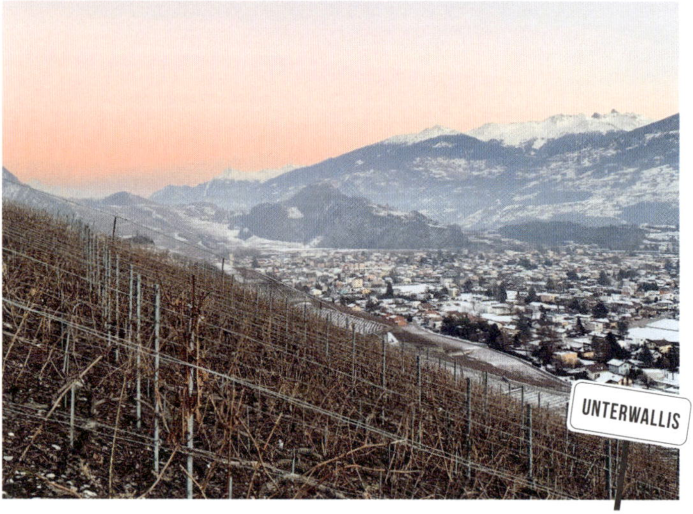

STARTPUNKT	ENDPUNKT
SAVIÈSE, CHANDOLIN CENTRE (BUSHALTESTELLE)	CAVE DE LA MADELEINE, VÉTROZ
JAHRESZEIT	SCHWIERIGKEITSGRAD
MAI–NOVEMBER FÜR DIE GESAMTE STRECKE. DIE CA. 4 KM VON DAILLON NACH VÉTROZ KÖNNT IHR, JE NACH SCHNEEFALL, DAS GANZE JAHR ÜBER WANDERN	ANSPRUCHSVOLL
KARTE	DAUER
BLATT 273 T	3 STD. 45 MIN.
SEHENSWÜRDIGKEITEN	LÄNGE
CHANDOLIN: LA MAISON DES EPOUX DUMOULIN. NOTRE DAME DES CORBELINS. PONT DU DIABLE. VÉTROZ, PLACE DU FOUR.	13,1 KM
	AUFSTIEG / ABSTIEG
	723 M / 388 M

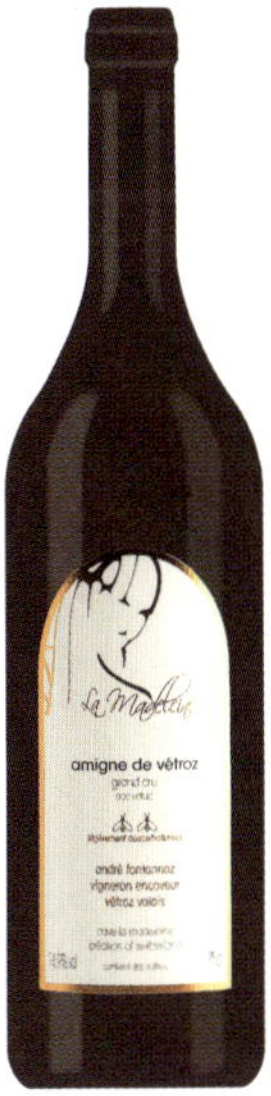

AMIGNE

AMIGNE GRAND CRU (2 BEES)

CAVE DE LA MADELEINE

WEISS

BLÜTEN- UND WALDHONIG, ORANGEN, KUMQUATS

REICHHALTIG, ANFANGS WEICH, ZITRUSFRÜCHTE UND MARMELADE, GEGEN ENDE MERKLICHE SÄURE, DIE IHM LÄNGE GIBT – AUSGEWOGEN, HARMONISCH

LEICHT SÜSSLICH

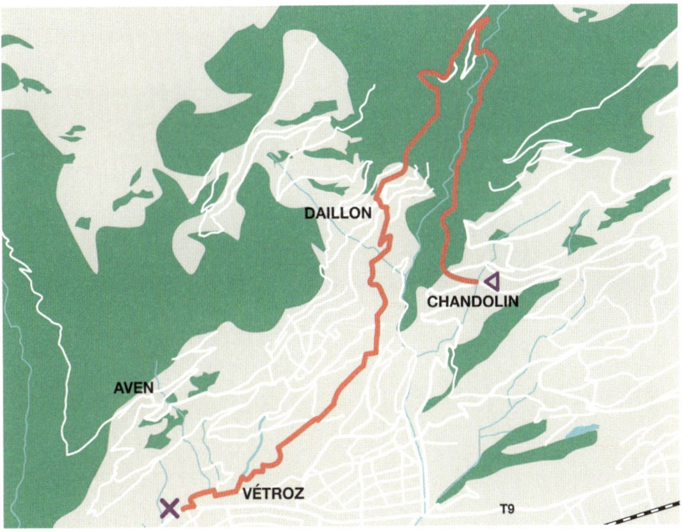

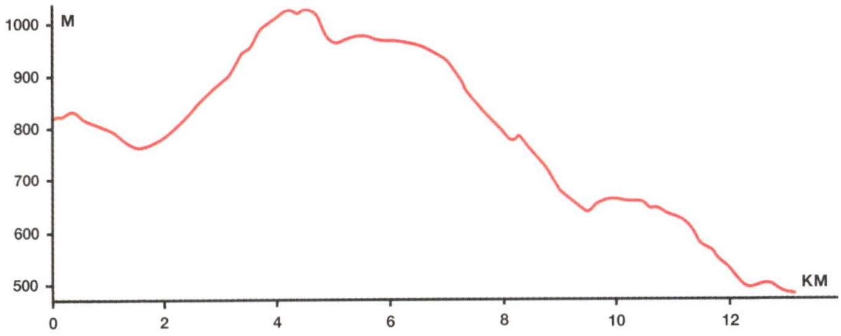

WEGBESCHREIBUNG

Von der Bushaltestelle aus lauft ihr in westlicher Richtung der Hauptstrasse Route du Sanetsch entlang, vorbei an Informationstafeln und Sehenswürdigkeiten, wie etwa dem Haus der Familie Dumoulin und dem des berühmten Kryobiologen Basile Luyet, der in Chandolin seine Kindheit verbrachte. An einer Kreuzung mit einer Bushaltestelle führt eine Strasse bergauf zum Tsanfleuron-Gletscher, während die Hauptstrasse steil bergab führt. Hier habt ihr eine spektakuläre Aussicht auf die Schlucht der Morge und die scheinbar senkrechten Weinberge von Conthey auf der anderen Seite sowie Berggipfel dreier Kantone. Die Strasse führt an der Kapelle Notre Dame de Corbelin vorbei, passiert den Müll- und Recyclinghof des Dorfes (beide auf der linken Seite). Hier fällt die Strasse steil ab, und im Winter liegt sie die meiste Zeit des Tages im Schatten. Ihr lauft eine Weile weiter, bis ihr die 1655 errichtete Brücke Pont du Diable erreicht.

Hier macht der Weg eine Schleife und führt am rechten Ufer der Morge weiter. Folgt den Schildern Richtung Daillon und Sensine und steigt noch

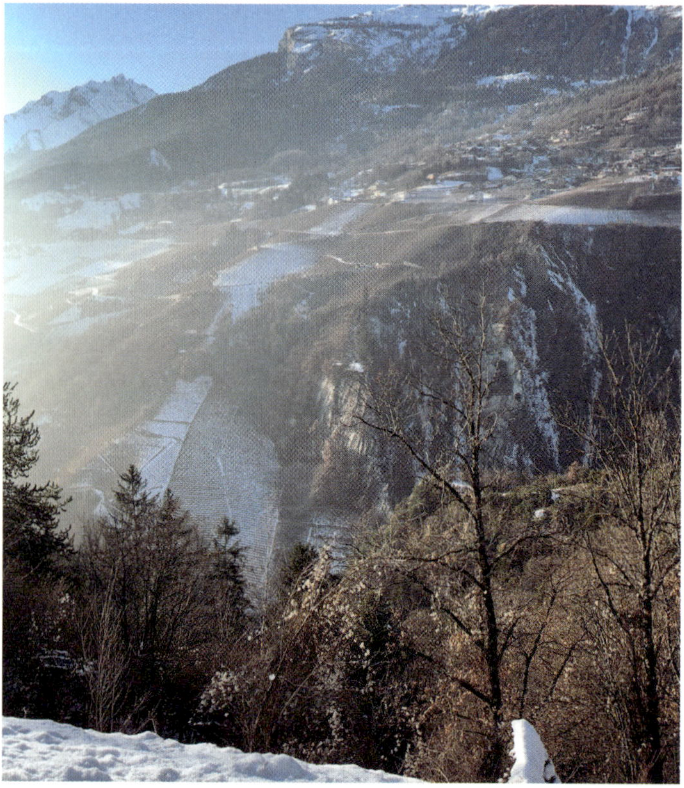

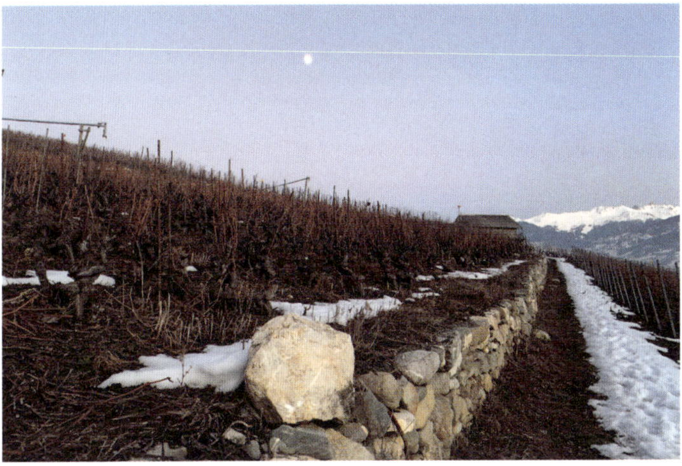

einmal ein steiles Stück der Route du Sanetsch hinauf. Ab Pomeiron geht es langsam, aber sicher wieder bergab. Ihr bleibt auf der Route du Sanetsch, die in Daillon mehrere Haarnadelkurven macht. Unmittelbar nach einer Linkskurve (rechts geht die Route des Nez ab) nehmt ihr eine schmale Strasse, die zu dem Ortsteil La Vella hinunterführt. Folgt der Rue du Morey, bis diese sich teilt, und lauft linker Hand auf der Rue de la Vella weiter, einer kleinen Strasse durch die Rebberge. Jenseits der Morge befinden sich Chandolin und die Kapelle. Ihr bleibt auf diesem Strässchen (an zwei kleinen Abzweigungen haltet ihr euch links) bis zum oberen Ende von Sensine. Ihr überquert eine grössere Strasse, die Route de la Blanchette, und lauft nun auf der Rue de Somvellaz weiter.

Auf halber Strecke zur Ortsmitte biegt ihr rechts in die Rue de Vaux ab. Wenn diese sich teilt, nehmt ihr die linke Option und folgt diesem Weg durch die Rebberge. Oberhalb des Weilers St-Séverin überquert ihr den Chemin de Plan d'Avé und folgt ihm kurzzeitig. Dann nehmt ihr den Weg, der links abzweigt und bergab durch die Rebberge führt.

Haltet Ausschau nach einem gelben Wegweiser, der bei der ersten Linkskurve von der Strasse weg und bergab führt, auf einer Strasse, die schnell zu einem unbefestigten Weg wird. Nach einer Rechtskurve passiert er einen Winzerschuppen, dann geht es erst scharf nach rechts, dann nach links den Berg hinunter, unweit eines kleinen Kanals. In Vétroz geht ihr auf der Rue des Vignerons in westlicher Richtung zum zentralen Platz nahe der Kirche und dann oberhalb der Kirche auf der Route de l'Abbaye weiter, die nach einer Linkskurve auf die Route Cantonale stösst. Hier geht ihr nach rechts und steht bereits wenige Meter weiter vor dem Weingut.

Rückweg
Fünf Minuten vom Weingut entfernt, an der Hauptstrasse zum Ortszentrum von Vétroz, gibt es eine Bushaltestelle.

Ergänzende Hinweise
Chandolin (Savièse) – nicht zu verwechseln mit dem gleichnamigen hochalpinen Dorf im Val d'Anniviers – erweckt den Anschein, in einem

tiefen Tal ohne Ausgang zu stecken, liegt aber in Wirklichkeit an der Strasse zum Col de Sanetsch. Hier treffen die Kantone Waadt (Diablerets), Wallis und Bern aufeinander, und von hier aus fliesst Wasser über die Morge ins Wallis hinab und auf der anderen Seite nach Bern und über die Aare in den Rhein.

Notre-Dame des Corbelins war die letzte von drei Kapellen auf einem Pilgerweg, den Frauen unternahmen, deren Kinder tot geboren wurden oder gleich nach der Geburt starben; in der katholischen Kirche glaubte man damals, diese Kinder müssten in der Vorhölle schmoren. Die Kapelle galt als Ort, wo die Heilige Jungfrau Maria diesen Kindern gerade genug Leben einhauchen konnte, damit diese getauft werden und somit ins Paradies gelangen konnten. Sie wurde 1655 erbaut und bot auch Reisenden Schutz. Die Kapelle wurde 1989 renoviert.

Eine weitere Sehenswürdigkeit des Dorfes ist das Haus von Basile Luyet, dessen lebenslange Forschungen auf dem Gebiet des Lebens und Sterbens bei niedrigen Temperaturen das neue Wissenschaftsgebiet der Kryobiologie begründeten.

Im Jahr 1942 ereignete sich in Chandolin ein Drama. Das Ehepaar Dumoulins, Eltern von sieben Kindern, verliess das Haus und trug den älteren Kindern auf, auf die Kleinen aufzupassen. Sie wollten nach ihren Kühen auf den Alpweiden hoch oberhalb des Dorfes sehen. Sie nahmen eine Abkürzung über den Gletscher und ... verschwanden. Ihre im Eis konservierten Leichen wurden erst 2017 gefunden, als der sich zurückziehende Gletscher sie freigab. Ihr Wohnhaus ist eine der ersten Sehenswürdigkeiten mit Informationstafel auf dem Weg.

Pont du Diable: Der Legende nach war der Bau einer Brücke über die Morge derart unmöglich, dass man den Teufel um Hilfe bitten musste. Er willigte ein und verlangte im Gegenzug von den Dorfbewohnern, dass er die neunte Seele bekäme, die die Brücke überquerte. Nach der Nummer acht kamen ein Mann und sein Hund des Weges – das Tier wurde auf die Brücke gescheucht, und der zornige Teufel musste sich mit der Hundeseele zufriedengeben.

Diese Wanderung kann bis zum Torrent Neuf bzw. zur Bisse de Savièse ausgeweitet werden, die lange Zeit als spektakulärste Suone des Wallis galt. Um den beeindruckenden Wasserkanal zu erreichen, müsst ihr eine Stunde hinzurechnen, und noch einmal 2,5 bis 3 Stunden, um daran entlangzulaufen. Der Bisse-Weg ist bequem zu laufen, aber stellenweise schwindelerregend!

CAVE DE LA MADELEINE

André Fontannaz gründete die Kellerei 1991. Sie war von Anfang an ein Familienunternehmen. Seine Schwester (Glasmalerin Isabelle Fontannaz) kreierte die Grafik für die Etiketten und das Logo, und vor Kurzem schlossen sich die Töchter Camille und Chloé dem Weingut an. In nur 30 Jahren wurde «La Madeleine» zu einer der angesehensten Kellereien der Schweiz und trägt entscheidend zum internationalen Renommee des Amigne bei. Die Familie Fontannaz ist bekannt für ihr exzellentes Terroir und traditionell hergestellte Weine aus mehreren Rebsorten. Im Laufe des letzten Jahrzehnts stieg die Zahl der – häufig preisgekrönten – Weine, die in Eichenfässern ausgebaut werden oder (zumindest zum Teil) in Amphoren reifen. Der Amigne Vétroz Grand Cru ist aus Trauben, die an den unteren Hängen oberhalb des Dorfes wachsen, auf der ältesten Rebparzelle in Vétroz.

Amigne Grand Cru (2 bees): Amigne ist eine sehr alte und sehr besondere Rebsorte, die zu trockenen Weinen, aber auch zu von Natur aus süsseren Tropfen gekeltert werden kann. Der einzige Ort auf der Welt, wo sie angebaut wird, ist das Wallis, und allein in Vétroz wachsen 70 % davon. Amigne ist auch die einzige Rebvarietät in der Schweiz, bei der der Zuckergehalt auf dem Etikett angegeben werden muss. Die Kellereien in Vétroz verwenden hierfür seit 2006 ein einfaches System: das 3-Bienen-Logo. Eine Biene steht für trockenen Wein (0–8 g Restsüsse pro Liter), zwei Bienen für halbtrocken bis halbsüss (9–25 g RS/l) und drei Bienen für lieblichen Wein, in der Regel eine Spätlese aus Trauben, die im Dezember oder Januar geerntet wurden und wo die natürliche Zuckerkonzentration hoch ist (25+ g RS/l); man kann ihn normalerweise mehrere Jahre lagern, er reift sehr schön. Die Familie Fontannaz produziert mehrere Amigne-Versionen – die ideale Gelegenheit, sie alle zu probieren und zu lernen, worin sie sich unterscheiden.

ADRESSE

La Madeleine – André Fontannaz et Filles
Route Cantonale 118
1963 Vétroz
+41 27 346 46 54
info@fontannaz.ch
fontannaz.ch

DEGUSTATION

15 Franken; wird angerechnet, wenn ihr Wein kauft. Feste Öffnungszeiten.

ORTE IN DER NÄHE, AN DENEN DIE WEINE DIESER KELLEREI AUSSERDEM ZU FINDEN SIND

Relais du Valais, Rte de l'Abbaye 35, 1963 Vétroz,
+41 27 346 03 03
Café La Madeleine, Av. des Vergers 20, 1963 Vétroz,
+41 27 346 10 11

SITTEN

PURES GOLD MIT JAHRTAUSENDEALTER GESCHICHTE

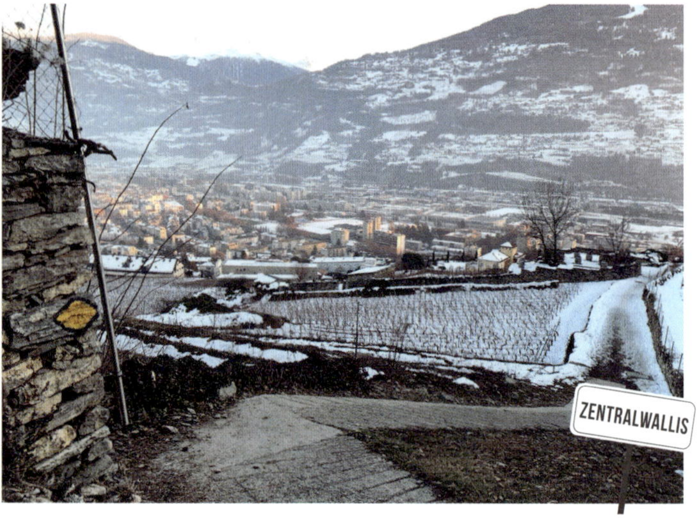

STARTPUNKT	ENDPUNKT
SAVIÈSE, DRÔNE CENTRE (BUSHALTESTELLE)	DOMAINE DU MONT D'OR, SITTEN
JAHRESZEIT	SCHWIERIGKEITSGRAD
GANZJÄHRIG (IM WINTER KANN ES MANCHMAL VEREIST SEIN)	MITTEL
KARTE	DAUER
BLATT 273 T	2 STD. 30 MIN.
SEHENSWÜRDIGKEITEN	LÄNGE
BISSE DE LENTINE (ALTES BEWÄSSERUNGSSYSTEM). LAC DE MONT D'ORGE UND NATURSCHUTZGEBIET. BURGRUINE MONTORGE.	AUFSTIEG / ABSTIEG
	90 M / 444 M

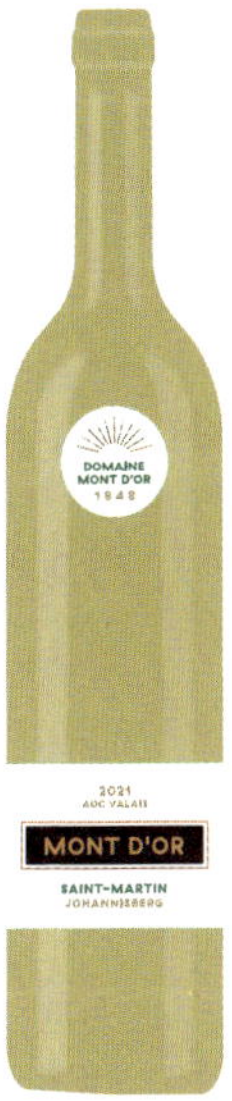

JOHANNISBERG (AUCH SYLVANER GENANNT)

ST. MARTIN GRAIN NOBLE

MONT D'OR

WEISS

ALLES ANDERE ALS SCHÜCHTERN: KORINTHEN, BITTERMANDEL

KRAFTVOLL, NOTEN VON WEIN-TRAUBENKONFITÜRE, WUNDERBAR SÜSS UND DOCH FRISCH, MIT EINER GUTEN SÄURE UND EINEM SEHR LANGEN NACHHALL

EDELSÜSS, STILL

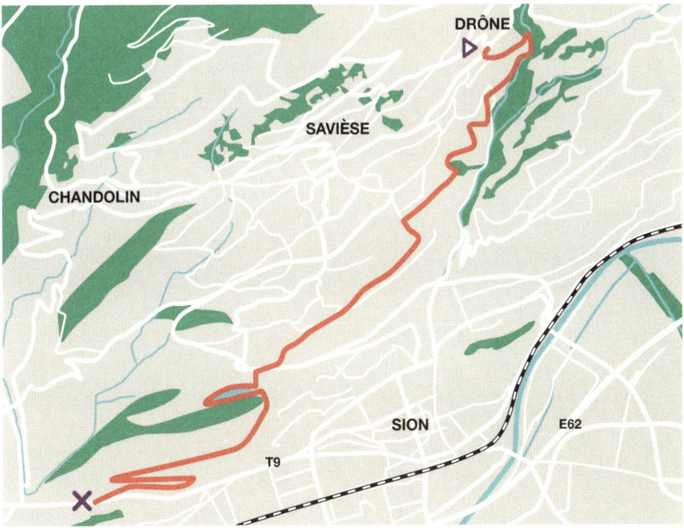

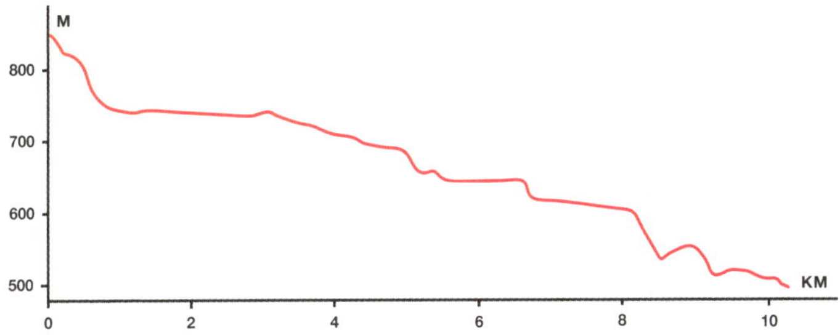

WEGBESCHREIBUNG

In der Siedlung Drône, die zur Gemeinde Savièse gehört, gibt es eine Hauptstrasse. Ihr lauft ein paar Meter in südwestlicher Richtung, biegt links ab auf die Ruelle du Boulanger und bleibt auf der Strasse, die nach links abbiegt. Ihr geht durch die Rebberge und haltet Ausschau nach Schildern Richtung Pont de la Sionne, Grimisuat, Bisse de Lentine. Diese Strecke ist bei Spaziergängern beliebt und grösstenteils gut ausgeschildert. Der Weg führt weiter bergab, bis er auf die Suone (frz. *bisse*) stösst; hier biegt ihr rechts ab, um dem Verlauf der Bisse de Lentine zu folgen.

Ab hier ist es ganz einfach: Ihr müsst einfach nur der Bisse und der entsprechenden Beschilderung folgen. Dort, wo der Weg ein Siedlungsgebiet erreicht, verschwindet er unter der Erde und kommt beim Lac de Mont d'Orge wieder an die Oberfläche.

An diesem Punkt folgt ihr den Schildern des fünfzehnminütigen Rundgangs um den See, der am oberen Ende beginnt. Der Weg kommt neben zwei Parkplätzen und mehreren Wanderschildern heraus – die hohe Zahl an ähnlich lautenden Wanderwegen kann etwas verwirrend sein. Haltet Ausschau nach Pfeilen zum Wanderweg Bisse-Siphon de Montorge, es ist der einzige Weg, der steil bergab führt. Dieser Weg kann im Winter vereist sein, ist aber dank Stufen und der Option, auf der Fahrtrasse zu laufen, machbar, zumal der problematische Abschnitt nur ein paar hundert Meter lang ist. Der anfangs betonierte Wanderweg macht vor einer Steinmauer eine Rechtskurve. Achtet auf ein kleines Steinhaus: Die

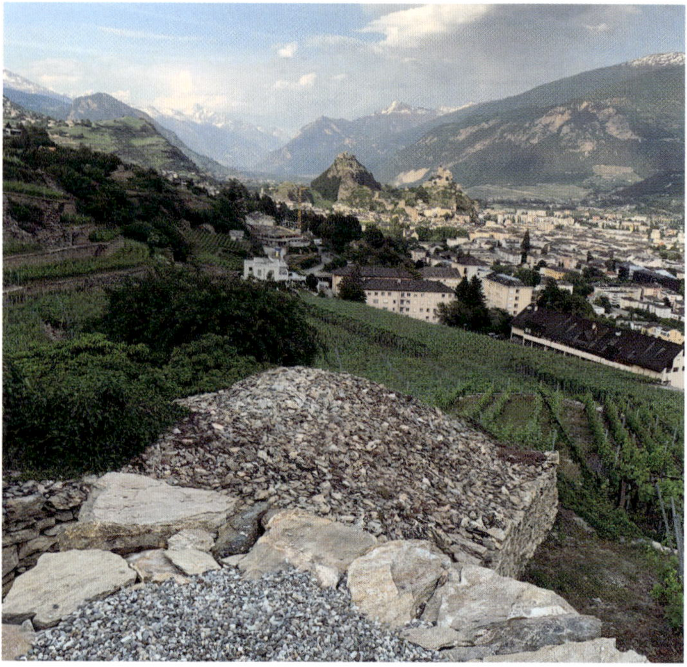

Rebe davor ist über 200 Jahre alt. Folgt dem Weg, bis ihr auf den Beginn der Bisse de Montorge stosst.

Von hier an ist der Weg ein Kinderspiel, da die Rebberge und die Kellerei unterhalb die meiste Zeit gut zu sehen sind. Der Weg führt eine Weile in einer mehr oder weniger geraden Linie nach Westen, bis er sich plötzlich in einer scharfen Kurve abrupt nach Osten wendet. Nach einem weiteren drastischen Richtungswechsel geht ihr direkt auf das Weingut zu. Die Kellerei hat einen eigenen kleinen Lehrpfad eingerichtet, der sich zum Teil mit unserer Route überschneidet. Wer also nach der Weinprobe gerne noch ein bisschen herumspazieren möchte, kann den ganzen Rundgang machen, am besten in Kombination mit der von der Kellerei konzipierten App.

Rückweg
Vor der Kellerei befindet sich eine Bushaltestelle, die von zwei Linien angefahren wird.

Ergänzende Hinweise
Dies ist eine der bequemsten Möglichkeiten im Wallis, an einer voll funktionstüchtigen und relativ jungen Suone entlangzulaufen. Anfangs geht es hauptsächlich durch offene Landschaft, danach durch ein Naturschutzgebiet (dort, wo die Bisse de Lentine in den Lac de Mont d'Orge mündet), gefolgt von einem – im Sommer recht heissen! – Spaziergang entlang einer weiteren, aber tiefer gelegenen Suone vom See bis auf Höhe der Rhone. Die traditionellen Bewässerungskanäle werden nach wie vor genutzt, um die Reben in diesem sehr trockenen und sehr sonnigen Teil der Schweiz mit Wasser zu versorgen. Der Levine-Weg ist im Sommer angenehm schattig und bietet kühle Stellen am Wasser, bis er aus dem Eichenwald heraustritt und die Wanderinnen und Wanderer der Sonne

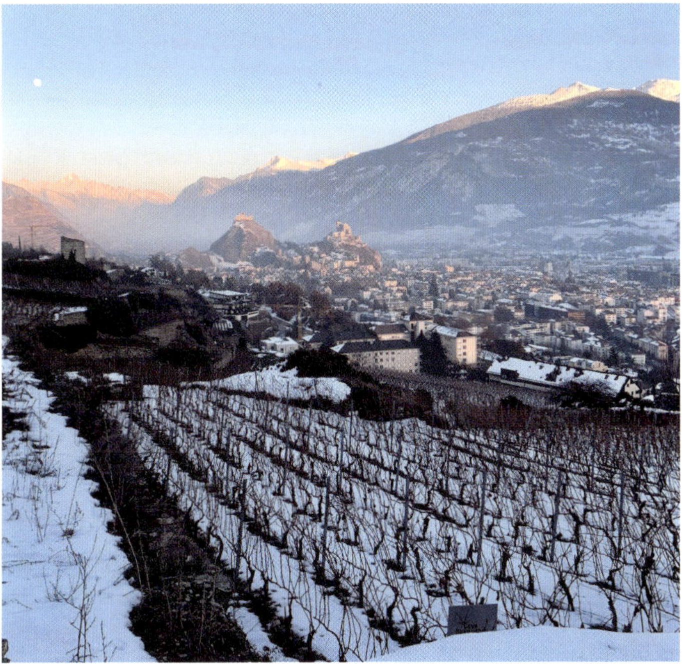

ausliefert. Der Montorge-Weg ist stellenweise sehr schmal, verläuft neben hohen Rebbergmauern, und die Terrassen sind manchmal extrem steil; mit kleinen Kindern ist dieser Weg daher nicht zu empfehlen.

Die Bisse de Lentine wurde zwischen 1860 und 1895 gebaut und die Bisse de Montorge wurde 1859–1860 privat errichtet, um die Rebberge der Domaine zu bewässern. Es ist eine geschichtsträchtige Gegend. Viele Jahrhunderte lang war dies das Zentrum eines religiös-militärisch-politischen Tauziehens unter anderem zwischen den Herrschern von Savoyen und den Bischöfen von Sitten. Die deutsch-französische Sprachgrenze führte noch vor 200 Jahren hier hindurch, bevor sie auf die andere Seite von Siders verschoben wurde. Hoch droben in den Seitentälern jenseits von Sitten wurde hauptsächlich Patois gesprochen.

Im Naturschutzgebiet Mont d'Orge haben verschiedene Forschungsprojekte spannende Erkenntnisse zutage gefördert. Im Rahmen eines Aufzuchtprojekts wurden seltene Wasserpflanzen angesiedelt in der Hoffnung, dass sie auf Dauer überleben. Als Forschende das Sediment aus dem See untersuchten, ergab die Analyse von gefundenen Pollen, dass in dieser Gegend bereits 10 000 Jahre vor unserer Zeitrechnung wilder Wein wuchs, aber kultivierte Weintrauben erst im 8. Jahrhundert v. Chr. auftauchten – was die Frage aufwirft, welche Rolle das Römische Reich wirklich bei der Ausbreitung der Weinherstellung im übrigen Europa spielte. Wer möchte, kann die Wanderung problemlos um einen Besuch in der Burgruine ergänzen.

DOMAINE DU MONT D'OR

Die Kellerei bewirtschaftet 24 Hektaren zusammenhängender Rebflächen, was die Ausnahme ist in einem Land, wo die meisten Winzerinnen und Winzer einen Flickenteppich kleiner Rebberge besitzen. Das gesamte Weingut befindet sich innerhalb des Naturschutzgebiets Mont d'Orge, genauso wie die Burgruine Montorge.

Gegründet wurde die Kellerei 1848 von einem Militärangehörigen aus dem Kanton Waadt. Heute ist sie im Besitz der europaweit tätigen Schenk Gruppe, die ihren Hauptsitz in Waadt hat. Das ändert jedoch nichts daran, dass sie ein Wahrzeichen für beste Walliser Weine ist. Die Produktion ist sehr traditionell, die Trauben werden von Hand geerntet, und die Weine erhalten regelmässig internationale Preise. Die 200 terrassierten Rebparzellen werden von insgesamt 15 km Trockensteinmauern gestützt. Die zwölf goldgelben kleinen Arbeitsschuppen, *guérites* genannt, die zwischen den Reben herausleuchten, erinnern daran, dass dieses Vermächtnis aus der Verbindung zwischen der Artenvielfalt der Natur und der jahrhundertelangen harten Arbeit des Menschen hervorgegangen ist. Die Trauben für den Saint Martin wachsen auf der Parzelle La Crête des Maladaires, am südlichen Ende der Rebberge. Johannisberg ist hier die dominierende Rebsorte und wird auf der Hälfte der Fläche kultiviert.

Die meisten Weine werden vor Ort vinifiziert und lagern dann in grossen Eichenholzgefässen – den sogenannten *foudres* (*vases* im Kanton Waadt) – in einem Felsenkeller aus dem 19. Jahrhundert.

St. Martin Grain Noble: Grain Noble-Weine zählen zu den begehrtesten Dessertweinen der Welt: eine Rarität, deren natürliche Süsse aus spät geernteten Trauben stammt, auf denen sich durch das Auftreten des Schimmelpilzes *Botrytis cinerea* Edelfäule gebildet hat. Das Wallis ist einer der wenigen Orte auf der Welt mit optimalen Bedingungen für diese Art des Weines, der nur in kleinen Mengen in Jahren produziert wird, wenn das Wetter es zulässt. Mont d'Or ist eine der wichtigsten Kellereien der Walliser Winzervereinigung «Grain Noble ConfidenCiel». Deren Charta schreibt unter anderem vor, dass für die Walliser Süssweine nur fünf traditionelle Walliser Rebsorten infrage kommen und die Reben mindestens 15 Jahre alt sein müssen. Strenge Regeln und Inspektionen garantieren Qualität. Der Wein muss mindestens ein Jahr lang in Eiche lagern. Mont d'Or ist ein hervorragender Ort, um mehr über diese Rebsorte zu erfahren und worin sich ihr Wein von anderen unterscheidet. Ihr solltet auf jeden Fall auch die trockene Version, *Siccus*, probieren, um einen Eindruck davon zu erhalten, was diese Rebsorte, die hier auf der Hälfte der Rebfläche wächst, zu bieten hat.

ADRESSE

Domaine du Mont d'Or
Rue de Savoie 64
1951 Sitten
+41 27 346 20 32
info@montdor.ch
montdor.ch

DEGUSTATION

Es gibt mehrere Varianten (12–28 Franken) je nachdem, wie viele Weine man verkosten möchte, wahlweise mit einem passenden Käseteller. Die Führung durch die Kellerei ist inbegriffen, Mindestanzahl fünf Personen, Reservierung erforderlich (online oder telefonisch). Ab sechs Personen kann man eine geführte Wanderung durch die Rebberge und die Kellerei mit anschliessender Degustation buchen.

ORTE IN DER NÄHE, AN DENEN DIE WEINE DIESER KELLEREI AUSSERDEM ZU FINDEN SIND

Le Caveau Mont d'Or, Rue de Savoie 64, 1962 Sion,
+41 27 525 28 28
info@caveaumontdor.ch
Relais du Simplon, Route de Savoie, Pont-de-la-Morge 84, 1962 Sion,
+41 27 203 11 03
relaisdusimplon@bluewin.ch

FLANTHEY

GLETSCHERWASSER FÜR DIE REBEN, DIE AUF SANDIGEM BODEN STEHEN

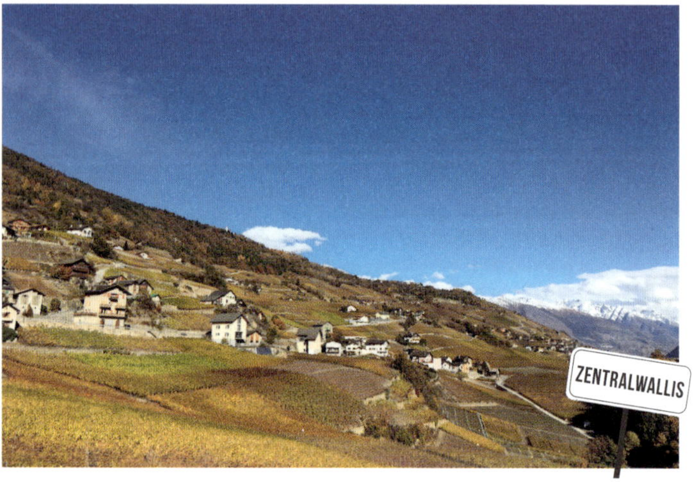

STARTPUNKT	ENDPUNKT
GRANGES VS, SUD (BUSHALTESTELLE)	CAVE LA ROMAINE, FLANTHEY

JAHRESZEIT	SCHWIERIGKEITSGRAD
GANZJÄHRIG	MITTEL

KARTE	DAUER
BLATT 272 T	3 STD. 15 MIN.

LÄNGE
11,1 KM

SEHENSWÜRDIGKEITEN	AUFSTIEG / ABSTIEG
BEKANNTE WEINBERGE. CLOS DE TSAMPÉHRO. CHÂTEAU DE VAAS (ÖNOTHEK UND KULTURZENTRUM).	467 M / 360 M

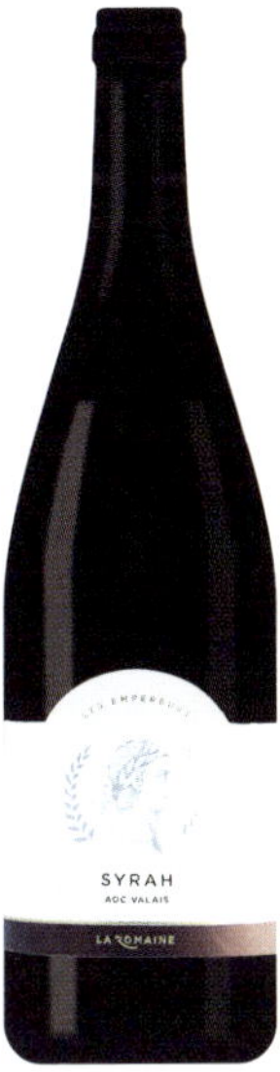

SYRAH

SYRAH
LES EMPEREURS
CAVE LA ROMAINE

ROT

INTENSIV – WARME GEWÜRZE,
SCHWARZE BEEREN,
RÖSTAROMEN

KOMPLEX, MIT GEWÜRZNOTEN (SCHWARZER PFEFFER, NELKE, MUSKATNUSS) UND BLAUBEEREN. HERAUSRAGENDE TANNINE, GUTE STRUKTUR, SAMTIG UND REICHHALTIG IM ABGANG

TROCKEN,
STILL

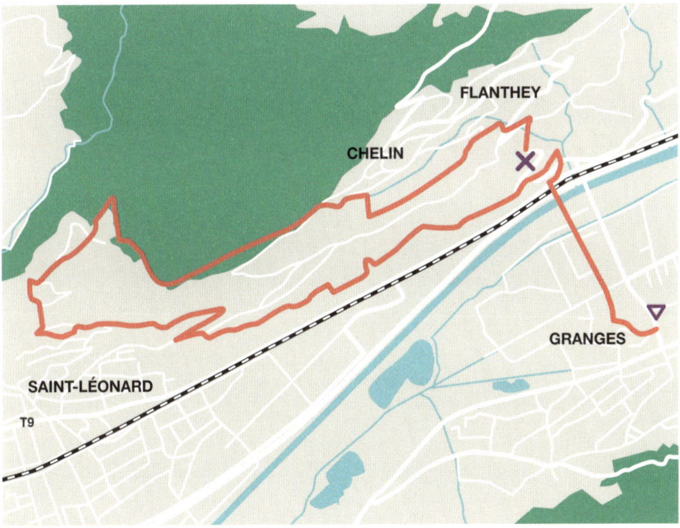

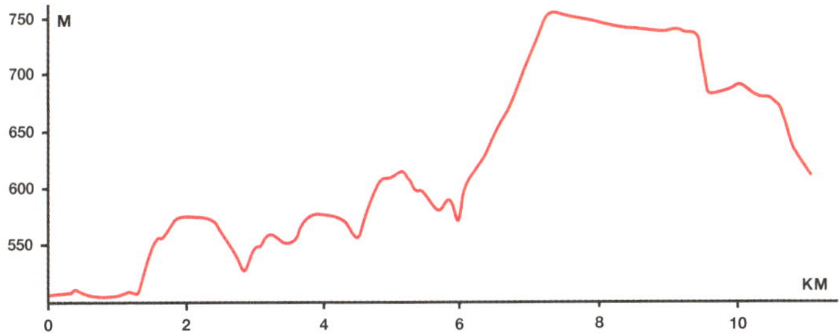

WEGBESCHREIBUNG

Von der Bushaltestelle in Granges aus biegt ihr, die Ruine vor Augen, links ab in die Rue de Fauporte und folgt ihrem Verlauf (haltet euch an der Rue du Château also links), um die Dorfmitte zu umrunden. Ihr überquert den schmalen Canal Neuf und eine Strasse und landet auf der Avenue de la Gare, auf der ihr weiter geradeaus lauft. Überquert die Rue du Grand Canal und den dazugehörigen Kanal und ihr stosst dann auf die Route de Poutafontana, die parallel zur Rhone verläuft. Nehmt die Fussgängerbrücke über den Fluss, macht einen Schlenker nach rechts und folgt den Wegweisern über die Autobahn, die Schienen und über die Strasse Richtung Ollon. Gleich nach der Strasse geht ihr rechts und folgt dem schmalen, steilen Fusspfad, der zur Route de Granges hinauf- und über sie hinüberführt. Sobald linker Hand ein etwas breiterer

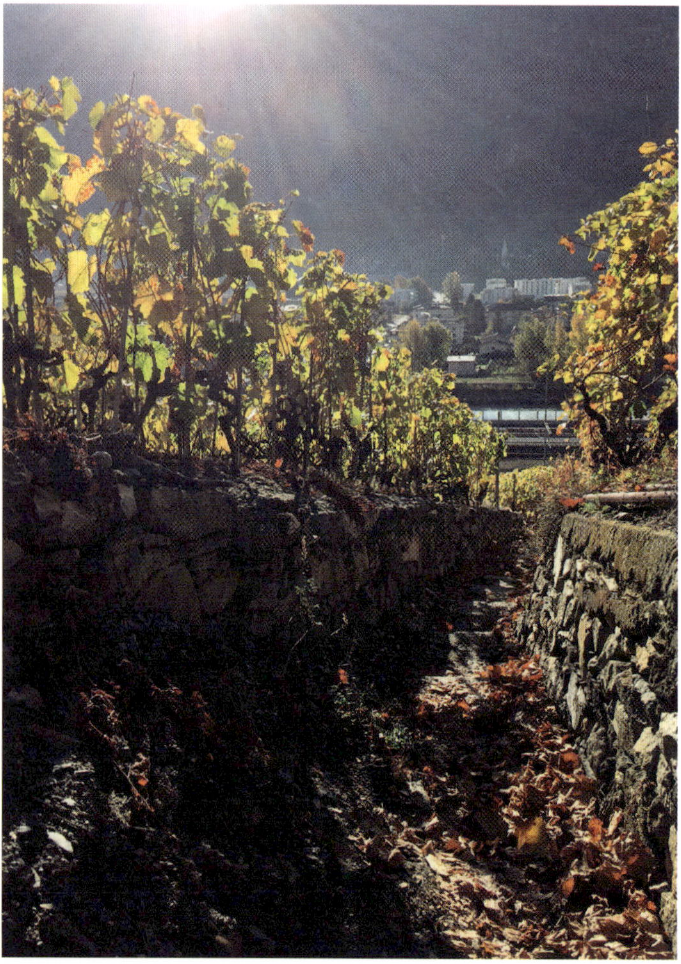

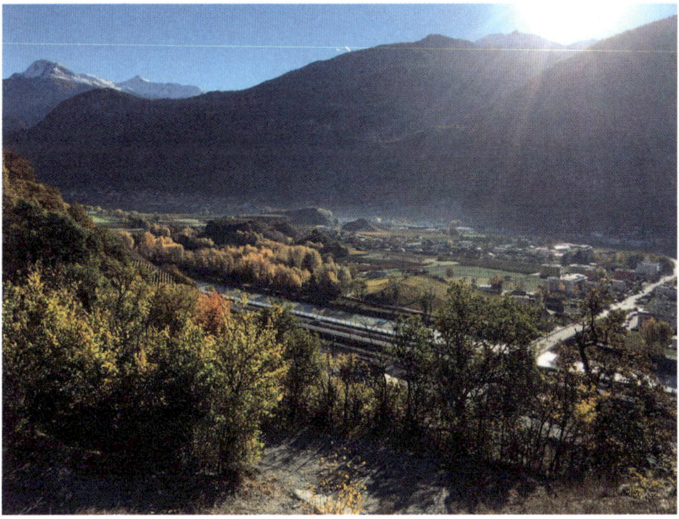

Weg auftaucht, nehmt ihn und folgt ihm geradeaus. Er vereinigt sich kurz mit der Route de Granges, verlässt sie dann wieder und heisst nun Chemin de Napoléon (ab 1810 war das Wallis unter französischer Herrschaft und Sitten Sitz des Département du Simplon).

Der Weg führt mehr oder weniger immer geradeaus oberhalb der Felsen, über eine kleine Schlucht mit Weinbergen zur Rechten, darunter auch die bekannten Mangold-Reben. Dort ändert der Weg seinen Namen in Route d'Orgival. Es geht weiter geradeaus, unterhalb seht ihr den Steinbruch in Saint-Léonard. Wenn der Fussweg auf die Route de Lens stösst, biegt ihr links ab und folgt dieser Strasse bis zur nächsten Abzweigung, wo ihr rechts auf die Route des Virets abbiegt. Folgt der Haarnadelkurve nach links und bleibt auf der Strasse, bis sie sich mit der Route du Petit Paradis vereint. Bald darauf nehmt ihr den Fussweg Ruelle des Combettes durch die Rebberge und geht auf eine kleine Ansammlung von Häusern zu, biegt aber kurz vor der Siedlung rechts ab auf den Chemin de Sonville, ebenfalls ein Fussweg. Kurz danach nehmt ihr den kurzen Weg rechts, der sich mit der Route du Petit Paradis vereint, biegt dann links ab auf den Fussweg Chemin des Réverettes. Wenn dieser sich teilt, haltet ihr euch rechts und gelangt so wieder auf die Route du Petit Paradis, die nach links und bergauf führt.

Bald darauf nehmt ihr rechts den Fussweg Chemin du Sillonin und lauft weiter bergauf; der Weg wird zum Impasse du Petit Paradis. Der Weg macht eine scharfe Rechtskurve, wenn er die Impasse du Bisse erreicht, wo eine schöne Wegstrecke entlang der Bisse de Sillonin beginnt. Wenn ihr auf die Route de l'Ormy stosst, lauft ihr ein paar Meter auf dieser Strasse und biegt dann rechts auf den Chemin des Bouillès ab. An einer Weggabelung nehmt ihr die rechte Option, Chemin des Vergers, folgt aber dem ersten Pfad, der rechts abgeht, bergab und gelangt auf den Feldweg Chemin de Lonzemarenda. Ihr lauft geradeaus, vorbei an der historisch bedeutsamen Rebparzelle Clos de Tsampéhro (fragt später im Weingut danach!). Lauft weiter bis zur Strasse, biegt rechts ab und folgt ihr durch das Dorf Vaas-d'en-Bas. Auf der rechten Seite steht das wunderschön

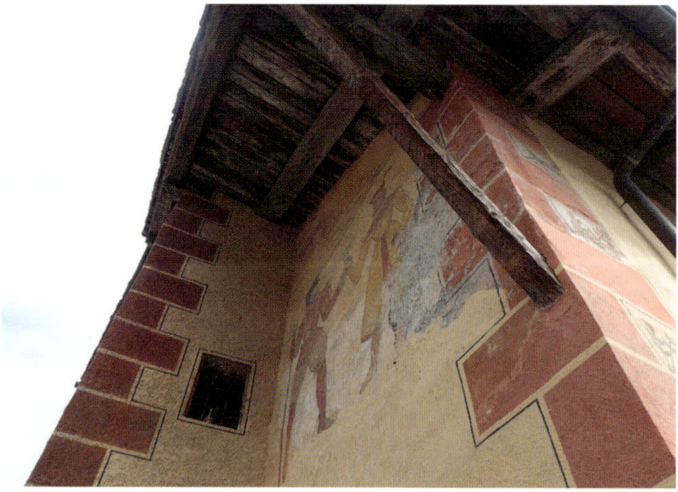

restaurierte kleine Château de Vaas. Von hier aus geht es geradeaus die Strasse hinunter zum Weingut, das ihr schon sehen könnt. Die Route folgt jedoch einem markierten Fusspfad kurz vor der ersten grossen Kurve in der Strasse und erspart euch eine grosse Schleife. Danach lauft ihr noch ein Stück die Strasse entlang. Das Weingut befindet sich auf der rechten Seite.

Rückweg
Busverkehr im Dorf, zehn Minuten Fussweg den Berg hinauf.

Ergänzende Hinweise
Der Weg entlang der Bisse de Sillonin weist keine besonderen Schwierigkeiten auf. Der höhere Abschnitt, westlich davon, ist jedoch spektakulär und nicht für Menschen geeignet, die Höhenangst haben oder sich vor Steinschlag fürchten. Von April bis November fliesst Wasser durch die Suone.

Eine Besonderheit der Parzelle Clos de Tsampéhro ist die Entdeckung sehr alter Reben, die von der Reblaus, unter der Europas Weinreben im 19. Jahrhundert stark litten, verschont geblieben sind. In der Forschung geht man davon aus, dass dies an dem Saharasand liegen könnte, den höhere Luftschichten immer wieder bis nach Europa tragen und der sich hier hinter einem Felsensims abgelagert und sich positiv auf den Boden ausgewirkt hat.

CAVE LA ROMAINE

Joël und Edith Briguet gründeten diese moderne Kellerei im Jahr 1992 und machten sich innerhalb kurzer Zeit einen Namen als sehr hart arbeitende Personen. Die Kellerei bietet ein grosses Sortiment mit vier verschiedenen Weinlinien an, organisiert zahlreiche Veranstaltungen, und Joël betreibt seit einigen Jahren zusammen mit drei Gleichgesinnten das historische Weinprojekt «Clos de Tsampéhro» auf dem eigenen Gelände. Zusätzlich wurde die Kellerei um einen grossen Fasskeller erweitert. Hinter all dem steht ein herausragender Winzer, der auf einem Streifen Land von Sitten bis Siders mit 24 Rebsorten arbeitet, von denen viele von den renommiertesten Rebbergen der Region stammen. Es lohnt sich, eine Führung durch den Weinkeller zu buchen und insbesondere den modernen Fassraum zu sehen, in dem die Clos-de-Tsampéro-Weine lagern. Ich habe hier einen Syrah ausgesucht, ein schönes Beispiel dafür, welches Niveau Schweizer Weine nördlich der nördlichen Rhone erreichen können. Solltet ihr die Möglichkeit haben, probiert auf jeden Fall den Cornalin Réserve, einen wundervollen, preisgekrönten Wein, der oft ausverkauft ist. Das jüngste Mitglied im Team von La Romaine ist Briguets Tochter Adeline, die nach Abschluss ihres BWL-Studiums im Weingut mitarbeitet.

Syrah Les Empereurs: Der beste Syrah aus der Linie «Les Empereurs» kommt als preisgekrönter Syrah Réserve in die Flasche. Wenn möglich (manchmal sind sie nicht vorrätig), solltet ihr beide probieren, um sie vergleichen zu können.

ADRESSE

Cave La Romaine
Route de Granges 124
3978 Flanthey
+41 27 458 46 22
info@cavelaromaine.ch
cavelaromaine.com
Infos (nur in französischer Sprache) über Clos de Tsampéhro:
https://clostsampehro.com

DEGUSTATION

Kostenlos. Feste Öffnungszeiten.

ORTE IN DER NÄHE, AN DENEN DIE WEINE DIESER KELLEREI AUSSERDEM ZU FINDEN SIND

L'Instinct Restaurant, Route d'Ollon 2, 3977 Granges,
+41 27 458 33 36
info@linstinct.ch
Château de Vaas – Œnothèque – Maison des cornalins,
Chemin du Tsaretton 46, 3978 Flanthey,
+41 27 458 11 74
info@chateaudevaas.ch

SIDERS

VON SCHWINDELERREGENDEN TROCKENMAUERN ZUM RHONE-DAMM

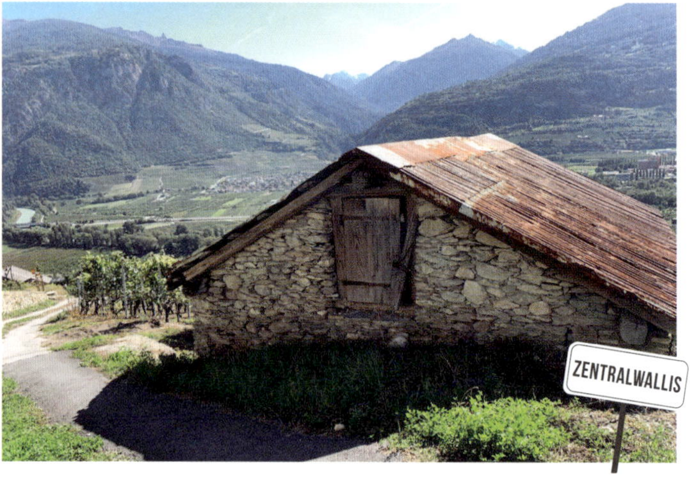

STARTPUNKT	ENDPUNKT
GRIMISUAT, LES COMBES (BUSHALTESTELLE)	DOMAINE DES CRÊTES, CHALAIS/NOËS
JAHRESZEIT	SCHWIERIGKEITSGRAD
GANZJÄHRIG	MITTEL
KARTE	DAUER
BLATT 273 T	5 STD.
SEHENSWÜRDIGKEITEN	LÄNGE
EUROPAS HÖCHSTE TROCKENMAUER. HISTORISCHE ALTSTADT VON SITTEN. ZUGVOGEL-SCHUTZGEBIET POUTA FONTANA.	19,9 KM
	AUFSTIEG / ABSTIEG
	81 M / 390 M

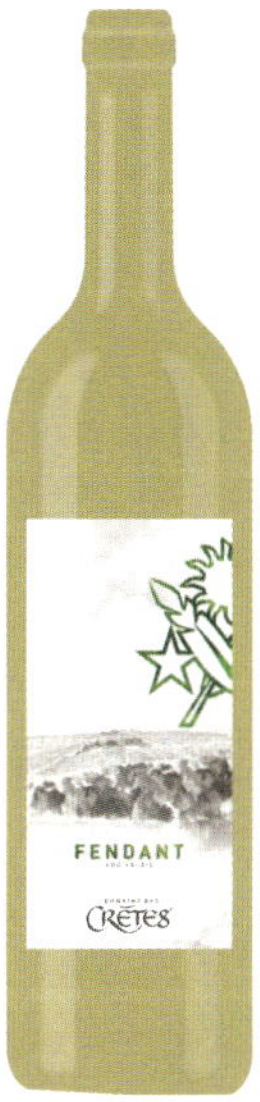

CHASSELAS

FENDANT
DOMAINE LES CRÊTES

WEISS

WEISSE BLÜTEN,
LEICHTE ZITRUSNOTE

ANGENEHM FRISCH, EIN GROSSARTIGES BEISPIEL FÜR EINEN CHASSELAS, DER AUF KALKSTEINBODEN WÄCHST

TROCKEN,
STILL

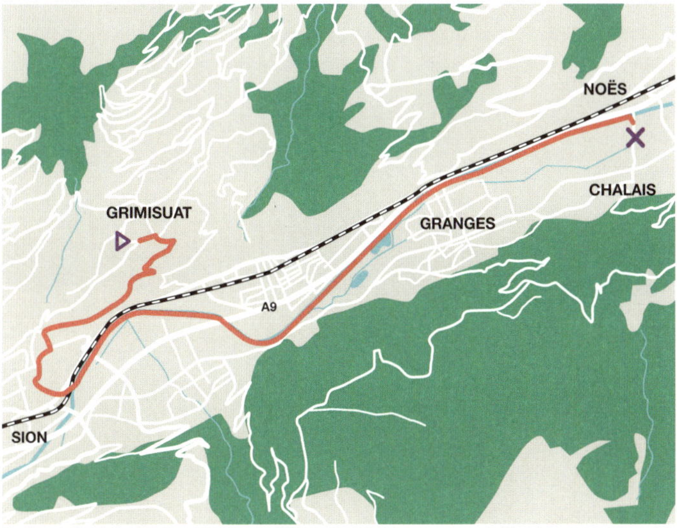

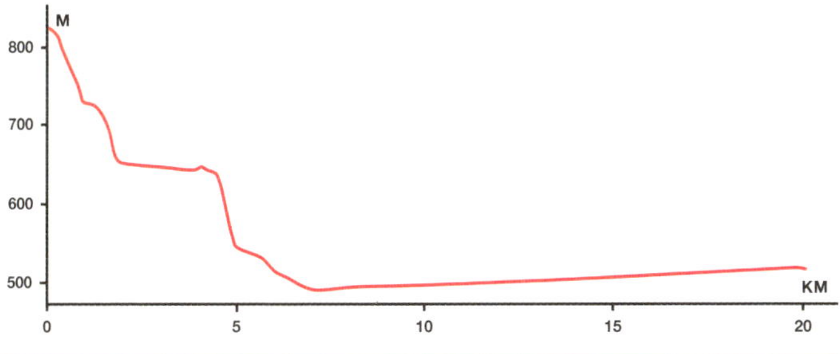

WEGBESCHREIBUNG

Die Fahrt mit dem Bus Nr. 353 oder 351 vom Bahnhof Sitten macht deutlich, dass das Wallis der Schweizer Kanton mit der höchsten Weinproduktion ist: Weinreben überall, so weit das Auge reicht. Bittet den Fahrer oder die Fahrerin, in Grimisuat Les Combes anzuhalten, damit ihr auch den landschaftlich offenen Teil der Strecke entlang der Suone (frz. *bisse*) geniessen könnt, bevor dieses historische Bewässerungssystem die Felswände hinaufklettert.

Anfangs ist die Suone nicht gleich zu sehen. Der Weg zu ihr führt bergab durch Rebberge und bietet eine herrliche Aussicht auf die Rhone, auf Sitten, die Reben und die Berge drum herum. Der Weg, der die *Bisse* von Signèse nach Sitten begleitet, ist bei Spaziergängern sehr beliebt. Ihr kommt unterhalb des Institut Saint-Raphaël, einer Förderschule, vorbei, und von hier aus ist plötzlich die Suone zu sehen. Der Spaziergang am Bewässerungskanal entlang ist leicht zu schaffen und bietet eine schöne Aussicht.

Dort, wo der Pfad schmaler wird, seht ihr auf der rechten Seite einen verrostet aussehenden grossen Block: «Le Cube Varone», ein würfelförmiger Bau, der früher einmal eine *guérite* (Rebhütte) war, erhielt 2013 den

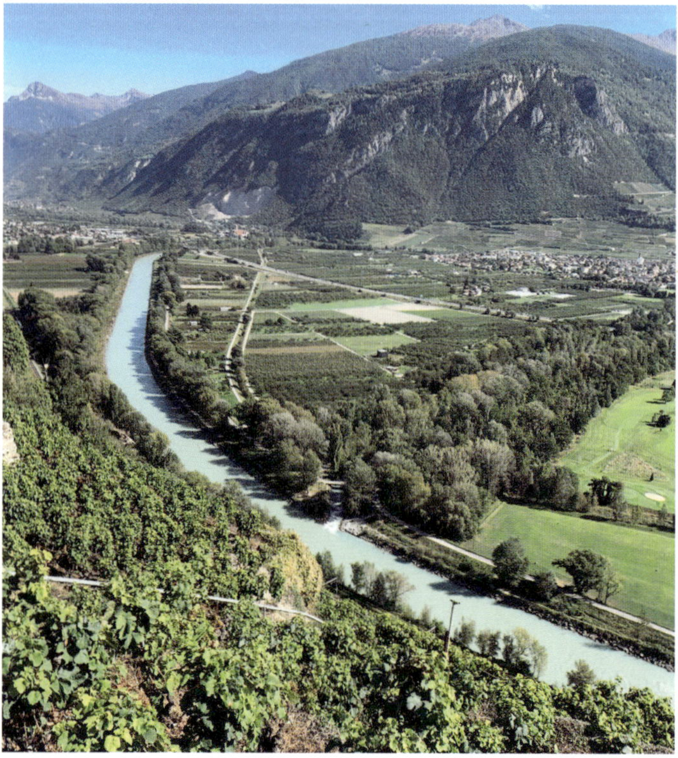

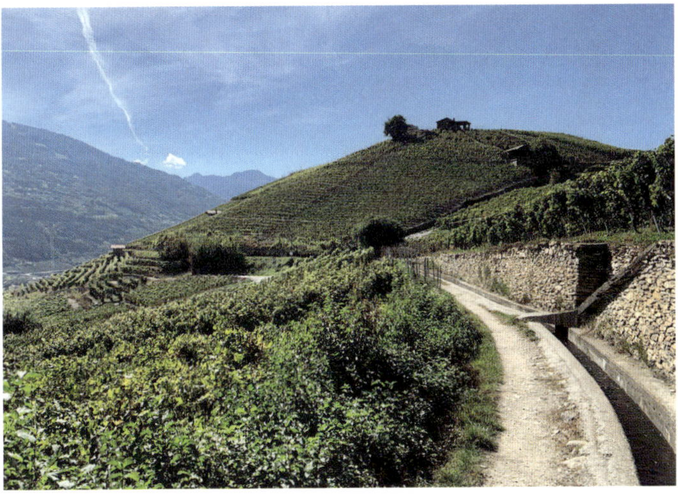

Wakkerpreis des Schweizer Heimatschutzes und wird heute vom Weingut Celliers de Sion für anspruchsvolle Degustationen genutzt. Die Trockenmauern werden höher, der Pfad wird schmaler, das Gefälle extremer, und die Rebberge selbst werden zur Sensation. Die älteste urkundliche Erwähnung der hiesigen Mauern stammt aus dem 14. Jahrhundert. Die Trockenmauern des Clos Cochetta – die höchsten in Europa – ragen 12–22 Meter hoch auf. Sie wurden im 19. Jahrhundert gebaut. Die von den Weingütern gesponserten Informationstafeln sind eine lohnende Lektüre. Die «Guérite Brûlefer» bietet diverse Degustationen und traditionelle Speisen, und inmitten der Rebberge gibt es einen weiteren Ort speziell für Gruppenverkostungen, den man durch einen Keller im Dorf Champlan erreicht.

Die Route nimmt vor dem Ende der Bisse eine Abkürzung nach Sitten. Das kurze Wegstück ist steil. An einem Metallpfosten, der einmal ein Wegweiser war, biegt ihr links ab. Er kündigt den Abstieg zum Chemin du Mont an. Hier habt ihr einen besonders schönen Ausblick auf die beiden berühmten Burghügel mit der Schlossruine Tourbillon auf dem einen und der Kirchenburg Valeria (Basilique de Valère) auf dem anderen Hügel. Sittens Bischöfe und die einander befehdenden laizistischen Lager prägten diese Gegend jahrhundertelang und brachten Geld und Kultur in die Stadt; einige der besten Rebberge der Schweiz sind hier zu finden. Läuft die Rue de Loèche hinunter, eine viel befahrene Ringstrasse, die in die Stadt hineinführt, und biegt an der Rue du Tunnel links ab – ihr geht durch den Tunnel hindurch, biegt rechts ab und lauft durch eine der schmalen Gassen mit Museen und Geschäften: Ihr befindet euch jetzt in der Altstadt von Sitten. Um durch die Stadt auf die andere Seite der Rhone zu gelangen, ist der beste Wegweiser die *Bisse* – sie fliesst hier allerdings unterirdisch weiter! Bläuliche Platten, die ins Kopfsteinpflaster eingelassen sind, zeigen an, wo das Wasser im Untergrund fliesst. Folgt diesen Markierungen, bis neben der Strasse Wasser auftaucht: Die Sionne, in die die Bisse mündet, ist hier zu sehen. Ihr begleitet sie bis zur Rue des Aubépines (bei der Abzweigung links halten) und geht bis zum Kreisel an der Avenue de Tourbillon. Biegt links ab und lauft geradeaus, bis ihr an einen kleinen Park kommt, der zu einer Fussgängerbrücke über die Rhone führt.

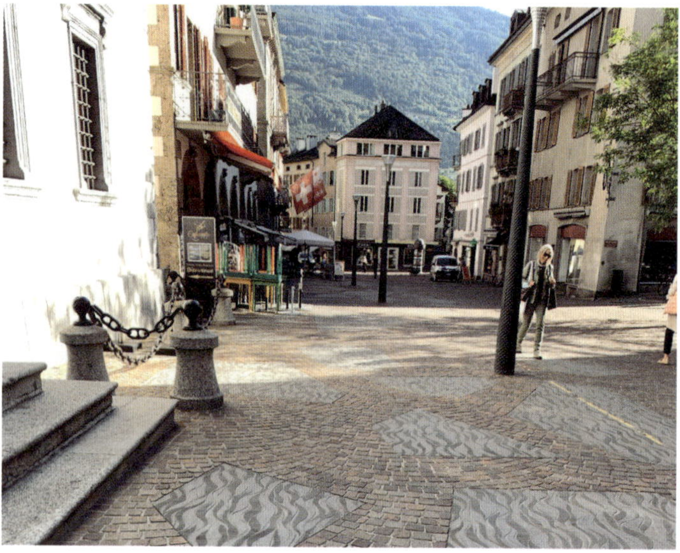

Hier beginnt der Rhone-Weg: Fast 15 km lang kann man hier an einem der schönsten Abschnitte der Rhone auf dem Damm entlangwandern. Ihr passiert den Golfplatz von Sitten, wo die Borgne unweit Bramois – bekannt für sein biologisch angebautes Obst und Gemüse – in die Rhone mündet. Früher strömte der Fluss so wild, dass sich ein riesiger Schwemmkegel bildete, der gegen die Nordflanke der Rhone drückte. Ingenieure zwangen sie in einen engen Kanal, und im 19. und 20. Jahrhundert wurden Deiche gebaut, aber dieses System bietet keinen zuverlässigen Hochwasserschutz mehr. Heute werden Teile der Borgne renaturiert.

Ihr spaziert weiter der Rhone entlang und gelangt zum Naturschutzgebiet Pouta Fontana, dem grössten Walliser Feuchtgebiet, einem Paradies für Zugvögel. Von der Warte am Rhone-Damm aus könnt ihr die Vielfalt an Wasservögeln beobachten. Dann tauchen wieder Rebberge auf. Beachtet, dass es auf dem letzten Streckenabschnitt mehrere abrupte Gefälle gibt, die sogenannten *crêtes* («Bergkamm»), die dem Weingut, das ihr ansteuert, seinen Namen gaben. Das Weingut ist zu eurer rechten Seite, ein paar Meter entfernt von Chalais bridge.

Rückweg

Bushaltestelle am Sportzentrum nebenan; der Bus fährt zum Rathaus (Hôtel de Ville) in Sierre/Siders, ganz in der Nähe des Bahnhofs.

Ergänzende Hinweise

Der Weg entlang der Bisse de Clavau hat, bevor es nach Sitten hinuntergeht, einige schmale Stellen an sehr steilen Rebbergterrassen. Es ist nicht gefährlich, aber wer grosse Höhenangst hat, könnte damit Schwierigkeiten haben.

Sitten ist eine wunderschöne Stadt, in der es viel zu entdecken gibt. Es lohnt sich, hierfür genügend Zeit einzuplanen, wenn nicht im Zuge der Wanderung, dann später. Das Touristeninformationsbüro auf dem zentralen Platz, Place de la Planta, ist leicht zu finden.

DOMAINE LES CRÊTES

Die Erzeugnisse dieses soliden, familiengeführten Weinguts sind in der Gegend bekannt, aber den Weinkeller dürften bisher nur wenige von innen gesehen haben. Bis vor Kurzem haben die Vocats sich darauf konzentriert, Restaurants mit bezahlbaren Qualitätsweinen zu versorgen. Während viele Familienweingüter in der Schweiz fünf bis zwölf Hektaren bewirtschaften, verarbeiten die Vocats die Trauben von 30 Hektaren. Ihre Reben wachsen auf fünf unebenen Kalksteinhügeln, den von Gletscherbewegungen geformten *crêtes*. Grossvater Joseph gründete die Kellerei 1950, sein Sohn Yves übernahm 1982 und ist auch immer noch aktiv, aber die nächste Generation, Pierre und Martine, hat in den vergangenen zehn Jahren frischen Wind ins Unternehmen gebracht. Beide haben einen Abschluss in Weinbauingenieurswesen und haben viele Ideen, wie mehr direkter Kundenkontakt erzielt werden könnte.

Fendant: Wenig Säure, süffig.

ADRESSE

Domaine les Crêtes
Rue de Pont-Chalais 26
3976 Noës
+41 27 458 26 49
info@domainedescretes.ch
domainedescretes.ch

DEGUSTATION

Keine festen Preise. Nach Vereinbarung.

ORTE IN DER NÄHE, AN DENEN DIE WEINE DIESER KELLEREI AUSSERDEM ZU FINDEN SIND

Hôtel de Ville, Rue du Bourg 16, 3960 Sierre/Siders,
+41 27 565 72 00
leresto.hoteldeville@gmail.com
Le Bourgeois, Av. du Rothorn 2, 3960 Sierre/Siders,
+41 27 455 75 33
info@lebourgeois.ch

SIDERS

SCHWEISSTREIBENDER AUFSTIEG UND BUMMEL DURCH SIDERS

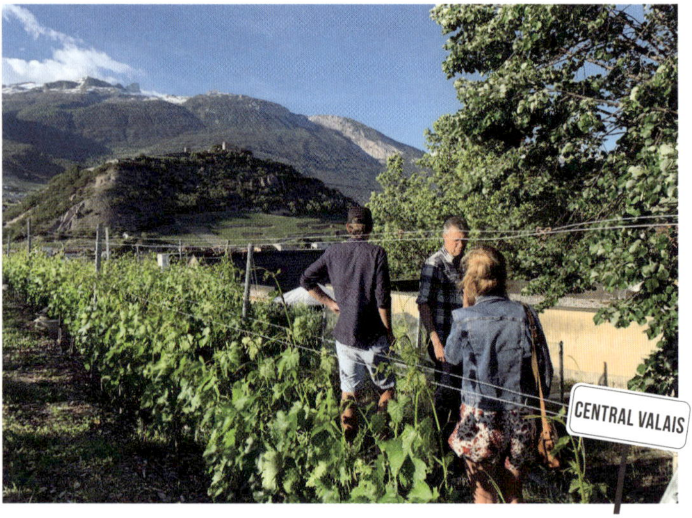

STARTPUNKT

CHALAIS, TÉLÉPHÉRIQUE (BUSHALTESTELLE)

ENDPUNKT

CAVE MERCIER, SIERRE/SIDERS

JAHRESZEIT

MAI–NOVEMBER. LA DÉRUPE, IM ERSTEN STRECKENABSCHNITT, IST STEIL UND WIRD IM WINTER NICHT GERÄUMT.

SCHWIERIGKEITSGRAD

ANSPRUCHSVOLL

KARTE

BLATT 273 T

DAUER

3 STD. 45 MIN.

SEHENSWÜRDIGKEITEN

CHAPELLE DU BOUILLET.
RECHTES RHONEUFER.
LAC DE GÉRONDE.
RUINE TOUR DE GOUBING.

LÄNGE

12 KM (REINE WANDERSTRECKE)

AUFSTIEG / ABSTIEG

894 M / 60 M

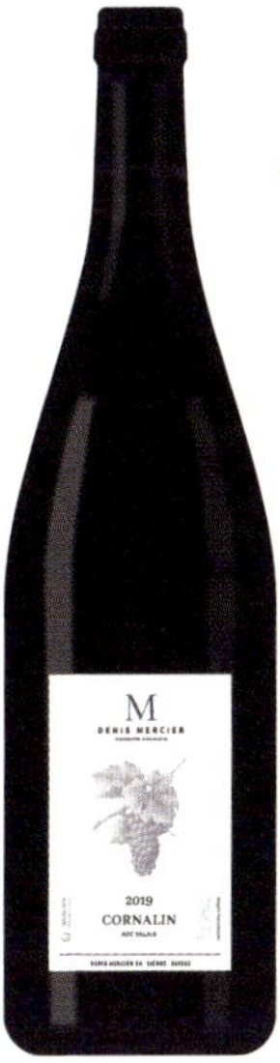

CORNALIN (AUCH ROUGE DU PAYS GENANNT)

CORNALIN

CAVE MERCIER

ROT

KAKAO, DUNKLE SCHOKOLADE, GEWÜRZE, SCHWARZKIRSCHE

SAMTIG-WEICH UND DEZENT FRUCHTIG, TIEF UND REICHHALTIG MIT ZUNEHMENDEM ALTER, LANGER ABGANG

TROCKEN, STILL

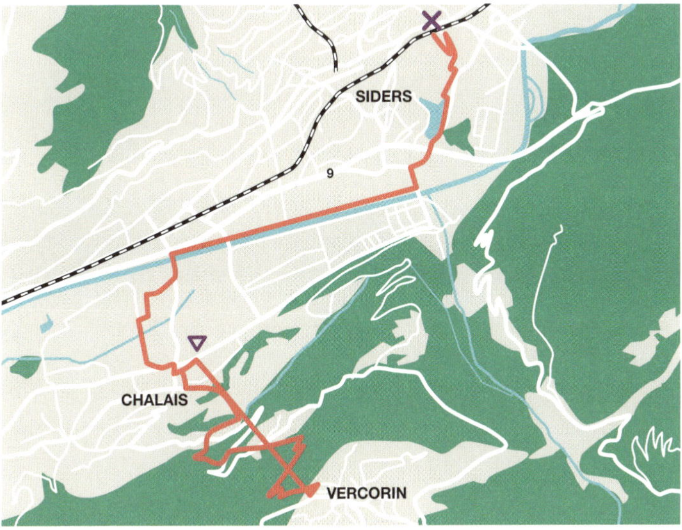

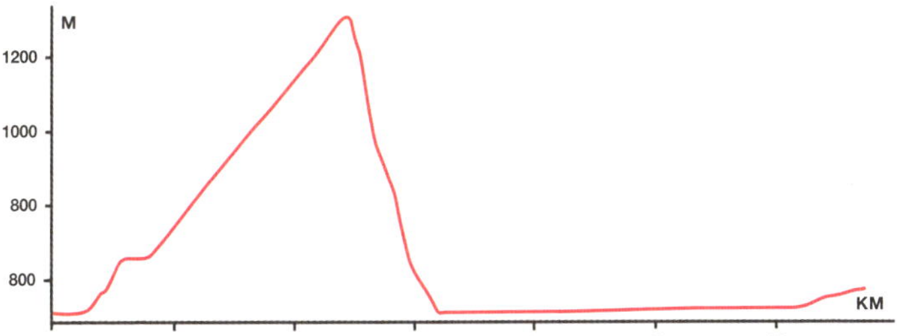

WEGBESCHREIBUNG

Der Wanderweg beginnt an der Talstation der Luftseilbahn Chalais-Vercorin und schlängelt sich den Grossteil des Aufstiegs unter ihr den Berg hinauf, genauer gesagt bis Briey und Chapelle du Bouillet. Von der Route de Chippis nehmt ihr die kleine, parallel verlaufende Rue du Téléphérique Richtung Turmruine. An der Rue de la Tour geht ihr nach links. Am Ende der Strasse biegt ihr links auf die Rue du Fuidjou ab. Biegt rechts am Chemin des Coudrettes ab, und nun geht es bergauf und in den Wald. Dort, wo der Weg die Bisse de Réchy kreuzt, verlasst ihr den Wanderweg Chemin des Coudrettes, der nach links abbiegt. Dieser steilere Pfad verläuft grösstenteils unter der Seilbahn. Es geht 150 m hinauf zur Bisse de Ricard. Ihr biegt rechts ab und folgt der Suone (sie verschwindet eine Weile unter der Erde) durch Rebberge, bleibt auf dem markierten Weg, wenn er an einer Abzweigung die linke von drei Optionen ist, und lauft wieder bergauf, um die Route de Vercorin zu überqueren. Wo die Weinberge enden, biegt der Wanderweg nach rechts ab, macht dann wieder eine Schleife nach links und überquert noch einmal die Hauptstrasse. Ihr geht nun Richtung Briey, die Mittelstation der Luftseilbahn, mit einigen Häusern und landwirtschaftlichen Gebäuden. Der Weg überquert ein weiteres Mal die Hauptstrasse und führt dann wieder unter der Seilbahn entlang.

Jetzt beginnt der stete Anstieg von ca. 400 Höhenmetern nach Vercorin, durch den Wald und hin und wieder durch offene Weiden. Folgt einfach der markierten Route, es gibt keine anderen Optionen. Wo der Fussweg endet und die Strasse beginnt, biegt ihr rechts auf einen Fussweg zur Seilbahn ab und fahrt mit ihr nach Chalais hinunter, um die Wanderung fortzusetzen. Lauft in Richtung Turmruine und biegt am Ende der Strasse rechts auf den Rue des Chevaliers ab. Am Kreisel nehmt ihr die Route de Granges in westlicher Richtung – wenn ihr den Kreisel verlasst, findet ihr zu eurer Rechten Wegweiser Richtung Noës und zu dessen Sportzentrum mit Fussballfeldern und Tennisclub. Auch der Crête du Pont, der grössere der kleinen Hügel, ist auf der rechten Seite. Nach ein paar

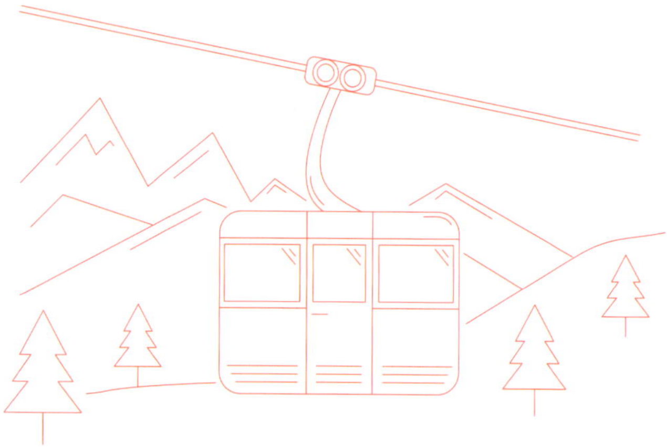

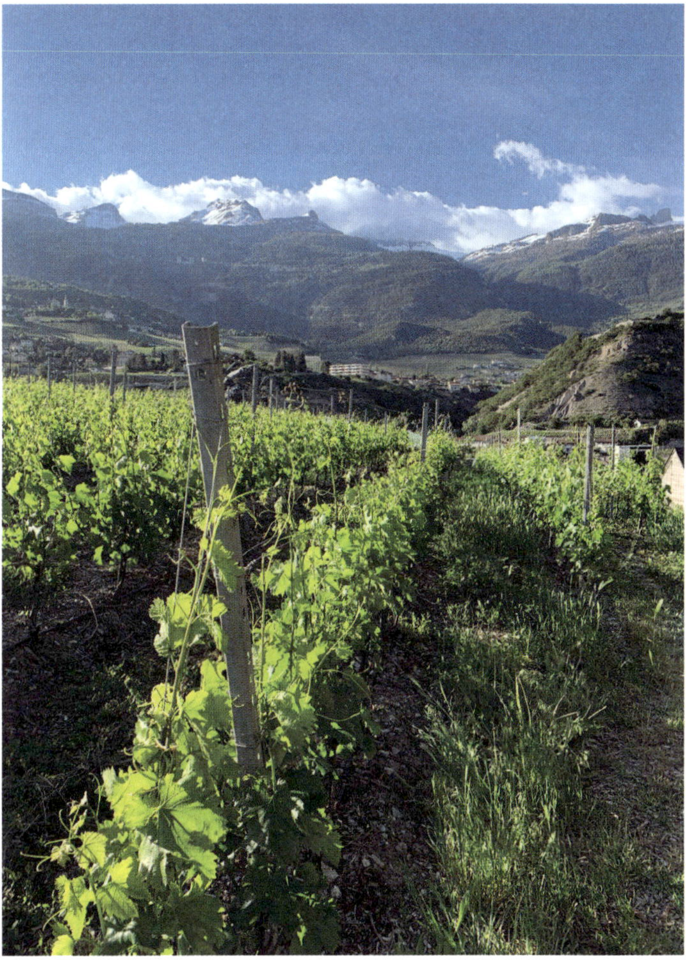

Metern nehmt ihr den Fussweg, der rechts abgeht, und lauft um den Hügel herum. Geht geradeaus weiter, überquert einen kleinen Kanal, links von euch befinden sich Felder. Wenn ihr fast auf der Höhe des Fussballfelds seid, nehmt ihr einen kleinen unbefestigten Pfad rechts, der auf die Sportflächen zuläuft und danach am Rande des Fussballfeldes entlangläuft. Am Ende dieses Pfades biegt ihr nach rechts auf den Chemin des Etourneaux ab, der an einem Parkplatz vorbeiführt.

An der Kreuzung mit der Rue de Pont Chalais biegt ihr links auf diese Strasse ab, überquert die Rhone und gelangt nach Sierre-Noës. Direkt nach der Brücke biegt ihr rechts ab auf die kleine Strasse namens Chemin des Peupliers. Dies ist der Beginn eines langen, gemütlichen Spaziergangs entlang der Rhone. Die Strasse ist zum Grossteil für den motorisierten Verkehr gesperrt. Rechts fliesst die Rhone, linker Hand passiert ihr Industrieareale (darunter eine Aluminiumfabrik), landwirtschaftliche Flächen, eine Burgruine und Weinreben. Bleibt auf dieser Uferpromenade, bis ihr auf eine viel befahrene Strasse an einer Brücke stosst. Hier, am Kompetenzzentrum Technopôle, biegt ihr links ab und geht auf den Kreisel zu. Biegt rechts auf die Route des Falaises ab, danach links und gleich wieder rechts in den Park am Grand Lac, auch Lac de Géronde genannt. Ihr wandert am rechten Seeufer bis zum Ende des Sees entlang, aber nicht bis zum Schwimmbad, sondern biegt vorher rechts auf den Chemin des Sources ab. Dann nehmt ihr die erste Strasse links, biegt aber gleich darauf rechts auf den Chemin du Monastère ab, dem ihr bis Combette folgt. Wo die Strasse eine Ansammlung von Häusern erreicht, taucht links von euch das schmale Strässchen Chemin du Cornalin auf, das in einem Bogen zurück und bergauf führt. Folgt diesem Strässchen und den Hinweisschildern zum Weingut, biegt vor dem Turm (Tour de Goubing) rechts auf den Chemin de Crêt Goubing ab und folgt ihm bis zum Ende, wo dem Weingut das Städtchen zu Füssen liegt.

Rückweg
Zum Bahnhof Siere: 15 Minuten mit dem Bus via Route du Simplon oder 18 Minuten zu Fuss.

Ergänzende Hinweise
Im Vergleich zu den anderen in diesem Buch vorgestellten Wanderungen ist diese ungewöhnlich, weil sie am Fusse eines Berges beginnt, zu einer Skistation hinaufführt, aber euch dann per Seilbahn wieder zum Ausgangspunkt zurückschickt und es von dort aus weitergeht. Die ursprüngliche Idee war, mit der Seilbahn hinaufzufahren und die Wanderung mit einem Abstieg von Vercorin aus beginnen zu lassen. Aber der Hang ist sehr steil, was ihn bergab zum «Kniekiller» macht, deswegen ist es besser, ihn hinaufzulaufen. Tatsächlich wird die Wanderstrecke Chalais-Vercorin «La Dérube» genannt und ist Wanderern und Wanderinnen, aber auch wettkampferprobten Läuferinnen und Läufern und Mountainfans bekannt – und die Lauf- bzw. Fahrtrichtung ist meistens vom Tal den Berg hinauf. Die Luftseilbahn verkehrt häufig, das ganze Jahr über. Und es gibt auch einen Bus von Vercorin nach Sierre.

Entlang der Rhone und in Sierre gibt es viele Hinweise auf die bewegte Vergangenheit dieser Gegend. Die Mauern der alten Burg stammen aus dem 13. Jahrhundert. Die beiden kleinen Seen in der Nähe (Petit Lac und Grand Lac) und einige Hügel, die durch einen prähistorischen Bergrutsch oberhalb von Salgesch entstanden sind, bergen archäologische Funde aus römischer Zeit.

Beachtet, dass die Schleife, die ihr am Ende lauft, um zum Weingut zu gelangen, wirklich nötig ist, es gibt hier keine sinnvolle Abkürzung. Haltet euch an die Wanderkarte!

CAVE MERCIER

Der Name Mercier ist in Siders bekannt, denn das herrschaftliche Familienanwesen (Château Mercier) thront über der Kleinstadt. Es wurde 1908 als Sommersitz der Lausanner Familie erbaut, die mit der Gerberei reich geworden war. Das Château ging 1991 durch eine Schenkung in den Besitz des Kantons über. Denis, einer der Nachkommen, übernahm zusammen mit seiner Frau Anne-Catherine 1981 die Aufsicht über die Rebberge des Châteaus. Sie begannen mit zwei Rebsorten auf drei Hektaren rund um das Château; heute sind es über sieben Hektare auf den Hängen rund um die Stadt, auf denen 13 Rebsorten wachsen. Ihre Tochter Madeleine – seit 2019 Präsidentin des renommierten Vereins Mémoire des Vins Suisses – stiess 2012 hinzu, nachdem sie im Ausland Erfahrungen im Weinanbau gesammelt hatte. Angesichts ihrer Reputation mag die etwas versteckt gelegene, ruhige, familiengeführte Kellerei verwundern. Ihre Philosophie besteht darin, Bewährtes und Neues miteinander zu verbinden; dazu passt auch der Bau des neuen Gewölbekellers 2016. Der Fokus liegt darauf, perfekte Weintrauben und Charakterweine ohne grosses Trara zu produzieren.

Cornalin: Manche Mercier-Weine können nur in kleinen Mengen erworben werden, so gross ist die Nachfrage nach diesen besonderen Weinen mit bestem Ruf, aber geringer Produktion. Wenn der Cornalin gut gemacht ist, altert er hervorragend, und der von Mercier zählt zu den besten. Der Wein wurde in die Schatzkammer des Mémoire des Vins Suisses aufgenommen.

ADRESSE

Cave Mercier
Crêt-Goubing 42
3960 Sierre/Siders
+41 27 455 47 10
info@denismercier.ch
madeleine@denismercier.ch
denismercier.ch

DEGUSTATION

Kostenlos. Reservierung empfohlen.

ORTE IN DER NÄHE, AN DENEN DIE WEINE DIESER KELLEREI AUSSERDEM ZU FINDEN SIND

Château De Villa, Rue Sainte-Catherine 4, 3960 Sierre/Siders,
+41 27 455 18 96
info@chateaudevilla.ch

SIERRE MURAZ

HOCH ÜBER DEN REBBERGEN UND GERETTETE REBSORTEN

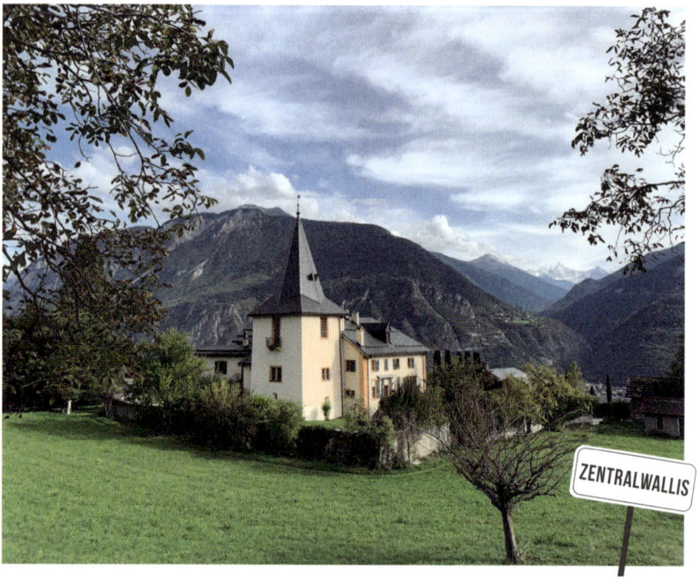

STARTPUNKT

AMINONA, COLOMBIRE (BUSHALTESTELLE)

ENDPUNKT

CAVE MAURICE ZUFFEREY, MURAZ-SIERRE

JAHRESZEIT

APRIL–NOVEMBER

SCHWIERIGKEITSGRAD

MITTEL/ ANSPRUCHSVOLL

KARTE

BLATT 273 T

DAUER

3 STD. 45 MIN.

LÄNGE

12,3 KM

SEHENSWÜRDIGKEITEN

FREILICHTMUSEUM («ÉCOMUSÉE») UND SCHAUKÄSEREI IM WEILER COLOMBIRE.
BISSE DU TSITTORRET. BUVETTE CAVE DU SEX.
DIE MITTELALTERLICHEN DÖRFER VENTHÔNE UND ANCHETTES.

AUFSTIEG / ABSTIEG

186 M / 1378 M

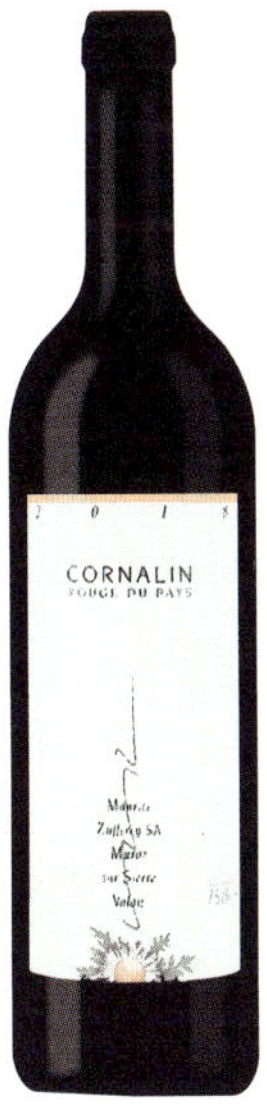

CORNALIN (AUCH ROUGE DU PAYS GENANNT)

CORNALIN

CAVE MAURICE ZUFFEREY

ROT

KOMPLEX, FRUCHTIG,
ETWAS KAFFEE,
SUBTILE ZIMTNOTE

SCHWARZE BEEREN,
SEHR ELEGANTE TANNINE,
WUNDERVOLLE STRUKTUR
UND TIEFE

TROCKEN,
STILL

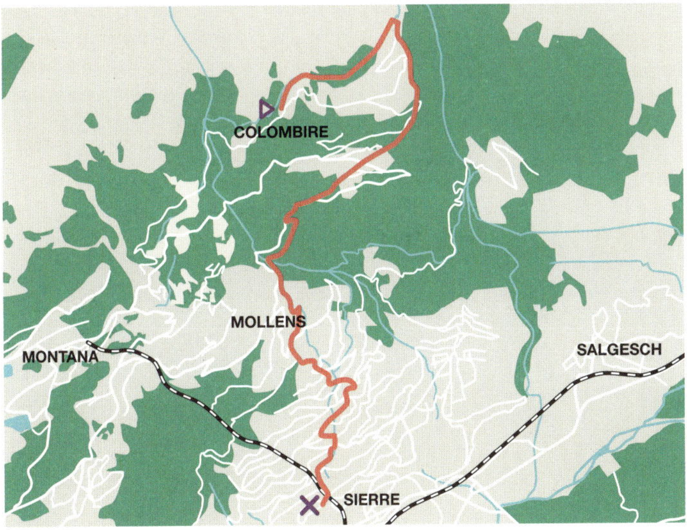

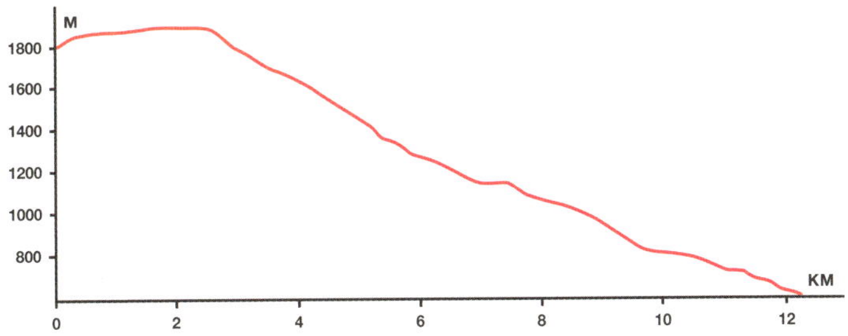

WEGBESCHREIBUNG

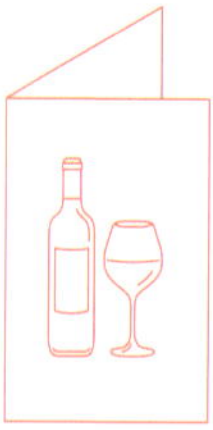

Die Strecke vom kleinen Weiler Colombire zum Wasserfall bei Sex, entlang der Bisse de Tsittorret, ist ein beliebter Familienausflug, vor allem an heissen Tagen, da der Weg schattig und fliessendes Wasser in der Nähe ist. Die ersten 45 Minuten der Strecke führen so gemächlich bergauf, dass man die Steigung gar nicht bemerkt. An der Buvette du Sex (hier gibt es vor allem Käse und Trockenfleisch) teilt sich der Weg: Links geht es zu einem Bergkessel hinauf, rechts beginnt der lange Abstieg. Auf der gesamten Strecke tauchen immer wieder Wasserläufe auf. Früher wurden auf diesen Wegen die Kühe zu den Alpweiden hinauf- bzw. hinabgetrieben. Diese offenen Felder sind die alten kommunalen Weiden von Mollens, einer Gemeinde, die weitaus grösser ist als das Dorf unterhalb, das ihren Namen trägt.

Auf halbem Weg nach Aminona steht eine friedliche, zeitgenössische Kapelle aus Stein und Holz auf einem Hügel, nur einige Meter vom Wanderweg entfernt. Die Aussicht ist toll, an klaren Tagen ist das Matterhorn zu sehen. Geht weiter bergab, den Schildern Richtung Aminona folgend. Der Ort besteht aus meist modernen Chalets und drei weissen Hoteltürmen und hat nichts Dörfliches mehr. Der Plan aus den 1960er Jahren sah mehr als 20 dieser Hochhäuser vor, bevor die örtlichen Gemeinden dem mit strengeren Baugesetzen einen Riegel vorschoben.

Es gibt viele Abzweigungen und Pfade, die sich trennen und später wieder vereinen, daher kann man leicht falsch abbiegen. Folgt stets den Schildern Richtung Aminona, dann Richtung Mollens. Die Wanderroute verläuft

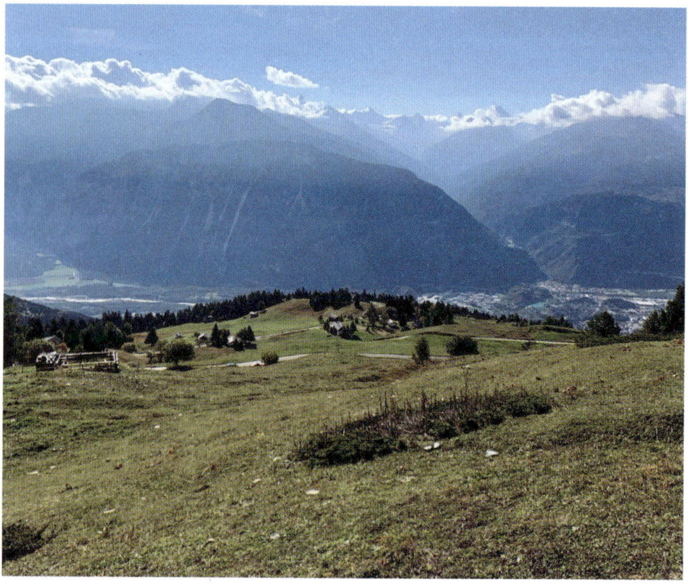

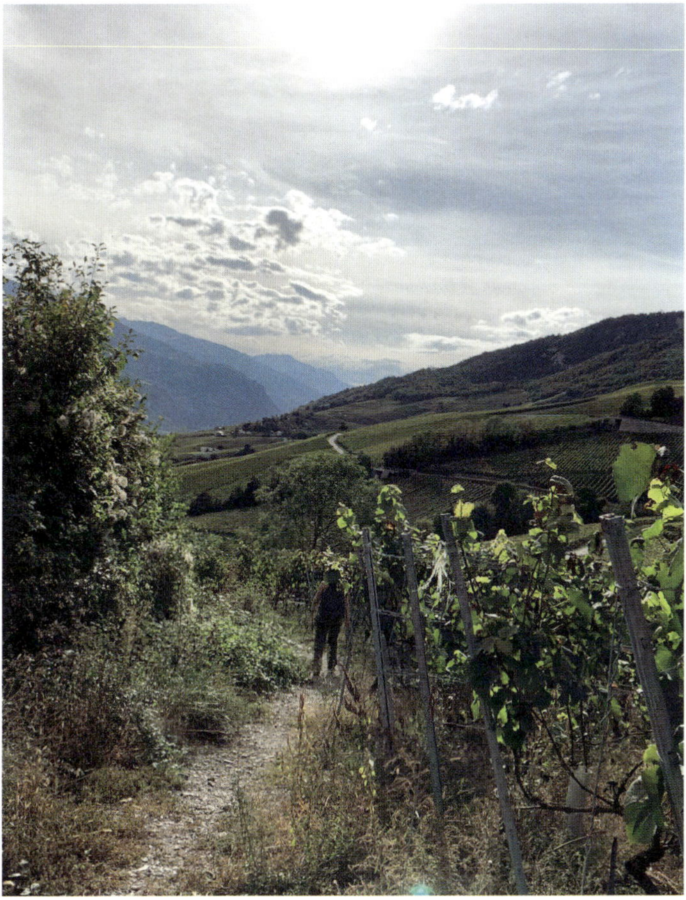

ein kurzes Stück auf der Strasse, biegt dann links ab und verläuft oberhalb der kleinen, aber rauschenden Sinièse, die man deutlich hört, aber nur selten zu Gesicht bekommt. Mollens ist ein typisches Bergbauerndorf oder war es zumindest früher. Der Dorfplatz war einst dicht bebaut, aber ein Feuer vor einigen Jahrzehnten zerstörte die meisten Gebäude. Zwei Wege führen zur Kirche Saint-Maurice de Laques hinunter; nehmt den Weg links vom alten Dorfkern und lauft eine steile, offene Strasse hinunter, von der aus ihr die Kirche gut erkennen könnt. Von hier folgt ihr den gelben Wandermarkierungen, die über steile, aber praktische Abkürzungen führen, um sich die vielen Kurven der Strasse zu ersparen.

Das obere Ende von Venthône besteht hauptsächlich aus Rebbergen, die seit mindestens tausend Jahren hier wachsen. Von hier aus führt ein kurzer, kurvenreicher Weg links an dem mittelalterlichen Dorf mit Turm und Burg aus dem 12. Jahrhundert vorbei. Geht in Richtung Schloss Les Anchettes, das zwischen dem 14. und 17. Jahrhundert erbaut wurde, die dazugehörige Kapelle stammt aus dem Jahr 1649. Über die Stufen neben der Kapelle gelangt ihr zu einer Picknickstelle mit schöner Aussicht – der ideale Ort, um eine Pause einzulegen. Von hier aus schmiegt sich der Wanderweg an eine Mauer (es geht bergab, dann links Richtung Suone, Wasserfall und Waldstück). Hier wird

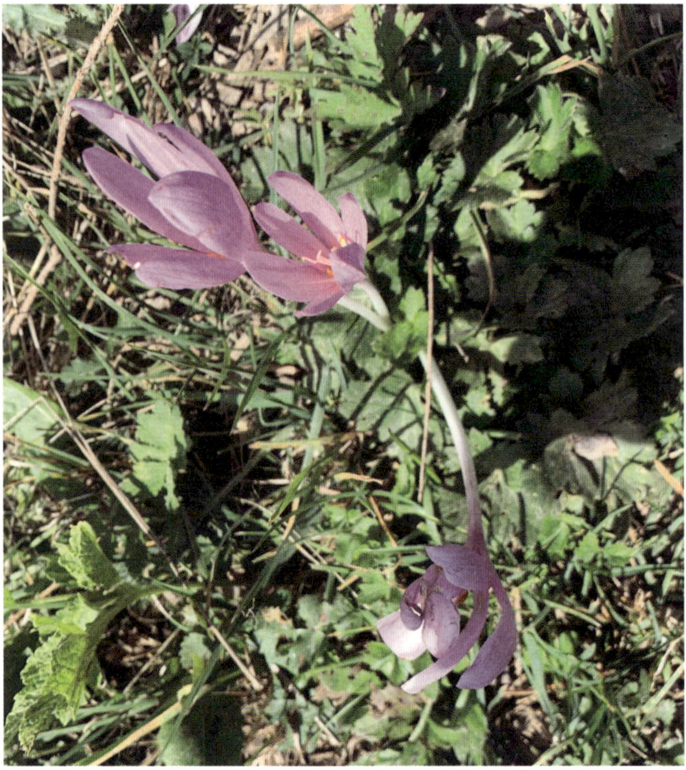

wieder deutlich, warum das Wallis die grösste Weinbauregion der Schweiz ist. Hier stehen auch einige von Maurice Zufferey's Reben. Lauft weiter, bis ihr die Häuser von Muraz erreicht, biegt rechts ab auf die einzige richtige Strasse des Dorfes und folgt ihr, bis sie wieder abschüssig wird, Richtung Sierre. Das Weingut ist auf der linken Seite.

Rückweg
Bis zum Bahnhof Sierre sind es 15 Minuten.

Ergänzende Hinweise
Diese Wanderung ist über die gesamte Länge leicht zu schaffen, aber nach den ersten 45 Minuten geht es drei Stunden lang stetig bergab.

Die Wanderung beginnt an der Bushaltestelle am Museum des Weilers Colombire. Im Sommer fahren kostenlose Shuttle-Busse ab Crans-Montana, mit mehreren Zustiegsmöglichkeiten, einschliesslich der Standseilbahn, die zwischen Sierre und dem Resort verkehrt.

CAVE MAURICE ZUFFEREY

Die Cornalin-Weine von Maurice Zufferey gelten weithin als die besten ihrer Art, aber Vorsicht: Es ist eine schwierige Rebsorte, und in manchen Jahren ist der Ertrag sehr gering. Zusammen mit einigen Gleichgesinnten aus der Region hat er viel dazu beigetragen, diese Rebsorte vor dem Verschwinden zu bewahren, aber von sich aus spricht er nicht gern darüber. Er ist ein stiller, zurückhaltender, bescheidener Mann, der jede freie Minute in den Bergen oberhalb von Sierre verbringt, wo er aufwuchs. Sein Terroir-Wissen ist herausragend, und seine Weine bilden dies ab. Heute weiht er seinen Sohn Adrien in die Kunst der Weinherstellung ein.

Cornalin: Der Cornalin wird oft als wichtigster Rotwein des Wallis bezeichnet, und dieser hier ist die Rarität aus alten Rebstöcken. Ausgezeichnete Lagerfähigkeit.

ADRESSE

Cave Maurice Zufferey
Chemin des Moulins 52
3960 Sierre/Siders
Tel: +41 27 455 47 16
Mobil: +41 79 204 48 16
contact@mauricezufferey.ch
mauricezufferey.ch

DEGUSTATION

Kostenlos.
Eingeschränkte Öffnungszeiten, sonst nach Vereinbarung.

ORTE IN DER NÄHE, AN DENEN DIE WEINE DIESER KELLEREI AUSSERDEM ZU FINDEN SIND

La Contrée, Rue de la Vanire 1, 3960 Muraz,
+41 27 455 12 91
lacontree@lacontree.ch
Château de Villa, Rue Sainte-Catherine 4, 3960 Sierre/Siders,
+41 27 455 18 96
info@chateaudevilla.ch

VENTHÔNE

HOCH UND TROCKEN, DANN KÜHLENDE AKTIVE SUONEN

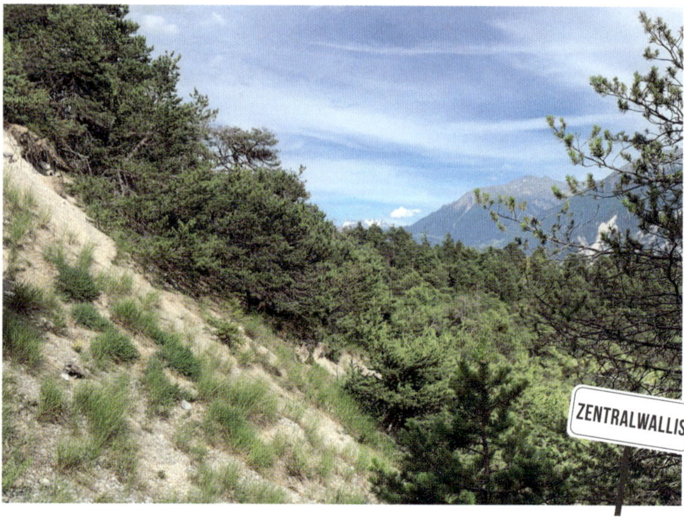

STARTPUNKT	ENDPUNKT
VEYRAS, MUZOT (BUSHALTESTELLE)	CAVE MABILLARD-FUCHS, VENTHÔNE
JAHRESZEIT	SCHWIERIGKEITSGRAD
APRIL–NOVEMBER BEI TROCKENEM WETTER	ANSPRUCHSVOLL
KARTE	DAUER
BLATT 273 T	3 STD. 45 MIN.
SEHENSWÜRDIGKEITEN	LÄNGE
RAINER-MARIA-RILKE-KAPELLE IN MIÈGE. DAS MITTELALTERLICHE DORF CORDONA. SPRACHGRENZE ENTLANG DES FLÜSSCHENS RASPILLE. BISSE NEUF.	10,3 KM
	AUFSTIEG / ABSTIEG
	653 M / 457 M

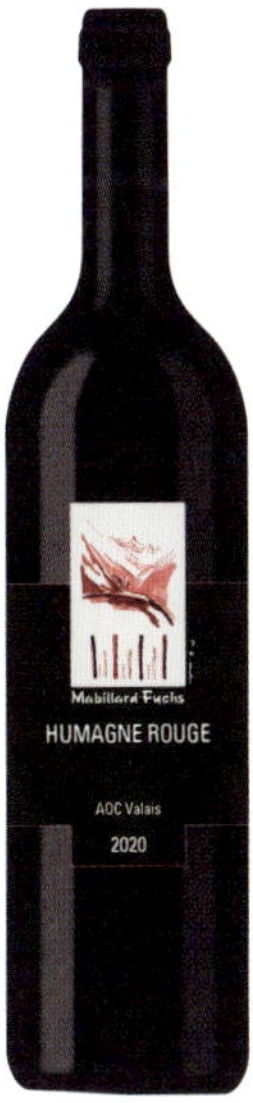

HUMAGNE ROUGE

HUMAGNE ROUGE

CAVE MABILLARD-FUCHS

ROT

VEILCHEN, WALDFRÜCHTE/WILDBEEREN, GEWÜRZE

ANGENEHM WEICH, SEIDIGE TANNINE

TROCKEN, STILL

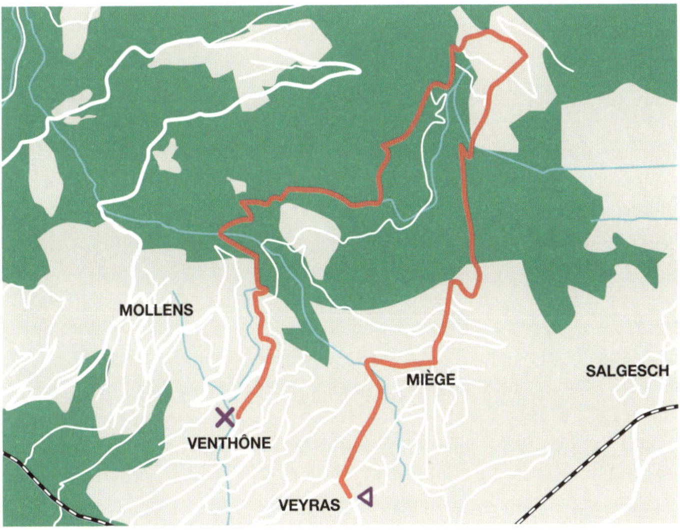

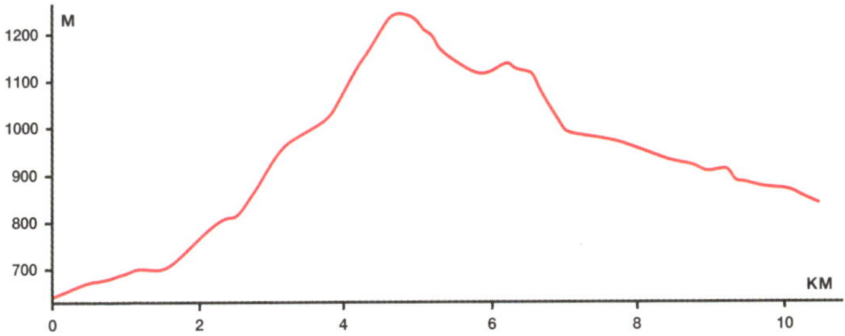

WEGBESCHREIBUNG

Diese Route fordert Herz und Beine! Sie ist zwar nur etwas über 10 km lang, birgt aber mehrere Abschnitte mit sehr starkem Gefälle und rutschigem Schotter unter den Wanderschuhsohlen.

Der Startpunkt, die Bushaltestelle Muzot in Veyras, bietet eine kleine Dosis Kultur, weil hier der Rainer Maria Rilke gewidmete Kulturweg entlangführt. Informationstafeln an der Route de Miège rufen das Werk des Dichters in Erinnerung. Auf der Route du Moulin wandert ihr durch den alten Ortsteil von Miège. An der modernen Kirche biegt ihr nach links ab: Hier beginnt der Aufstieg auf schmalen Asphaltstrassen, durch Neubaugebiete und die oberen Rebberge in Miège auf eine Höhe von 980 m, bis an den Rand des Pfynwaldes. Die Route ist gut ausgeschildert.

Der Wald, der zum Naturpark Pfyn-Finges gehört, besteht im ersten Abschnitt vor allem aus niedrigen Kiefern und Sträuchern. An sonnigen Tagen ist es hier sehr heiss. Cordona, das auf 1240 m liegt und bloss aus einer Handvoll Chalets besteht, ist besser mit Wasser versorgt und die Bäume sind höher und spenden mehr Schatten. Von hier bis zur Suone weiter unten gibt es keine Bänke und kein Trinkwasser, denn die zahlreichen Brunnen sind für Tiere gedacht.

Cordona war im Mittelalter ein bedeutendes kleines Dorf, das den hohen Herren in Sierre gehörte; das Landvolk musste bei ihnen den Zehnten abgeben. Die Kapelle und das Bürgerhaus in diesem wunderschön gelegenen Weiler sind die ältesten Gebäude hier und einen näheren Blick wert. Cordona gehört zwar eigentlich zur Gemeinde Crans-Montana, ist aber eine Enklave und dadurch das einzige Wohngebiet links des Flüsschens Raspille.

Folgt der Beschilderung durch das untere Ende der Häuseransammlung und lauft auf die hohe Felswand zu, die über dem Fluss Pauja aufsteigt. Nun beginnt der Abstieg. Der erste Teil ist sehr angenehm, mit Blumenwiesen (im Sommer) und plätschernden Bächen – Wasser ist allgegenwärtig. Ihr überquert die Pauja auf Brettern, die als Brücke dienen, und gelangt zur Verbindungsstrasse zwischen Miège und Cordona, auf der nur wenig Verkehr ist. Wieder wird der Fluss überquert, der an Kraft gewonnen hat. Den Wegweisern folgend, verlasst ihr die Strasse, und nun beginnt ein schwierigerer Streckenteil, mit steilen Pfaden und unebenem oder rutschigem Untergrund. Eine dieser steilen Strecken endet plötzlich an dem gepflegten Weg Sentier du Bisse, der eine sanftere Höhenänderung bietet und eine grosse Schleife um die Sinièse macht. Zwei Schilder weisen nach Venthône; nehmt die rechte Option. Die andere Route linker Hand führt zum Stadtpark mit Spielplatz hinunter und kommt ein gutes Stück jenseits der Kellerei heraus. Sobald ihr den Sentier de Bisse verlassen habt, folgt ihr der Strasse, die ihr bei der Tankstelle überquert, um auf dem Gehweg weiter begab zu laufen. Venthône mit seiner mittelalterlichen Geschichte ist einen Abstecher wert! Nehmt die Unterführung kurz nach der Kellerei.

Rückweg
Die Haltestelle der Buslinie Bahnhof Siders–Crans-Montana über Mollens ist zwei Minuten zu Fuss von der Kellerei entfernt.

CAVE MABILLARD-FUCHS

Bei Madeleine und Jean-Yves Mabillard-Fuchs (kürzlich stiess auch ihr Sohn hinzu) bekommt ihr exzellente Weine zu sehr vernünftigen Preisen. Seit der Eröffnung der Kellerei 1993 setzen die beiden den Schwerpunkt auf Terroir, Rebsorten und Nachhaltigkeit, und all das ohne viel Aufhebens. Ihre Rebberge liegen zwischen Sierre und Venthône, und sie können jede Frage über die dortige Fauna und Flora beantworten. Ihre Weine zeichnen sich vor allem durch die Reinheit ihrer Aromen aus.

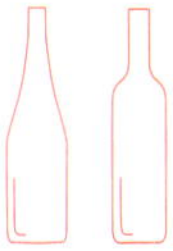

Humagne Rouge: Humagne Rouge ist bekannt dafür, die perfekte Begleitung zu Wildgerichten zu sein. Wie Frankreichs Beaujolais Nouveau hat dieser Wein unter seiner enormen Popularität gelitten, weil dadurch zu viele Weine aus nicht ganz ausgereiften Trauben hergestellt wurden. Dieser Wein ist ein schönes Beispiel dafür, was die Rebsorte alles kann.

ADRESSE

Mabillard-Fuchs
Route de Montana 18
3973 Venthône
+41 27 455 34 76
mabillard-fuchs@bluewin.ch
mabillard-fuchs.ch

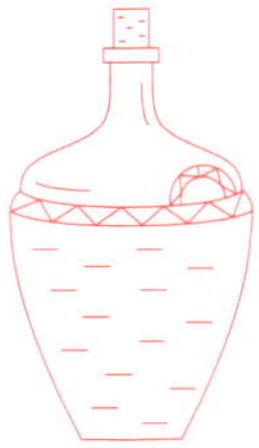

DEGUSTATION

Kostenlos.

ORTE IN DER NÄHE, AN DENEN DIE WEINE DIESER KELLEREI AUSSERDEM ZU FINDEN SIND

Château De Villa, Rue Sainte-Catherine 4, 3960 Sierre/Siders,
+41 27 455 18 96
info@chateaudevilla.ch

SALGESCH

DIE NATUR REGIERT, DIE BERGBEWOHNER BAUEN BRÜCKEN

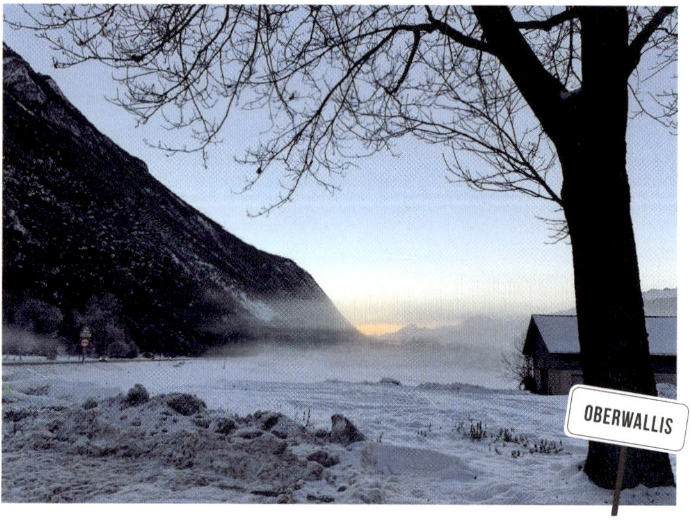

▷··· STARTPUNKT	···✕ ENDPUNKT
SIDERS, PARC DE FINGES (HALTESTELLE DER BUSLINIE SIERRE-VISSOIE)	**CAVE DU RHODAN, SALGESCH**
JAHRESZEIT	SCHWIERIGKEITSGRAD
MAI–NOVEMBER (BEI EIS UND SCHNEE IM BESUCHERZENTRUM DES NATURPARKS NACHFRAGEN)	**MITTEL**
KARTE	DAUER
BLATT 273 T	**6 STD. 15 MIN.** (DIE WINTERALTERNATIVE OHNE BHUTANBRÜCKE DAUERT 3 STUNDEN)
SEHENSWÜRDIGKEITEN	LÄNGE
FEUCHTGEBIETE DES NATURPARKS PFYN-FINGES. BHUTANBRÜCKE. PANORAMABLICK VON DER PFARRKIRCHE IN VAREN. RUNDWEG UM DEN KAPÄLLUHUBIL IN SALGESCH.	**22,6 KM** (CA. 15 KM OHNE DIE SCHLEIFE ZUR BHUTANBRÜCKE)
	AUFSTIEG / ABSTIEG
	795 M / 757 M

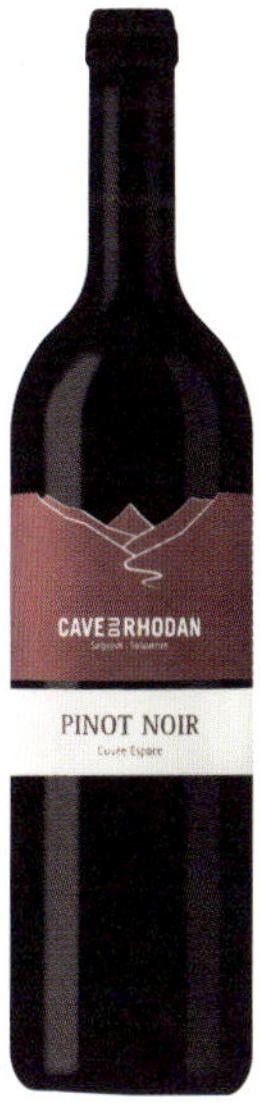

PINOT NOIR

PINOT CUVÉE ESPACE BIO

CAVE DU RHODAN

Auge	ROT
Nase	BEERIG
Mund	NOCH EINMAL BEEREN (HARMONISCH), SAUBER, GUT STRUKTURIERT
Glas	TROCKEN, STILL

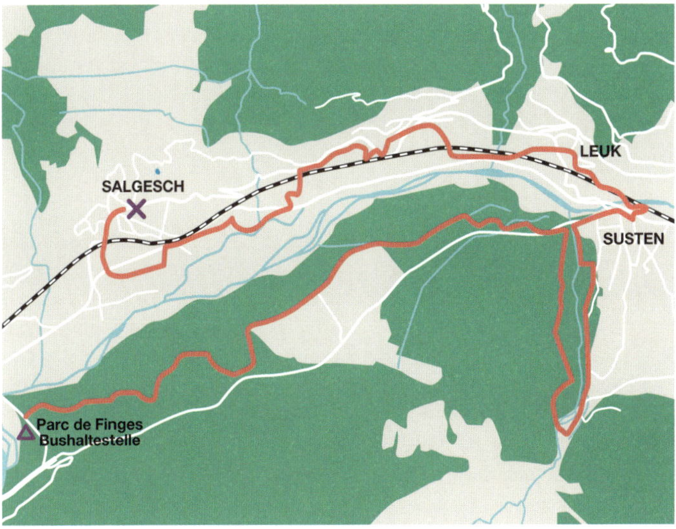

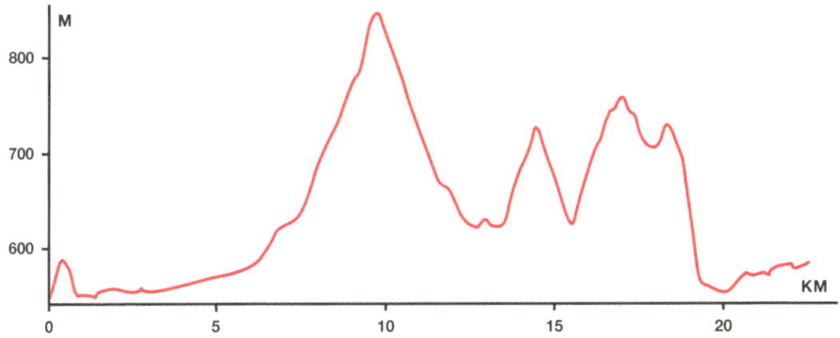

WEGBESCHREIBUNG

Die Bushaltestelle nahe der Autobahnabfahrt Siders-Ost ist gleich neben dem Eingang zum Park. Der Weg Richtung «Etangs» ist – wie alle Wege in diesem sehr gepflegten Park – gut ausgeschildert. Ihr geht auf kleine Feuchtgebiete zu, in denen sich zahlreiche Tiere tummeln. Anfangs wandert ihr durch den Wald, aber schon bald kommt ihr zu einer Wiese.

Am Ende der Wiese führt eine kleine Brücke über ein Feuchtgebiet, und danach folgt ihr der Route nach rechts. Von hier an verläuft der Wanderweg meistens parallel zur Rhone und für einige Zeit am Rand von Waldgelände und Gebüsch, während sich rechts von euch Ackerland erstreckt. Ihr überquert einen kleinen Feldwirtschaftsweg, dann geht es weiter durch Buschwerk und Kiefernwald, immer nah an den Feldern. Folgt den Wegweisern Richtung Susten und Bhutanbrücke und überquert einen Kanal, der Wasser von der Rhone flussabwärts zum Wasserkraftwerk in Chippis leitet, neben Sierre.

Kurz nach dem Kanal teilt sich der Wanderweg in zwei, die beide zur Bhutanbrücke führen. Unsere Route führt über den rechten Weg. Er überquert eine verkehrsreiche Strasse und führt direkt zu einer Siedlung. Biegt, den Schildern in Richtung Brücke folgend, rechts ab und folgt etwa 3 km lang dem sanft ansteigenden Weg. Kurz vor der Brücke kommt ihr an eine T-Kreuzung: Nehmt den linken Weg, der kurz eine offene Fläche umrundet, dann scharf nach rechts abbiegt und dann wieder durch einen Kiefernwald zur Brücke führt.

Überquert den Illgraben und lauft auf dem markierten Weg zurück Richtung Susten. Bald tauchen Häuser und kleine Bauernhöfe auf. Die Route umgeht die Ortsmitte und biegt daher ein gutes Stück vor der Rhone nach links und dann wieder nach rechts ab. Die beste Möglichkeit, dieses Wirrwarr aus Kreiseln, Autobahnen und Brücken zu überqueren, bietet sich, wenn ihr von der kleinen Einkaufszone in der Ortsmitte von Susten, oberhalb der Autobahn, zum Bahnhof Leuk hinunterlauft (folgt den Schildern Richtung Bahnhof). Lauft über den Bahnhofsparkplatz zu der kleinen Brücke und überquert die Rhone, die hier Rotten heisst. Danach lauft ihr nach Leuk Stadt hinauf. Bleibt auf Alter Kehr und überquert die Leukerstrasse, bleibt aber auf dem markierten Fussweg nach Varen. Die Route führt immer mal wieder ein Stück eine Strasse entlang. An der Varengasse biegt ihr links ab. Die Route kreuzt die Umfahrungsstrasse, die zum Thermalkurort Leukerbad führt.

Nach der Überquerung dieser Strasse geht es auf der Hammerschmiede weiter. Sie führt wieder bergab zu der unteren Brücke über den Fluss Dala. Eine andere Variante erspart es euch, 100 Höhenmeter hinunter- und später wieder hinaufzulaufen, und führt über die modernere, grössere Brücke weiter oben; dazu nehmt ihr statt der Hammerschmiede die Varenstrasse; allerdings ist diese oft sehr stark befahren. Nach dem Überqueren der unteren, kleineren Brücke bleibt ihr auf dieser Strasse und lauft durch die Rebberge wieder bergauf (an der ersten Abzweigung rechts halten) und in das hügelige, alte Dorf Varen hinein, indem ihr die Hauptstrasse von besagter oberer Brücke überquert. Die Route führt durch das Ortszentrum und dann wieder zur Hauptstrasse hinab zur Pfarrkirche Mariä Sieben Schmerzen, von der aus man einen wunderbaren Panoramablick auf die Rhone hat.

Von hier aus lauft ihr nach Westen, kurzzeitig weg vom Dorf, und folgt dann dem Weg, der den Berg hinunter nach Salgesch führt – es gibt mehrere parallele Routen entlang der Wege durch die Rebberge ober- und unterhalb der Strasse, daher solltet ihr auf dem markierten Weg bleiben: Er verläuft parallel zur Strasse, aber ca. 25 m oberhalb. Er endet wieder an der Strasse, von der aber bald danach linker Hand ein markierter Weg abgeht, der wieder bergab durch die Rebberge führt. Geht durch ein felsiges Gebiet, überquert die untere Strasse zwischen Leuk und Salgesch und lauft weiter bergab. Noch mehr Rebberge, ein paar bewaldete Flächen, Häuser, Stallungen – bleibt auf dem markierten Weg nach Salgesch. Wenn die Route aus dem Wald heraustritt, biegt ihr an einem alten Haus links ab und folgt einer kleinen Strasse Richtung Stadt. Wandert bergauf und passiert eine kleine Gruppe moderner Apartments: Am Kreisel nehmt ihr die erste Strasse links und kommt am Bahnhof vorbei.

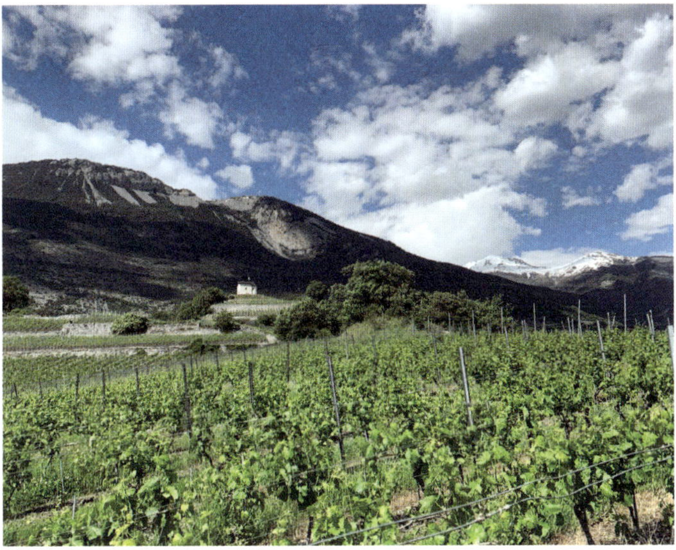

Es geht geradeaus weiter, aber anstatt durch die Unterführung, die nach rechts abbiegt, geht ihr nach links auf die Larschästrasse. Nach einem kleinen Parkplatz linker Hand wird die Strasse zum Feldweg, und ein paar Meter weiter tauchen auf der rechten Seite Schilder für den Rundweg um den Kapälluhubil auf. Die namensgebende, hübsche kleine Kapelle befindet sich auf dem Gipfel des Hügels, und der Pfad führt um den Hügel herum zum unteren Ende von Salgesch. Ihr überquert die Unterdorfstrasse und läuft in die Stadt hinein, biegt aber an der Foschastrasse links ab, die sich den Berg hinaufschlängelt. Die Cave du Rhodan ist ausgeschildert.

Rückweg
Sieben Minuten Fussweg zur Haltestelle am Kirchplatz (Salgesch, Post) oder 15 Minuten zum Bahnhof.

Ergänzende Hinweise
Salgesch ist in erster Linie deutschsprachig, aber da es direkt auf dem «Röstigraben» liegt, ist auch sein französischer Name, Salquenen, verbreitet. Die Weine hier tragen öfter Salquenen im Namen.

Der Naturpark Pfyn wurde 2005 gegründet mit dem Konzept, dass naturbelassene Areale und bebaute Flächen (Wohnsiedlungen wie Industrie- und Gewerbegebiete) sich Räume teilen und zusammenwirken. Das Besucherzentrum befindet sich in Salgesch, unweit des Weinmuseums. Pfyn/Finges ist einer von drei «Regionalen Naturparks von nationaler Bedeutung» und erstreckt sich von der Rhone auf 500 m ü. M. bis zum Weisshorn auf 4.500 m ü. M.

Der im Park gelegene Pfynwald ist ein für die Alpen ungewöhnlicher mediterraner Föhrenwald, der auf Moränen gewachsen ist: dem Geröll, das Gletscher mit ins Tal brachten. Die Artenvielfalt ist hier aussergewöhnlich hoch, es gibt sehr trockene, felsige Steppen, Feuchtgebiete in der Nähe der Rhone, Gletscherbäche, die sich in diese ergiessen, und einen Kanal (zum Wasserkraftwerk gehörig), der das Areal durchzieht. Freiwillige aus den umgebenden Gemeinden beteiligen sich das ganze Jahr über an verschiedenen Umweltschutz- und Bildungsprojekten. Landwirte betreuen Biodiversitätsprojekte und züchten alte Haustierrassen, zum Beispiel weisse Galloway-Rinder. Vor allem im Sommer kommen Naturliebhaber hier auf ihre Kosten. Mückenspray nicht vergessen!

Der Park ist auch eine Vereinigung von Gemeinden, deren Unternehmen und Vereine zusammenarbeiten. Über 80 Kellereien befinden sich innerhalb der Grenzen des Naturparks, 30 davon in Salgesch. Der Park hat ein eigenes regionales Produktlabel, mit dem nachhaltige Betriebe zertifiziert werden. Aktuell sind 36 Weine zertifiziert (es sollen noch mehr werden), und Produkte von 26 kleinen Erzeugern werden in Geschäften und Supermärkten verkauft.

Die gesamte Strecke kann das ganze Jahr über gewandert werden. Ein Grossteil des Parks hat im Winter sehr wenig direktes Sonnenlicht, wodurch zauberhafte Raureif-Szenen entstehen, vor allem rund um die Feuchtgebiete. Die höhergelegenen Bereiche rund um die Bhutanbrücke können im Winter teilweise vereist und verschneit sein und die Feuchtgebiete im Frühling unter Wasser stehen, daher ist es wichtig, vorab bei der Parkverwaltung nachzufragen, ob alle Wege begehbar sind. Den Abstecher zur Bhutanbrücke bei Susten kann man bei Bedarf weglassen und stattdessen direkt die Rhone überqueren und nach Varen laufen. Das verkürzt die Wanderzeit um etwa zwei Stunden. Die farbenfrohe, 134 m lange Hängebrücke mit ihren bunten Gebetsfahnen überquert den wilden (manchmal donnernden) Illgraben in 80 m Höhe. Die Eröffnung 2004 ist das Ergebnis eines partnerschaftlichen Projektes zwischen der Schweiz und Bhutan.

Die Umrundung des Kapälluhubil in Salgesch kann man auch weglassen. Vom Bahnhof aus lauft ihr einfach Richtung Stadtmitte und folgt den Schildern zum Weingut, das sich am westlichen Rand von Salgesch befindet.

CAVE DU RHODAN

Ein Mitglied dieser grossen Familie veranlasste die Stadt zu der Entscheidung, 1988 das erste Schweizer AOC-Siegel *(appellation d'origine contrôlée)* einzuführen, nachdem infolge des Wein-Booms und der darauffolgenden Überproduktion in weiten Teilen Europas das Qualitätsniveau erschreckend abgefallen war. Die Familie stellte als eine der ersten in der Schweiz auf biodynamische Weinproduktion um, in der Überzeugung, dass nachhaltige Praktiken die einzige Möglichkeit seien, um eine hohe Qualität zu garantieren. Olivier und Sandra Mounir übernahmen die Familienkellerei im Jahr 2007. Die Nachhaltigkeitspioniere haben ihren guten Ruf weiter ausgebaut. 2017 haben sie eine neue Kellerei eröffnet und Schafe auf die Rebberge gebracht, die in der Nähe eines Forschungsprojekts zur Solarenergie grasen – die Ergebnisse könnten internationale Bedeutung erlangen und helfen, Rebflächen effizienter zu nutzen.

Das Renommee der Familie geht unter anderem auf das Jahr 1972 zurück, als ihr Wein bei der Wein-Weltmeisterschaft in Budapest die Goldmedaille für den besten Rotwein gewann, ein Pinot Noir – nur zehn Jahre nach der Gründung des Weinkellers. Heute hat die Cave du Rhodan ihr biologisches und biodynamisches Sortiment um krankheitsresistente Rebsorten erweitert.

Pinot Cuvée Espace Bio: Dieser klassische Pinot ist sehr gut gemacht und war der erste Wein der Cave du Rhodan, der das Schweizer Bio-Siegel erhielt. Er ist einer von drei Weinen der Linie «Espace», aus Trauben von der Domaine Trong, zertifiziert durch den Naturpark Pfyn-Finges. Die Domaine Trong wird biodynamisch bewirtschaftet, und die Bewahrung der Bodenqualität steht im Vordergrund. Spontangärung der Weine im Betonei.

ADRESSE

Cave du Rhodan – Mounir Weine
Flantheystr. 1
3970 Salgesch
+41 27 455 04 07
mounir@rhodan.ch
rhodan.ch

DEGUSTATION

10–17 Franken, weitere Optionen möglich.
Feste Öffnungszeiten.

ORTE IN DER NÄHE, AN DENEN DIE WEINE DIESER KELLEREI AUSSERDEM ZU FINDEN SIND

Le Cercle d'Or, Schafgasse 2, 3970 Salgesch,
+41 79 882 95 95
Hôtel de la Poste, Rue du Bourg 22, 3960 Sierre/Siders,
+41 27 456 57 60
info@hotel-sierre.ch

LEUK

ROGGEN-LIEBE UND ALTE KNOCHEN

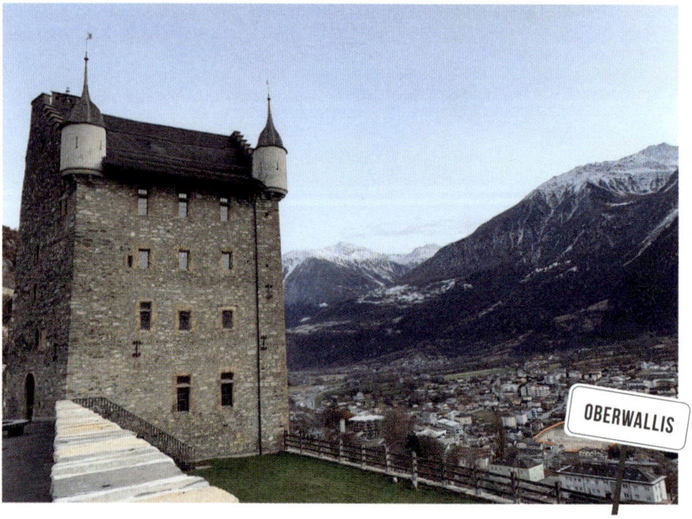

STARTPUNKT	ENDPUNKT
BRATSCH, DORF (BUS VOM BAHNHOF LEUK)	VIN D'ŒUVRE, LEUK
JAHRESZEIT	SCHWIERIGKEITSGRAD
APRIL–NOVEMBER	ANSPRUCHSVOLL
KARTE	DAUER
BLATT 273 T	3 STD.
SEHENSWÜRDIGKEITEN	LÄNGE
ROGGENZENTRUM ERSCHMATT UND SORTENGARTEN. WALLISER FELSENSTEPPE. HOHE BRÜCKE. LEUK: BEINHAUS, SCHLOSS AUS DEM MITTELALTER.	9,6 KM
	AUFSTIEG / ABSTIEG
	384 M / 757 M

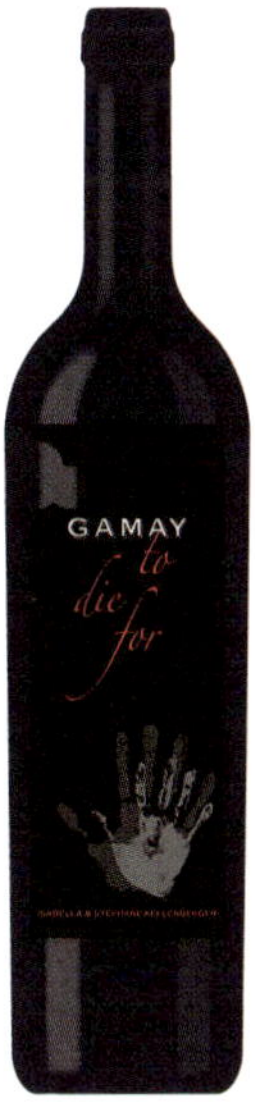

GAMAY

TO DIE FOR
VIN D'ŒUVRE

ROT

FRUCHTIG,
INSBESONDERE VOLLREIFE
ERDBEEREN

FRISCH, FRUCHTIG,
WEICH, GUTE TANNINE,
AUSGEWOGEN

TROCKEN,
STILL

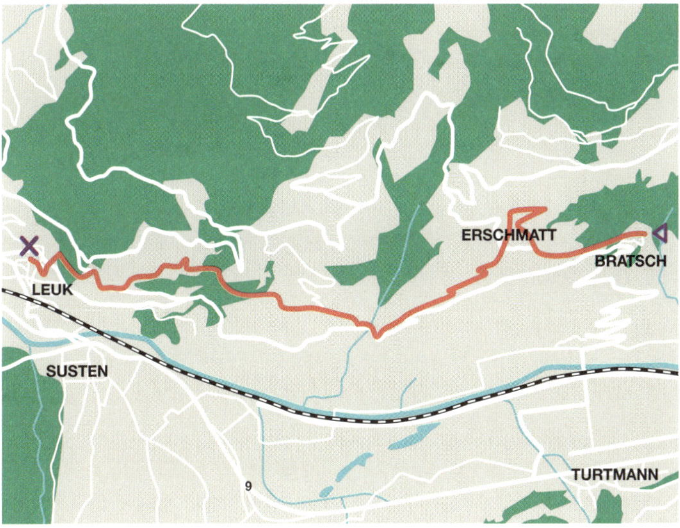

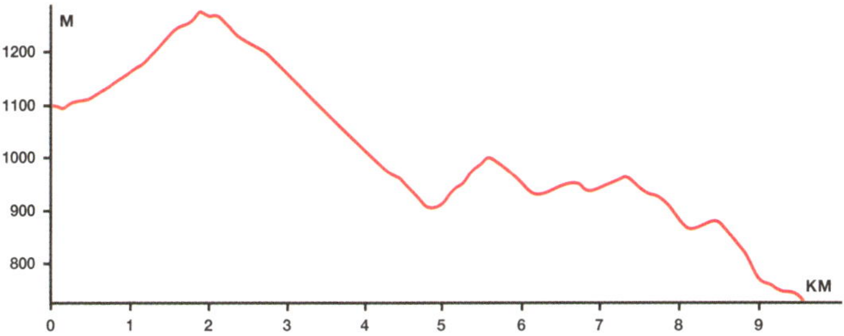

WEGBESCHREIBUNG

Bevor der Bus vom Bahnhof Leuk in Bratsch ankommt, hält er in Erschmatt: Ihr könnt hier aussteigen und die Wanderung damit etwas verkürzen. Aber Bratsch, das 150 m tiefer liegt als Erschmatt, liegt am Waldrand, und wenn ihr die Wanderung hier beginnt, könnt ihr besser verstehen, was es mit den inneralpinen Felsensteppen auf sich hat. Von der Bushaltestelle in Bratsch aus folgt ihr der Dorfstrasse bergauf, die später Bienen, dann Mühledorf heisst; dort, wo die Strasse sich teilt, nehmt ihr die rechte Strasse, Kummen, den Berg hinauf. Lauft am Rande eines bewaldeten Gebietes entlang und auf die Ortsmitte von Erschmatt zu. Über die Kummenstrasse, die zum Kummenweg wird, gelangt ihr zum Dorfplatz. Dort geht ihr nach rechts und eine Strasse namens Oberdorf hinauf (die Strassennamen sind hier ziemlich verwirrend!) und folgt den Schildern Richtung Sortengarten Zälg.

Nach einem Zwischenstopp geht es weiter auf der Hugosteinstrasse am oberen Ende von Erschmatt entlang, wo die offene Steppenlandschaft gut zu sehen ist. Biegt an Oberer Schleif links ab, lauft geradeaus zum Dorfplatz, biegt rechts ab und gleich wieder links auf die Kreuzstrasse. Am Ende der Strasse biegt ihr links ab und danach gleich wieder rechts, um auf die markierte Route zu gelangen. Von hier aus folgt ihr den Schildern Richtung Hohe Brücke und Leuk-Stadt.

Der Weg zur Brücke führt kontinuierlich bergab durch mitunter windige, offene Felslandschaften und Felder, die meisten davon naturbelassen, mit schönem Blick auf die Berge und die Rhone im Tal. Schatten gibt es keinen. Die Route verläuft ungefähr parallel zur Verbindungsstrasse zwischen Erschmatt und Leuk unterhalb und vereinigt sich vor der Brücke kurzzeitig mit ihr. Während die Strasse über die neue Brücke führt, haben Wanderinnen und Wanderer jedoch das Glück, die alte Brücke aus dem 16. Jahrhundert benutzen zu können und bei der Gelegenheit die winzige Kapelle zu besichtigen.

Von hier an führt der markierte Weg zum Weiler Ober-Rotafen («Oberrotafu») hinauf. Wo der Weg sich teilt, nehmt ihr den höhergelegenen Pfad durch das obere Ende dieser Häuseransammlung. Ihr bleibt auf dem Weg, der sich mit einer schmalen Strasse vereint: Sie heisst Brunnen, später, nach der Rechtskurve, Obere Lichten. Kurz nach der anschliessenden Linkskurve geht rechts ein markierter Weg ab, den ihr nehmt. Wenn er sich teilt, folgt ihr dem oberen Weg rechts. Er führt zu einer grossen Swisscom-Satellitenschüssel und einer Stelle im Wald, die 2003 durch ein Feuer zerstört wurde. Bevor ihr diese erreicht, macht die Route noch ein paar Schlenker nach rechts und links und geht dann in den Brentjongweg über, der die Satellitenschüsseln umrundet. Danach biegt ihr links ab, um durch Rebberge zur Badnerstrasse zu gelangen.

Ihr biegt nach rechts auf die Strasse ab und bleibt auf ihr, bis linker Hand eine zweite Fussweg-Option auftaucht: der Kreuzweg. Folgt ihm, bis die Markierungen nach links Richtung Leuk weisen. Die Route führt zum Friedhof hinunter und zur Umfahrungsstrasse. Überquert die verkehrsreiche Strasse und lauft auf den Hauptplatz zu. Nehmt euch die Zeit, um die beeindruckende 20 m lange Wand aus Totenschädeln zu besichtigen, die in der Beinhauskapelle unter der Stephanskirche aufgetürmt wurden. Unterhalb der Kirche nehmt ihr die erste rechts, Eihorugässi, und folgt der Gasse. Nach der Rechtskurve kommt ihr an eine Kreuzung und geht auf der Gintig bergab. Nach einem kurzen, aber steilen Abstieg befindet sich die Kellerei auf der linken Seite.

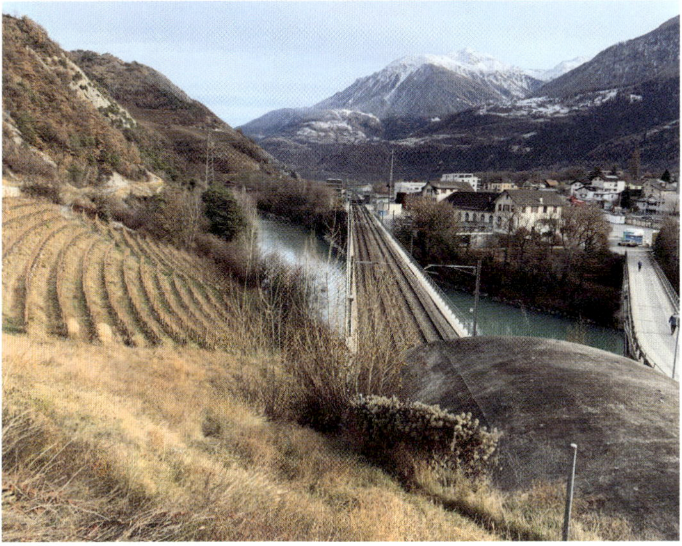

Rückweg
Zehn Minuten zu Fuss den Berg hinab zum Bahnhof Leuk-Stadt.

Ergänzende Hinweise
Erschmatt ist das Roggen-Zentrum des Wallis. In der Back- und Ofenstube im Burgerhaus könnt ihr einen Brotbackkurs belegen. Jahrhundertelang waren die hiesigen hochgelegenen Felder ein wichtiger Getreidelieferant für die Region. Vor allem wurde hier der Roggen für viele Schweizer Brotspezialitäten angebaut. Der typische «Walliser Teller» besteht aus Käse, Trockenfleisch und Roggenbrot. In den beiden Sortengärten in Erschmatt kann man die Artenvielfalt der Walliser Bergwelt kennenlernen (Roggen und Begleitflora sowie verschiedene Wild- und Kulturpflanzen).

Die Hohe Brücke, eine Bogenbrücke aus dem 16. Jahrhundert, überspannt in 100 m Höhe den Feschelbach und ist ein Wunder mittelalterlicher Baukunst. Auch der Blick in die schier bodenlose Schlucht ist beeindruckend.

Leuk wurde im August 2003 von einem der grössten Waldbrände heimgesucht, die es in der Schweiz je gegeben hat. Der Brandstifter, der später zu einer Gefängnisstrafe verurteilt wurde und sich in psychiatrische Behandlung begeben musste, legte noch 36 weitere Brände. Oberhalb von Leuk wurden über 300 Hektaren Wald zerstört. Das Feuer brach in der Nähe der grossen Swisscom-Satellitenschüsseln aus und breitete

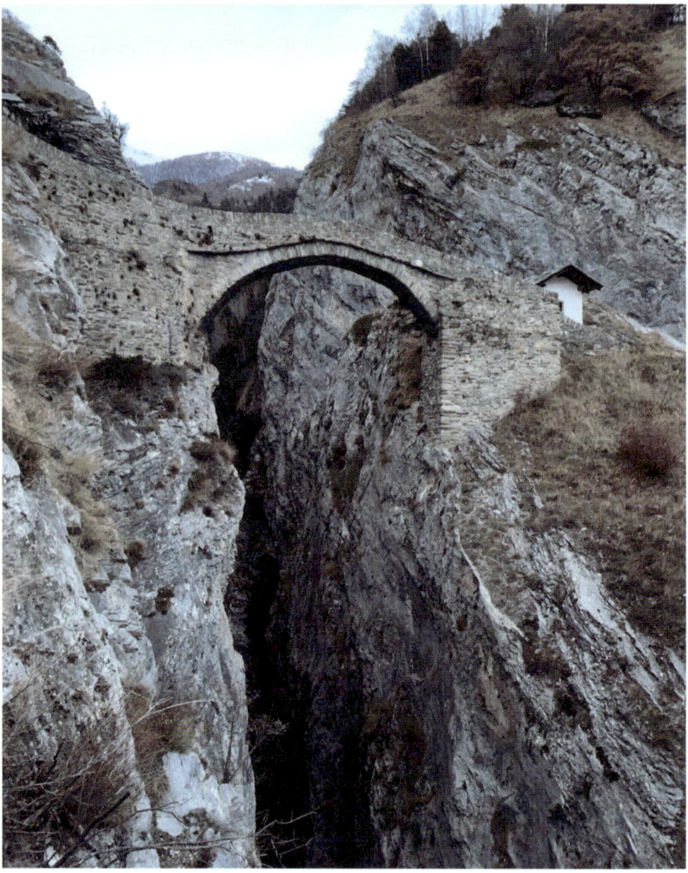

sich innerhalb von Minuten über den ganzen Hang aus. Noch zwei Jahrzehnte später sind die Spuren zu sehen. Die Wiederaufforstung wird von einem Langzeit-Forschungsprogramm begleitet, das bereits Früchte trägt (sogar im wörtlichen Sinne, glücklicherweise).

Leuk kann mit zahlreichen architektonischen Highlights aufwarten und hat auch Kurioses zu bieten, etwa das Beinhaus in der Kapelle, das aber gar nicht so gruselig ist, wie man meinen könnte. Die dort aufgestapelten Knochen stammen von jenen Toten, für die auf dem Friedhof kein Platz mehr war. Im Zuge der Restaurierung des mittelalterlichen Schlosses baute der Architekt Mario Botta eine Glaskuppel auf den Turm. Die Altstadt ist eine bezaubernde Mischung unterschiedlicher Stile und Gebäude.

VIN D'ŒUVRE

Isabella und Stéphane Kellenberger stammen aus Bern, beschlossen aber 2012, im Wallis eine Kellerei zu gründen und Wein anzubauen. Ihre Reben stehen etwa 75 km entfernt in Fully, Raron, Visperterminen und

Leuk, und an jedem dieser Orte zählen ihre Parzellen zu den höchstgelegenen. Angesichts der bereits hohen Arbeitslast und ihrem leidenschaftlichen Engagement für Nachhaltigkeit sind die 2017 durch den Sturm verursachten Schäden – es wurden zwei Drittel der hohen Reblagen, Terrassen und Stützmauern in Raron zerstört – und die folgende Wiederherstellung dieses alten Rebberges ein Indikator für das unglaubliche Mass an Energie, das die beiden in dieses Weingut stecken. Isabellas Marketing-Background macht sich bemerkbar, schon allein in der Namensgebung: das Wortspiel im Namen der Kellerei und die prägnanten englischen Namen der Weine (Love never dies, Born to be wild). Sie organsiert Rebwanderungen und andere «Wein-Erlebnisse», rief Barrique-Patenschaften ins Leben und engagiert sich in zahlreichen Projekten ausserhalb des eigenen Weingutes. Eines davon ist der Cornalin Vitis Antiqua 1798, ein Wein aus Sprösslingen des ältesten Cornalin-Rebstocks der Schweiz (200 Jahre alt!), für dessen Herstellung sich fünf Leuker Winzer zusammengeschlossen haben.

To Die For: Dies ist ein erstklassiger Gamay, elegant und gleichzeitig ein Publikumsliebling, der einfach Spass macht. Der Wein hat 2013 beim Grand Prix du Vin Suisse nicht nur den ersten Platz in der Kategorie Gamay belegt, sondern auch mehr Punkte als jeder andere Rotwein erreicht. Damit lag die Aufmerksamkeit der gesamten Weinwelt auf dem jungen Paar. Die Trauben für diesen Wein wachsen in Fully im Unterwallis.

ADRESSE

Vin d'œuvre
Gintig 4
3953 Leuk-Stadt
+41 27 473 38 38 / +41 79 793 37 87
info@vindoeuvre.ch
www.vindoeuvre.ch

DEGUSTATION

15–22 Franken, verschiedene Optionen.

ORTE IN DER NÄHE, AN DENEN DIE WEINE DIESER KELLEREI AUSSERDEM ZU FINDEN SIND

Restaurant Taverne, Friedhofstrasse 2, 3952 Susten,
+41 27 473 18 77
loretan.marco@gmail.com
Relais Bayard, Kantonsstrasse 151, 3952 Susten,
+41 27 474 96 96
info@relaisbayard.ch

RARON

RILKEDORF MIT FELSENKIRCHE

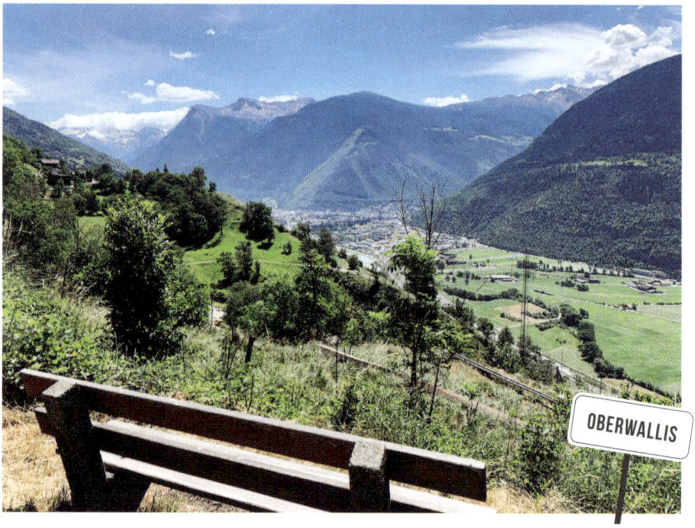

STARTPUNKT	ENDPUNKT
AUSSERBERG, BAHNHOF (BUSHALTESTELLE)	WEINGUT CIPOLLA, RARON
JAHRESZEIT	SCHWIERIGKEITSGRAD
GANZJÄHRIG ABER NICHT BEI SCHNEE	LEICHT
KARTE	DAUER
BLATT 274 T	2 STD. 45 MIN.
	LÄNGE
SEHENSWÜRDIGKEITEN	10,9 KM
GRABSTÄTTE RAINER MARIA RILKES. GRÖSSTE FELSENKIRCHE EUROPAS. UNESCO-WELTERBE MIT HÖLZERNEN RITTERFIGUREN AUS DEM MITTELALTER.	AUFSTIEG / ABSTIEG
	632 M / 1008 M

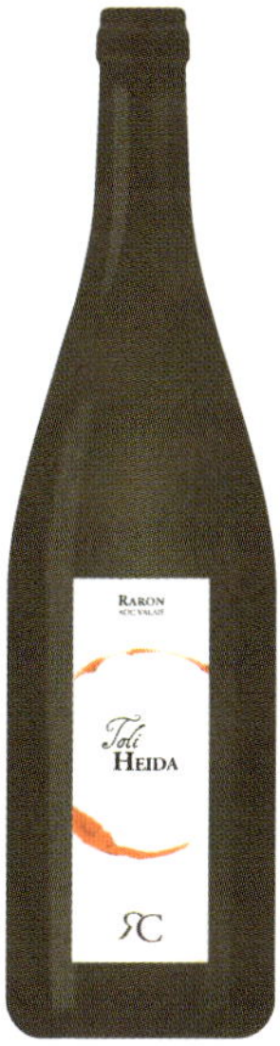

SAVAGNIN BLANC

HEIDA TOLI

WEINGUT CIPOLLA

WEISS

KOMPLEX MIT ZITRUSNOTEN,
EXOTISCHE FRÜCHTE,
VOR ALLEM LITSCHI,
EIN HAUCH ANANAS

REICHHALTIG,
RUND,
LEBHAFT

TROCKEN,
STILL

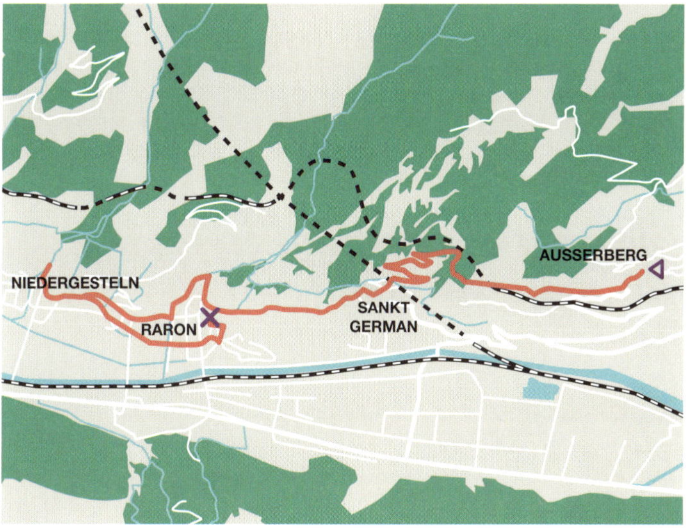

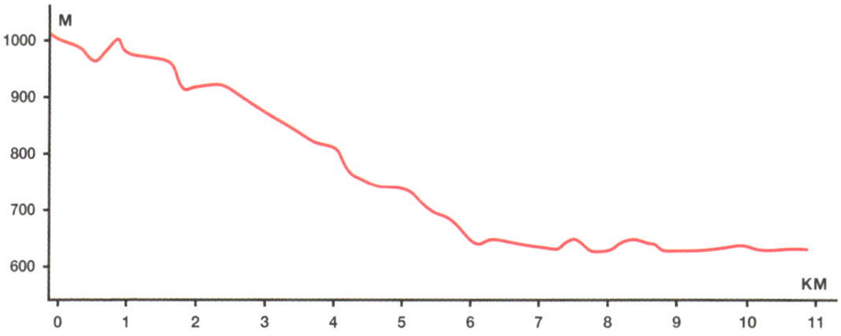

WEGBESCHREIBUNG

Ich empfehle, den Postbus ab Visp zu nehmen, statt mit dem eigenen Auto die steilen, engen Serpentinen hinaufzukurven. Von der Bushaltestelle führt die Strasse bergauf zum Ortszentrum von Ausserberg. Ihr geht jedoch bergab, nach Westen, und folgt den gelben Wanderschildern, die Richtung St. German und Raron weisen. Nach einem kurzen Abschnitt über einen sehr steilen Feldweg wandert ihr durch idyllische Natur. Waldstücke wechseln sich mit offenen Flächen ab, die Wege sind teils asphaltiert, teils geschottert oder grasbewachsen. Dort, wo der Weg sehr steil wird, bieten grosse Steine den Wanderschuhen Halt.

Der «Kulturweg» führt direkt nach St. German. Hier, am steilen Nordufer der Rhone, hat man einen spektakulären Blick auf die landwirtschaftlichen Flächen im Tal, den rasch dahinrauschenden Fluss und die fernen Gipfel am Horizont. Die erste Hälfte der Wanderung verläuft durch schattige Waldstücke, rechter Hand erstreckt sich eine Mischung aus wilden Wiesen und zerklüfteter Felslandschaft.

Die ersten Reben weisen darauf hin, dass St. German nicht mehr weit ist. Kurz darauf klärt eine Informationstafel über die Geschichte des Dorfes und seine Bedeutung als Weinzentrum der Region auf. Der Pfad führt bergab, an einer kleinen Suone (französisch *bisse*) vorbei, einem der historischen Bewässerungskanäle, die das Wallis durchziehen und Wasser von den Gletschern ins Tal leiten. Diese rauscht rechts vom Weg durch einen in Stein gefassten Graben. Hier lohnt der Blick zurück, um die elegante alte Holzkonstruktion zu bewundern, die dafür sorgt, dass das Gefälle von 1 % aufrechterhalten wird und das Wasser kontinuierlich bergab fliessen kann.

In St. German geht es geradeaus die Dorfstrasse entlang, die schliesslich aus dem Ort heraus und zur Burgkirche hoch über Raron hinaufführt (plötzlich tauchen ringsum Rebberge auf).

Praktischerweise kann der Weg mit zahlreichen Bänken am Wegesrand aufwarten, die dazu einladen, den herrlichen Panoramablick zu geniessen und Fotos zu machen. Die Vielzahl an Kirchen, Kapellen und Kreuzen in dieser durch und durch katholischen Gegend ist beachtlich. Direkt nach St. German stösst man auf die kleine weisse St. Anna-Kapelle. Ihre Tür ist in der Regel nicht verschlossen. Beim Betreten bzw. Verlassen der Kapelle sollten Besucher aber daran denken, die Tür nicht offen stehen zu lassen, damit der Luftzug die Flammen der Votivkerzen nicht erlöschen lässt.

Die St. Anna-Kapelle wurde direkt auf den Felsen gebaut. In ihren Mauerspalten und auch an den Trockenmauern rundum wachsen kleine Kakteen. Das Wallis hat über 3000 km an Weinberg-Terrassen mit zum Teil jahrhundertealten Trockenmauern, die aufwendig gepflegt werden müssen. Für den Erhalt dieses wertvollen Kulturguts scheut der Kanton weder Kosten noch Mühen.

An der Burgkirche Raron angekommen, lohnt es sich, dieser einen Besuch abzustatten. Auf dem Friedhof befindet sich die Grabstätte des berühmten Lyrikers Rainer Maria Rilke, der seine letzten Lebensjahre in der Gegend verbrachte. Von dort aus hat man auch eine grandiose (und sehr windige!) Aussicht.

Nach dem Abstecher zur Burgkirche geht es den steilen gepflasterten Weg, die Stalde, Richtung Altstadt hinab. Dann biegt ihr rechts in die Oberdorfgasse ab, spaziert durch das Oberdorf, haltet euch rechts und lauft direkt auf den Bietschbach zu. Rechter Hand sind ein Wasserfall und Weinreben auf 900 m Höhe zu sehen, darunter auch die Toli-Parzelle, wo Romain Cipollas Heida-Trauben wachsen. Man versteht gleich, warum Weinanbau hier schon immer eine Herausforderung war. Nun biegt ihr nach links ab und lauft auf dem Bietschiweg weiter, an der Stelle vorbei, wo es (auf der anderen Seite des Flusses) im Winter 2021 einen schlimmen Felssturz gab. Durch Sprengungen wurde der Felsen stabilisiert.

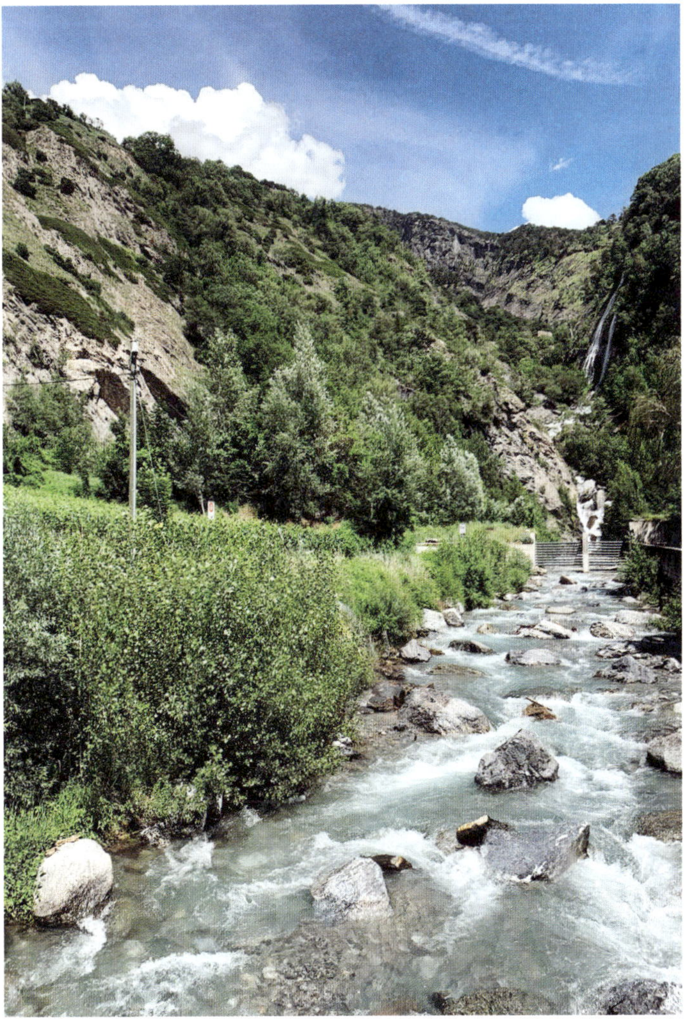

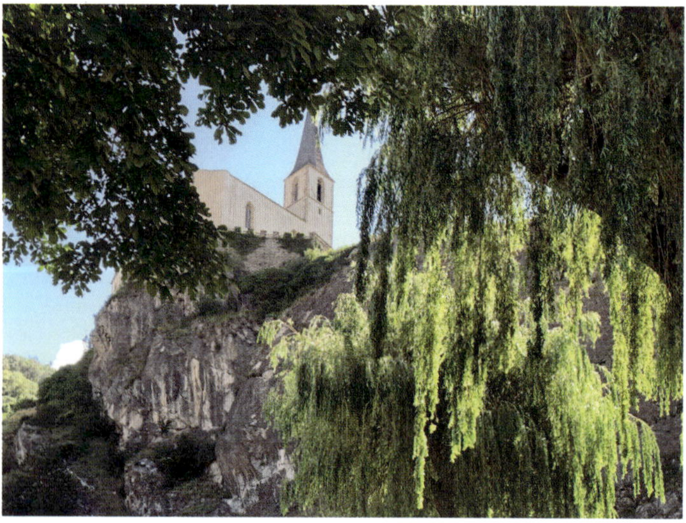

An der Stadelmattenstrasse biegt ihr rechts ab und überquert den Bietschbach. Folgt dem Strassenverlauf und geht weiter über Unnär Geschstrasse, Obergeschstrasse und Wannumoosstrasse nach Niedergesteln. Das Dorf gehört zum UNESCO-Welterbe Jungfrau-Aletsch. Oberhalb steht die Ruine der Gestelnburg; hölzerne Ritter weisen den Weg zu den Überresten dieser Felsenburg aus dem 12. Jahrhundert. Am Ende der Strasse biegt ihr rechts in die Dorfstrasse ab und folgt über die Oberdorfstrasse den Schildern Richtung Jolischlucht, wo es einen schönen Aussichtspunkt gibt. Danach lauft ihr auf demselben Weg zurück, den ihr gekommen seid, und biegt von der Wannumosstrasse rechts ab in die Wannutrogstrasse. Vorbei an Feldern und kleinen Gewerbebetrieben gelangt ihr zurück in die Ortsmitte von Raron und zur Felsenkirche St. Michael.

Das Weingut kann man leicht übersehen, ein Schild sucht man oft vergebens und wenig weist darauf hin, dass sich hier ein Weinkeller befindet. Besuchen kann man die Kellerei nur nach Vereinbarung.

Rückweg

Zehn Minuten Fussweg zum Bahnhof Raron, wo Anschluss an den Regionalverkehr besteht.

Ergänzende Hinweise

Die Fahrt mit dem Postauto nach Ausserberg ist so abwechslungsreich, dass man die Haltestelle Bahnhof leicht verpassen kann, da sie zudem eine Bedarfshaltestelle ist. Drückt also rechtzeitig auf den Halteknopf!

Die 1974 erbaute Kirche St. Michael ist Europas grösste Felsenkirche, die wie eine Höhle vollkommen von Felsen umschlossen ist. Sie befindet sich direkt unter der Burgkirche, die sich auf einem schroffen Felshügel erhebt. Ihr modernes Läutwerk bildet einen starken Kontrast zu Rilkes Grabstätte. Die Besichtigung dieses Exemplars mit der hohen Gewölbedecke aus Naturfelsen lohnt sich, auch wenn ihr normalerweise dazu neigt, Kirchen nicht weiter zu beachten!

WEINGUT CIPOLLA

Romain Cipolla ist ein echter Macher. Die Familie des jungen Winzers aus Fribourg ist nicht in der Weinbranche tätig. Dass seine Muttersprache Französisch ist, hielt ihn nicht davon ab, sich im deutschsprachigen Oberwallis niederzulassen, um dort alte, schwierige, häufig sehr hoch gelegene Weinanbauflächen zu bewirtschaften, die von ihren Vorbesitzern teilweise schon aufgegeben worden waren. Er produziert eine beachtliche Anzahl von durchweg sehr guten Weinen, aber vor allem sein Heida Toli (der flussabwärts Païen statt Heida heisst) ist ein Wein von herausragendem Charakter. Die dazugehörigen Rebstöcke stehen auf 900 m Höhe oberhalb der Stadt auf schwindelerregend steilen Hängen. Wenn Cipolla nicht gerade draussen in seinen Rebbergen arbeitet, die über mehrere Dörfer verteilt sind, kümmert er sich in seinem Keller in St. German um die Weinherstellung oder ist in der Region unterwegs, um Restaurants mit seinen Weinen zu beliefern. Um ihn persönlich anzutreffen, muss man also rechtzeitig einen Termin vereinbaren.

Heida Toli: Schöne Säure, profitable Alterung mit Sekundäraromen, charakterstark.

ADRESSE

Weingut Cipolla
Unterdorf 11
3942 Raron
+41 79 201 81 31
info@weingut-cipolla.ch
weingut-cipolla.ch

DEGUSTATION

Kostenlos. Nur nach Vereinbarung.

ORTE IN DER NÄHE, AN DENEN DIE WEINE DIESER KELLEREI AUSSERDEM ZU FINDEN SIND

Château de Villa, Rue Sainte-Catherine 4, 3960 Sierre/Siders,
+41 27 455 18 96
info@chateaudevilla.ch

VISPERTERMINEN

HOCH HINAUS MIT TOP HEIDA-WEINEN VON HÖCHSTEN REBEN

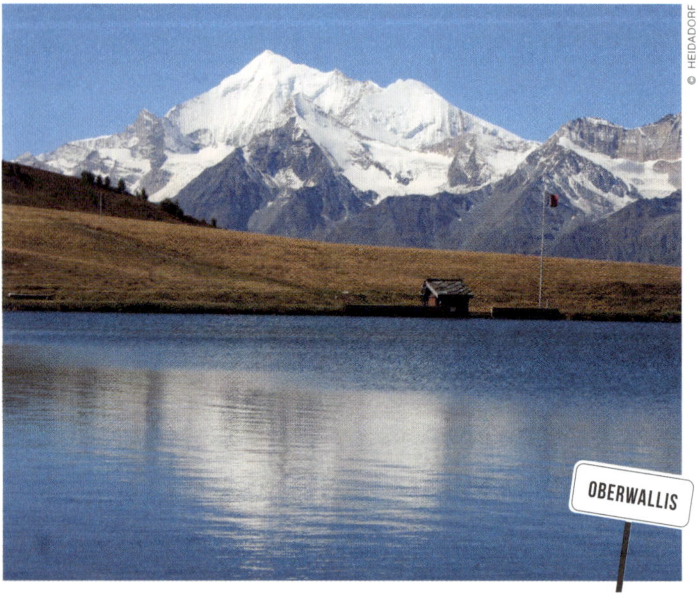

© HEIDADORF

STARTPUNKT	ENDPUNKT
GIW-BERGSTATION (BERGBAHN GIW AG, VISPERTERMINEN)	KELLEREI ST. JODERN, VISPERTERMINEN
JAHRESZEIT	SCHWIERIGKEITSGRAD
GANZJÄHRIG	MITTEL
KARTE	DAUER
BLATT 274 T	2 STD. 20 MIN.
SEHENSWÜRDIGKEITEN	LÄNGE
ALTSTADT VISPERTERMINEN. GIBIDUMSEE UND BLICK AUF DAS MATTERHORN. TERRASSIERTE WEINBERGE VON UNTERSTALDEN.	6,8 KM
	AUFSTIEG / ABSTIEG
	419 M / 417 M

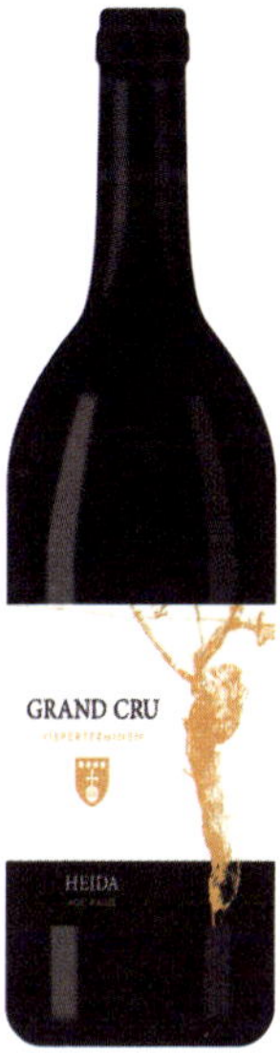

SAVAGNIN BLANC

HEIDA GRAND CRU VISPERTERMINEN

ST. JODERN KELLEREI

WEISS

HONIGNOTEN, ZITRUSFRÜCHTE, EXOTISCHE FRÜCHTE, ANKLÄNGE AN HASELNUSS UND TROCKENFRÜCHTE

FRISCHE, RUND UND ÜPPIG, GUTE ACIDITÄT. HARMONISCH, SEHR LANGER ABGANG

TROCKEN, STILL

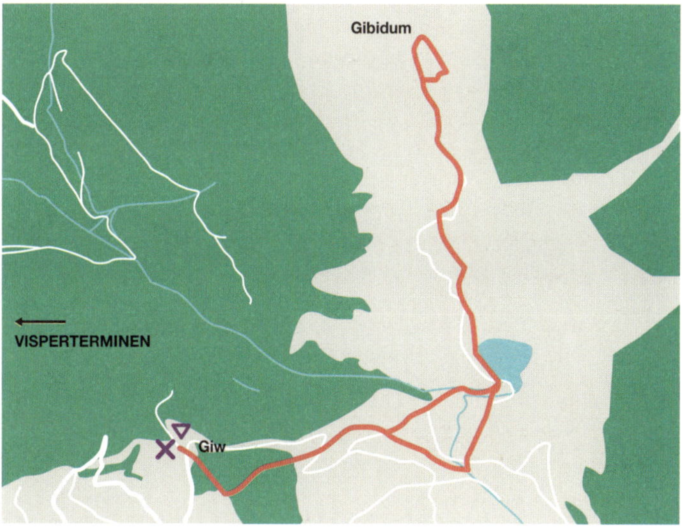

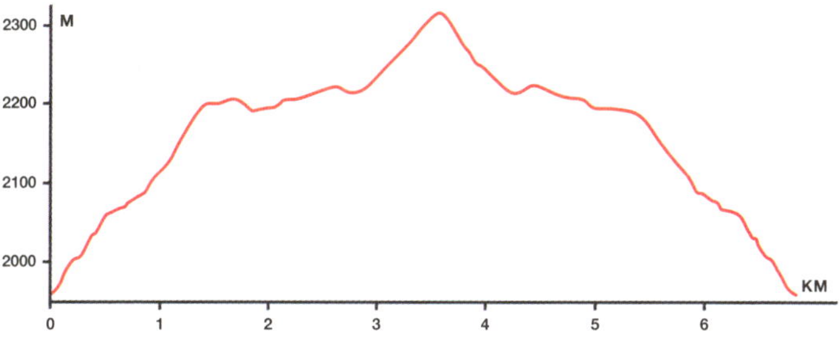

WEGBESCHREIBUNG

Von der Talstation in Visperterminen fahrt ihr mit der Sesselbahn nach Giw hinauf. Die Route beginnt rechts vom Schlepplift und entspricht einem der offiziellen Schneeschuh-Trails (Panoramaweg Visperterminen). Folgt den gelben Wandermarkierungen, die durch lila Markierungen des Schneeschuh-Trails ergänzt werden.

Der erste Abschnitt ist ein steiler Aufstieg durch Bäume, bis die Landschaft sich öffnet. Folgt der Panoramaweg-Beschilderung Richtung Bord, dann Richtung Gibidumpass und Gibidumsee, und dem Berg Gibidum, welcher der höchste Punkt der Wanderung ist. An einem Wasserlauf biegt die Route nach links ab und begleitet ihn. Kurz nach der Baumgrenze kreuzt ein anderer Weg die Route: Lauft geradeaus weiter, ihr könnt euch aber merken, dass dies die Stelle ist, wo ihr auf dem Rückweg wieder herauskommen werdet.

An einer Kreuzung mehrerer Wanderwege folgt ihr den Markierungen nach links und lauft auf den kleinen See zu. Hier am Rande des Gibidumsees werdet ihr auf dem Rückweg abzweigen, um am Fusse der Steilwand entlangzulaufen. Jetzt aber haltet ihr euch links und lauft geradeaus dem Seeufer entlang. Der Weg steigt kontinuierlich zum Gibidum hin an und dreht dort eine Schleife, die nicht ganz bis zum Skilift reicht. Danach lauft ihr auf demselben Weg zum See zurück und nehmt dann etwa in der Hälfte des Sees den Weg, der rechts abgeht. Er wird mit der Zeit ein bisschen breiter und führt wieder an die Abzweigung, an der ihr am Hinweg vorbeigekommen seid. Auf dem bekannten Weg geht es nun zurück zum Sessellift.

Ihr fahrt mit der Bergbahn hinunter, um euch den rutschigen Abstieg zu ersparen, und nehmt den Bus nach Unterstalden (Haltestelle Kellerei).

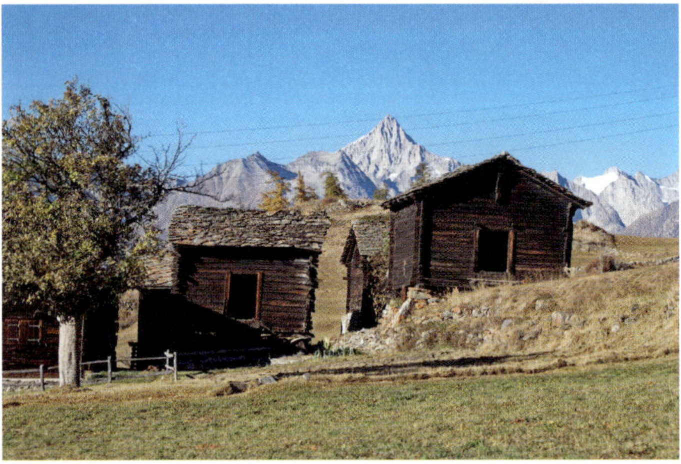

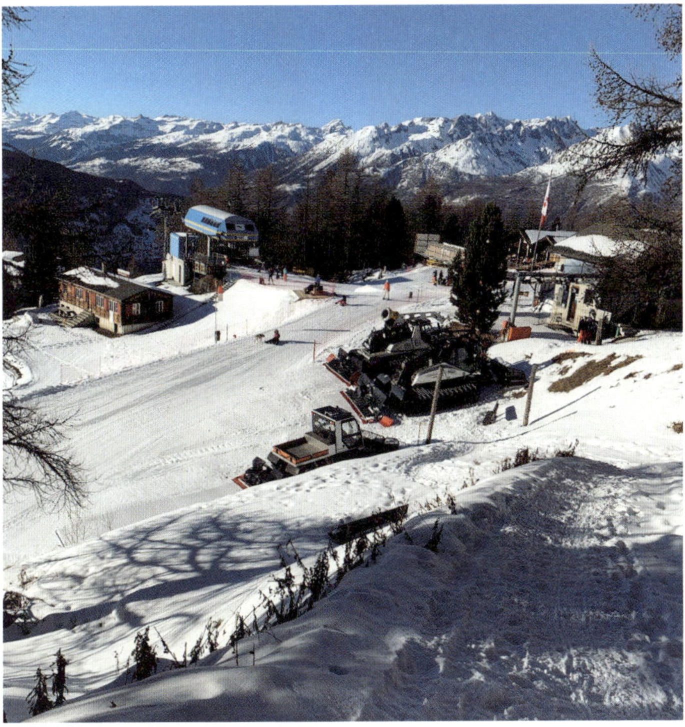

Rückweg
Die Haltestelle Kellerei ist direkt vor der Weinkellerei. Die Busse verkehren regelmässig zwischen Visperterminen und dem Bahnhof Visp.

Ergänzende Hinweise
Für Hunde weniger gut geeignet (Achtung: Sessellift!), aber auf manchen Wanderwegen oberhalb des Heidadorfs sind Hunde erlaubt.

Im Sommer könnt ihr die Wanderung ausdehnen. Unabhängig von der Jahreszeit solltet ihr die Wanderung aber stets damit beginnen, dass ihr mit dem Sessellift von Visperterminen nach Giw hinauffahrt. Bei Schnee ist es ratsam, den Rundweg mit Schneeschuhen zu wandern, vor allem an den steilen Abschnitten am Anfang und am Ende.

Im Winter dauert die Strecke viel länger als im Sommer, weil manche Abschnitte (insbesondere am Anfang) steil und rutschig sind. Im Sommer bietet es sich an, zu Fuss zur Weinkellerei hinunterzulaufen. Für die drei zusätzlichen Kilometer Fussweg müsst ihr ca. eine Stunde einplanen; folgt den gelben Schildern Richtung Unterstalden. Im Winter ist der Weg zu Fuss jedoch schwierig, weil die steilen Stellen im Schatten liegen und meistens vereist sind. Deswegen bin ich in meiner Wegbeschreibung davon ausgegangen, dass ihr den Sessellift nehmt und danach den Bus nach Unterstalden.

Was zu jeder Jahreszeit empfehlenswert ist, ist ein Spaziergang durch das sehr alte Heidadorf mit seinen windigen, hügeligen Gassen und der besonderen Architektur.

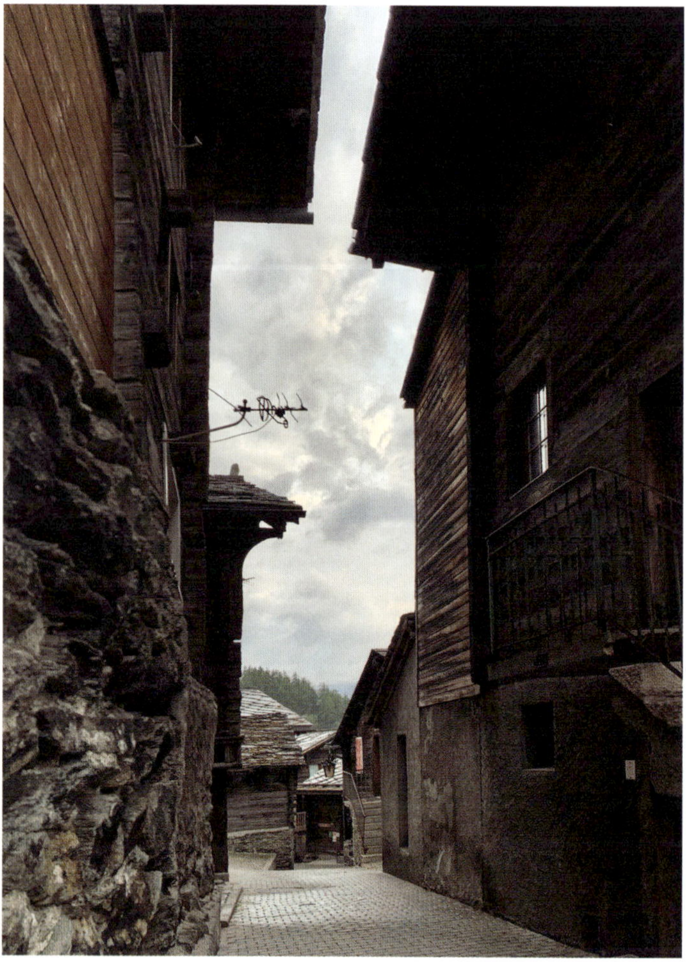

ST. JODERN KELLEREI

Alles an dieser aussergewöhnlichen und beeindruckenden Genossenschaft ist erstaunlich. Sie besitzt den höchstgelegenen Rebberg Europas, auf einer Höhe von 1150 m ü. M. Die zahlreichen, fast versteckten, nach Süden blickenden Rebberge direkt unterhalb der Kellerei dürften zu den spektakulärsten und schönsten der Welt gehören. Sie gehören in der Hauptsache Wochenendweinbauern mit sehr kleinen Rebflächen, die sich durch ihr Land und ihre Reben stark mit den örtlichen Traditionen verbunden fühlen. Die Kellerei wurde 1980 renoviert, und 120 Genossenschaftsmitglieder lieferten ihre Trauben ab, während man überall in der Schweiz mit Überproduktion und Preisverfall kämpfte. Die Genossenschaft bemühte sich, sowohl das Qualitätsniveau zu heben als auch das eigene Profil zu schärfen. In den letzten Jahren hat der wohlverdiente Erfolg diesen kleinen Weinbauern neuen

Mut gegeben. Heute erhalten sie einen besseren Preis für ihre Trauben als die meisten anderen in der Schweiz. Jetzt, in den 2020er Jahren, sind es schon über 500 Genossenschaftler, die ihre Trauben einbringen. Die Weine der Genossenschaft werden mit nationalen und internationalen Preisen ausgezeichnet, und obwohl sie um die 400000 Flaschen (unterschiedlicher Grösse) abfüllen, sind viele ihrer Weine im Nu ausverkauft.

Heida Grand Cru Visperterminen: Heida ist der Oberwalliser Name für diesen Wein, der im Mittel- und Unterwallis normalerweise Païen genannt wird. Anderswo kennt man die Rebsorte unter der Bezeichnung Traminer – nicht zu verwechseln mit Gewürztraminer, der das Ergebnis einer Mutation dieser Rebsorte ist. Die Kellerei produziert eine eindrucksvolle Palette an Heida-Weinen, und es macht Spass, diese während einer Degustation miteinander zu vergleichen. Heida Veritas, nach einem sehr alten, lokalen Verfahren hergestellt, wird nur in kleinen Mengen produziert und ist ein Spitzenwein (der 2018er Jahrgang wurde bei den von der Zeitschrift *Decanter* organisierten, jährlich stattfindenden «Decanter World Wine Awards» zum «Best in Show» gekürt). Der Grand Cru wird im modernen Stil hergestellt, genauso wie der AOC Heida Veritas. Der Grand Cru ist neu, er wurde 2021 erstmals vorgestellt, mit dem Ziel, einen modernen Wein von exzellenter Qualität zu keltern, und um die Mitglieder der Genossenschaft St. Jodern Kellerei zu motivieren. Der erste Jahrgang war in weniger als einem Monat ausverkauft.

ADRESSE

St. Jodern Kellerei
Unterstalden 2
3932 Visperterminen
+41 27 948 43 48
info@jodernkellerei.ch
jodernkellerei.ch

DEGUSTATION

15–33 Franken für sechs Weine plus verschiedene Optionen. Die Kellerei wirbt dafür, die Weine vor Ort zu probieren und den Keller zu besichtigen (nur auf Voranmeldung). Während der normalen Öffnungszeiten kann man immer vorbeischauen und verschiedene Weine degustieren.

ORTE IN DER NÄHE, AN DENEN DIE WEINE DIESER KELLEREI AUSSERDEM ZU FINDEN SIND

Bergrestaurant Giw, Giw 1, 3932 Visperterminen,
+41 27 946 36 48
info@bergrestaurant-giw.ch

DREI SEEN

MILVIGNES

KLASSE, ELEGANZ, CHARME: NEUENBURGERSEE

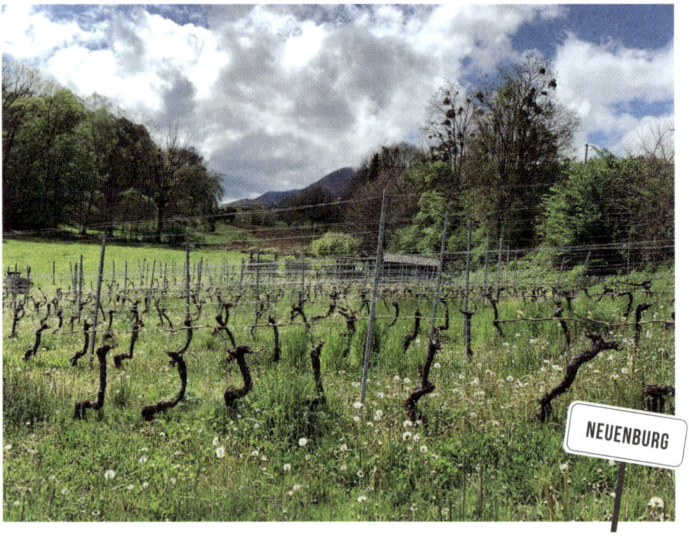

STARTPUNKT	ENDPUNKT
BEVAIX BAHNHOF	DOMAINE DE CHAMBLEAU, CORMONDRÈCHE, OBERHALB VON COLOMBIER
JAHRESZEIT	SCHWIERIGKEITSGRAD
GANZJÄHRIG	LEICHT
KARTE	DAUER
BLATT 242 T	2 STD. 40 MIN.
SEHENSWÜRDIGKEITEN	LÄNGE
REBBERGE AM SEE. REB- UND WEINMUSEUM NEUENBURG (ZEHNMINÜTIGER UMWEG). CHÂTEAU DE COLOMBIER: MILITÄRMUSEUM.	10,35 KM
	AUFSTIEG / ABSTIEG
	148 M / 121 M

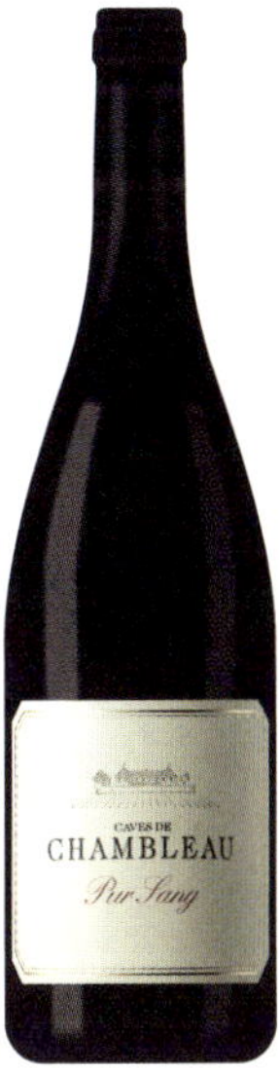

PINOT NOIR

PUR SANG
CAVE CHAMBLEAU

ROT

KOMPLEX,
ROTE FRÜCHTE UND
GEWÜRZE

FRISCH,
ABER TIEF UND
REICHHALTIG

TROCKEN,
STILL

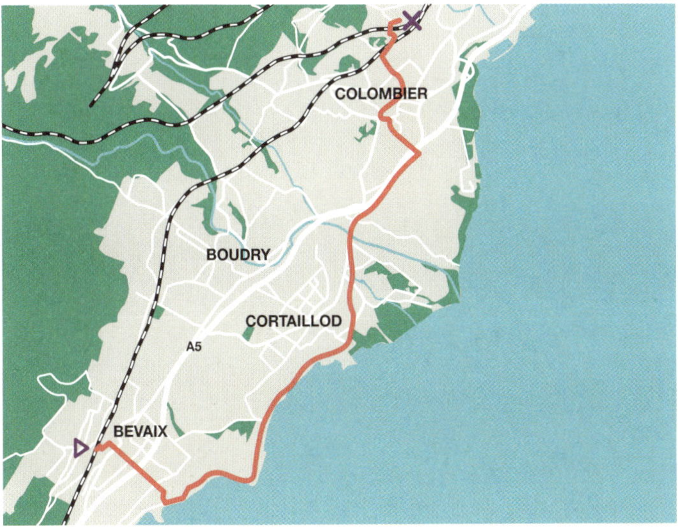

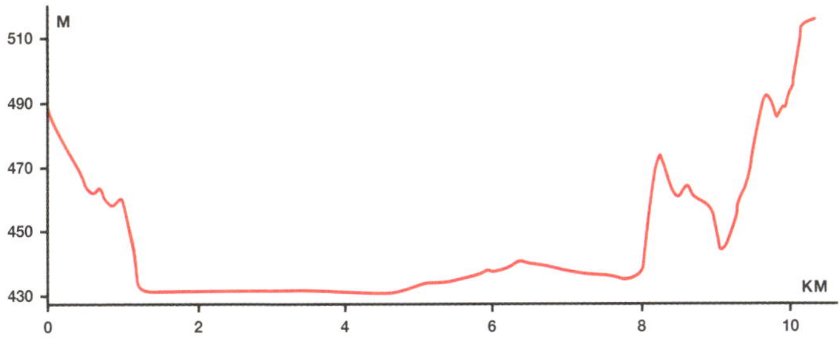

WEGBESCHREIBUNG

Vom Bahnhof Bevaix führt die Route nach Norden und dann in östlicher Richtung die Rue de la Gare entlang in Richtung See. Die Strasse wird zum Chemin des Près; folgt der Strasse weiterhin und nehmt gleich nach der Autobahn den Fusspfad rechts, der parallel zur Strasse verläuft. Am Chemin du Vignoble setzt ihr den Weg geradeaus auf dem Chemin de Basuges, der zum See führt, fort. Am Ende der Strasse, wenn von rechts der Chemin du Moulin kommt, biegt ihr nach links ab und spaziert am Ufer weiter.

Der Strassenname ändert sich, aber folgt der Route zwischen Wasser und Weinreben, unter denen einige bekannte Namen zu finden sind, darunter Vignes du Châtelard und Vignes de l'Abbaye. Der Uferweg ist bei den Neuenburgern sehr beliebt. An der Pointe du Grain können Wanderer im Sommer am Kieselstrand ihre Füsse kühlen. Weiter geht es am Ufer

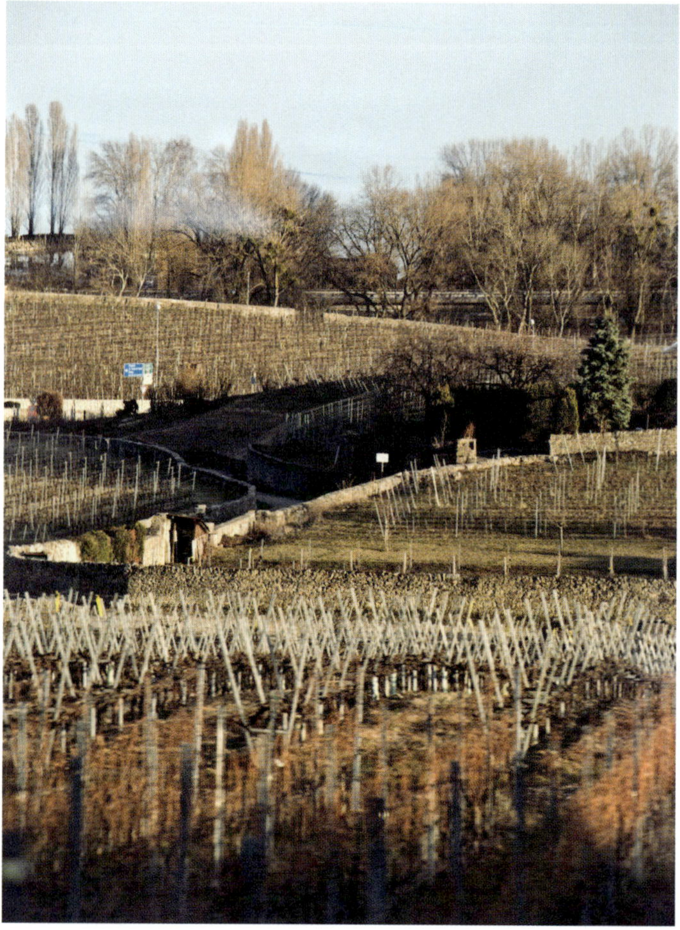

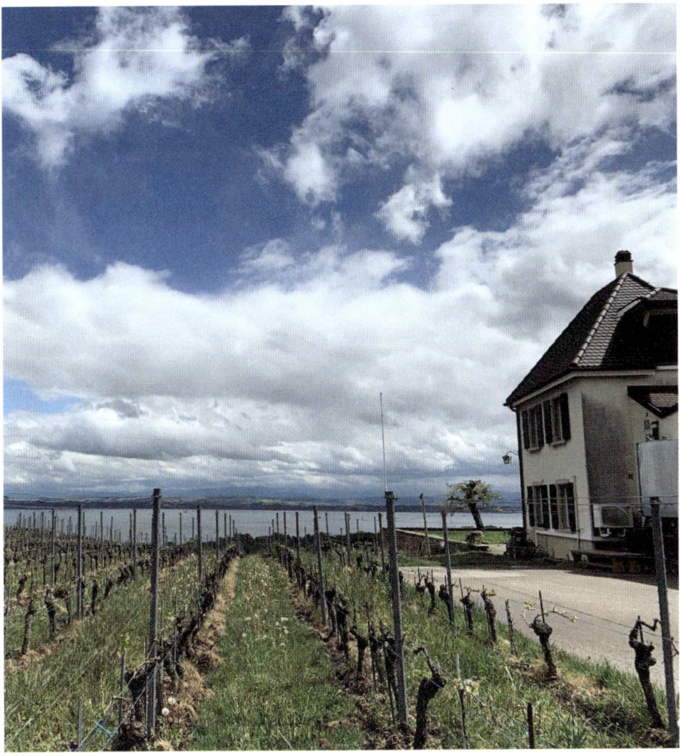

entlang, und zur Linken ein ehrenwertes Terroir nach dem andern. Wenn ihr bei Petit Cortaillod, einem kleinen Hafen und einer Handvoll Häuser, angekommen seid, rückt ihr ein wenig vom See ab und lauft zur Ortsmitte, wo ihr den Wanderschildern nach rechts folgt, an einem Parkplatz vorbeikommt und der Strasse namens Petit-Cortaillod bis zu einer Weggabelung folgt. Dort haltet ihr euch links und folgt dem Chemin de la Roussette durch ein kleines Industrie- und Gewerbegebiet, bis die Strasse an der Avenue François-Borel endet. Biegt nach links ab und danach gleich wieder rechts auf den Fusspfad Bas-de-Sachet, der zur Areuse führt. Ihr überquert den Fluss – die Brücke bietet Platz für Autos, Fahrräder und Fussgänger – und lauft auf die Autobahn zu. Überquert die Rue Félix-Bovet und lauft auf dem schmalen Chemin de la Plaine weiter, der rechts von der viel befahrenen Strasse verläuft und eine Rechtskurve macht. Linker Hand verlaufen Gleise, und auf der rechten Seite befindet sich der kleine Flugplatz Neuchâtel-Colombier. Trotz des Verkehrs auf der nahen Strasse ist dies ein schöner und angenehmer Weg.

Bei der ersten Kreuzung (von rechts kommt die Plaine d'Areuse) mit Übergang und Treppen biegt ihr rechts ab: Ihr überquert die Autobahn und geht auf dem Chemin de Chenailleta weiter. Rechter Hand passiert ihr einen Friedhof. Bald darauf macht die Strasse eine Rechtskurve und vereinigt sich mit der Strasse Creux-du-Sable, die in die Altstadt hineinführt. Bei der folgenden T-Kreuzung biegt ihr links auf die Rue Basse ab, dann rechts auf die Rue Haute, der folgt ihr, wenn sie nach rechts abbiegt. Biegt links auf die Rue du Vieux-Moulin ab, überquert die Kreuzung und nehmt die zweite Strasse links, so geht ihr weiter auf dem Chemin du Pontet. Bei der nächsten Kreuzung biegt ihr links auf den Chemin des Battieux ab, dem ihr gemächlich bergauf folgt. Wenn von rechts die Route de la Traversière kommt, bleibt ihr auf dem Chemin des Battieux, folgt ihm nach links zum Kreisel und bleibt weiterhin auf dieser Strasse. Kurz vor den Bahngleisen biegt ihr rechts auf den Chemin du Rosy ab.

Das Strässchen biegt links ab, führt unter den Gleisen hindurch, wendet sich dann nach rechts und macht gleich darauf eine Linkskurve. Es geht nun sanft bergauf. Bleibt auf der Strasse und überquert noch eine kleinere Gleisspur. Auf den ersten (und kleineren) Eingang zur Kellerei weist rechter Hand ein Schild hin, wo einige landwirtschaftliche Gebäude stehen und die Strasse eine kleine Linkskurve macht. Folgt der unbefestigten Strasse durch Weinreben zur Kellerei und ignoriert die Schilder, die zum Haupteingang weisen (der befindet sich weiter vorn auf der rechten Seite).

Rückweg
20 Minuten Fussweg bis zum Schloss oder zur Altstadt. Dort verkehren Busse.

Ergänzende Hinweise
Die Kellerei ist ein wenig abseits gelegen, wenn man mit öffentlichen Verkehrsmitteln anreisen möchte, aber die schöne, leichte Wanderung entschädigt für den Mehraufwand. Es ist herrlich, am See entlangzuschlendern, dann im alten Dorf Colombier in eine ganz andere Welt einzutauchen und schliesslich zum Weingut hinaufzulaufen, das alles bietet, was ihr euch von einer Schweizer Kellerei erhofft (moderne Räume für die Stahltanks, ein schöner alter Keller für den Fassausbau).

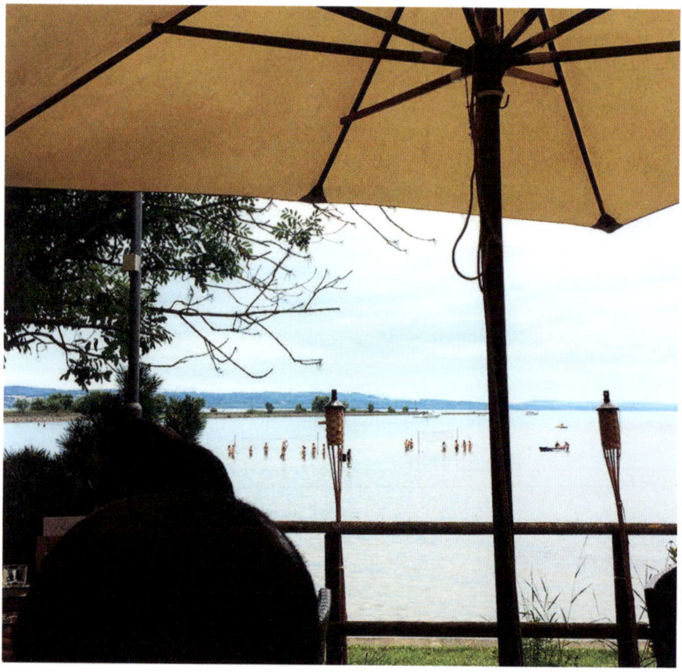

CAVE CHAMBLEAU

Der Neuenburgersee ist ein wunderschönes Gewässer, und das Weingut, das mit etwas Abstand zum See auf einem Hügel thront, kann mit bester Aussicht dienen – die beiden Türmchen sind von Weitem ebenfalls gut zu erkennen. Die Familie Burgat erwarb das Gut 1950 und hat es in eine der besten Kellereien der Schweiz verwandelt. Louis-Philippe begann 2001 mit der Umstellung auf biologische Weinherstellung. Seit 2001 arbeitet die gesamte Domaine biologisch und ist bekannt für ihre unvergleichliche Kombination aus elegantem Marketing, guten Weinen und Pionierleistungen im Biowein-Bereich.

Pur Sang: Wenn man beschreiben will, wie bemerkenswert dieser Wein ist, kann man eigentlich nicht übertreiben. Der Jahrgang 2018 gewann kürzlich den vom Magazin *Falstaff* ausgeschriebenen Preis für den besten Schweizer Pinot Noir, und der Jahrgang 2011 erhielt von Mémoire des Vins Suisses den Swiss Wine Vintage Award 2021 – zwei eindrucksvolle Auszeichnungen von renommierten Experten. Der Pur Sang ist einer von drei Pinot Noirs, die hier produziert werden. Alle drei sind tolle Weine, aber für diesen wählt die Kellerei nur die besten Trauben, die im Ganzen sehr lange mazerieren dürfen. Anschliessend reift der Wein zwölf bis achtzehn Monate in Fässern. Eine echte Schönheit, rein und schlicht.

ADRESSE

Domaine de Chambleau
2013 Colombier NE
+41 32 731 16 66
info@chambleau.ch
chambleau.ch

DEGUSTATION

Kostenlos. Feste Öffnungszeiten.

ORTE IN DER NÄHE, AN DENEN DIE WEINE DIESER KELLEREI AUSSERDEM ZU FINDEN SIND

Restaurant Robinson, Rives du Lac 11, 2013 Milvignes,
+41 32 545 32 32
info@robinson-restaurant.ch
La Taverne du Château, Rue du Château 1, 2013 Colombier,
+41 32 845 02 00
Brasserie du Poisson, Rue des Epancheurs 1, 2012 Milvignes,
+41 32 731 62 31
lepoisson-auv@bluewin.ch

MÔTIER-VULLY

DIE GEISTER DES MURTENSEES, WACHSAME TÜRME, STILLE LANDSCHAFT

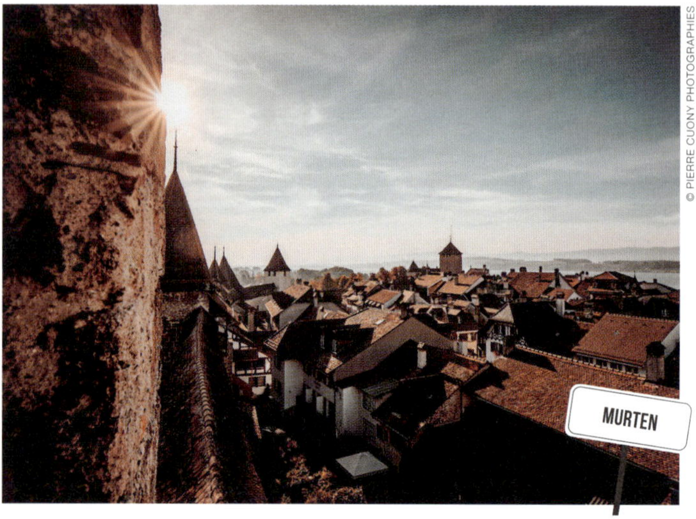

© PIERRE CUONY PHOTOGRAPHIES

STARTPUNKT	ENDPUNKT
MURTEN BAHNHOF	WEINGUT LE PETIT CHÂTEAU, MÔTIER
JAHRESZEIT	SCHWIERIGKEITSGRAD
GANZJÄHRIG	LEICHT
KARTE	DAUER
BLATT 242 T	2 STD. 45 MIN.
SEHENSWÜRDIGKEITEN	LÄNGE
DIE MITTELALTERLICHE STADT MURTEN/MORAT MIT IHREM MUSEUM. BURGUNDISCHE KANONEN. PATRIZIERHÄUSER IN VULLY. KIRCHE ST. PIERRE.	10,9 KM
	AUFSTIEG / ABSTIEG
	81 M / 94 M

FREIBURGER (FREISAMER)

FREIBURGER

LE PETIT CHÂTEAU

WEISS

FRUCHTIG – ANANAS – UND WÜRZIG

REICHHALTIG, TIEF, MINERALISCHE UND SALINE NOTEN

TROCKEN, STILL

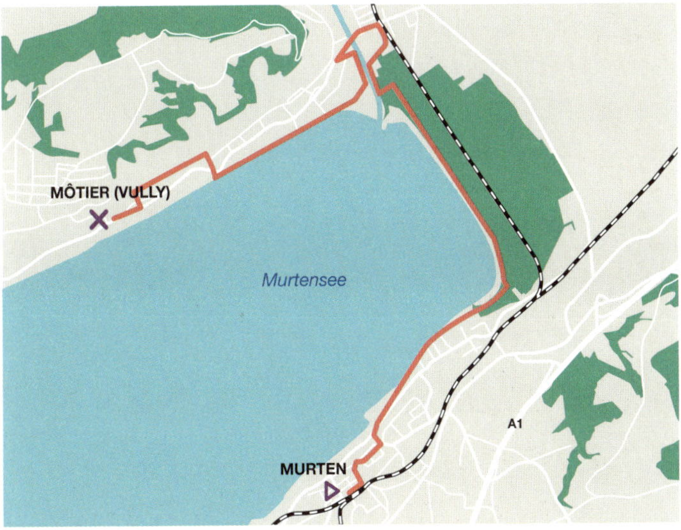

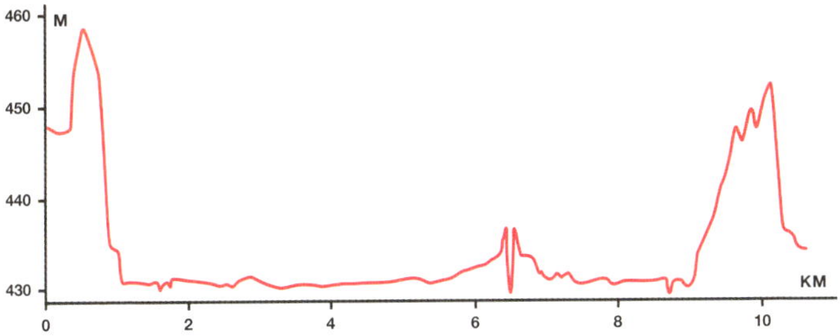

WEGBESCHREIBUNG

Die Route beginnt vor dem Bahnhof Murten. Mit dem Bahnhofsgebäude im Rücken lauft ihr nach rechts, die Bahnhofstrasse entlang, beim Kreisel links (immer noch auf der Bahnhofstrasse) und dann geradeaus, bis das Schloss in Sicht kommt (das Museum befindet sich linker Hand, nur ein paar Schritte die Lausannestrasse hinunter). An der Weggabelung geht ihr auf der Schlossgasse Richtung Altstadt und biegt links ab auf den Schlosshof mit Blick über den See. Ihr gelangt in die Altstadt hinein, indem ihr der Schlossstrasse folgt, die bei der Linkskurve zur Hauptgasse wird. Nach einem Bummel durch die Altstadt kehrt ihr zur Hauptgasse zurück und kommt durch das Stadttor auf die Bernstrasse. Von dieser Strasse geht links ein Weg ab, der ebenfalls Bernstrasse heisst. Ihr überquert die viel befahrene Strasse (Ryf) und nehmt den Fussgängerweg zum Seeufer. Ab hier verläuft die Route auf dem beliebten hübschen Uferweg von Murten.

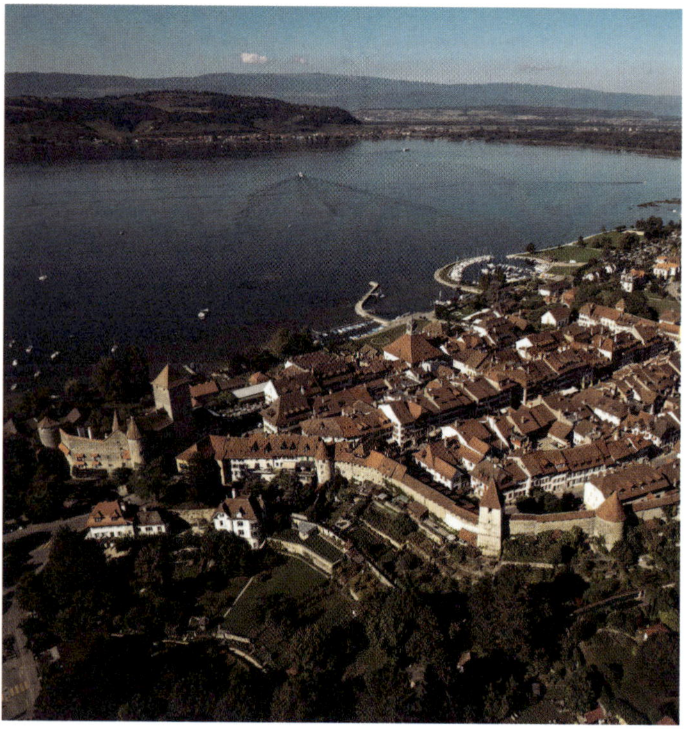

Von diesem Punkt an bis beinahe zum Ende der Wanderung lauft ihr einfach am Ufer entlang und bleibt auf dem Pfad, der den See umrundet. Bei Sugiez knickt die Route nach links ab, dann nach rechts, dann nochmal nach rechts und zweimal links, um die Brücke über den Canal de la Broye zu nehmen, der hier in den See mündet. Nach der Brücke biegt ihr links ab, folgt dem Kanal ein Stück und biegt dann rechts ab, um wieder am Ufer entlangzulaufen.

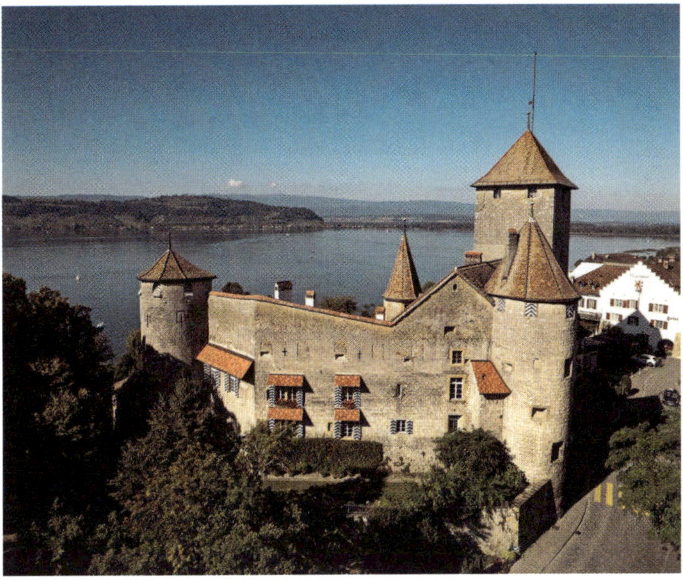

Bei Praz biegt die Route nach rechts ab, führt auf dem Chemin du Ruisseau durch das Dorf und leicht bergauf und biegt dann links ab auf den Chemin du Péloset, eine Strasse, die parallel zur Route Principale verläuft (die am See entlangführt), aber weniger stark befahren ist. Ihr seid auf beiden Seiten von Rebbergen umgeben und habt einen schönen Blick auf den See. Lauft weiter bis zu der steilen kleinen Strasse Ruelle des Vaches: Hier biegt ihr links ab und lauft bergab Richtung Môtier. Kurz bevor die Strasse endet, biegt ihr rechts auf die Ruelle des Vignerons ab, die in die Route du Lac mündet; ihr könnt auch vorher in die Ruelle du Vieux Moulin abbiegen, von der ihr ebenfalls auf die Ruelle des Vignerons kommt. Das Weingut ist auf der rechten Seite, ein Stück nach der Vereinigung der Strasse mit der Route du Lac, kurz vor der Route du Débarcadère.

Rückweg
Fünf Minuten entfernt auf der Route du Lac ist eine Bushaltestelle.

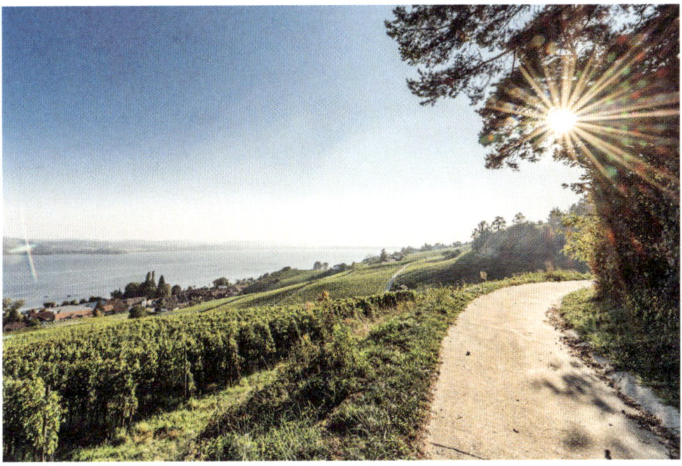

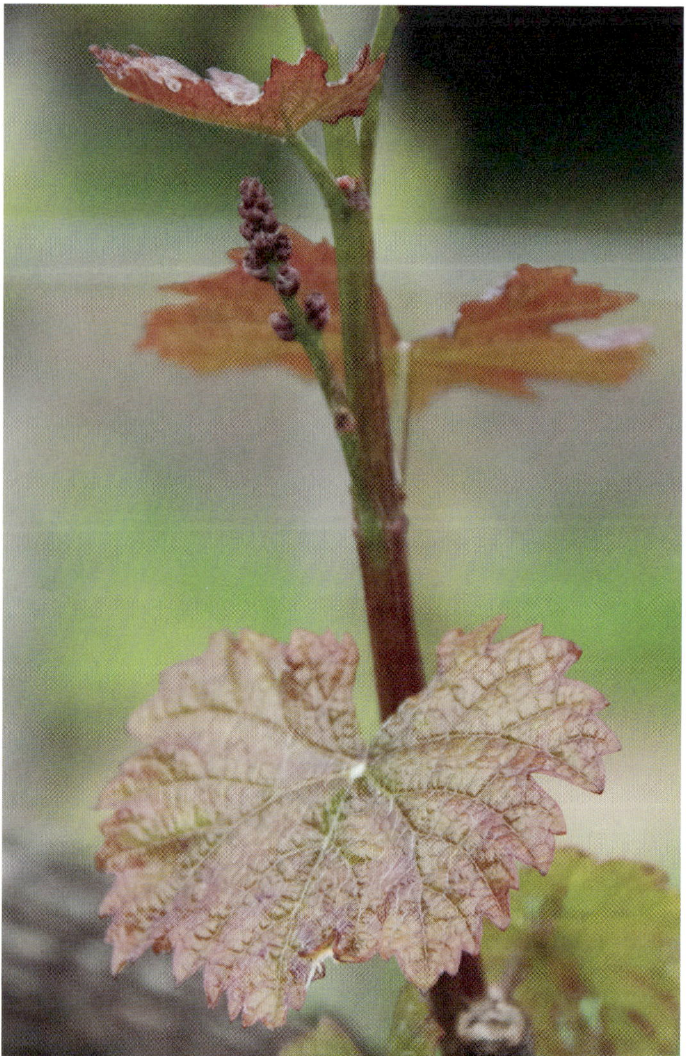

Ergänzende Hinweise

Dies ist eine einfache, sehr unterhaltsame Wanderung. Es lohnt sich, genügend Zeit einzuplanen, um Murten ein wenig zu erkunden und etwas über seine Geschichte zu erfahren. Im Sommer kann man problemlos mit dem Schiff von Môtier hierher zurückkommen. Murten spielte in der frühen Phase der Schweizer Eidgenossenschaft eine wichtige Rolle, und wenn ihr Kinder dabeihabt, die alt genug sind, um sich für Geschichte zu interessieren, ist die Schlacht bei Murten 1467 eine spannende Sache.

Wer noch eine Herausforderung sucht und eine besondere Aussicht auf drei Seen, die Jurakette und die Alpen geniessen möchte, kann noch einen Ausflug zum Mont Vully einschieben. Von Praz aus (neben Môtier in Richtung Murten) sind es 250 Höhenmeter und ca. 4 km zusätzlich, für die ihr gut eine Stunde und 20 Minuten einplanen solltet.

LE PETIT CHÂTEAU

Die Familie Simonet keltert seit 200 Jahren Wein. Zur Jahrhundertwende war Eric ein Vorreiter in der Gegend, was das Einbeziehen neuer Rebsorten anbelangt. Heute bewirtschaftet die Familie 16 Hektaren, auf denen etwa 20 Rebsorten wachsen. Die jüngste Generation – die Söhne Fabrice und Stéphane – hat der Familie in der ganzen Schweiz zu Ansehen verholfen, indem sie vom Anbau der Trauben bis zur Flasche auf biodynamische Produktion setzen (seit 2016 gilt dies für das gesamte Weingut) und ihre Arbeit mit gelungenem Marketing bekannt machen. Die Reben sind seit 2019 Demeter-zertifiziert, ab dem Jahrgang 2020 auch die Weine. Die Brüder Simonet sind ausserdem Mitglied im Verein «Junge Schweiz – Neue Winzer», in den sich unter 40-jährige Winzerinnen und Winzer zusammentun, um ihr Wissen und ihre Ressourcen auszutauschen und die hohe Qualität der Schweizer Weine sicherzustellen.

Freiburger: Einer der Weine, auf den die Simonets sehr stolz sind, weil es eine sehr seltene Rebsorte in der Schweiz ist. Sie stellen ihn in zwei Versionen her. Diesen Weinen kann man nicht gleichgültig gegenüberstehen, und wenn man sie zu einem beispielsweise asiatischen Essen geniesst, wird es richtig spannend.

ADRESSE

Le Petit Château
Route du Lac 134
1787 Môtier (Vully)
+41 26 673 14 93
info@lepetitchateau.ch
lepetitchateau.ch

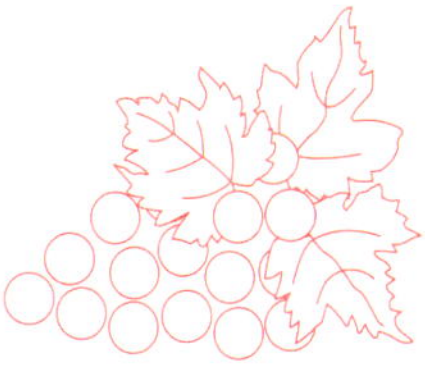

DEGUSTATION

Kostenlos. Im Winter nach Vereinbarung, im Sommer zu den festen Öffnungszeiten.

ORTE IN DER NÄHE, AN DENEN DIE WEINE DIESER KELLEREI AUSSERDEM ZU FINDEN SIND

Restaurant du Port, Route du Lac 127, 1787 Môtier (Vully),
+41 26 673 14 02
info@restaurantduport.ch

TWANN

EIN STRAUSS AROMEN: BIELERSEE, SCHWINDELERREGENDE REBEN, WASSERFÄLLE

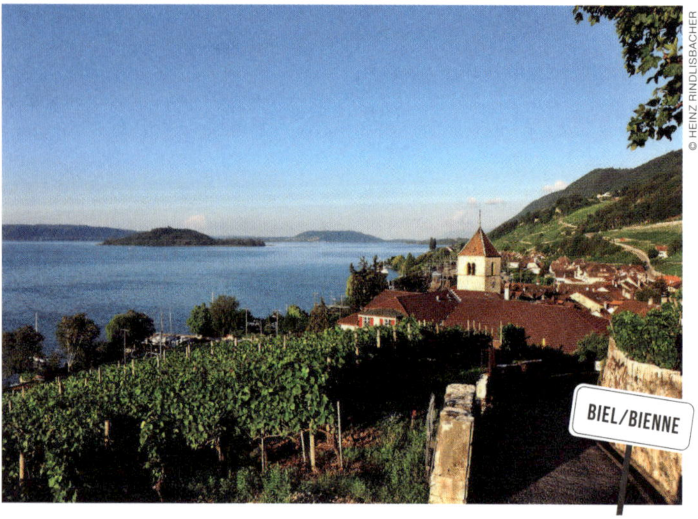

STARTPUNKT	ENDPUNKT
BAHNHOF LA NEUVEVILLE/ NEUENSTADT	SCHOTT WEINE, TWANN
JAHRESZEIT	SCHWIERIGKEITSGRAD
APRIL–NOVEMBER	MITTEL
KARTE	DAUER
BLATT 232 T	2 STD. 15 MIN.
	LÄNGE
	8,3 KM
SEHENSWÜRDIGKEITEN	AUFSTIEG / ABSTIEG
WEINREBEN AM BIELERSEE. ALPENPANORAMA. TWANNBACHSCHLUCHT.	264 M / 263 M

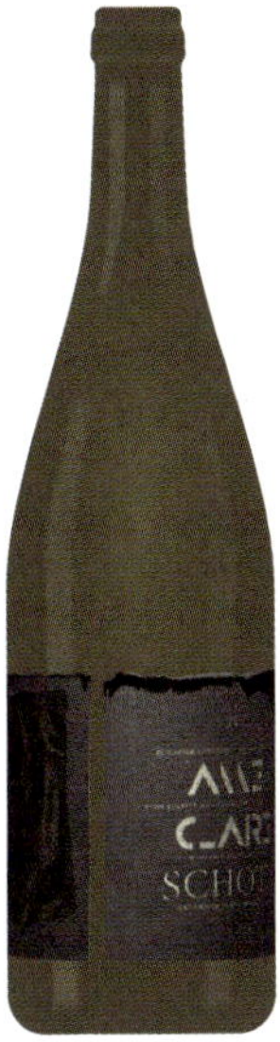

SAUVIGNON BLANC

AROMA DER LANDSCHAFT SAUVIGNON-ORANGE

SCHOTT WEINE

WEISS

DAS BESTE DES SAUVIGNONS – ALLES, WAS GRÜN IST, KRAUTIG – DENN DIESES WEINGUT IST GUT DARIN, DIE TRAUBEN ZU ERNTEN, WENN SIE GERADE REIF SIND

DIE ACIDITÄT DIESER REBSORTE IST DA, GENAUSO WIE DIE LEICHTE HERBHEIT ODER DIE HEFENOTE, WIE SIE BEI NATURWEINEN VORKOMMEN KANN

TROCKEN,
STILL,
ORANGE WINE

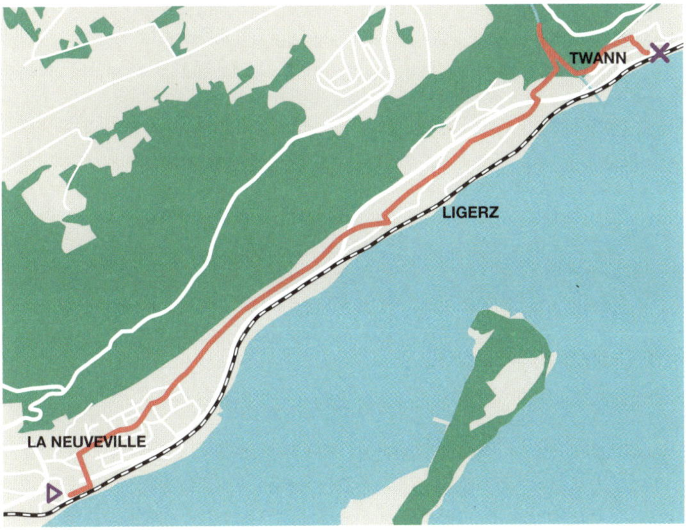

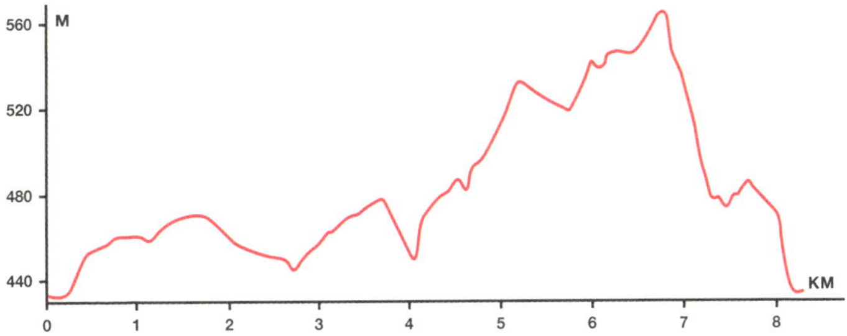

WEGBESCHREIBUNG

Wenn ihr mit dem Rücken zum See am Bahnhof steht, wendet ihr euch nach rechts und folgt der Strasse Place de la Gare. Diese macht eine Linkskurve, passiert einen Friedhof, dann Weinreben und endet am Chemin des Prés-Guëtins, auf den ihr rechts abbiegt. Ihr bleibt auf dieser Strasse, die langsam ansteigt. Wenn die Wohnhäuser weniger werden, kurz bevor die Rebberge beginnen, ändert die Strasse ihren Namen in Route du Vignoble. Es folgt ein langer Spaziergang durch die Rebberge oberhalb des Bielersees. Ein paralleler Wanderweg, etwa 100–150 m oberhalb, führt die meiste Zeit durch den Wald; hier unten habt ihr hingegen immer freie Sicht und könnt die frische Brise, die vom See heraufweht, geniessen.

Gleich nach einer Ansammlung von Häusern in dem Weiler Chavannes/Schafis nähert sich die Route an einer Stelle dem See an, führt dann aber wieder bergauf. Läuft auf dem Chemin des Pèlerins beziehungsweise dem Pilgerweg durch die Rebberge, überquert einen schmalen Fluss (die Sprachgrenze zwischen der Deutschschweiz und der Romandie!) und eine Zahnradbahn. Der Pilgerweg mündet in eine Strasse namens Charrière. Kurz danach kommt ihr an eine Kirche, wo sich der Weg gabelt: Lauft auf der unteren Strasse, dem Rossweg, weiter, der sich bald in einen Fusspfad verwandelt. Wenn der Weg sich gabelt, bleibt ihr links auf dem Rossweg und lauft weiter sachte bergauf. Dann vereinigt sich der Rossweg mit einer anderen kleinen Strasse, dem Neuweg, dem ihr nun folgt, bis ihr auf die Schernelzstrasse stosst, die von rechts kommt. lauft auf dieser Strasse weiter und bleiben auf ihr, wenn der Neuweg rechts abgeht. Die Strasse macht eine Linkskurve um einen Rebberg herum. Hier biegt ihr rechts auf den Riedweg ab, der von den Häusern wegführt. Die Route führt durch Felder und Weinreben auf einen Wald zu. Am Waldrand macht der Weg eine scharfe Linkskurve. Folgt nun den Schildern Richtung Twannbachschlucht. Der Weg führt an eine Stelle, wo sich mehrere kleine Wasserfälle in das Gestein der Schlucht gegraben haben.

Überquert, den Schildern folgend, den Twannbach und lauft Richtung Twann – die anderen markierten Wege führen weiter oben entlang, vom Dorf weg. (Eine Alternative, die die Strecke um 4 km verlängert: Folgt den Schildern Richtung Gorges de Douanne, einem bezaubernden Wasserfall.) Die Route führt auf der anderen Seite des Twannbachs, parallel zu dem Weg, den ihr gekommen seid, wieder auf den Neuweg, der an der zweispurigen Strasse Rebweg endet: Hier biegt ihr links ab und habt nun den Wald zur Linken, die Reben zur Rechten. Wenn rechts von euch eine kleinere Strasse namens Rebenweg abgeht, nehmt ihr diese und lauft bergab Richtung Twann. Sobald rechts ein Pfad auftaucht, folgt ihr ihm: Er führt direkt ins Dorf. An der Dorfgasse biegt ihr links ab. Schott Weine befindet sich auf der linken Seite.

Rückweg
Fünf Minuten zu Fuss zu Bahnhof, Bushaltestelle und Schiffsanleger.

SCHOTT WEINE

Anne-Claire Schotts Vater machte sich in der Region mit traditionellen Qualitätsweinen, deren Reben auf sehr steilen Hängen wuchsen, die sich nur schwer bearbeiten liessen, einen Namen. Seine Tochter übernahm 2016 die Kellerei und wurde in der Schweizer Weinwelt rasch zu einer Art Berühmtheit. Es ist ein kleines Weingut mit nur 4,5 Hektaren an bewirtschafteten Rebbergen, alle Arbeiten werden von Hand erledigt, und es geht im Wesentlichen darum, Naturweine herzustellen. Das Gut ist Demeter-zertifiziert. Da immer mehr Winzerinnen und Winzer mit diesem Ansatz experimentieren, sind erfolgreiche Pionierinnen und Pioniere in der Schweiz gefragt, und Anne-Claire Schotts Kellerei dient als Vorzeigebeispiel. Ihre Linie «Aroma der Landschaft» ist das Ergebnis ihrer beharrlichen Entschlossenheit, sich auf das Bestmögliche zu konzentrieren, das Reben geben können, bei geringstmöglicher Bearbeitung der Reben. Wer jedoch glaubt, dies bedeute weniger Arbeit, hat sich getäuscht – dieser Ansatz ist um ein Vielfaches aufwendiger! Dass Schott die Sensibilität einer Künstlerin und die Wertschätzung von Wein als Kulturgut in ihre Arbeit als Winzerin mit einbringt, fusst darauf, dass sie vor dem Önologie-Diplom Kunstgeschichte und Soziologie studiert hat. Philosophie und Schönheit haben bei Schott einen hohen Stellenwert.

Aroma der Landschaft Sauvignon Orange: Nutzt die Degustation hier als köstliche Einführung in die Welt der Orange-Weine wie auch der Naturweine, sofern ihr noch nicht damit vertraut seid. Die orange Farbe stammt daher, dass die weissen Weintrauben mit den Beerenschalen und Kernen gegoren werden. Im Vordergrund steht hier jedoch, bei der Herstellung von authentischen Terroir-Weinen auf «natürliche» Prozesse zu setzen: biodynamische Prinzipien im Rebberg und im Keller, Ernte von Hand, keine Zugabe von Sulfiten, natürliche (wilde) Hefen.

ADRESSE

Anne-Claire Schott
Dorfgasse 47
2513 Twann
+41 32 315 52 17
info@schottweine.ch
schottweine.ch

DEGUSTATION

Kostenlos. Feste Öffnungszeiten und nach Vereinbarung.

ORTE IN DER NÄHE, AN DENEN DIE WEINE DIESER KELLEREI AUSSERDEM ZU FINDEN SIND

Sauvage, Zentralstrasse 19, 2502 Biel/Bienne,
+41 32 510 10 66
info@sauvage-biel.ch

WESTLICHE DEUTSCHSCHWEIZ

MUTTENZ

AUF UND AB IM IDYLLISCHEN BASELBIET

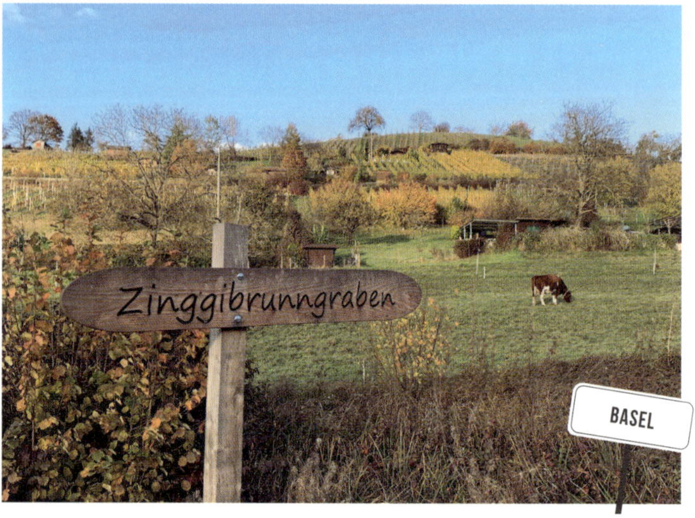

STARTPUNKT	ENDPUNKT
LIESTAL BAHNHOF	KELLEREI WEINGUT JAUSLIN, MUTTENZ
JAHRESZEIT	SCHWIERIGKEITSGRAD
GANZJÄHRIG SOFERN SCHNEEFREI, AM BESTEN VON APRIL BIS NOVEMBER	MITTEL
KARTE	DAUER
BLATT 213 T	3 STD.
SEHENSWÜRDIGKEITEN	LÄNGE
ALTE BAUERNHÄUSER. BIOLOGISCH BEWIRTSCHAFTETE OBSTPLANTAGEN, FELDER UND REBBERGE. SCHLOSSRUINE.	10,6 KM (PLUS 1,4 KM ZUM LADEN IN DER STADT)
	AUFSTIEG / ABSTIEG
	387 M / 392 M

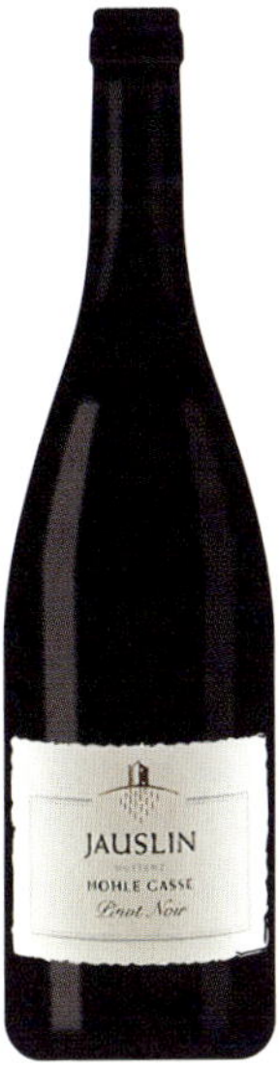

PINOT NOIR

HOHLE GASSE PINOT NOIR

WEINGUT JAUSLIN

ROT

INTENSIV, MIT NOTEN VON KERNOBST (PFLAUMEN) UND LEICHTEN RÖSTAROMEN

EXEMPLARISCHE FRUCHTIGKEIT MIT KERNOBST, ROTEN FRÜCHTEN, MANCHMAL KIRSCHE UND SCHOKOLADE, WEICHE TANNINE UND EINE SPUR HERBHEIT, SEHR ELEGANT IM ABGANG

TROCKEN,
STILL

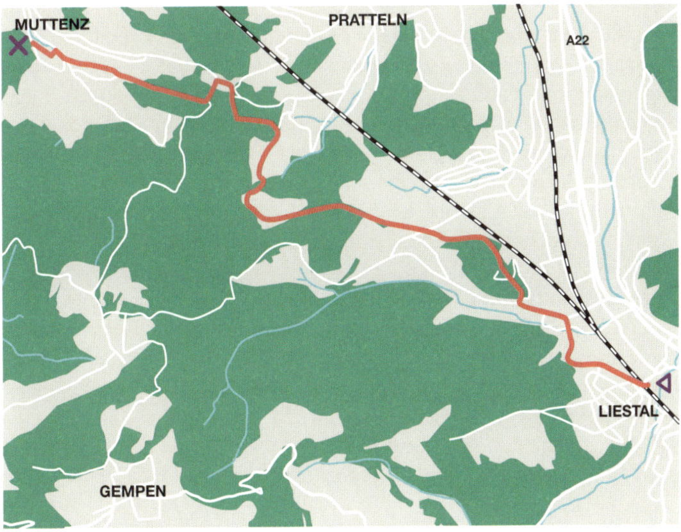

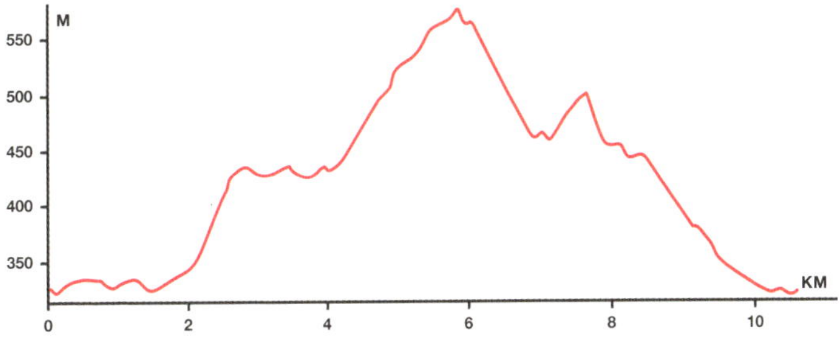

WEGBESCHREIBUNG

Vom Bahnhof aus überquert ihr die Gleise und lauft auf ein Wohngebiet zu. Folgt den Schildern Richtung Tierpark Weihermätteli und Psychiatrie Baselland auf einem Fusspfad. Lauft durch den frei zugänglichen Tierpark und erfreut euch an den einheimischen Tierarten. Dann nehmt ihr den Pfad, der linker Hand bergauf führt, zur Bienentalstrasse.

Geht geradeaus auf eine T-Kreuzung zu, wo die Route nach links abbiegt. Sie führt durch eine kleine Wohnsiedlung. An der Bienenbergstrasse biegt ihr rechts ab und lauft bergauf auf den kleinen Bienenbergwald zu. Ihr bleibt auf dieser Strasse und überquert die Schauenburgerstrasse. Die Strasse wird nun zu einem Wanderweg durch den Wald. Achtet auf Schilder, denn in diesem Gebiet gibt es viele Wanderwege, und die Endpunkte tragen oft ähnliche Namen. Folgt den Schildern Richtung Ruine Neu-Schauenburg und zum Weiler Schauenburg.

Nachdem die Route einen wunderschönen alten Bauernhof passiert hat, führt die Strasse in einer Schleife bergab. Ignoriert den Fussweg, der links durch den Wald führt und mit Hornweg beschildert ist. Stattdessen biegt ihr rechts ab und folgt den Schildern Richtung Eglisgraben. Plötzlich befindet ihr euch im Pferdeland und teilt euch den Weg mit einzelnen Reitern und Einspännern. Wenn ihr aus dem Wald herauskommt und – erneut – auf die Schauenburgerstrasse stosst, biegt ihr nach links ab und bleibt auf der Strasse, vorbei an Stallungen und dem Restaurant Egglisgraben. Kurz danach, an einer T-Kreuzung, biegt ihr links ab auf die Zinggibrunnstrasse. An der folgenden T-Kreuzung geht ihr nach rechts, um auf der Zinggibrunnstrasse zu bleiben. Vorsicht: Zwei parallele Strassen tragen diesen Namen!

An der Rietmattstrasse, am Eventgewächshaus Paradisum, biegt ihr rechts ab und kurz danach, an der Lättenstrasse, nehmt ihr die erste links, die Langjurtenstrasse. Hier habt ihr plötzlich einen schönen Blick auf die Rebberge, die den Südhang des Wartenbergs bedecken. Geht auf dieser kleinen Strasse weiter, bis kurz nachdem die erste Strasse rechts in die Weinberge abgeht. An der Gwidemstrasse biegt ihr links ab. Das Strässchen führt zur Abzweigung Wolfenseestrasse und zur Kellerei.

Rückweg
Von der Kellerei ist es ein etwa 15-minütiger, meist flacher Spaziergang zum dazugehörigen Weinladen in Muttenz. Anschluss an öffentliche Verkehrsmittel gibt es nur im Dorf, aber von dort aus kommt ihr problemlos per Bus und Tram nach Basel.

WEINGUT JAUSLIN

Das Weingut, ein umtriebiges Familienunternehmen, ist regelmässiger Lieferant für die Basler Gastronomie. Das Ziel der Wanderung, die Kellerei, liegt recht nah am Wartenberg und seinem wunderschönen, mit Reben bedeckten Südhang, an dem mehrere Winzerfamilien ihre Trauben kultivieren. Die geschäftige Kellerei ist nicht immer der beste Ort für eine Verkostung der Weine, dafür gibt es aber den nur 1,4 km vom Weingut entfernten Weinladen in Muttenz. Urs Jauslins Spitzenwein Hohle Gasse Pinot Noir Grand Cru wird aus ausgewählten Klonen und Rebsorten gekeltert, die hinsichtlich Bodentyp und Sonneneinstrahlung besonders gut platziert sind. Der burgundische Einfluss ist offensichtlich, und die Weine sind im Verhältnis zu ihrer herausragenden Qualität sehr preiswert, wie Jauslin betont.

Hohle Gasse Pinot Noir: Dieser Wein wurde für die Schatzkammer des Mémoire des Vins Suisses ausgewählt, ein Ehrentitel für Weine mit besonderem Alterungspotenzial. Bei Wettbewerben räumt er regelmässig Preise ab, unter anderem erhielt er die Bestnote bei der Mondial des Pinots, obwohl er erst vor zehn Jahren erschaffen wurde. Er ist ein hervorragendes Beispiel dafür, wie gut diese Rebsorte in die Schweiz passt. Der Stil ist den Burgunder Pinots ähnlich, aber Urs Jauslin hat ihn angepasst, um sicherzustellen, dass er seine Intensität bewahrt, ohne an Frucht und Frische zu verlieren.

ADRESSE

Weingut Jauslin
Baselstrasse 32 (Kellerei: Wolfenseestrasse 14)
4132 Muttenz
+41 61 461 84 35
info@weingutjauslin.ch
weingutjauslin.ch

DEGUSTATION

Kostenlos.

ORTE IN DER NÄHE, AN DENEN DIE WEINE DIESER KELLEREI AUSSERDEM ZU FINDEN SIND

Restaurant Egglisgraben, Egglisgraben 12B, 4133 Pratteln,
+41 61 823 18 18
restaurant@egglisgraben.ch

RIEHEN

VOM WILDEN STADTWALD ZU TIEFGRÜNDIGER KULTUR

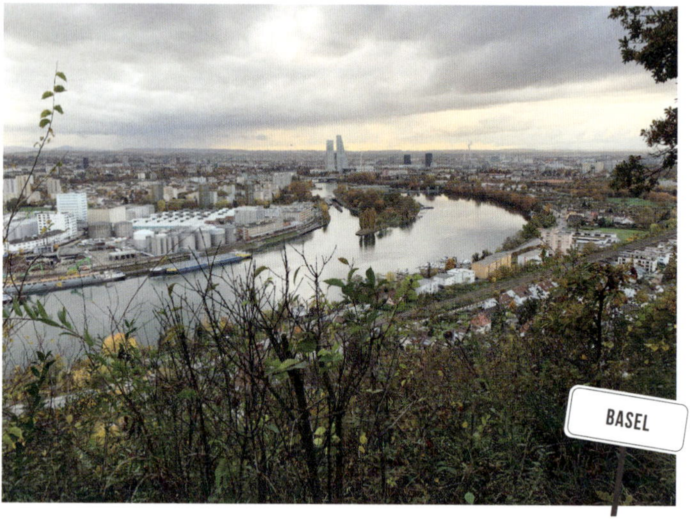

STARTPUNKT	ENDPUNKT
BASEL SCHIFFLÄNDE	WEINGUT RIEHEN, RIEHEN
JAHRESZEIT	SCHWIERIGKEITSGRAD
APRIL–NOVEMBER	MITTEL/ ANSPRUCHSVOLL
KARTE	DAUER
BLATT 213 T	2 STD. 45 MIN.
SEHENSWÜRDIGKEITEN	LÄNGE
FLUSSUFER IN BASEL. SCHUTZGEBIET HORNGRABEN. WEINBAUARCHITEKTUR.	10,4 KM
	AUFSTIEG / ABSTIEG
	221 M / 192 M

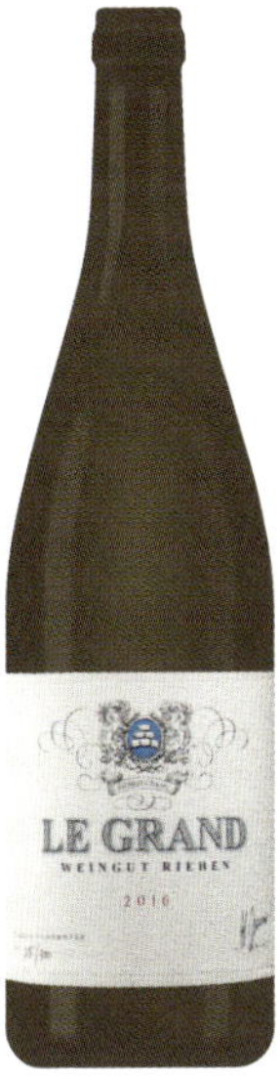

CHARDONNAY

CHARDONNAY LE GRAND

WEINGUT RIEHEN

WEISS

SEHR AROMATISCH MIT NOTEN VON BIRNE, WEINTRAUBE, APFEL, HONIG UND FRISCHEM HEU

KÖRPERREICH MIT DEM UMFANG EINES GRAND CRU, STÄHLERN UND SÄUREBETONT, LANG UND ELEGANT

TROCKEN, STILL

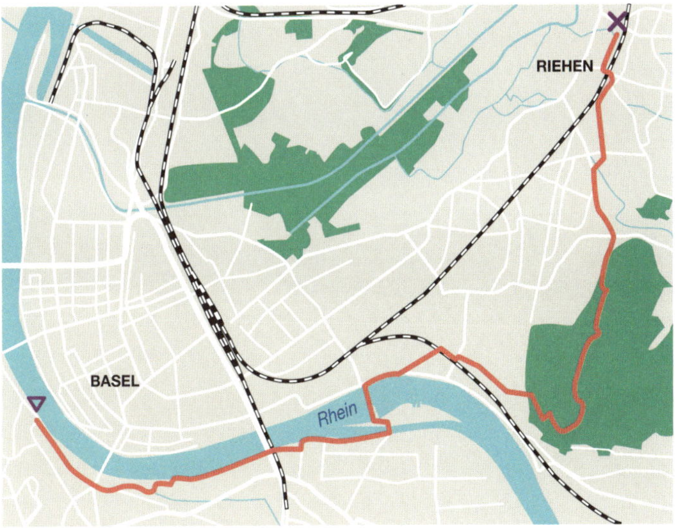

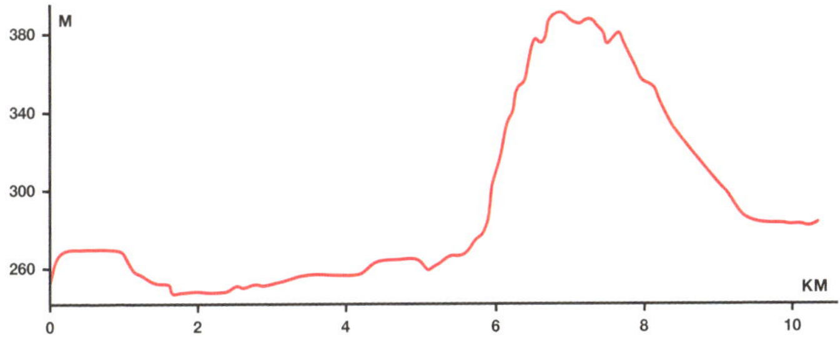

WEGBESCHREIBUNG

Die Basler Altstadt, wo kleine Fährboote den Rhein überqueren und das alte Grand Hotel Les Trois Rois steht, ist ein guter Startpunkt. Die Route führt durch die Altstadt, es gibt jedoch eine Uferpromenade am anderen Ufer, sodass ihr während der ersten Kilometer immer wieder die Seiten wechseln könnt. Ihr startet an der Mittleren Brücke und lauft den Rheinsprung und die Augustinergasse entlang und am Münster vorbei. Auf der Rittergasse geht es dann weiter zum Kunstmuseum am Sankt-Alban-Graben.

Danach lauft ihr weiter geradeaus, biegt dann links auf den Mühlenberg ab und von dort rechts auf den St. Alban-Kirchrain, geht an der St. Alban Kirche kurz rechts, dann wieder links und über den Kanal, um im Zickzack zum Fluss zurückzukehren und auf dem St. Alban-Rheinweg weiterzulaufen. Ihr überquert einen kleinen Kanal und folgt dem Fussweg (sofern der Wasserstand des Rheins es erlaubt, sonst nehmt ihr die Strasse) bis zur Schwarzwaldbrücke.

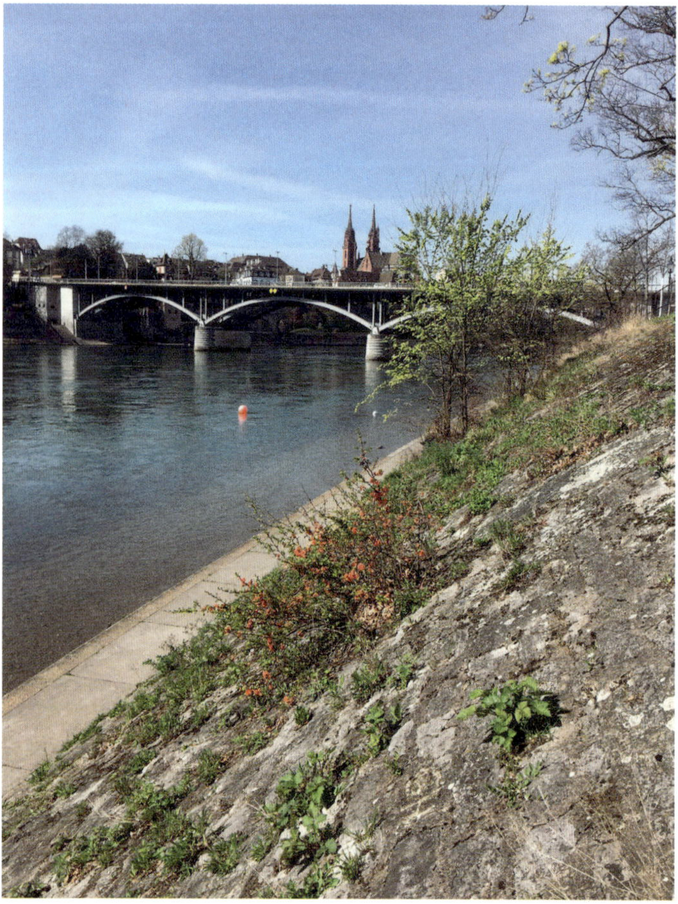

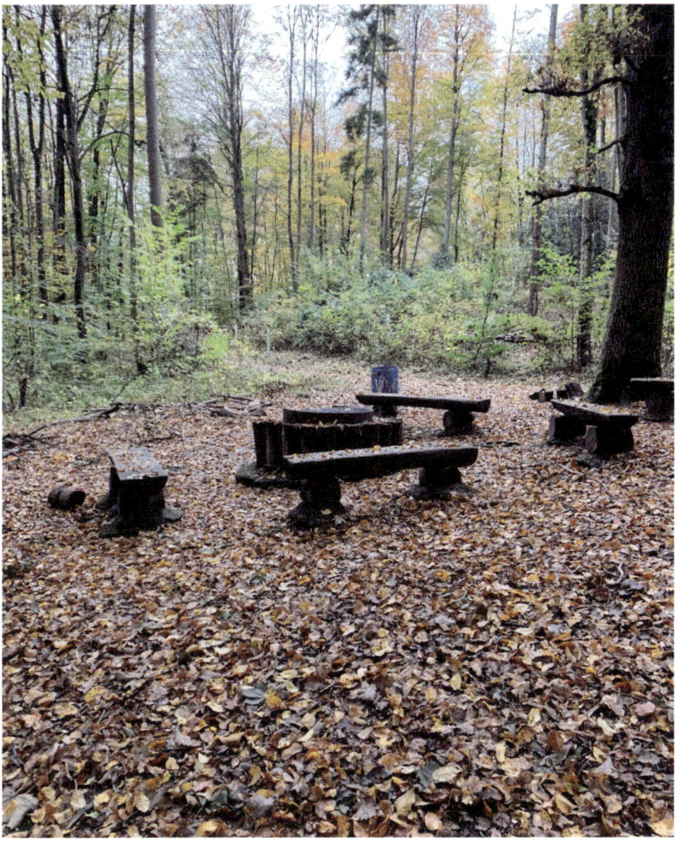

Nach der Brücke folgt ihr der Strasse, und wenn sie sich gabelt, nehmt ihr linker Hand das Birskopfweglein und biegt dann links in den Birskopfsteg ab, dem ihr über die Birs bis zum Birsköpfli folgt. Ihr biegt links ab und lauft auf der Marie-Lotz-Promenade am Ufer entlang bis zur Hofstrasse und der kleinen Brücke, die zum Kraftwerk Birsfelden hinüberführt. Von der Insel wechselt ihr auf das rechte Rheinufer und geht weiter flussaufwärts bis zur Einmündung in die Grenzacherstrasse. Dort geht ihr weiter bis Bettingerweg und biegt schliesslich links ab. Am Ende der Strasse rechts abbiegen. An der Hörnliallee biegt ihr links ab und gleich nach den Bahngleisen rechts abbiegen, um an der Grenze zur Schweiz entlang zu gehen. Auf der linken Seite befindet sich der Friedhof Hörnli, der Hauptfriedhof der Stadt und einer der grössten der Schweiz. Folge den Schildern Richtung Hornfelsen und Riehen Dorf. Nach einem kurzen Ausflug auf deutsches Territorium führt die Route auf dem Buchsweg steil bergauf durch den Wald zu einem schönen Aussichtspunkt mit Liegestühlen und Bänken. Hier liegen euch der Rhein und die Stadt zu Füssen. Geht auf dem Buchsweg weiter und folgt den Schildern Richtung Wenkenpark und Riehen. Für die gepflegten Wanderwege ist die Gemeinde Riehen zuständig, für den Wald der Naturschutzverein Pro Natura Basel. Vielleicht seht ihr einige der über 100 hundertjährigen Buchen und entdeckt den ein oder anderen Trampelpfad, auf denen sich Dachse und Füchse durch das dichte Unterholz bewegen.

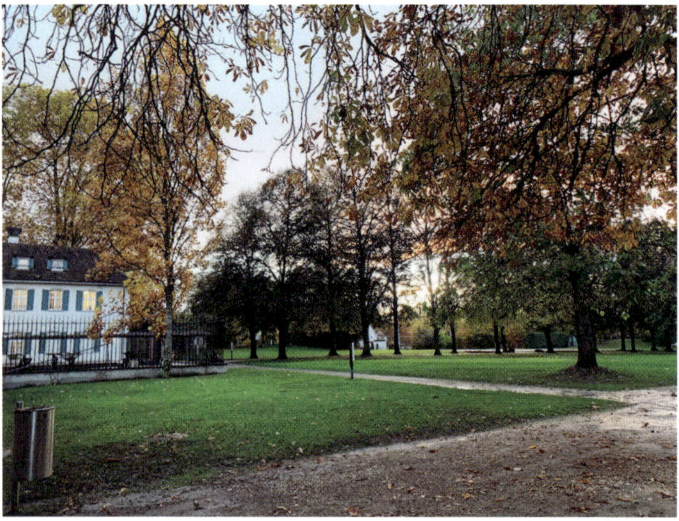

Der Waldweg endet abrupt in einer Basler Vorortsiedlung. Wenn der Ausserbergweg aus dem Wald heraus zu einer T-Kreuzung führt, biegt ihr rechts ab und danach links auf die Bettingerstrasse, der ihr durch den Wenkenhof folgt. Biegt rechts auf Martinsrain ab, danach links auf die Wenkenstrasse, der ihr bis zu den Bahngleisen folgt. Biegt rechts auf den Eisenbahnweg ab. Wenn der sich gabelt, haltet ihr euch rechts, danach geht ihr nach links zur Schmiedgasse hinauf und biegt links ab. Nach dem Abzweigen der Bahnhofstrasse links biegt ihr rechts auf die Wendelinsgasse ab. Folgt ihrem Verlauf und biegt rechts auf die Rössligasse ab. Das Weingut befindet sich ein paar Häuserblocks weiter auf der linken Seite.

Rückweg
Die Tramhaltestelle befindet sich jenseits des kleinen Sarasinparks, der direkt hinter dem Weingut liegt. Die Tram hält vor der Fondation Beyeler.

Ergänzende Hinweise
Die Route führt ein Stück nach Deutschland hinein und in den Buchswald bei Grenzach, der ebenfalls ein Naturschutzgebiet ist. Achtung: Auf deutscher Seite fehlt die Schweizer Beschilderung; die deutschen Wegweiser sind weniger zahlreich.

Kindern mag das Waldgebiet wie ein grosser Spielplatz vorkommen, aber die Bereiche abseits der Wanderwege können gefährlich sein. Bleibt also auf den Wegen, auch den Wildtieren zuliebe, die hier ein lebensnotwendiges Rückzugsgebiet haben.

WEINGUT RIEHEN

Dieses noch recht junge Weingut ist eine einzige Erfolgsgeschichte. Die Gemeinde Riehen beschloss, die Kellerei wiederzubeleben, und schrieb 2018 die Leitung aus. Hanspeter und Edeltraud Ziereisen erhielten den Zuschlag für die Weinherstellung – ihnen gehört eine Kellerei nördlich von Basel, im deutschen Efringen-Kirchen –, während Urs und Jacqueline Ullrich mit der Verwaltung betraut wurden. 2020 listete der Gault&Millau das Weingut Riehen unter den 125 besten der Schweiz. Silas Weiss, der als neuer Teilhaber hinzustiess, ist für die Rebberge und den Keller verantwortlich. Dies ist ein kleines, sehr geschäftiges Unternehmen. Ruft auf jeden Fall vorher an, wenn ihr zur Degustation vorbeikommen möchtet. Die Rebflächen befinden sich grösstenteils hinter der Fondation Beyeler, die anhand der charakteristischen Glasfront des Museums gut zu erkennen ist.

Chardonnay Le Grand: 22 Monate in Fässern ausgebaut

ADRESSE

Weingut Riehen
Rössligasse 63
4125 Riehen
+41 61 303 04 53
silas.weiss@weingutriehen.ch
weingutriehen.ch

DEGUSTATION

Verkostung auf Anfrage. Setzt euch mit Silas in Verbindung:
silas.weiss@weingutriehen.ch

ORTE IN DER NÄHE, AN DENEN DIE WEINE DIESER KELLEREI AUSSERDEM ZU FINDEN SIND

Henz Delikatessen, Schmiedgasse 10, 4125 Riehen,
+41 61 643 07 77
info@henzdelikatessen.ch
henzdelikatessen.ch
Stadtbuur, Wettsteinstrasse 6, 4125 Riehen,
+41 61 229 94 00

ERLINSBACH

«ES BRAUCHT ZEIT» (TEIL 1 DER ZWEIGETEILTEN WANDERUNG)

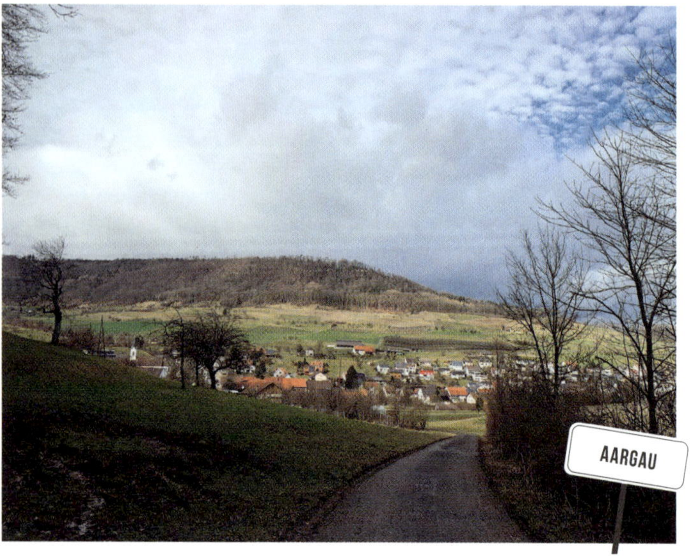

STARTPUNKT	ENDPUNKT
WITTNAU, MITTELDORF (BUSHALTESTELLE)	LANDHOTEL HIRSCHEN, ERLINSBACH
JAHRESZEIT	SCHWIERIGKEITSGRAD
APRIL–NOVEMBER	MITTEL
KARTE	DAUER
BLATT 224 T	2 STD. 45 MIN.
SEHENSWÜRDIGKEITEN	LÄNGE
JURAPARK AARGAU. ALPENPANORAMA UND BLICK NACH DEUTSCHLAND.	8,6 KM
	AUFSTIEG / ABSTIEG
	590 M / 214 M

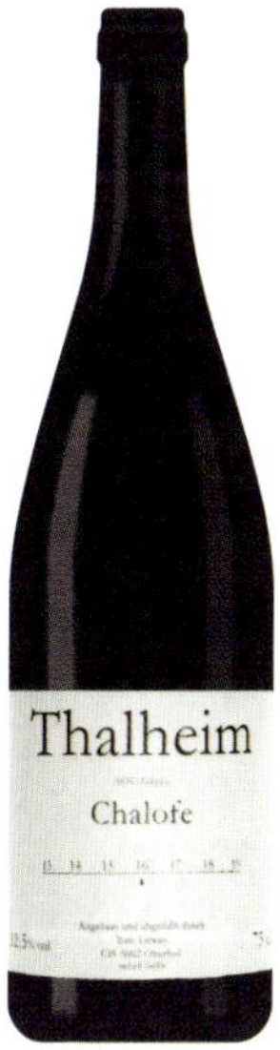

PINOT NOIR

THALHEIM CHALOFE

TOM LITWAN

ROT

JOHANNISBEERE UND LEDER, KOMPLEXITÄT NIMMT MIT DEM ALTER ZU, ETWAS BLAUBEERE, ERDIGE NOTE

DEUTLICHER AUSGEPRÄGTE FRUCHT, KONZENTRIERT, ELEGANTE, FEINE TANNINE, WEICH; DER BURGUNDISCHE STIL MACHT SICH BEMERKBAR

TROCKEN,
STILL,
ACHT MONATE IN EICHE AUSGEBAUT

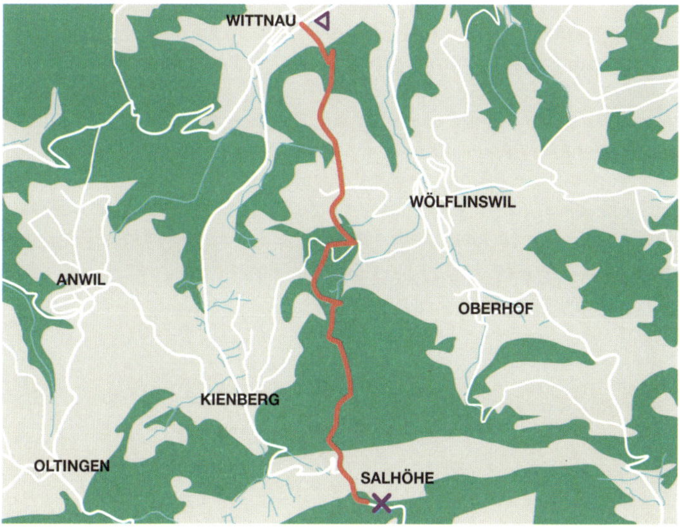

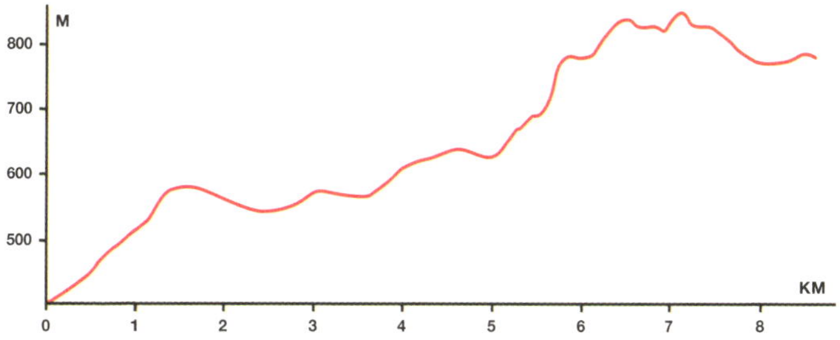

WEGBESCHREIBUNG

Mit dem Dorf Wittnau im Rücken lauft ihr den Berg hinauf und folgt den Hinweisschildern «Aargauer Weg (Route 42)» auf dem Gisletenweg, vorbei an Bauernhöfen und Richtung Wald. Die schmale Asphaltstrasse wird im Wald zum unbefestigten Weg. Hier führen viele Wanderwege entlang, entsprechend viele Schilder gibt es, aber ihr folgt der gut markierten Route 42 (dies ist Etappe 6 des über 100 km langen Weges). Salhöhe ist der höchste Punkt, auf einem Bergrücken, mit einer Strasse, einem Waldgasthof und einer Bushaltestelle, im Zweifelsfall könnt ihr also diesem Schild folgen.

Der unbefestigte Weg steigt an und macht neben einer kleinen Strasse eine Schleife zurück nach links, vereinigt sich kurz mit der Strasse und verlässt sie dann wieder, um eine enge Kurve nach rechts zu machen. Es geht weiter bergauf, und wenn sich der Weg gabelt, haltet ihr euch rechts. Gleich darauf endet der Wald und ihr trefft wieder auf die schmale Strasse, die ihr überquert. Nun lauft ihr über eine grosse Lichtung, eine offene landwirtschaftliche Fläche mit Kühen und Äckern, die Alteberg genannt wird. Folgt dem meist geschotterten Weg, kreuzt eine Strasse, lauft am Rande eines Kiefernwaldes entlang und biegt dann, an der nächsten Strasse, rechts scharf ab in den Wald hinein. Dieselbe kurvenreiche Strasse überquert ihr kurz danach. Lauft geradeaus weiter, ignoriert einen Weg, der rechts abgeht, passiert eine Lichtung und lauft wieder tiefer in den Wald hinein. Die Route macht eine langgezogene Linkskurve und biegt dann scharf nach rechts ab. Von hier aus geht es im Zickzack etwa 100 Höhenmeter hinauf zur Burgflue, einer Waldlichtung oberhalb einer der hohen Felswände, für die der Jurapark Aargau mit seiner schützenswerten Felsflora bekannt ist.

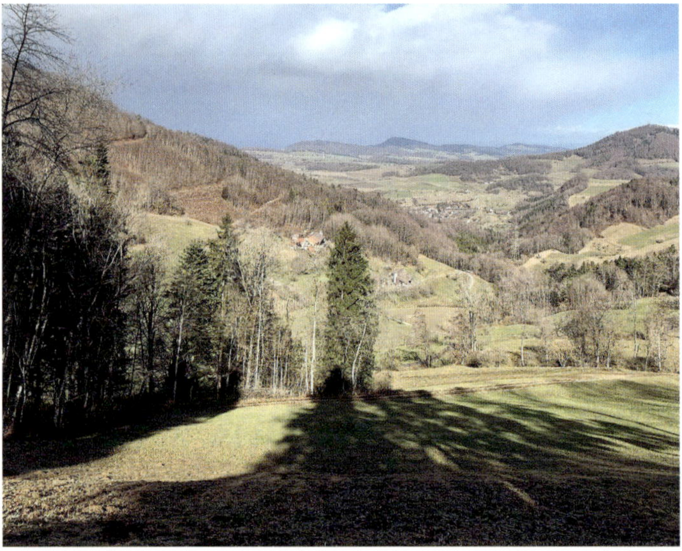

Die Route führt weiter durch Wälder und offene Flächen, meist geradeaus, und steigt kontinuierlich an, bis sie oberhalb einer Ansammlung von Bauernhäusern und Scheunen die zeitweilig stark befahrene Strasse nach Salhöhe überquert. Wandert nun parallel zur Strasse weiter, bis ihr nach Salhöhe kommt: eine Kreuzung mit Bushaltestelle, Waldgasthaus und grossem Parkplatz, aus dem man schliessen kann, dass hier im Sommer viele Wandergruppen unterwegs sind.

Rückweg
Von Salhöhe nehmt ihr den Bus nach Erlinsbach SO (Solothurn). Das Restaurant des Landhotels Hirschen, wo ihr die Litwan-Weine probieren könnt, befindet sich genau auf der Grenze zwischen den Kantonen Solothurn und Aargau.

Ergänzende Hinweise
Dies ist der erste Teil der sechsten Etappe des Aargauer Wegs (Route 42) von Wittnau nach Aarau. Es ist ein schöner Wanderweg durch eine sanft gewellte Landschaft, wo Felder und Wälder einander abwechseln, den Falten des Juras hinauf und hinab. Teil 2 startet in Salhöhe, wo diese Wanderung endet. Ihr nehmt den Bus dorthin und folgt der Wegbeschreibung (Wanderung Nr. 36). Der Endpunkt ist derselbe: das Landhotel Hirschen. Insgesamt ist die Strecke knapp 20 km lang und kann natürlich auch an einem Tag gewandert werden. In diesem Fall sollte auf den Halt an der Kellerei Wehrli ein gemütlicher Spaziergang nach Erlinsbach folgen, für eine zweite Degustation im Hirschen. Bedenkt, dass Tom Litwan nur mit einem kleinen Team arbeitet und die Nachfrage nach seinem Wein so gross ist, dass er nur selten Kunden empfängt. Deswegen wirbt er dafür, seine Weine im «Weinhotel» in Erlinsbach zu probieren, wie das Landhotel Hirschen auch genannt wird – mehrere Räume wurden von Weingütern gesponsert und eingerichtet. Hier findet ihr sowohl die Weine von Litwan als auch von Wehrli. Tom Litwan selbst ist wahrscheinlich in seinen Rebbergen!

TOM LITWAN WEINE

Tom Litwan ist der Inbegriff des «authentischen» traditionsbewussten Winzers mit Unternehmergeist, den die Weinwelt so gerne entdeckt und wiederentdeckt: Er produziert vortreffliche Weine, arbeitet in sehr kleinem Massstab, verkauft alles, was er macht, an eine Handvoll Läden und Restaurants und hat weder Platz noch Zeit, um Besucher zu empfangen. Obendrein ist der gelernte Maurer, der nicht aus einer Winzerfamilie stammt, auch noch unheimlich nett. «Meine Familie? Die sind eher Weinkonsumenten», kichert er. Nach seiner Maurerlehre hatte er einen Aushilfsjob in einem kleinen Chateau in Chablis in Burgund angenommen, wo er «eine andere Welt entdeckte», wie er sagt, und alles über Wein lernte. Danach arbeitete er in einem Genfer Weingut, das schon früh auf biodynamischen Anbau umgestellt hatte, und 2006 gründete er in seiner Heimat Aargau einen eigenen Laden. 2010 wurde seine biologisch-dynamische Arbeitsweise zertifiziert, und er vertiefte sich in die Bedürfnisse und Besonderheiten seiner Pinot-Noir- und Chardonnay-Parzellen. Solange

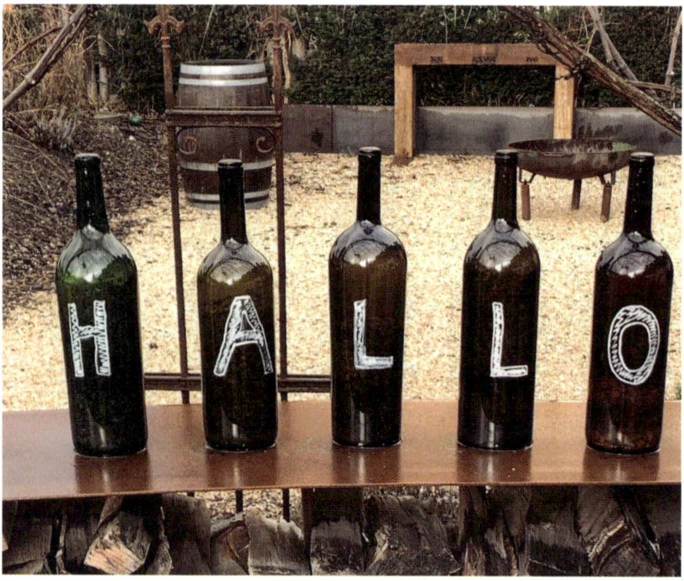

sie noch jung sind, sind seine Weine nicht immer leicht zugänglich: Die natürlichen, traubeneigenen Hefen können einen hefigen Geruch erzeugen, und durch den reduktiven Ausbau kann es sein, dass der Wein beim ersten Öffnen der Flasche merkwürdig oder sogar unangenehm riecht. Doch diese Weine sind für eine lange Lagerung konzipiert, und wenn man sie nach dem Öffnen atmen und, vor allem, vor dem Öffnen ausreichend lange reifen lässt, zählen sie zu den schönsten Weinen, die die Schweiz zu bieten hat. «Es braucht Zeit, es braucht Zeit», lautet seine Maxime für den gesamten Prozess, vom Rebberg bis zum Keller.

DER KELLER

Es ist ein sehr kleines Weingut, mit 5,5 Hektaren, die Litwan mithilfe eines Ehepaars bearbeitet, das sich eine Vollzeitstelle teilt. In einem normalen Jahr macht er sechs Rotweine, drei Weissweine und zwei Schaumweine, etwa 15 000 Flaschen. Der Wechsel vom Maurerhandwerk zum Weinanbau kam, als ihm bewusst wurde, dass er nicht nur gerne draussen arbeitet, sondern es ihn auch reizt, Wein als landwirtschaftliches Erzeugnis zu betrachten, als Teil von etwas, das uns nährt, und dass sein Job darin bestehen würde, das Produkt von der Rebe bis ins Glas zu begleiten. Sein Ansatz erscheint auf den ersten Blick unkompliziert – Rot- und Weissweine werden in Stahltanks mit wilder Hefe vergoren, dürfen einen Tag ruhen, damit sich der Trub absetzt, und verbringen dann 12 Monate in alten Eichenfässern aus dem Burgund. Sein Riesling-Sylvaner ist phänomenal: Er strebt einen trockenen und mineralischen Wein an, der ohne das Parfümierte der kommerzielleren Versionen auskommt. Das Gleiche gilt für seine berühmten Rotweine: «Es braucht Zeit.»

Litwan verfolgt ein sehr gradliniges Geschäftsmodell: Er arbeitet in den Rebbergen und im Keller und überlässt den Verkauf einer Handvoll hervorragender Weinläden, unter anderem in Hongkong. Er hat die Räumlichkeiten nicht, um Besucher zu empfangen, und ist auch nicht aufs Verkaufen eingerichtet. Stattdessen arbeitet er eng mit dem Landhotel Hirschen in Erlinsbach zusammen, in dessen Restaurant oder Weinstube jeder, der in der Gegend ist, seine Weine probieren kann. Der Inhaber des Hirschen, Albi von Felten, steht dem Winzer nahe, ist sachkundig (fragt ihn, wie der Wein hergestellt wird!) und hat einige von Litwans älteren Jahrgängen im Sortiment – dieses Degustationserlebnis solltet ihr euch nicht entgehen lassen!

Thalheim Chalofe: Thalheim ist der Name des Dorfes, aus dem die Trauben stammen, und Chalofe der Name der Rebparzelle. Der Kalkstein-Lehmboden ist der Schlüssel für diesen Wein, der sein Terroir widerspiegelt. Vielleicht waren hier früher einmal Kalkbrennereien; in der Vergangenheit verwendete man ungelöschten Kalk, um den pH-Wert des Bodens zu senken und ihn fruchtbarer zu machen. Der Winzer hat fast 20 Jahre Erfahrung mit biodynamischem Weinanbau und hat seit mehreren Jahren eine Demeter-Zertifizierung. Dieser Wein kann in ein paar Jahren, aufgrund von Litwans Art des reduktiven Ausbaus, eine etwas unangenehme, «stinkende» Note aufweisen, die von Kennern zum Teil geschätzt, zum Teil aber auch abgelehnt wird. Auf lange Sicht altern solche Weine am besten. Den Chalofe trinkt man erst, wenn er ein paar Jahre alt ist. Dann entwickelt er die Klasse, die man von einem guten Burgunder erwartet. Nicht umsonst begann Litwans Weg als Winzer im Burgund.

ADRESSE

Landhotel Hirschen
Hauptstrasse 125
5015 Erlinsbach
+41 62 857 33 33
mailbox@hirschen-erlinsbach.ch
hirschen-erlinsbach.ch

DEGUSTATION

In der Weinstube und im Bistro des Landhotels könnt ihr den Wein probieren. Erkundigt euch nach den verschiedenen Optionen. Die Auswahl an Schweizer Weinen ist beeindruckend!

ORTE IN DER NÄHE, AN DENEN DIE WEINE DIESER KELLEREI AUSSERDEM ZU FINDEN SIND

Restaurant Landhotel Hirschen, Hauptstrasse 125, 5015 Erlinsbach, +41 62 857 33 33
mailbox@hirschen-erlinsbach.ch

KÜTTIGEN

«VIELFALT: MINERALIEN, FRUCHT, EISEN; SEEN, FLÜSSE, EBENEN» (TEIL 2 DER ZWEIGETEILTEN WANDERUNG)

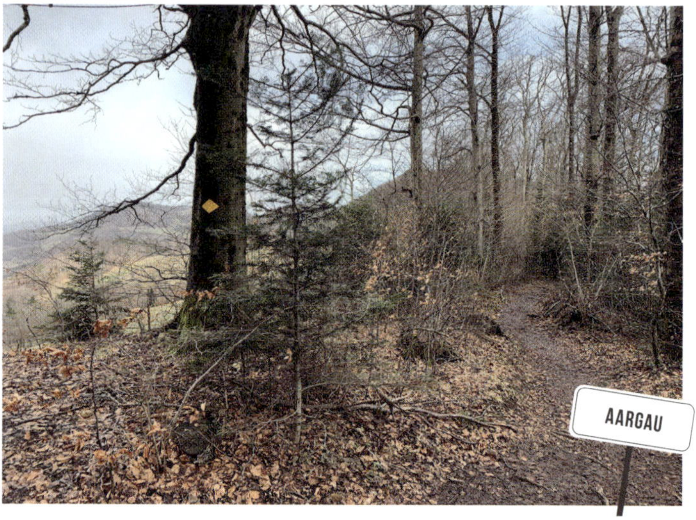

STARTPUNKT

SALHÖHE (BUSHALTESTELLE)
(WO TEIL 1 DIESER ZWEITEILIGEN WANDERUNG ENDETE)

JAHRESZEIT

APRIL–NOVEMBER

KARTE

BLATT 224 T

SEHENSWÜRDIGKEITEN

JURAPARK AARGAU.
ALPENPANORAMA UND BLICK NACH DEUTSCHLAND.

ENDPUNKT

WEINBAU WEHRLI, KÜTTIGEN

SCHWIERIGKEITSGRAD

MITTEL

DAUER

3 STD.

LÄNGE

10,9 KM

AUFSTIEG / ABSTIEG

282 M / 636 M

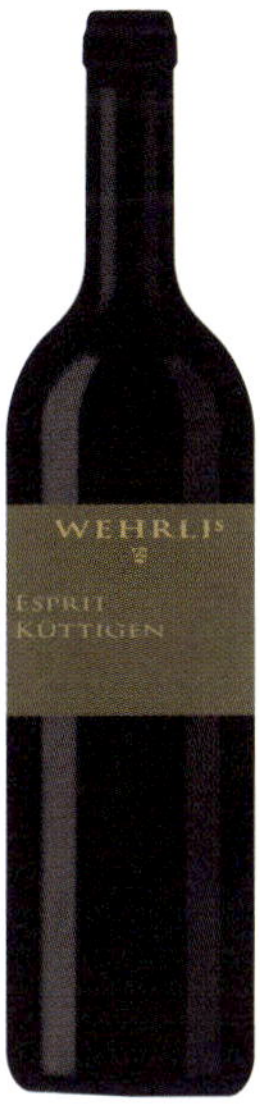

RIESLING-SYLVANER

ESPRIT BARRIQUE AOC KÜTTIGEN

WEINGUT WEHRLI

WEISS

REIFE APRIKOSEN, BIRNE, KARAMELL, VANILLE, RÖSTNOTEN, DANN ZITRUSFRÜCHTE

SEHR SCHÖNE ACIDITÄT, REICHHALTIGE MINERALITÄT, SALZIG UND EIN GESCHMACK NACH ZITRUSFRÜCHTEN (GRÜNE ZITRONEN), GESCHMEIDIG, MIT EINEM LANGEN ABGANG

TROCKEN, STILL, FASSGÄRUNG, MEHRMONATIGE REIFUNG IN EICHE

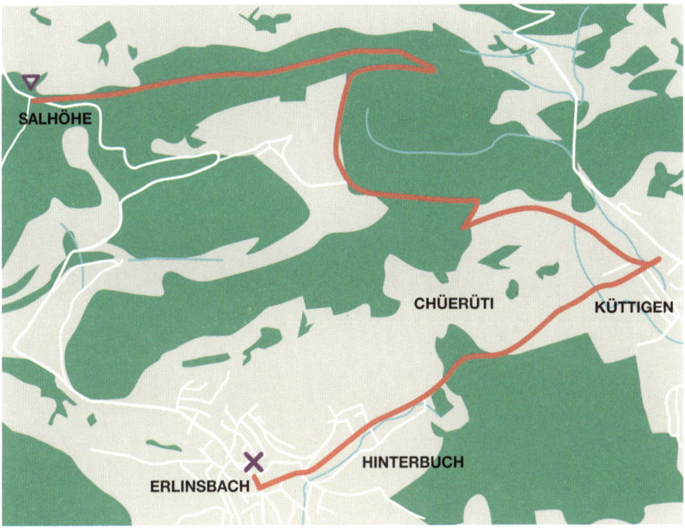

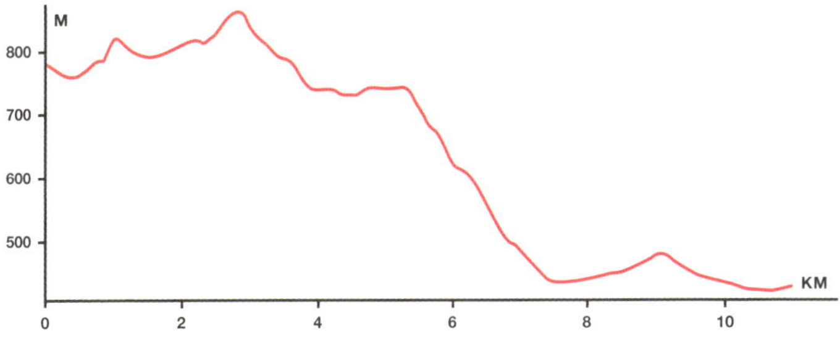

WEGBESCHREIBUNG

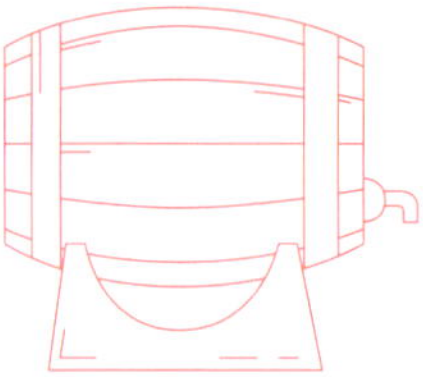

Die Bushaltestelle in Salhöhe befindet sich an einer Wegkreuzung mit einem grossen Parkplatz und einem Gasthaus. Mehrere Wanderrouten treffen sich hier. Mit dem Parkplatz im Rücken lauft ihr die paar Schritte zum Kamm hinauf, von wo an klaren Tagen der Schwarzwald zu sehen ist. Geht nach rechts, folgt den Pfeilen Richtung Wasserflue und Küttigen und passiert eine alte Seilbahn, bevor ihr auf dem Gratweg weiterlauft, den Wald zu eurer Rechten und weit unterhalb Felder. Die Route verläuft grösstenteils in einer geraden Linie, überquert eine kleine Strasse und führt ansonsten durch den Wald zur Ostspitze der Wasserflue auf 844 m ü. M. Der Weg biegt hier scharf nach rechts ab, um die Felswand zu umgehen – im späteren Verlauf der Wanderung ergibt sich ein guter Blick auf die Felswand, die ein schönes Beispiel für die geologischen Faltungen des Jura abgibt.

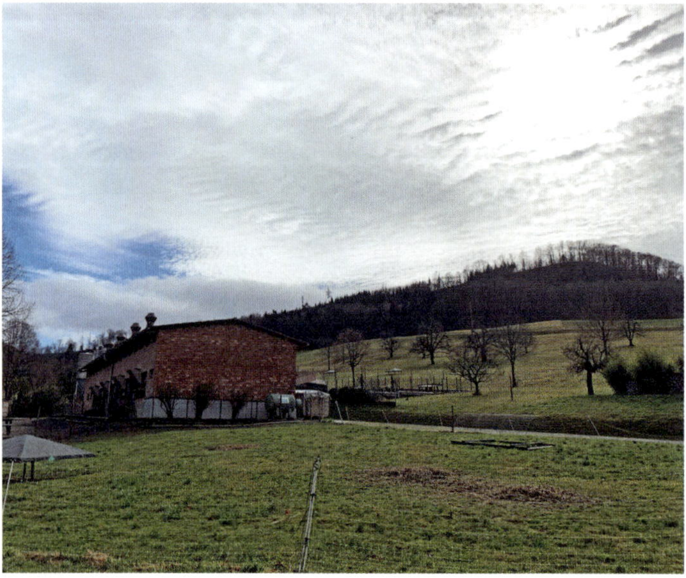

Von diesem Punkt an führt der Weg langsam, aber sicher bergab. Der Weg macht eine Linkskurve und wird dann, bei Sägel, zu einer kleinen Strasse. Die Strasse führt geradeaus weiter, an einem Bauernhof vorbei, die Route folgt aber dem Weg, der links abgeht. Ihr wandert durch eine Mischung aus Wald, Feldern und felsigen Abschnitten, bis plötzlich der Abstieg beginnt und die Route im Zickzack einen steilen Hang hinunterführt. Der Weg macht eine letzte, langgezogene, aber scharfe Rechtskurve. Bald darauf führt der Hauptweg – Teil des «Aargauer Wegs» (Route 42) von Wittnau nach Aarau – geradeaus weiter, unsere Route biegt jedoch nach links in Richtung Küttigen ab. Bleibt

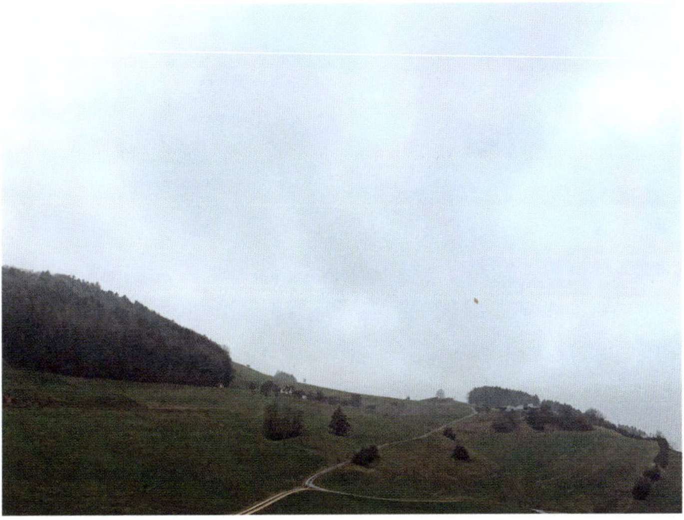

einfach auf dem Weg bis zum Ortsrand. Ignoriert die ersten beiden Strassen, die rechts abgehen, und biegt an der Brandackerstrasse links ab. Überquert die Vorstadtstrasse, und nach wenigen Metern taucht links das Weingut auf.

Um nach dem Besuch des Weinguts nach Erlinsbach weiterzuwandern, lauft ihr auf der Brandackerstrasse ein Stück den Weg zurück, den ihr gekommen seid, bleibt aber auf der gemütlichen Landstrasse. An einer Stelle kreuzt sie den Wanderweg 42, wonach die Strasse Küttigerstrasse heisst. Beachtet die Warnschilder «Militär!» am Strassenrand, denn auf halbem Wege nach Erlinsbach befindet sich ein Schiessplatz des Schweizer Militärs. Die Strasse führt direkt ins Oberdorf von Erlinsbach. Am Kreisel nehmt ihr die dritte Strasse rechts (immer noch die Küttigerstrasse) und lauft geradeaus weiter bis zur Hauptstrasse. Biegt rechts ab, folgt der Linkskurve und findet das Landhotel Hirschen auf der linken Seite.

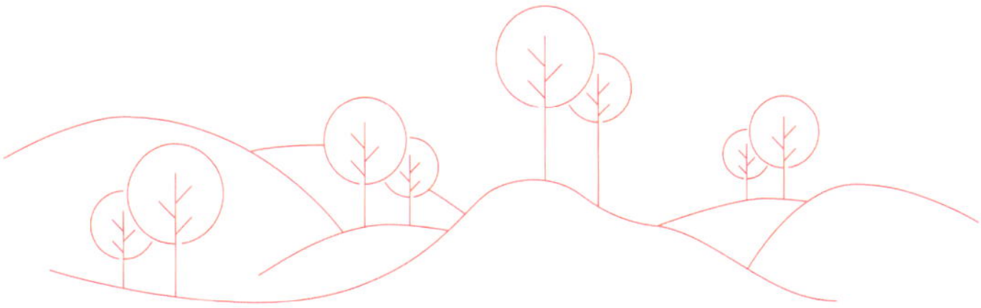

Rückweg

Zwischen Küttigen und Erlinsbach SO (Solothurn) verkehrt ein Bus, sodass ihr den letzten Teil der Wanderung nach dem Besuch des Weinguts abkürzen könnt. Das Landhotel Hirschen in Erlinsbach liegt genau auf der Grenze zwischen den Kantonen Solothurn und Aargau. Wehrli-Weine können auch dort verkostet werden (ihr müsst dafür also nicht unbedingt zum Weingut). Die Stadt ist gut mit dem Bus zu erreichen, in 25–40 Minuten seid ihr am Bahnhof Aarau.

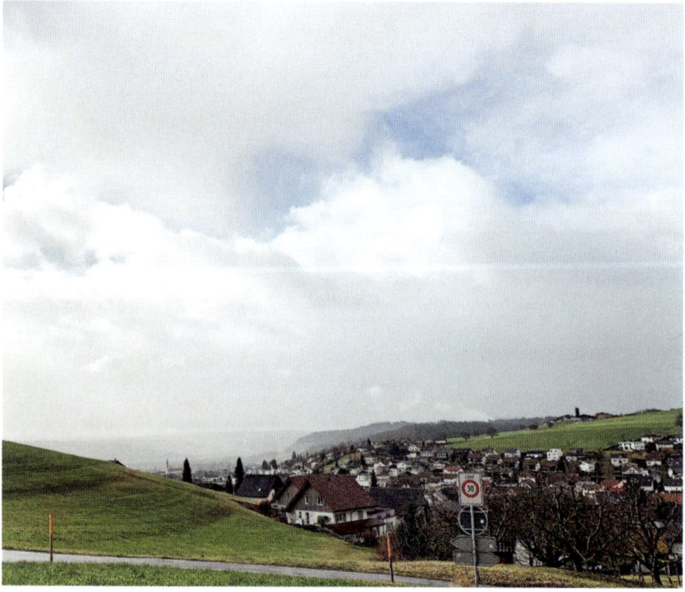

Ergänzende Hinweise

Dies ist der zweite Teil einer Strecke, die in weiten Teilen der sechsten Etappe des Aargauer Wegs (Route 42) von Wittnau nach Aarau entspricht. Es ist ein schöner Wanderweg durch die sanft gewellte Landschaft, wo Felder und Wälder einander abwechseln, die Falten des Juras hinauf und hinab. Teil 1 endet in Salhöhe und legt das letzte Stück nach Erlinsbach mit dem Bus zurück. Diese Wanderung beginnt in Salhöhe. Ihr fahrt mit dem Bus zum Startpunkt. Beide Teilwanderungen enden am Landhotel Hirschen. Insgesamt ist die Strecke knapp 20 km lang und kann natürlich auch an einem Tag gewandert werden. In diesem Fall solltet ihr nach dem Besuch beim Weingut Wehrli einen gemütlichen Spaziergang nach Erlinsbach machen, um im Hirschen die Litwan-Weine zu probieren. Einige der älteren Wehrli-Jahrgänge gibt es dort ebenfalls.

WEINGUT WEHRLI

Die Geschichte des Weinanbaus im Aargau ist ein wenig sonderbar. 1870 verbot die Regierung das Pflanzen weiterer Reben mit der Begründung, die produzierten 450 000 Liter führten zu Trunkenheit und man benötige die Flächen für den Getreideanbau. Als dann auch noch die gefürchtete Reblaus über die Reben herfiel, nahm die Weinmenge rapide ab. Die Familie Wehrli wählt – genauso wie andere, die die Weinproduktion wieder aufleben lassen möchten – sehr genau aus, wo welche Trauben angebaut werden. Ihre 11 Hektaren Rebfläche sind auf drei Gebiete verteilt (Küttigen, Erlinsbach, Seengen) mit sehr unterschiedlichen Böden. Das Aargau zeichnet sich durch seine neun verschiedenen Bodentypen und drei Klimata aus. Den Wehrli-Weinen merkt man diese Unterschiede deutlich an: Sie werden als Terroir-Weine verkauft.

Das Weingut ist ein umtriebiges Familienunternehmen. Susi Steiger-Wehrli ist eine versierte, viel gelobte Winzerin (diplomierte Schweizer Winzermeisterin), die viele wertvolle Erfahrungen im fernen und benachbarten Ausland gesammelt hat. Ihr Mann Franz, gelernter Koch, wechselte von der Spitzengastronomie zum Weinanbau, liess sich zum Winzer ausbilden und ist heute für alle Arbeiten am Rebberg zuständig. Susis Zwillingsbruder Rolf schloss an seine Mechanikerlehre noch eine Ausbildung zum technischen Kaufmann an, und seine Frau Damaris bringt als Hotelfachfrau ihre Erfahrung in der Gastronomie und Administration ein. Auch die Eltern von Susi und Rolf sind noch im Unternehmen aktiv.

Esprit Barrique AOC Küttigen: Riesling-Sylvaner ist für die Weingüter dieser Region wichtig. Während er in der Vergangenheit allzu lieblich ausfallen konnte, zählt dieser zu den sehr guten neueren Versionen. Aromatisch, aber nicht süss, mineralisch mit exzellenter Säure. Die optimale Trinktemperatur beträgt 10–12 °C, damit sich die Balance entfalten kann.

ADRESSE

Wehrli Weinbau AG
Oberdorfstrasse 8
5024 Küttigen
+41 62 827 22 75
info@wehrli-weinbau.ch
wehrli-weinbau.ch

DEGUSTATION

Im Weingut: kostenlos. Feste Öffnungszeiten.
Im Landhotel Hirschen wird der Wein per Glas, Flasche oder Reihe verkauft. Erkundigt euch nach den verschiedenen Optionen. Die Auswahl an Schweizer Weinen ist beeindruckend!

ORTE IN DER NÄHE, AN DENEN DIE WEINE DIESER KELLEREI AUSSERDEM ZU FINDEN SIND

Restaurant Landhotel Hirschen, Hauptstrasse 125, 5015 Erlinsbach, +41 62 857 33 33
mailbox@hirschen-erlinsbach.ch

UNTERSIGGENTHAL

SPAZIERGANG AN DER LIMMAT ZU DEN NEUEN-ALTEN THERMALQUELLEN

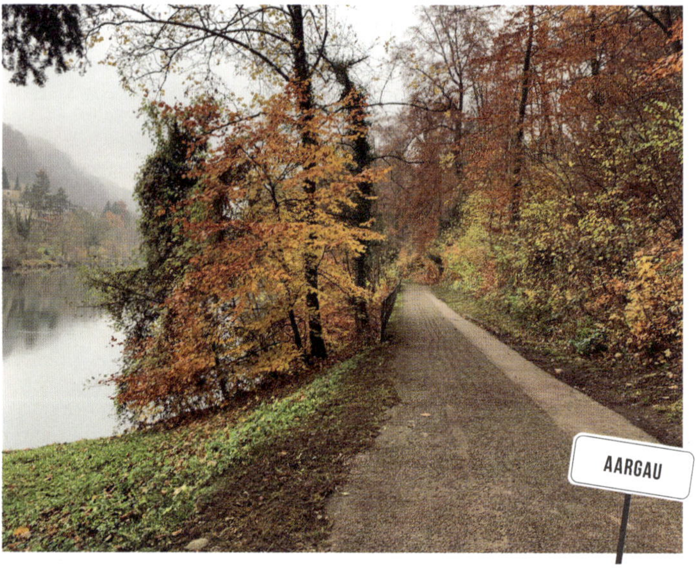

STARTPUNKT

KIRCHDORF AG, DORF
(BUSHALTESTELLE IN DER ORTSMITTE)

ENDPUNKT

WEIN & GEMÜSE UMBRICHT
UNTERSIGGENTHAL

JAHRESZEIT

GANZJÄHRIG

SCHWIERIGKEITSGRAD

MITTEL

KARTE

BLATT 215 T

DAUER

3 STD. 20 MIN.

LÄNGE

13,3 KM

SEHENSWÜRDIGKEITEN

LIMMAT-UFER.
HISTORISCHE ALTSTADT VON BADEN.
GEBÄUDE DES BERÜHMTEN TESSINER ARCHITEKTEN MARIO BOTTA.

AUFSTIEG / ABSTIEG

186 M / 197 M

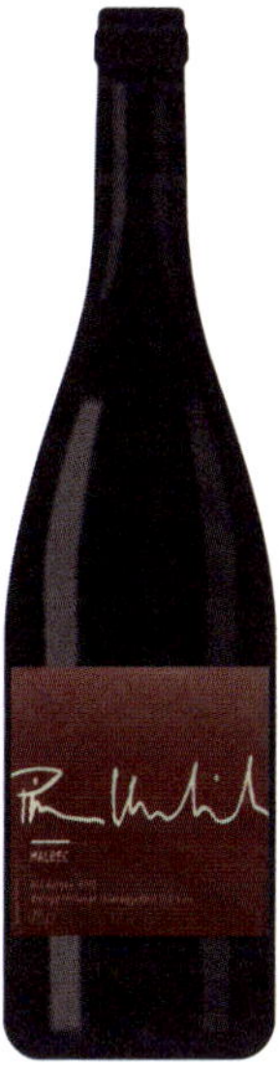

MALBEC UND CABERNET SAUVIGNON

MALBEC BLEND

PIRMIN UMBRICHT

ROT

LEICHTER ALS DIE MEISTEN MALBECS, MIT ÜBERRASCHENDEN NOTEN VON SCHWARZKIRSCHE UND HIMBEERE

ERFRISCHEND LEICHT, ABER MIT EINER GUTEN STRUKTUR UND TANNINEN; SEHR KLARE LINIEN, FAST STRAFF

TROCKEN,
STILL

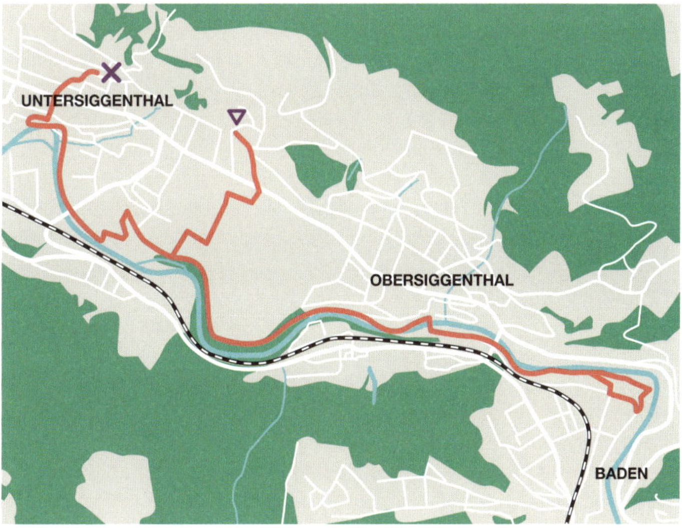

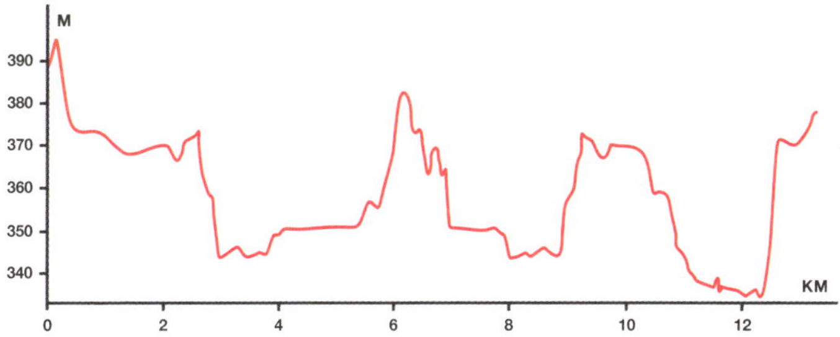

WEGBESCHREIBUNG

Kirchdorf ist ein typisches kleines Aargauer Dorf, dessen grosse Kirche weithin zu sehen ist. Die Wanderung beginnt gleich daneben. Lauft auf dem Kirchweg bergauf, und wenn sich die Strasse teilt, biegt ihr rechts auf die Wiedackerstrasse ab. An der viel befahrenen Landstrasse biegt ihr links ab, um gleich danach rechts in die Studacherstrasse abzubiegen. Folgt der Rechtskurve und nehmt die kleine Strasse, die links abzweigt und durch die Felder führt. An der T-Kreuzung geht ihr nach rechts und nehmt dann die erste links, die zum Fluss hinunterführt. Biegt links auf den Wasserweg ab und folgt dem Fussweg am Ufer der Limmat entlang, bis ihr zur Brücke am Kraftwerk Kappelerhof kommt. Der Fussweg führt zwar auf beiden Ufern weiter, es ist jedoch wichtig, den Fluss hier zu überqueren, denn die nächste angenehme Fussgängerbrücke kommt erst wieder nach dem Badener Stadtzentrum. Nehmt also die Fussgängerbrücke zur anderen Seite hinüber, über die Schleuse und den Damm. Dann biegt ihr links ab und lauft weiter am Wasser entlang.

Kurz bevor der Fluss einen engen Bogen nach rechts macht, vor dem Stadtzentrum von Baden, bietet der Weg zwei Optionen: einen Uferweg und parallel dazu einen Weg oberhalb an einem Felsen entlang. Nehmt den Uferweg, der an der schicken Wellness-Therme und den heissen Brunnen im Limmatknie endet. Nach den Bäderbetrieben biegt ihr rechts ab, um die kleine, aber sehr geschichtsträchtige Altstadt zu erkunden: Die hiesigen Thermalquellen waren schon bei den alten Römern berühmt, zahllose Religionskämpfe und europäische Kriege wurden hier verhandelt und beigelegt, und fast 300 Jahre lang, ab dem 15. Jahrhundert, fand in Baden die «Tagsatzung» genannte Versammlung der Abgesandten der Alten Eidgenossenschaft statt, was Baden zur heimlichen Hauptstadt machte. Die Stadt wurde mehrmals eingenommen, zerstört und wiederaufgebaut.

Ihr verlasst die Altstadt und lauft auf der Römerstrasse wieder Richtung Fluss. An der Parkstrasse biegt ihr rechts ab. Ihr nehmt den oberen Fussweg parallel zum Ufer, bis ihr über eine Treppe (scharf rechts) wieder auf dem unteren Weg ankommt. Dann lauft ihr den Weg bis zur Kappelerhof-Brücke zurück, überquert die Limmat und lauft am Ufer entlang zurück. An der Schiffmühlihalde, wo ihr anfangs auf den Uferweg gekommen seid, lauft ihr geradeaus weiter. Der Weg entfernt sich kurz vom Ufer und führt um ein kleines Industriegebiet herum.

Ihr bleibt auf dem Uferweg, bis der Fluss eine enge Linkskurve macht. Bald darauf endet der Fussweg an einer T-Kreuzung: Biegt nach rechts ab und lauft bergauf nach Untersiggenthal. Am Höhenweg biegt ihr links ab und direkt danach rechts auf den Kornfeldweg, auf dem ihr bis zur Schulstrasse weiterlauft; dann: die erste rechts, erste links, erste rechts, erste links zur Dorfstrasse hinauf. Dort biegt ihr links ab, dann noch einmal rechts und lauft zur Wein- und Gemüsehandlung der Familie Umbricht.

Rückweg
Fünf Minuten zu Fuss bis zur Bushaltestelle, an der drei Buslinien halten.

Ergänzende Hinweise
Bei dieser Wanderung erlebt ihr die Schweizer Flusslandschaft hautnah: In Untersiggenthal fliessen Limmat und Reuss in die Aare, den längsten Fluss der Schweiz, der innerhalb der Landesgrenzen beginnt und endet. Bald danach mündet die Aare in den Rhein, um in Richtung Basel zu fliessen. Zahlreiche sanfte Hügel, geschützte Waldgebiete und kleine Wasserfälle machen diesen Landstrich zum Wanderparadies, und die heissen Quellen in Baden vertragen sich auch sehr gut mit müden Wanderfüssen.

WEIN & GEMÜSE UMBRICHT

Pirmin Umbricht leitet das Weingut der Familie im Aargau, sein jüngerer Bruder kümmert sich um den Gemüseladen und das Liefergeschäft. Die Restaurants der Umgebung lassen sich gerne von den beiden Mittdreissigern beliefern. Ihr Vater baute früher Weintrauben an und verkaufte sie. Die Kombination aus Weingut und Gemüseanbau ist ein Projekt, das die Söhne aufgebaut haben, für die Qualität an oberster Stelle steht. Pirmin arbeitet meistens allein in den Rebbergen, die über die Region verteilt sind und deren unterschiedliche Lagen und Bodentypen in seinem vielseitigen Weinsortiment zum Ausdruck kommen.

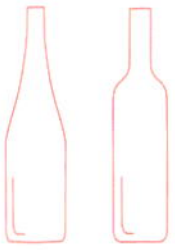

Malbec blend: Pirmin Umbricht ist eine Forschernatur, immer neugierig, was er aus seinen Trauben hervorzaubern kann, und dieses Cuvée ist einer seiner Erfolge.

ADRESSE

Wein & Gemüse Umbricht
Dorfstrasse 55
5417 Untersiggenthal
+41 56 288 14 79
info@wugu.ch
wugu.ch

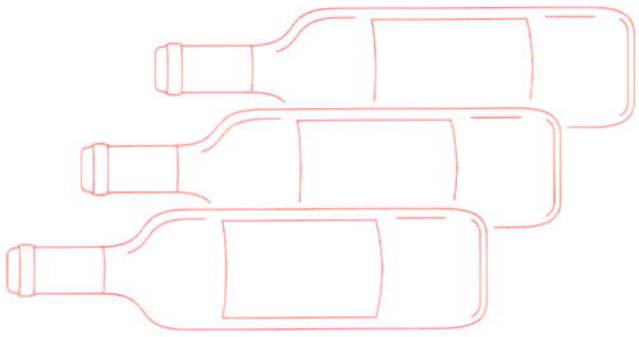

DEGUSTATION

Kostenlos.

ORTE IN DER NÄHE, AN DENEN DIE WEINE DIESER KELLEREI AUSSERDEM ZU FINDEN SIND

Restaurant Chämihütte, Rooststrasse 15, 5417 Untersiggenthal,
+41 56 298 10 35
hummel@chaemihuette.ch

ÖSTLICHE DEUTSCHSCHWEIZ

EGLISAU

ELEGANTER RHEIN, HOLZHÄUSER, WALDSPAZIERGANG

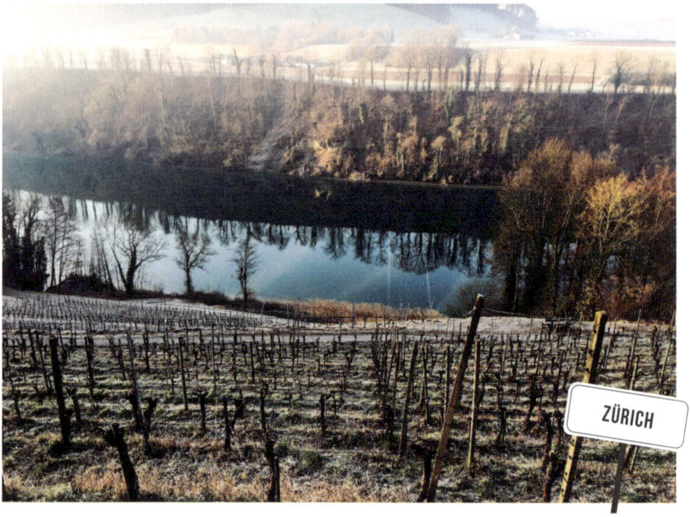

STARTPUNKT	ENDPUNKT
EGLISAU BAHNHOF	BECHTEL-WEINE, EGLISAU
JAHRESZEIT	SCHWIERIGKEITSGRAD
GANZJÄHRIG SOFERN KEIN SCHNEE LIEGT, AM BESTEN APRIL–NOVEMBER	MITTEL
KARTE	DAUER
BLATT 215 T	3 STD. 15 MIN.
	LÄNGE
	11,4 KM
SEHENSWÜRDIGKEITEN	AUFSTIEG / ABSTIEG
ALTSTADT UND TERRASSIERTE REBBERGE VON EGLISAU. BUCHBERG UND RÜDLINGEN: DENKMALGESCHÜTZTE RIEGELHÄUSER. AUSSICHT VON RÜDLINGEN.	415 M / 430 M

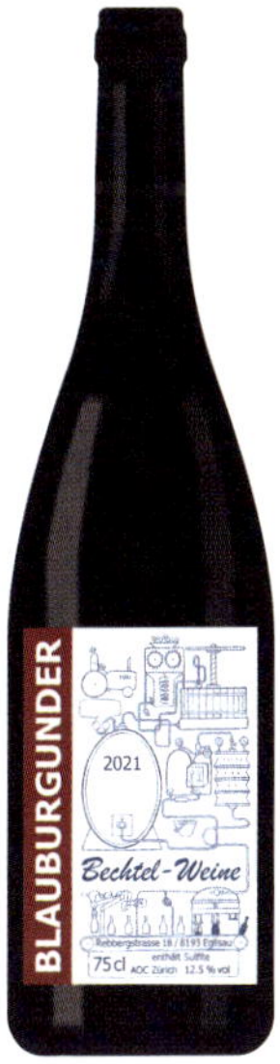

PINOT NOIR

BLAUBURGUNDER

BECHTEL-WEINE

ROT

ROTE FRÜCHTE

ANGENEHM FRUCHTIG
UND FRISCH,
MIT GUTEM VOLUMEN

TROCKEN,
STILL

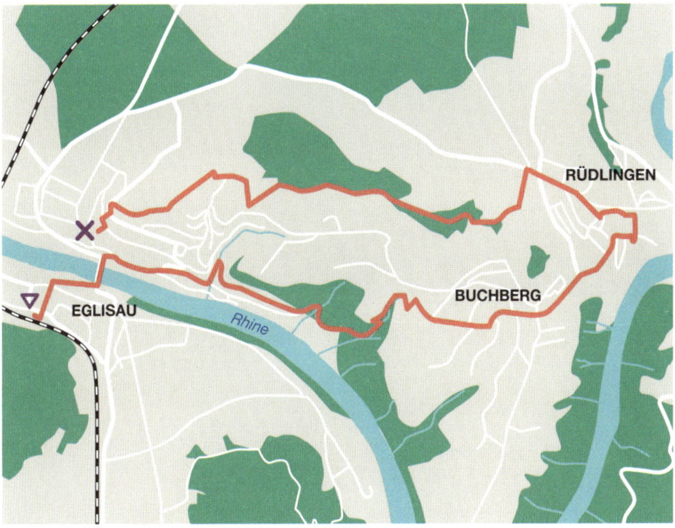

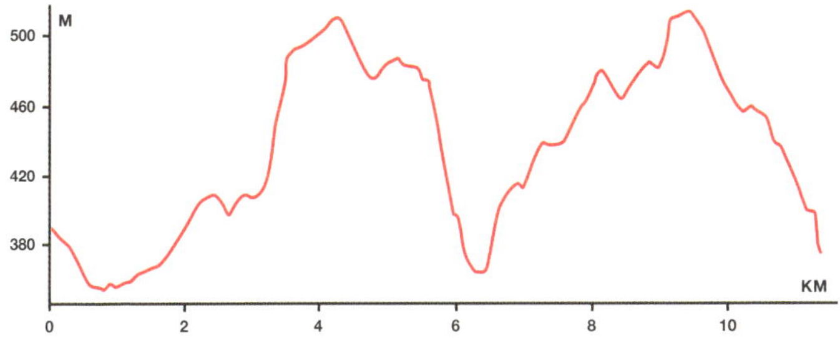

WEGBESCHREIBUNG

Vom Bahnhof aus lauft ihr die Bahnhofstrasse hinunter zur Zürcherstrasse, biegt links ab und überquert die Rheinbrücke, von der aus ihr einen schönen Blick auf die Eglisauer Altstadt habt. Gleich nach der Brücke biegt ihr rechts in die Obergass ab und lauft auf ihr durchs alte «Städtli». Dort, wo sie sich teilt, geht ihr linker Hand ein Stück die Weierbachstrasse hinauf, biegt aber gleich danach rechts ab in die Stadtbergstrasse. Nach den Rebbergen macht die Route eine scharfe Linkskurve und führt auf der Langenbachstrasse bergauf. Kurz nach der Haarnadelkurve weisen Wanderschilder zum «Lebendigen Weinweg» nach links, ihr nehmt jedoch die Abzweigung rechts und lauft auf der Chlotenbuckstrasse geradeaus weiter, die parallel zu dem oberhalb durch die Weinberge führenden «Lebendigen Weinweg» verläuft. Die Route führt an mehreren Infotafeln über die Rebberge und Urs Pirchers Weingut vorbei und endet nach dem Weingut am Hinteren Stadtberg.

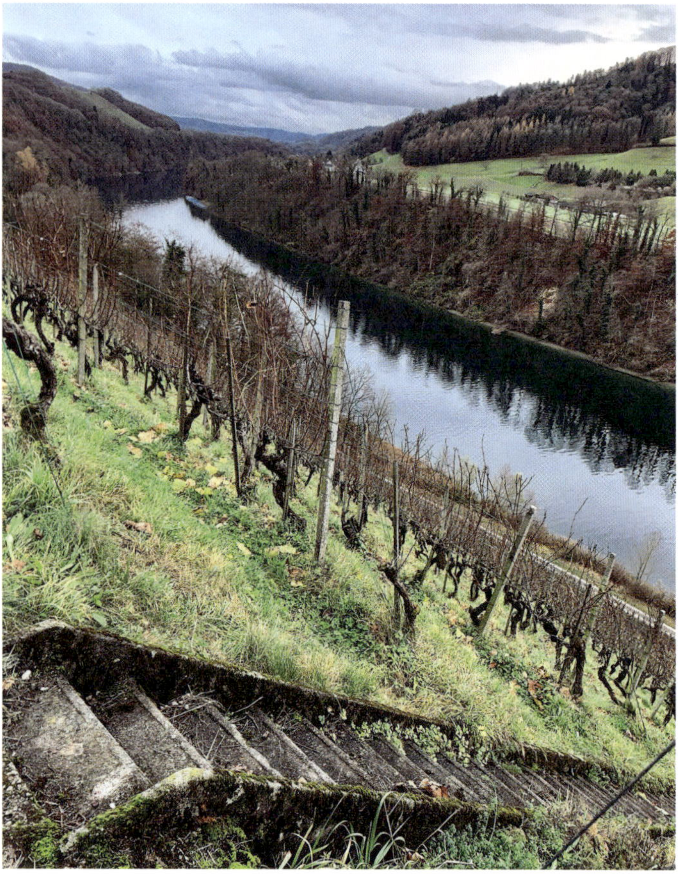

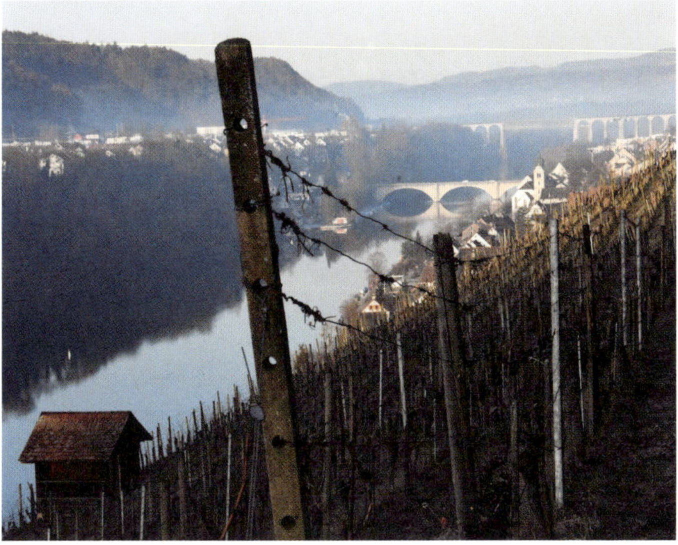

Nach dem Weingut biegt die Route links ab und führt in den Wald. An der Abzweigung geht ihr nach rechts. Hier beginnt der Waldwanderweg. Anfangs erstrecken sich Weinreben auf der rechten Seite, doch dann führt die Route auf der Hummelbergstrasse recht steil bergauf durch den Wald und endet abrupt an einer Wiese. Lauft nach rechts, biegt dann noch einmal rechts ab und nehmt danach die erste links, einen Feldweg. Die nächste rechts ist die Dorfstrasse, auf der ihr nach Buchberg gelangt. Bleibt auf der Strasse und durchquert den gesamten Ort. Bei der Linkskurve, wo rechts der Chilchenweg abgeht, folgt ihr dem markierten Fussweg nach Rüdlingen, mit Rebbergen zu eurer Rechten. Die Route folgt diesem Pfad entlang der Bergstrasse; folgt den gelben Pfeilen, wenn der Weg rechts abbiegt und noch einmal rechts aufs Schuelwegli beziehungsweise Schuelgässli. Ihr nehmt die erste links, biegt kurz danach noch einmal links ab und lauft auf der Hinterdorfstrasse weiter bis zum Oberdorfweg; hier biegt ihr links ab.

Ab hier führt die Route in einer Schleife zurück nach Eglisau. Es geht wieder bergauf. Ihr verlässt den Oberdorfweg rechter Hand und wandert auf der Grabenstrasse weiter. Folgt der Strasse geradeaus zum Weiler Steinenkreuz. Gleich rechts am Ende der Strasse befindet sich eine Kreuzung: Biegt rechts ab und überquert das Steinkreuz, indem ihr geradeaus auf die Buchbergstrasse fahrt. Unmittelbar nach der ersten Strasse rechts geht ein Fussweg nach links ab. Folgt ihm.

Die Route führt – grösstenteils eben – den ganzen Weg nach Eglisau zurück, anfangs durch Felder, dann durch lichten Wald, dann entlang kleiner Wäldchen. Zunächst ist der Wald links, dann einige Zeit rechts.

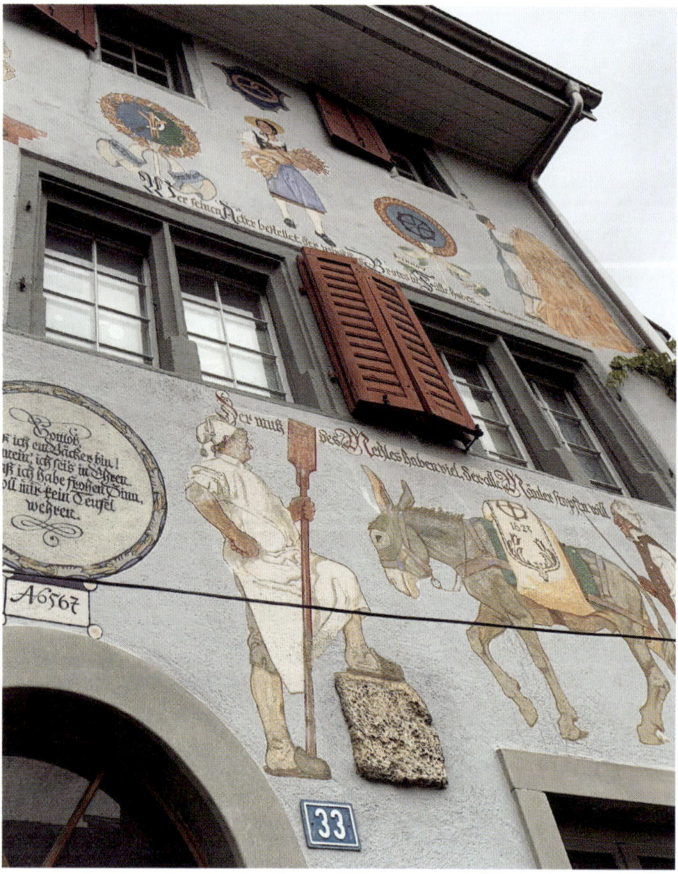

Bei Honegg biegt die Route nach links ab und entfernt sich vom Wald. Aus dem Fussweg wird eine kleine Strasse. Direkt nachdem links die Buckstrasse auftaucht, wendet sich die Route nach rechts. Hier heisst die Strasse Honeggstrasse. An einer Weggabelung biegt die Strasse links ab, ihr nehmt aber die rechte Option. Bald darauf macht die Strasse eine Rechtskurve, und unmittelbar danach biegt ihr links auf die Herrenholzstrasse ab. Ihr folgt ihr bis zum Ende und biegt dann rechts auf die Galgenbuckstrasse ab. Links von euch befinden sich Weinreben, dann macht die Strasse, die nun bergab führt, eine Linkskurve. Überquert die Wilerstrasse, lauft weiter bergab und biegt links auf die Promenadenstrasse ab. Wenn rechts ein kleiner Weg namens Breitistäge abgeht, nehmt ihr ihn. Er führt zur Rebbergstrasse. Das Weingut ist auf der gegenüberliegenden Strassenseite.

Rückweg

Wenige Meter vom Weingut entfernt ist eine Bushaltestelle.

Ergänzende Hinweise

Für Naturliebhaber lohnt es sich, dem Naturzentrum Thurauen (in der Nähe von Rüdlingen) einen Besuch abzustatten, ein Informations- und Erlebniszentrum in Flaach, unweit des Zusammenflusses von Rhein und Thur.

BECHTEL-WEINE

Mathias Bechtel zählt zu den aufstrebenden Winzern der Schweiz. Nachdem er von Gault&Millau den Titel «Rookie of the Year 2019» erhielt, wird er seit 2021 zu den 150 besten Weingütern der Schweiz gezählt. Er zog 2008 nach Eglisau und arbeitete für Urs Pircher, einen der besten Weinproduzenten der Schweiz (die Route passiert seine Rebberge und sein Weingut). Heute sind sie Nachbarn. Trotz der relativ kleinen Rebfläche von 3,6 Hektaren erzeugt die Kellerei Bechtel 20 Weine, darunter Pinot Noirs in unterschiedlichen Stilen und Flaschengrössen.

Blauburgunder: Dies ist die schnörkellose und preiswerte kleine Schwester des noblen Pinot Noir, eines voluminöseren Weins mit viel Struktur, dieses Weinguts. Seine Pinots sind glücklicherweise in verschiedenen Varianten erhältlich, und dieser kommt in einer vor allem für unterwegs sehr praktischen Halbliterflasche. Die steilen Südhänge in Eglisau liefern voll ausgereifte Trauben, aus denen Weine höchster Qualität gekeltert werden.

ADRESSE

Bechtel-Weine
Rebbergstrasse 18
8193 Eglisau
+41 43 810 70 25
info@bechtel-weine.ch
bechtel-weine.ch

DEGUSTATION

Kostenlos.

ORTE IN DER NÄHE, AN DENEN DIE WEINE DIESER KELLEREI AUSSERDEM ZU FINDEN SIND

Gasthof Hirschen, Untergass 28, 8193 Eglisau,
+41 43 411 11 22
gasthof@hirschen-eglisau.ch
Vivi Kola Bar, Rheinstrasse 10 (am Rhein), 8193 Eglisau,
+41 78 613 65 72
Hotel Restaurant Bahnhof, Bahnhofstrasse 9, 8193 Eglisau,
+41 44 867 01 05
andrehilber64@gmail.com

MEILEN

EINE VERNEIGUNG VOR DEM SCHWEIZER WANDERWEGNETZ

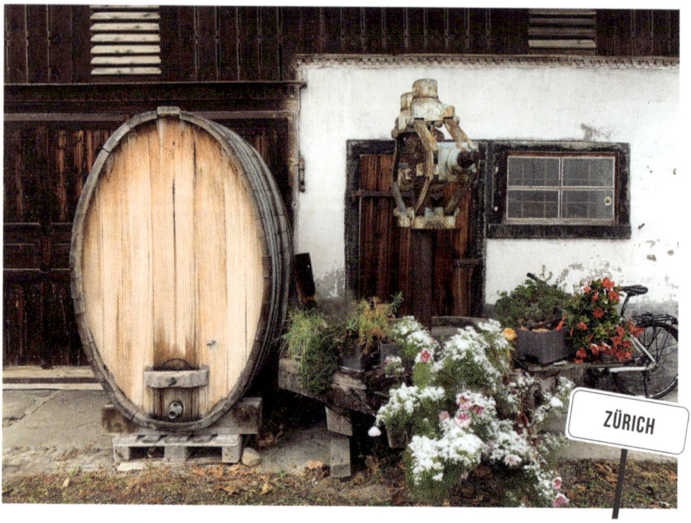

STARTPUNKT	ENDPUNKT
FORCH (STATION DER FORCHBAHN)	SCHWARZENBACH WEINBAU, MEILEN
JAHRESZEIT	SCHWIERIGKEITSGRAD
GANZJÄHRIG ABER NICHT BEI SCHNEE	MITTEL
KARTE	DAUER
BLATT 226 T	3 STD. 45 MIN.
SEHENSWÜRDIGKEITEN	LÄNGE
JAKOB-ESS-WEG VOM VORDEREN PFANNENSTIEL BIS ZUR FORCH. GEDENKSTEIN DES WANDERWEGPIONIERS JOHANN JAKOB ESS. SEEUFER IN MEILEN.	14,2 KM
	AUFSTIEG / ABSTIEG
	346 M / 611 M

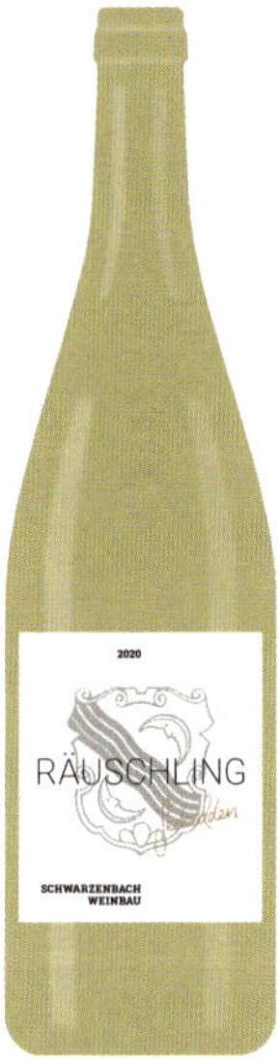

RÄUSCHLING

RÄUSCHLING SEEHALDEN

SCHWARZENBACH WEINBAU

WEISS

FLORAL, ZITRUSFRÜCHTE

FRUCHTIG, DEUTLICH MINERALISCH, GUT STRUKTURIERT, HERB, MIT BEACHTLICHER ACIDITÄT

TROCKEN, STILL

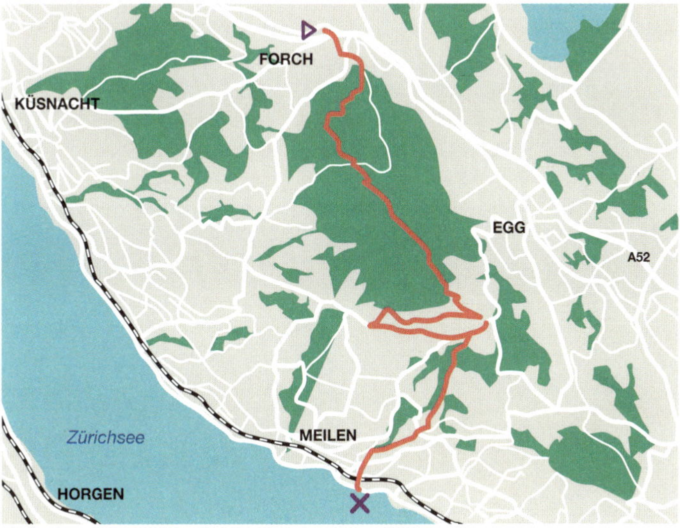

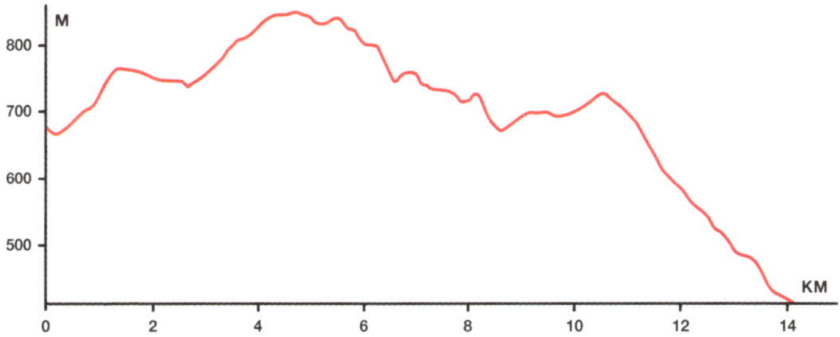

WEGBESCHREIBUNG

Ihr nehmt die Forchbahn vom Bahnhof Zürich Stadelhofen. In Forch folgt ihr den gelben Schildern Richtung Pfannenstiel. Über die Kaltensteinstrasse gelangt ihr nach Kaltenstein und durchquert das kleine Dorf. Diese Route ist sehr gut ausgeschildert, die meiste Zeit müsst ihr einfach nur den gelben Pfeilen folgen, die zu dem Bergrücken Pfannenstiel hinaufführen. Auf der Chisligstrasse verlasst ihr das Dorf. Die Route verläuft kurzzeitig auf der Guldenenstrasse, biegt aber dann rechts ab und führt durch den Wald bergauf.

Ihr passiert die Ortschaft Cholgrueb (links von euch) auf dem Cholgruebweg und Stähli auf dem Mittlere Stähli-Weg. Dann verlasst ihr den Mittlere Stähli-Weg, indem ihr rechts abbiegt. Die Route macht einen schnellen Rechts-links-Schlenker, sodass ihr auf dem Chüelenmorgenweg weiterlauft. Dann biegt die Route noch einmal nach rechts ab, überquert die schmale Guldenerstrasse und wendet sich dann nach links. Auf dem Wasenweg geht es weiter. Nach einem weiteren Rechts-links-Schlenker landet ihr auf dem Schlagweg. Ab hier verläuft der sanfte Aufstieg meist in gerader Linie, und der Weg, der nun Stuckiweg heisst, führt zum höchsten Punkt der Wanderung, kurz vor dem Pfannenstiel.

Geht weiter auf dem Stuckiweg bis zum Restaurant und Picknickplatz Hochwacht. Biegt rechts in den Jakob-Ess-Weg ab, einem schönen, gut beschilderten Gedenkpfad (siehe ergänzende Hinweise), meist am Waldrand entlang. An der Kreuzung mit der Eichhaldenstrasse biegt ihr links ab. An der nächsten Abzweigung biegt ihr noch einmal links ab und lauft auf dem Herrenweg zurück zum Restaurant am Vorderen Pfannenstiel.

Von hier aus führt die Route nach Meilen hinab. Es gibt verschiedene Möglichkeiten. Lauft vom Restaurant aus ein paar Meter den Weg zurück, den ihr gekommen seid, bis zu der Stelle, wo es eine Abzweigung gibt, kurz nach einer Bushaltestelle, und biegt links auf die Schumbelstrasse

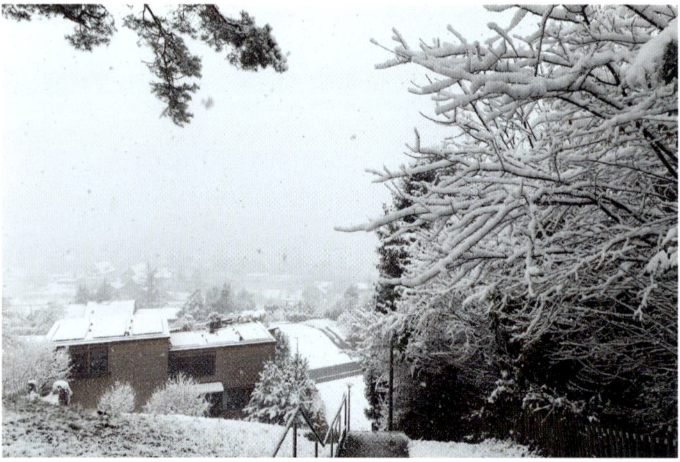

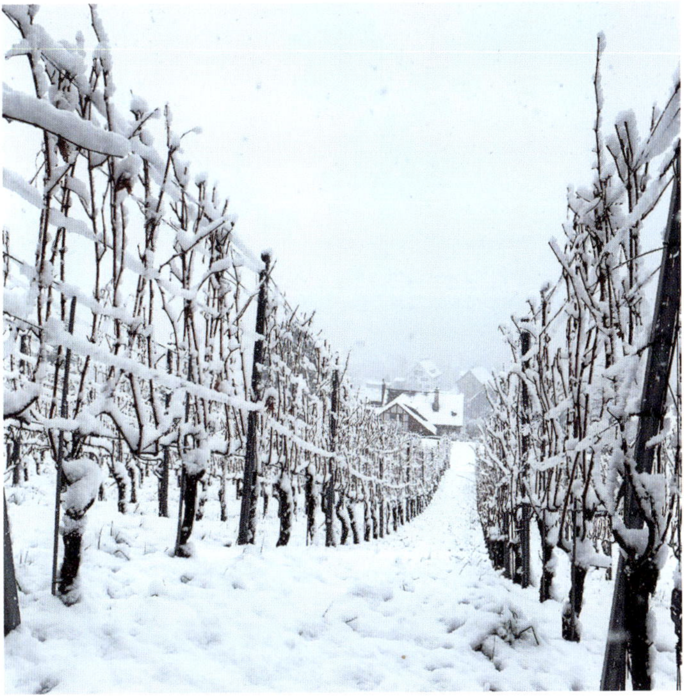

ab. Dort, wo die Strasse eine scharfe Linkskurve macht, folgt ihr dem Fussweg, der von der Strasse abgeht, und lauft bergab. Kurz vor Schumbel vereint sich die Route wieder mit der Schumbelstrasse und führt zu dem kleinen Dorf In der Au. Es gibt hier einen Wanderweg, der nach rechts in das Dorf hineinführt, aber ihr bleibt links auf dem Weg am Dorfrand entlang und lauft die Austrasse hinunter. Wenn die Strasse sich teilt, haltet ihr euch rechts und nehmt den Stocklenweg. Überquert die Bergstrasse, lauft geradeaus auf der Seidengasse weiter und folgt den Schildern Richtung Eisenbahnunterführung. Am Ende der Seidengasse stosst ihr auf die Seestrasse und eine Bushaltestelle. Geht nach links. Das Weingut befindet sich wenige Meter weiter auf der linken Seite.

Rückweg
Die Bushaltestelle ist ganz in der Nähe, der Bahnhof 15 Minuten zu Fuss entfernt.

Ergänzende Hinweise
Diese Wanderung war lange Zeit der Lieblings-Tagesausflug der Züricher. 2018 gewann die Strecke noch an Bedeutung hinzu, als ein Teil des Weges von Forch nach Meilen über den Pfannenstiel, zu Ehren des Schweizer Wanderwegpioniers, Jakob-Ess-Weg getauft wurde. Der Lehrer Johann Jakob Ess erfand das System der gelben Pfeile, die heute das Erkennungszeichen Schweizer Wanderwege sind. Er unternahm nicht nur mit seinen Schülern häufig Wanderungen, sondern rief auch die Schweizer Bevölkerung dazu auf, sich durch Bewegung an der frischen Luft gesund zu halten. 1932 gründete er einen Verein, um ein einheitliches System zur Markierung von Schweizer Wanderwegen durchzusetzen. Heute sind die gelben Pfeile Teil eines 65 000 km langen Wanderwegnetzes, und der Verband Schweizer

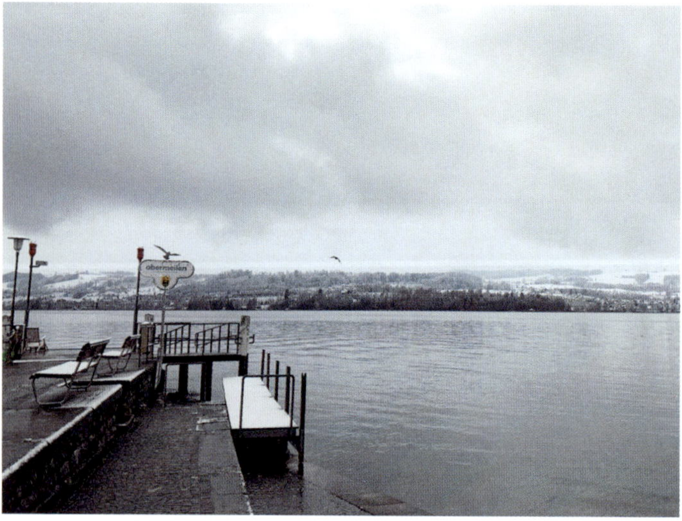

Wanderwege schreibt, dass über die Hälfte der Schweizer Bevölkerung regelmässig wandert. Die hier beschriebene Route weicht von der klassischen Variante ab: Ihr lauft bergab durch ein Wohngebiet und Rebberge, um am Weingut im Südosten von Meilen, nahe Uetikon, herauszukommen.

Die Wanderung kann problemlos um 4 km verkürzt werden: Verzichtet einfach auf die Schleife mit dem Jakob-Ess-Weg und lauft direkt zum Vorderen Pfannenstiel.

Alternativ könnt ihr den Gedenk-Weg auch ab Toggwil wandern, über das Meilemer Tobel (eine Schlucht mit grossem Wasserfall und einem Fussweg, der sich idyllisch am Dorfbach entlangschlängelt) nach Meilen, wo ihr unterwegs einen phänomenalen Blick auf den Zürichsee habt. Die Route endet in der Nähe des Bahnhofs, von wo aus ihr mit dem Bus zum Weingut fahren könnt.

SCHWARZENBACH WEINBAU

Dies ist eine der wichtigsten Kellereien Zürichs, bekannt für ihre Bemühungen, den Räuschling zurückzubringen – die alte Weissweinsorte war lange Zeit der Verkaufsschlager im Kanton Zürich, bis die Qualität infolge von Überproduktion einbrach. Neuere Rebsorten ersetzten diese ältere, und wo einst Reben wuchsen, breiteten sich Industriegebiete aus. Das Weingut hat auch einen hervorragenden Ruf in Sachen Pinot Noir und Completer, aber hat sich vor allem mit seiner Dynamik und Innovationsfreude einen Namen gemacht und steht für Qualität, die sich auf Terroir und ausgesuchte Rebsorten konzentriert. Es arbeitet häufig mit anderen Winzerinnen und Winzern zusammen, um neue, kreative Ansätze in der Weinherstellung auszuprobieren. Die Kellerei hat auch eine schöne Auswahl an Edelbränden im Programm, vor allem Obstbrände, aber auch ungewöhnliche Tresterdestillate, darunter einen «Marc de Räuschling» und einen «Marc de Completer».

Die Schwarzenbachs haben ein bemerkenswertes Sortiment an Weinen mit bestem Alterungspotenzial. Sie engagierten sich bereits früh bei Mémoire des Vins Suisses, einer Vereinigung von Schweizer Spitzenweinbetrieben, die eine «Schatzkammer» gründeten, um zu sehen, wie gut ihre Weine altern. Besonders interessant ist auch die spezielle Hefe 1895, die Stikel Schwarzenbach einst auf dem Weingut entdeckte. Er und seine Frau Cécile übergaben das Weingut kürzlich an Sohn und Schwiegertochter. Besagte Hefe stammte aus einer Weinflasche aus dem Jahr 1895 und war noch lebendig, als die Flasche unter befreundeten Winzerinnen und Winzern geöffnet wurde. Seitdem wird sie sorgsam gehegt und gepflegt und auch an andere Weinproduzenten verkauft.

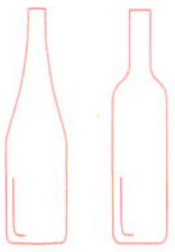

Räuschling Seehalden: Dies kann ein wunderbarer Wein sein, der ideale Begleiter zu Süsswasserfisch. In den Händen der Familie Schwarzenbach, die diesen Wein seit fünf Generationen perfektioniert, zeigt sich die Rebsorte von ihrer besten Seite. Sie stellen eine klassische trockene Version her, diese – etwas raffiniertere – Version wie auch eine moderne, bei der ein Hauch Süsse durch das Hinzugeben von einigen sehr reifen Trauben die ausgeprägte Säure ergänzt. Sie verkaufen auch Räuschling R3, der von drei Kellereien produziert wird, darunter die Schwarzenbachs.

ADRESSE

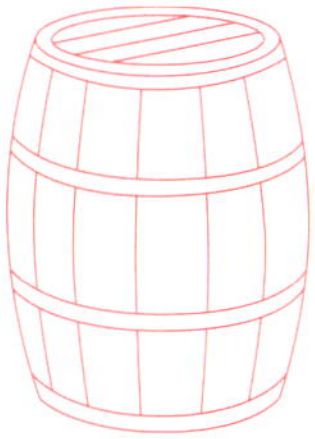

Schwarzenbach Weinbau
Seestrasse 867
8706 Meilen
+41 44 923 01 25
info@schwarzenbach-weinbau.ch
www.schwarzenbach-weinbau.ch

DEGUSTATION

Kostenlos im Laden. Für eine Pauschale in Höhe von 350 Franken bekommt eine Gruppe mit bis zu zehn Personen eine Weinprobe samt Führung durch den Keller.
Samstags geöffnet, unter der Woche nach Vereinbarung.

ORTE IN DER NÄHE, AN DENEN DIE WEINE DIESER KELLEREI AUSSERDEM ZU FINDEN SIND

Restaurant Löwen, Seestrasse 595, 8706 Meilen,
+41 43 844 10 50
Restaurant Alte Sonne, Alte Landstrasse 57, 8706 Meilen,
+41 43 539 57 28
info@altesonne.ch

THAL

WO TALSCHAFT UND UNGEWÖHNLICHE FELSFORMATION EINANDER DIE HAND REICHEN

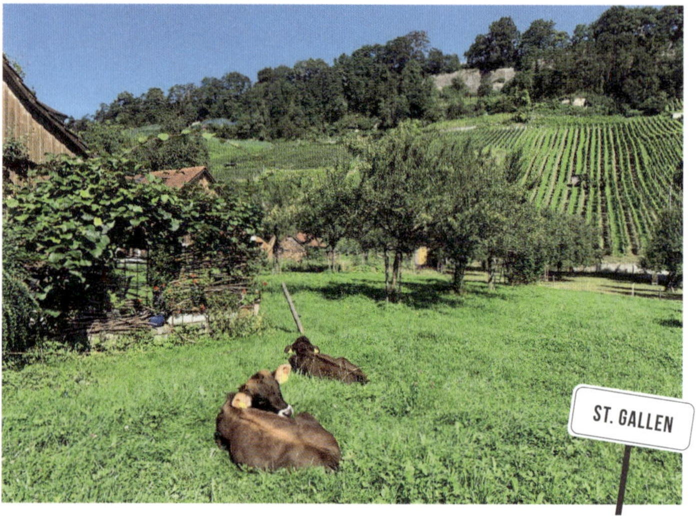

STARTPUNKT	ENDPUNKT
HEIDEN (STATION DER RORSCHACH-HEIDEN-BERGBAHN)	ROMAN RUTISHAUSER WEINGUT AM STEINIG TISCH, THAL
JAHRESZEIT	SCHWIERIGKEITSGRAD
GANZJÄHRIG	MITTEL
KARTE	DAUER
BLATT 217 T	2 STD. 15 MIN.
SEHENSWÜRDIGKEITEN	LÄNGE
ZAHNRADBAHN (ROHRSCHACH-HEIDEN-BERGBAHN). BIEDERMEIER-DORF HEIDEN, KIRCHE HEIDEN. TYPISCHE APPENZELLER BAUERNHÖFE. STEINIGER TISCH.	7,7 KM
	AUFSTIEG / ABSTIEG
	201 M / 572 M

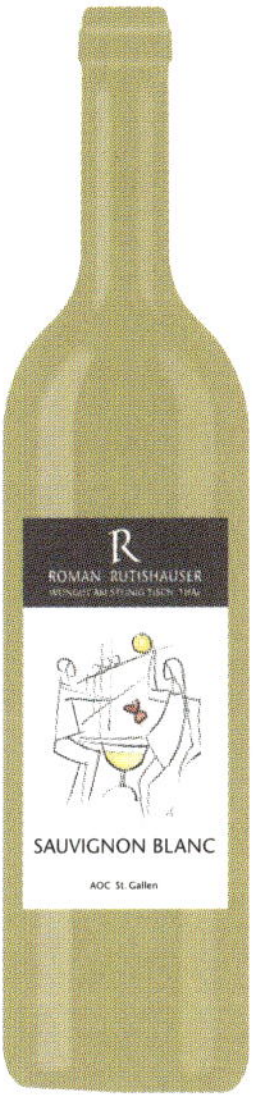

SAUVIGNON
BLANC

SAUVIGNON BLANC

**ROMAN RUTISHAUSER
WEINGUT AM STEINIG
TISCH**

WEISS

HOLUNDER UND STACHELBEERE: FRISCHE FRÜCHTE

WUNDERBAR STRAFF, KNACKIG; GRAPEFRUIT UND REIFE EXOTISCHE FRÜCHTE IM ABGANG

TROCKEN,
STILL

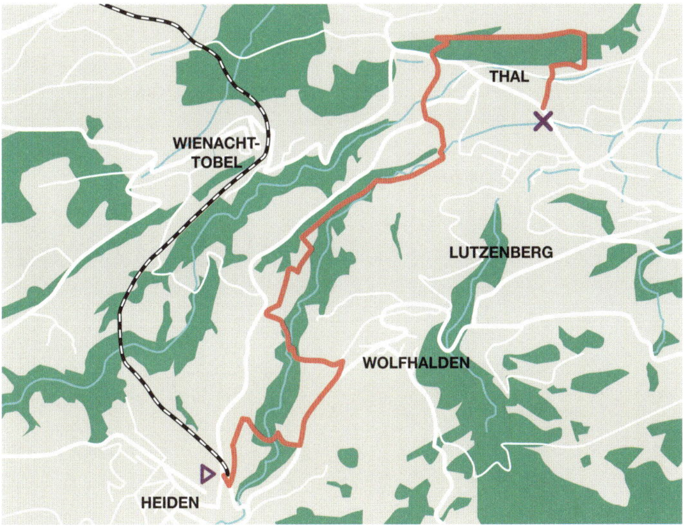

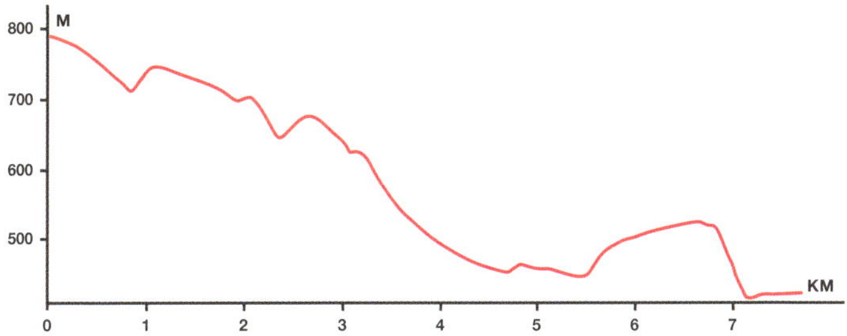

WEGBESCHREIBUNG

Von der Bahnstation Heiden lauft ihr nach links auf die Brunnhaldenstrasse (die Bahnhofstrasse geht rechts ab) und biegt an der ersten Ecke links auf die Paradiesstrasse ab. Folgt der Strasse, bis sie sich teilt, und haltet euch dann rechts (aber nicht den Fusspfad nehmen, der davor rechts abgeht!). Die Strasse verwandelt sich bald in einen markierten Fussweg. Geht in Richtung Stöckli. Von hier aus bis nach Thal hinunter streift die Route Dörfer und führt durch Felder und Wald – der Inbegriff der postkartenschönen Appenzeller Landschaft! Kurz vor Stöckli verlasst ihr den Fussweg und biegt rechts auf eine kleine Strasse ab, die durch den Wald nach List führt. Die Route führt über den Gstaldenbach, der sich hier kurzzeitig verbreitert, und ein Stück an ihm entlang. Folgt dem Weg, lauft durch den Wald bergauf, mit Feldern zu eurer Linken, bis zu einer Strasse namens Wüschbach und biegt links ab. Die Strasse nimmt die Namen der Dörfer an, die sie passiert: Kaltenbrunnen, dann Luchten. Die Strasse, die durch Luchten hindurchführt, geht links ab und wird zu einer Nebenstrasse. Folgt ihr bis zur Ecke Hinterdorf und biegt hier scharf links ab. Die Strasse – aus Hinterdorf wird Vogelherd – schlängelt sich durch den Gstaldenbacher Wald wieder bergab und verliert etwa 75 Höhenmeter. Ihr lauft auf die kleine Häuseransammlung namens Unteren zu. Dann biegt ihr rechts auf Gehrn ab und bald darauf, bei den nächsten Häusern, biegt ihr links ab (falls ihr hier versehentlich geradeaus weiterlauft, ist das nicht tragisch, da sich beide Optionen ein wenig später vereinigen).

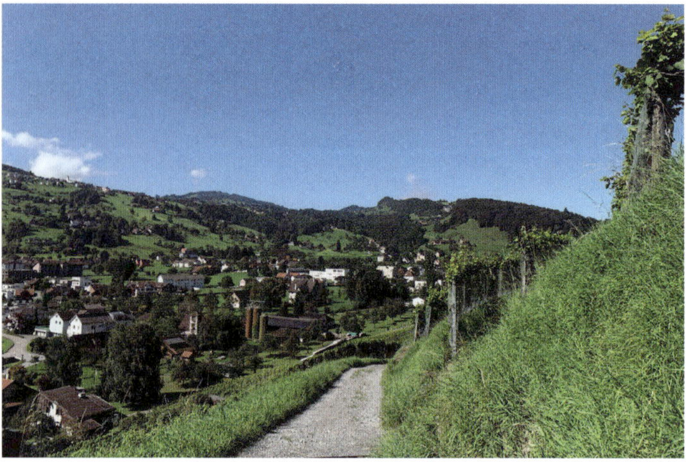

Folgt der Strasse Gehrn, die sich durch die Hügel schlängelt und schliesslich parallel zum Gstaldenbach verläuft. Überquert den Fluss bei Hinterlochen und lauft dann am rechten Ufer auf der Bodenstrasse entlang. Ihr befindet euch nun im Kanton St. Gallen. Biegt links ab, um den Fluss noch einmal zu überqueren (links steht ein Bauernhof), und folgt dem Fussweg, der mehr oder weniger geradeaus führt, bis ihr auf die Heidlerstrasse stosst. Auf die biegt ihr rechts ab, dann links (aber nicht

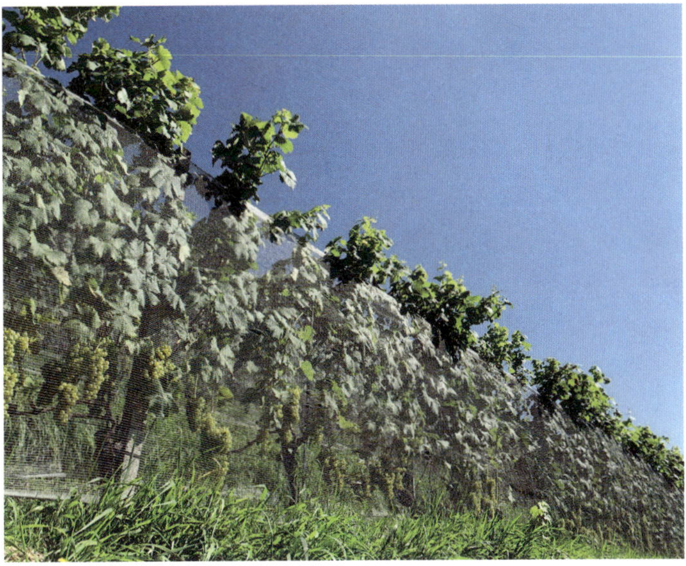

scharf links auf den Katzensteig!) auf den Fussweg mit mehreren Gebäuden auf der rechten Seite, der über eine kleine Brücke führt. Dieser Weg, der Käsiweg, entpuppt sich als schmale Strasse, die durch Felder zur Dorfstrasse führt: Sie ist das eine Ende der Hauptstrasse von Thal, und oberhalb befindet sich der «Steinige Tisch», eine eindrucksvolle Felswand, an die sich Rebberge schmiegen.

Überquert die Strasse und folgt dem Krummbuechstig bergauf durch die Rebberge. Oben angekommen, biegt ihr rechts ab und folgt dem ausgeschilderten Weg, der grösstenteils durch lichten Wald knapp oberhalb der Felswand auf der Höhe entlangführt. Ihr wandert weiter bis zum Steinigen Tisch – nehmt euch ein paar Minuten Zeit, um ein bisschen weiterzugehen, um in der Ferne den Bodensee, Deutschland und Österreich sehen zu können. Zurück am Restaurant, folgt ihr den Schildern «Treppe Steiniger Tisch» und lauft, meist über Stufen, durch die Rebberge mit den gepflegten Rutishauser Reben überwiegend auf der rechten Seite.

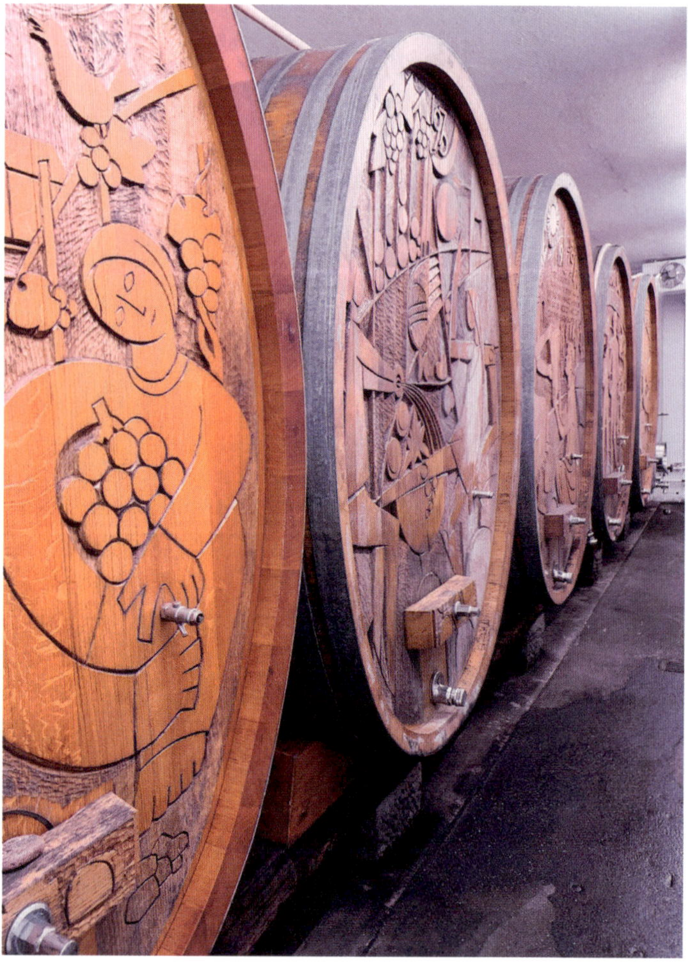

Unten angekommen, biegt ihr rechts auf den Weinbergweg ab, der nach links abbiegt und an einem hübschen kleinen Bauernhof und Obstbäumen vorbei zu einer kleinen Brücke führt. Ihr überquert sie und lauft geradeaus auf der Hofäckerenstrasse zur Dorfstrasse. Das Weingut ist genau gegenüber, auf der anderen Strassenseite.

Rückweg
Fünf Minten zu Fuss zum Bus.

Ergänzende Hinweise
Das Weingut befindet sich in einer kleinen Stadt, die zu den halb-urbanen Siedlungsgebieten am Bodensee gehört, sitzt aber auch am Rand der Kantonsgrenze zum Appenzell, dessen wellige Hügellandschaft direkt hinter dem Weingut beginnt. Die Route verbindet beides: Vom Steinigen Tisch aus liegen die Appenzeller Hügel malerisch da, und von diesen Hügeln aus hat man einen guten Blick auf die ungewöhnliche Felsformation und die Rebberge darunter. Diese Route führt grösstenteils durch offene Landschaft und über Feldwege und ist daher für Hunde gut geeignet.

ROMAN RUTISHAUSER, WEINGUT AM STEINIG TISCH

Das Familienunternehmen wurde von Romans Grossvater gegründet. Dieser betrieb eine Pflanzschule, in der neben seinen geliebten Rosen auch Weinreben wuchsen. Er ist auch verantwortlich dafür, dass entlang der Treppe auf den Steinigen Tisch durch die Rebberge Rosen wachsen! Romans Vater Christophe, der noch im Weingut aktiv ist, machte eine professionelle Kellerei daraus. Roman übernahm die Leitung 2015, nachdem er zuvor als Koch gearbeitet hatte. 2019 wurde der Betrieb von Gault&Millau zum «Swiss Rookie of the Year» gekürt. Von Anfang an setzte die Familie auf Biodiversität und nachhaltigen Weinanbau. Romans Expertise in Sachen Lebensmittel und Weinbegleitung hat ihm geholfen, hervorragende Weine zu entwickeln, darunter auch solche aus PIWI-Reben (besonders widerstandsfähige Züchtungen), die besonders gut für Restaurants funktionieren. Die von Rosen gesäumten Rutishauser Reben beherbergen eine Vielzahl an Tier- und Pflanzenarten und zählen zu den schönsten Rebbergen im ganzen Land – ein ideales Wanderziel.

Sauvignon Blanc: Der Winzer würde anmerken, dass dies zwar sein Verkaufsschlager, aber nicht sein bester Wein ist – natürlich nicht, denn er macht unter anderem sehr gute Pinot Noirs. Aber dieser Wein hier ist ein gutes Beispiel für die hohe Qualität, die dieser junge Winzer liefert.

ADRESSE

Roman Rutishauser Weingut am Steinig Tisch
Dorfstrasse 17
9425 Thal
+41 71 888 17 33
rutishauser-weingut.ch

DEGUSTATION

Nach terminlicher Absprache, 35 Franken/Person.
Feste, aber begrenzte Öffnungszeiten, sonst nach Vereinbarung.

ORTE IN DER NÄHE, AN DENEN DIE WEINE DIESER KELLEREI AUSSERDEM ZU FINDEN SIND

Ausflugsziel Steiniger Tisch, Felsenstrasse 4, 9422 Staad / 9425 Thal, +41 71 888 12 05
info@steinigertisch.ch
Restaurant Landhaus, Appenzellerstrasse 73, 9424 Rheineck, +41 71 888 12 60
info@landhaus-rheineck.ch

MAIENFELD

MIT TIEFGANG: SCHLUCHTEN UND ALTE THERMALQUELLEN

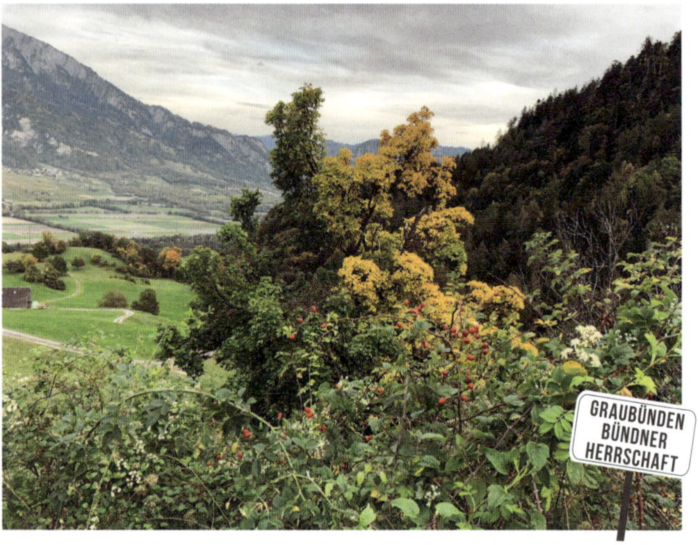

STARTPUNKT	ENDPUNKT
BAD RAGAZ, ANFANG DES BADWEGS (Z. B. HALTESTELLE BAD RAGAZ, TOBELBRÜCKE)	MÖHR-NIGGLI WEINBAU, MAIENFELD
JAHRESZEIT	SCHWIERIGKEITSGRAD
APRIL–NOVEMBER	ANSPRUCHSVOLL

KARTE

BLATT 237 T

SEHENSWÜRDIGKEITEN

TAMINASCHLUCHT. ALTES BAD PFÄFERS (QUELLGROTTE MIT THERMALWASSER).
KAPELLE ST. EVORT. RUINE WARTENSTEIN.
ÄLTESTES BAROCKES BADEHAUS DER SCHWEIZ.
WEINDORF MAIENFELD.

DAUER

4 STD. 30 MIN.

LÄNGE

15,5 KM

AUFSTIEG / ABSTIEG

591 M / 581 M

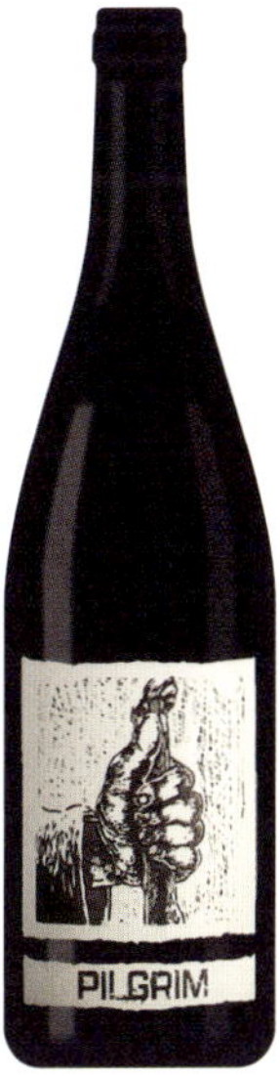

PINOT NOIR

PILGRIM

MÖHR NIGGLI WEINGUT

ROT

TIEF, REICHHALTIG,
AUFREGENDE
BEERENAROMEN

HERRLICH TIEF,
LANG,
LEICHT WÜRZIG

TROCKEN, STILL,
IM EICHENFASS VERGOREN
UND BIS ZU 18 MONATE IM
FASS GEREIFT

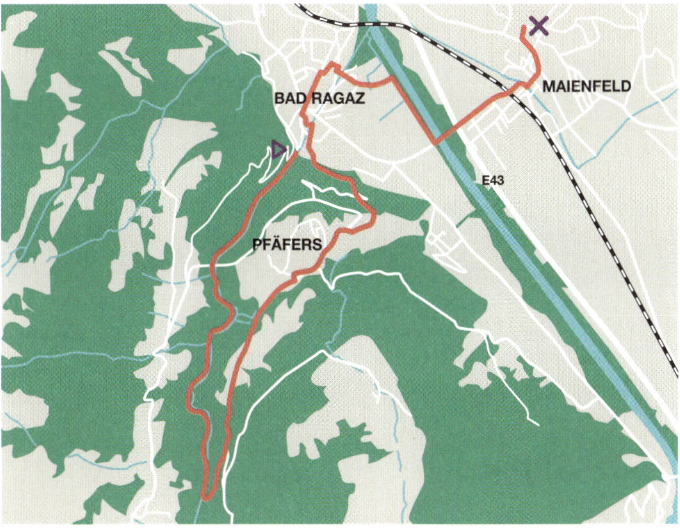

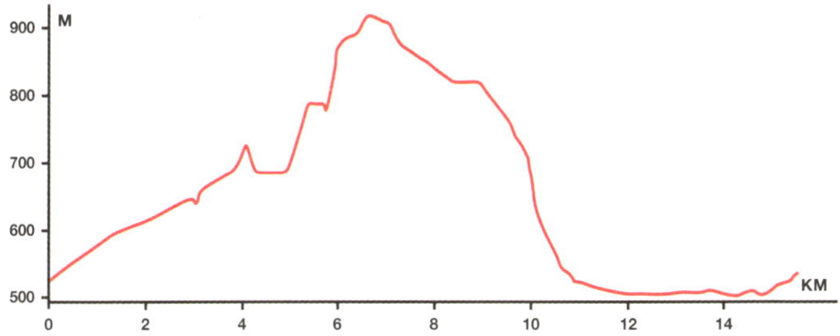

WEGBESCHREIBUNG

Die Route beginnt am oberen Ende des Badekur- und Kunstorts Bad Ragaz, wo der Badweg durch die Taminaschlucht beginnt. Die erste Hälfte der Route führt sanft bergauf auf einer häufig schattigen, auf beiden Seiten von Wald gesäumten Strasse, auf der eigentlich nur das Postauto und Servicefahrzeuge verkehren. Dementsprechend wird sie gerne für Hundespaziergänge und von Schulgruppen oder Familien mit Kinderwagen genutzt. Es gibt wenige andere Wege zur Schlucht. Die Strasse endet am Restaurant Altes Bad Pfäfers und den beiden Museen. Das Bädermuseum zeigt die Geschichte des ältesten erhaltenen Barockbads der Schweiz und die Geschichte des Badens überhaupt, während das Klostermuseum über die alte Benediktinerabtei aufklärt, die das Heilbad früher verwaltete.

An diesem Punkt beginnt der Weg steiler anzusteigen. Nehmt den Wanderweg rechts und folgt den Schildern Richtung Pfäfers via Naturbrücke. Die Brücke ist einfach ein sehr kurzer geschotterter Fussgängersteg über die Schlucht. Von hier aus folgt ihr den Schildern Richtung Pfäfers – und bereitet euch darauf vor, scheinbar endlos viele Stufen zu erklimmen! Die Treppe taucht plötzlich an einem Feldweg auf, neben offenen Wiesen, und ist eine abrupte Veränderung von Geschwindigkeit und Landschaft. Folgt weiterhin den Schildern Richtung Pfäfers, wenn die Route vom unbefestigten Weg auf die Hauptstrasse wechselt und in die Stadt hineinführt.

Wenige Schritte abseits der Route in Pfäfers befindet sich die Kapelle St. Evort aus dem 14. Jahrhundert mit einem kunstvoll bemalten Innenraum. Lauft weiter zur alten Benediktinerabtei, die auf Bad Ragaz herunterblickt und heute die kantonale psychiatrische Klinik beherbergt. Dort, wo die Strasse an der Klinik eine Kurve macht, folgt ihr den Schildern Richtung Ruine Wartenstein – plötzlich liegt euch das Rheintal zu Füssen – und lauft weiter zur Ruine der Burg, die einst die alte Römische Handelsroute und die Heerwege überwachte.

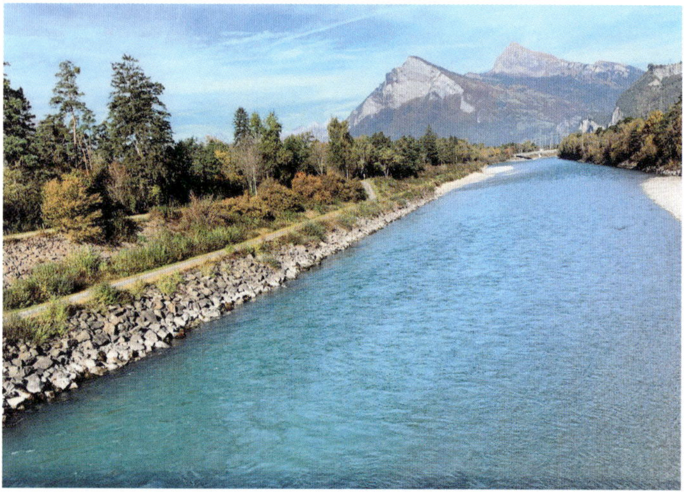

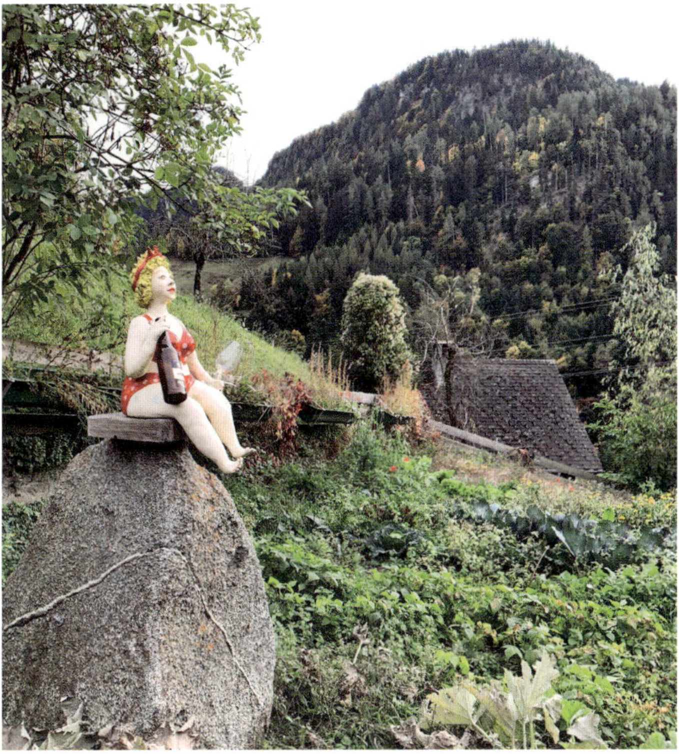

Durch den Wald führt der Weg steil bergab nach Bad Ragaz zurück. Die schönen Bauwerke dieses Städtchens zeugen von seiner Blütezeit als nobler Kurort im 19. Jahrhundert. Der Kanton St. Gallen übernahm in der ersten Hälfte des 19. Jahrhunderts die alten Thermalbäder von der Benediktinerabtei und eröffnete 1840 eine 4 km lange Strasse namens «Badweg», um die unterhalb gelegene Ortschaft per Rohrleitung mit dem Wasser aus den heissen Quellen zu versorgen. Für Gäste des historischen Grandhotels ist der Eintritt in das öffentliche Thermalbad im Preis inbegriffen, manche Hotels verfügen auch über eigene Thermen. Ihr spaziert durch die Bahnhofstrasse, in der 2021 im Rahmen der alle drei Jahre stattfindenden Freiluftausstellung «Bad RagARTz» eindrucksvolle Kunstwerke zu sehen waren. Gegenüber der Grossfeldstrasse biegt ihr rechts in die Kirchgasse ab (nicht zu verwechseln mit der anderen Kirchgasse am oberen Ende der Bahnhofstrasse!) und biegt dann links ab (es ist immer noch die Kirchgasse). Am Natschengässli geht ihr rechts, nehmt dann die erste rechts und die erste links und landet auf der Sandstrasse. Dieser Strasse folgt ihr über den Kanal und lauft geradeaus weiter. Die Sandstrasse wird zur Seestrasse, wenn ihr zum Parkareal kommt, das sich am Ufer des Rheins erstreckt. Lauft bis ans Wasser und folgt dem Fussweg nach rechts. Der Rhein ist nun links von euch, ein Golfplatz auf der rechten Seite. An der Brücke lauft ihr zu der viel befahrenen Strasse hinauf und geht auf ihr nach Maienfeld in den Kanton Graubünden hinüber.

Nach einem kleinen Industriegebiet kommt rechts der Bahnhof. Nach der scharfen Rechtskurve an der Abzweigung von Bad Ragazerstrasse und Aeuli biegt ihr links ab Richtung Altstadt. Schloss Maienfeld ist auf

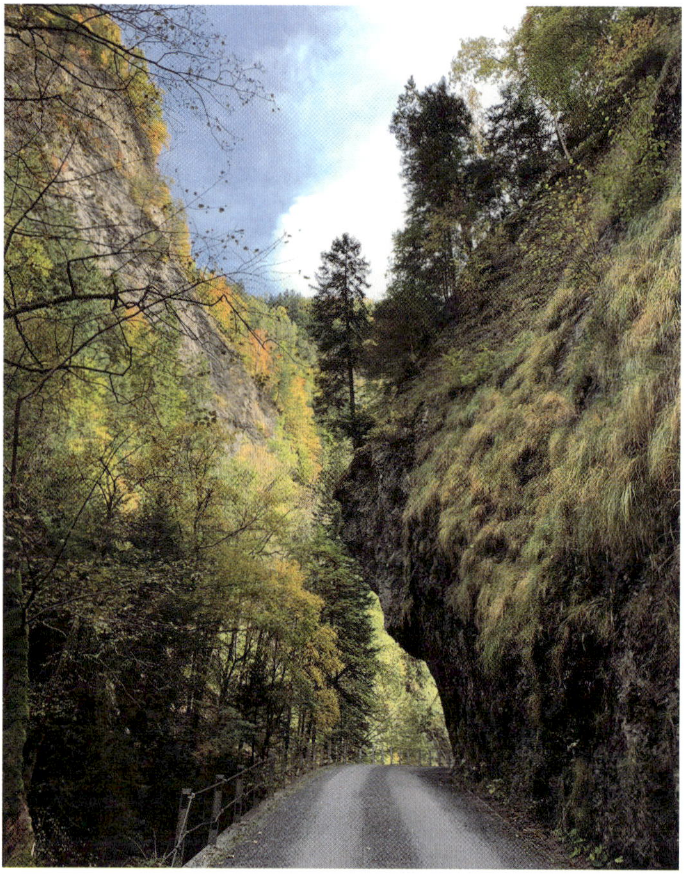

der linken Seite, ebenso der Klostertorkel, und die Strasse ändert ihren Namen in Stutz, gefolgt von Städtli und Steigstrasse. An der Abzweigung Fläscherstrasse, mit dem Laden von Lipp Weingut & Destille, windet sich die Strasse nach rechts. Ihr lauft bis zur nächsten Ecke weiter und findet auf der rechten Seite das Weingut.

Rückweg

Das Weingut ist nur wenige Gehminuten vom Bahnhof Maienfeld und regionalen Buslinien entfernt.

Ergänzende Hinweise

Die Route führt auf der einen Seite der Taminaschlucht hin und auf der anderen, an der Felswand entlang, zurück – das wäre ein mittlerer Schwierigkeitsgrad, aber zur Route gehört auch eine eindrucksvolle Zahl hölzerner Stufen nach der Naturbrücke. Das Alte Bad Pfäfers ist auf jeden Fall einen Abstecher wert (450 m pro Richtung), um die Quellgrotte zu besuchen, wo das heisse Wasser austritt.

Bad Ragaz liegt am südlichen Ende des Kantons St. Gallen, aber Maienfeld gehört zu Graubünden, was manche überrascht, da die Stadt St. Gallen viel weiter nördlich liegt, relativ nah an der Grenze zu Deutschland und Österreich.

MÖHR NIGGLI WEINGUT

Matthias und Sina Gubler-Möhr stammen beide aus langjährigen Winzerfamilien. Sie produzieren eine Reihe von herausragenden Pinot-Noir-Weinen, bestes Weinhandwerk. Ihr Stil ist teilweise durch die langen Jahre beeinflusst, die sie in Kalifornien verbrachten, und durch die Tatsache, dass er in Basel aufgewachsen ist und ein Teil ihrer Weine aus Basler Weintrauben gemacht wird. Wenn man sich mit ihnen unterhält, geht es schnell um die Böden: Geologisch betrachtet gehört Basel zum nördlichen Jura, und der Boden der steilen Hänge, an denen ihre berühmten Clos-Marta-Reben wachsen, ist rot. Matthias Gubler beschreibt ihn als «alten Meeresboden», viel Eisen, wenig Kalkstein. Der Pilgrim ist ihr Spitzenprodukt der Linie Graubünden Pinot Noir und kann mit den Besten in dieser weltberühmten Pinot-Region mithalten. Von einem Dorf zum nächsten ändert sich der Boden kaum, aber die Unterschiede im Mikroklima wirken sich deutlich aus.

Pilgrim: Die Reben in Maienfeld liegen relativ hoch auf 550–600 Metern und sind über 30 Jahre alt. Die Trauben werden von Hand geerntet, dabei bleiben bei einem grossen Teil die Stiele an den Beeren. In grossen Bottichen erfolgt die Gärung, und der Wein reift 16–18 Monate in Fässern.

ADRESSE

Möhr-Niggli Weingut
Steigstrasse 22a
7304 Maienfeld
Tel: +41 81 330 10 83
Mobil (Sina): +41 79 705 97 28
Mobil (Matthias): +41 79 641 01 32
Info@moehr-niggli.ch
moehr-niggli.ch

DEGUSTATION

Kostenlos.

ORTE IN DER NÄHE, AN DENEN DIE WEINE DIESER KELLEREI AUSSERDEM ZU FINDEN SIND

Alter Torkel, Jeninserstrasse 3, 7307 Jenins,
+41 81 302 36 75
genuss@alter-torkel.ch
Restaurant Falknis, Bahnhofstrasse 10, 7304 Maienfeld,
+41 81 302 18 18
info@restaurantfalknis.ch

JENINS

DIE WAHRE (ROMANFIGUR) HEIDI, BÜNDNER HERRSCHAFT

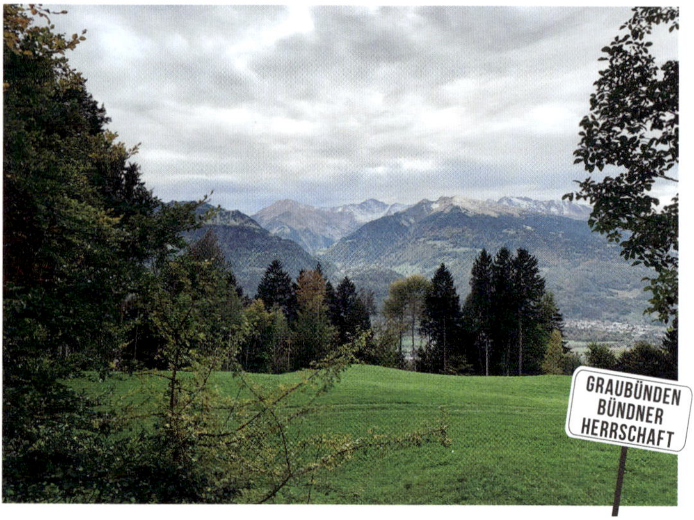

STARTPUNKT	ENDPUNKT
FLÄSCH, DORF (BUSHALTESTELLE)	WEINGUT EICHHOLZ, JENINS
JAHRESZEIT	SCHWIERIGKEITSGRAD
GANZJÄHRIG	LEICHT
KARTE	DAUER
BLATT 238 T	2 STD. 20 MIN.
SEHENSWÜRDIGKEITEN	LÄNGE
BÜNDNER HERRSCHAFT. HEIDIDORF MIT HEIDIHAUS UND ALPHÜTTE.	8,5 KM
	AUFSTIEG / ABSTIEG
	291 M / 263 M

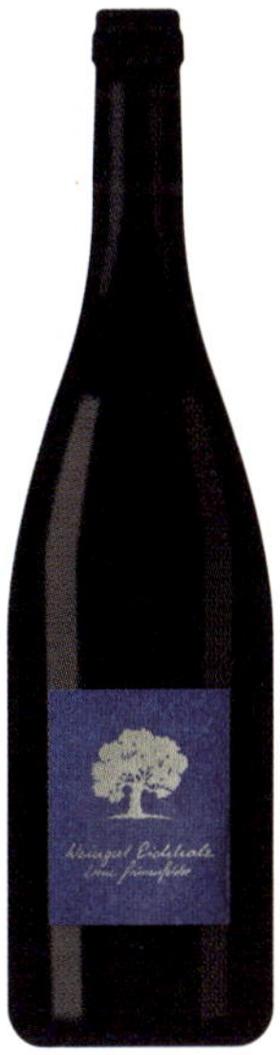

PINOT NOIR

ALTE REBEN
WEINGUT EICHHOLZ

ROT

ROTE BEEREN,
SCHWARZE JOHANNISBEERE
UND FEINE KRÄUTER

ELEGANT,
SEHR KLASSISCH,
HARMONISCH,
GUTE BALANCE

TROCKEN,
STILL

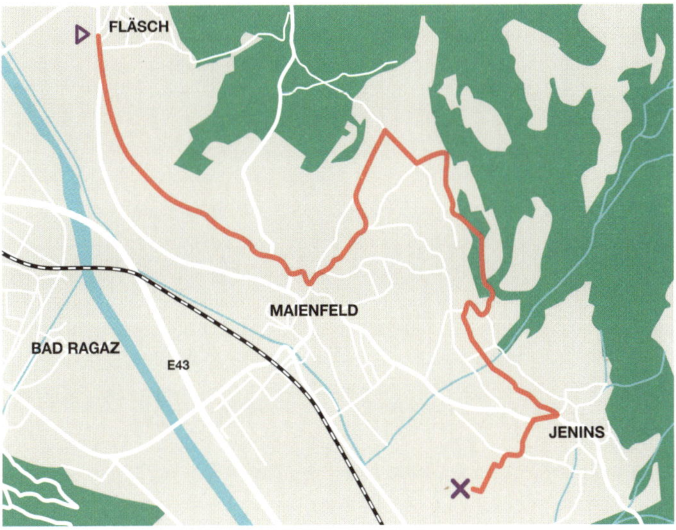

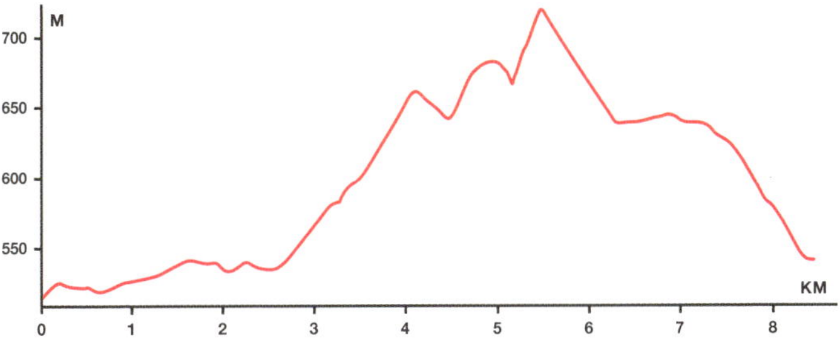

WEGBESCHREIBUNG

Von der Bushaltestelle in Fläsch – einem Dorf mit so vielen guten Weingütern, dass es schwerfallen kann, sich zum Wandern aufzuraffen – folgt ihr den Schildern der «Weinrunde Maienfeld-Fläsch» Richtung Maienfeld. Ihr überquert den Kanal und betretet die Welt der Rebberge. Der gut beschilderte Weinwanderweg ist bei Einheimischen – insbesondere solchen mit Hund – beliebt, da er weitgehend eben ist und man einen schönen Blick hat. Folgt der Route bis zum oberen Ende von Maienfeld, lauft aber nicht bis zur Ortsmitte, sondern biegt an der Vorstadtgasse nach links ab.

Ihr lauft bis zur Weggabelung und nehmt die rechte Option namens Bovelgasse. Kurz danach gibt es eine weitere Weggabelung, wo ihr euch links haltet, um auf der Bovelgasse zu bleiben. Ihr geht jetzt durch offene Felder bis zur nächsten Weggabelung, wo ihr die linke Option wählt. Dann lauft ihr geradeaus weiter bis zu einer T-Kreuzung und biegt rechts ab. Die Strasse führt zum Heididorf, einer sehr beliebten Touristenattraktion, die entsprechend lückenlos ausgeschildert ist. Hier wurden das Wohnhaus, der Ziegenstall und andere Schauplätze aus dem berühmten Roman *Heidi* der Schweizer Autorin Johanna Spyri authentisch nachgebildet. Ihr lauft an Heidistatue und -park vorbei zum Heidihof und folgt dem schmalen, steilen Pfad zur Heidialp hinauf.

Von der Alp aus, mit ihren offenen Weiden auf 450 m Höhe, hat man eine herrliche Aussicht. An diesem idyllischen Ort kann man sich die kleine Heidi im Sommer gut vorstellen. Der Weg dorthin, im Zickzack durch den Wald, ist allerdings nicht besonders spannend. Daher verlässt die Route diesen Weg an der ersten engen Linkskehre, und ihr folgt dem beschilderten Fussweg Richtung Jenins. Es besteht zwar die Möglichkeit, weiter hinaufzusteigen und von dort aus einen der Pfade nach Jenins zu nehmen, diese sind aber holprig, weniger gut beschildert und durchqueren manchmal Kuhweiden, was heikel sein kann, vor allem, wenn Kälber und Mutterkühe auf der Weide sind.

Die beschilderte Route führt zunächst auf Fusswegen, dann auf kleinen Strassen durch ein kleines Waldstück und durchquert dann offene Felder und Weiden mit kleinen Kuh- und Schafherden. Ihr überquert einen Bach, und die bäuerliche Idylle geht langsam in die Rebberge von Jenins über. Auf dem Oberen Rofelserweg gelangt ihr zum zentralen Platz am Rathaus von Jenins, wo sich auch die Bushaltestelle befindet. Biegt rechts ab und lauft bergab, vorbei an zwei Restaurants auf der rechten Seite und am Restaurant Alter Torkel auf der linken: Da biegt ihr links ab und lauft durch die Rebberge. Dort, wo diese Strasse eine weitere kleine Strasse kreuzt, biegt ihr rechts ab und danach links auf ein anderes Strässchen. Das grosse Gebäude des Weinguts ist vom Weg aus zu sehen, ihr könnt es also nicht verfehlen!

Rückweg
Mit dem Bus ab Jenins, Rathaus, oder ihr läuft nach Malans weiter (35 Minuten).

Ergänzende Hinweise
Diese Wanderung ist für Familien geeignet und, mit Ausnahme des Abschnitts zwischen Heidihof und Kanal, kinderwagentauglich.

Gut zu wissen: In dieser Region sagt man zu einem Weingut «Torkel»!

WEINGUT EICHHOLZ

Irene Grünenfelder hat es als Selfmade-Winzerin, die Weine bester Qualität produziert, in der Welt des Weinanbaus früh zu Ansehen gebracht. In der Deutschschweiz ist sie mit ihrem kleinen Sortiment an handgemachten Weinen zu einer regelrechten Legende geworden. Sie betreibt das kleine Weingut heute zusammen mit ihrem Sohn, dem Weintechniker Johannes Hunger. Samstagvormittags ist das Gut zwar für den Verkauf geöffnet, aber eine Voranmeldung ist dennoch nötig!

Alte Reben: Zwölf Monate im Fass gereift. Ein anderer Pinot dieses Weinguts wird aus burgundischen Rebklonen gekeltert, aber dieser hier ist aus in der Schweiz selektionierten Pinot-Noir-Rebstöcken, deshalb ist es interessant, diese beiden aussergewöhnlich guten Weine miteinander zu vergleichen.

ADRESSE

Weingut Eichholz
Eichholz 2
7307 Jenins
+41 79 759 89 73
info@weinguteichholz.ch
eichholz-weine.ch

DEGUSTATION

Kostenlos. Nur auf Anfrage.

ORTE IN DER NÄHE, AN DENEN DIE WEINE DIESER KELLEREI AUSSERDEM ZU FINDEN SIND

Alter Torkel, Jeninserstrasse 3, 7307 Jenins,
+41 81 302 36 75
genuss@alter-torkel.ch

MALANS

GEMÜTLICHER SPAZIERGANG: FRÜHE STADTGESCHICHTE UND MODERNE BAUERNHÖFE

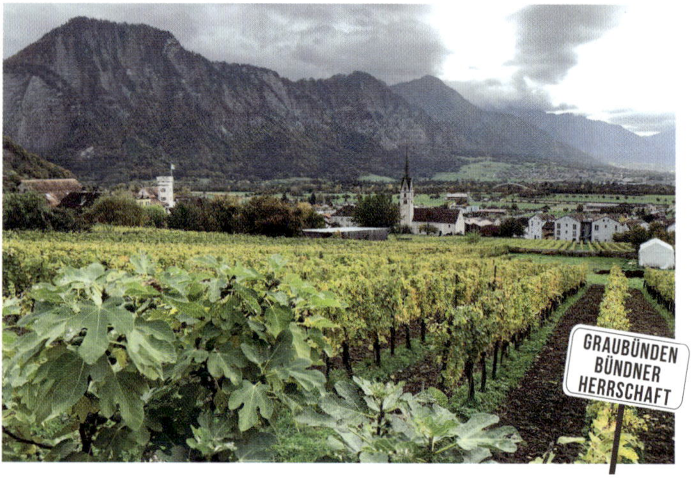

STARTPUNKT	ENDPUNKT
MALANS, POSTPLATZ (BUSHALTESTELLE)	WEINGUT DONATSCH, MALANS
JAHRESZEIT	SCHWIERIGKEITSGRAD
GANZJÄHRIG	LEICHT
KARTE	DAUER
BLATT 248 T	2 STD. 45 MIN.
SEHENSWÜRDIGKEITEN	LÄNGE
REBBERGE. KLEINE WEINGÜTER IN JENINS. HISTORISCHER ORTSKERN MALANS UND DIE WERKE DER ÖRTLICHEN KUNSTSCHAFFENDEN.	7,3 KM
	AUFSTIEG / ABSTIEG
	170 M / 158 M

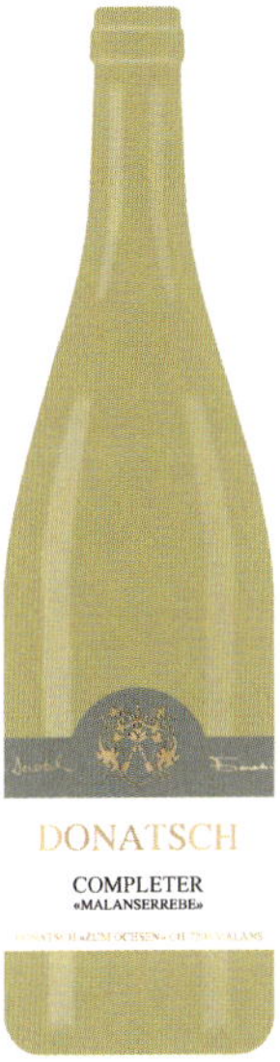

COMPLETER

MALANSERREBE COMPLETER

WEINGUT DONATSCH

WEISS

KLASSISCH – QUITTE, REIFE ÄPFEL, MANDELN

MERKLICHE ACIDITÄT MIT KOMPLEXEN FRUCHTNOTEN UND ETWAS SÜSSE

HALBTROCKEN, STILL

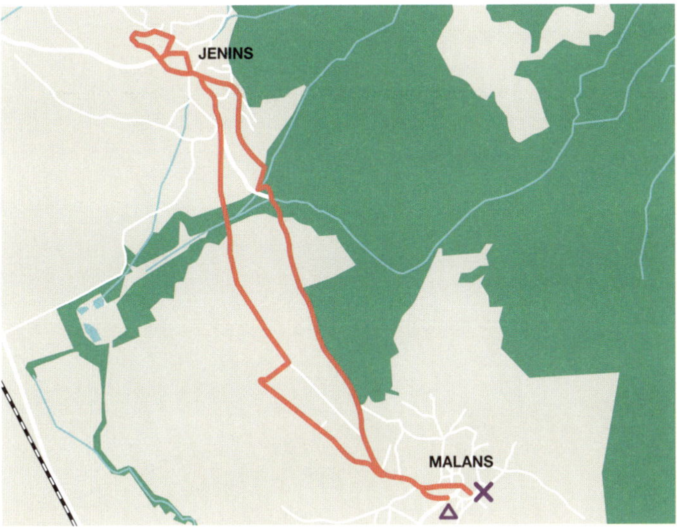

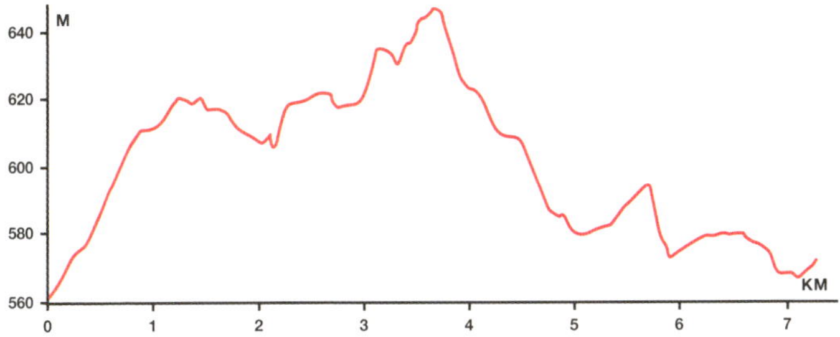

WEGBESCHREIBUNG

Von der Bushaltestelle aus lauft ihr nach Westen, weg vom Dorfplatz, der ein paar Meter oberhalb liegt. Folgt der Kirchgasse, die zur Jeninserstrasse wird (dort, wo die Strasse sich gabelt, nehmt ihr die grössere Strasse rechter Hand). Ihr bleibt auf der Jeninserstrasse, die zwischendurch Gassa heisst (rechte Option bei einer Abzweigung), bis sie vor der Talstation der Älplibahn wieder zur Jeninserstrasse wird. Hier wechselt ihr auf den markierten Wanderweg und folgt ihm bis nach Jenins. Er verläuft parallel zur Strasse (die jetzt wieder Gassa heisst) und ist dadurch ideal für Leute mit Kinderwagen: Wenn der Fussweg zu uneben ist, kann man auf die Strasse ausweichen.

Die Route verlässt die Strasse am zweiten von zwei kleinen Flüssen, dem Selfirüfi. Überquert ihn und wendet euch nach rechts, lauft ein Stück bergauf und biegt links ins Dorf ab. Jenins ist ein hügeliges altes Bauerndorf, und ihr lauft auf und ab, während ihr dieses kleine, aber landwirtschaftlich rege Örtchen umrundet. Folgt mehreren kurzen Strassen: Pramalinis, Hinterwaldweg, rechts auf die Alte Poststrasse, links auf die Kreuzgasse, an der grossen Kreuzung am Rathaus (mit Bushaltestelle) rechts auf eine Strasse namens Ausserdorf, aus der später der Obere Rofelserweg wird.

Am Weingut Jürg Obrecht (Ausserweg 14) macht ihr kehrt und lauft zur grossen Kreuzung zurück, biegt links ab, lauft bergauf, biegt links ab und gleich danach noch einmal links auf den Plokweg und macht eine kurze Schleife nach rechts oder links. Dann lauft ihr noch einmal zurück zur grossen Kreuzung und von hier aus nach Malans zurück. Auf der Unterdorfstrasse lauft ihr bergab. An der nächsten grossen Abzweigung haltet ihr euch links, folgt der Rechtskurve, und wenn sich die Strasse danach teilt,

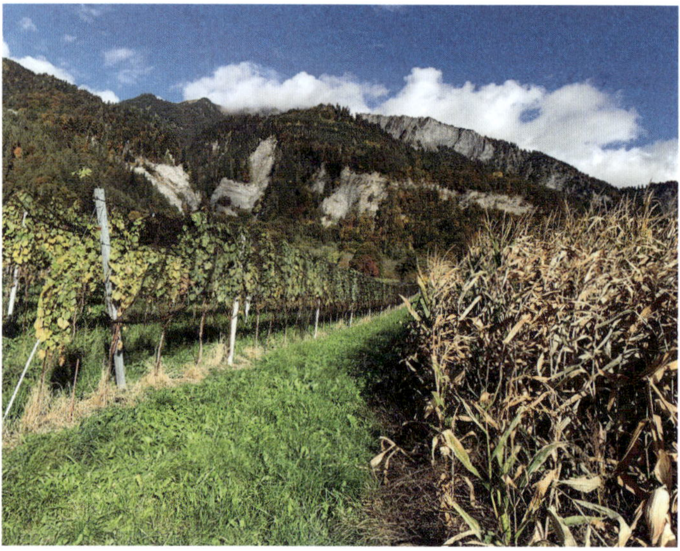

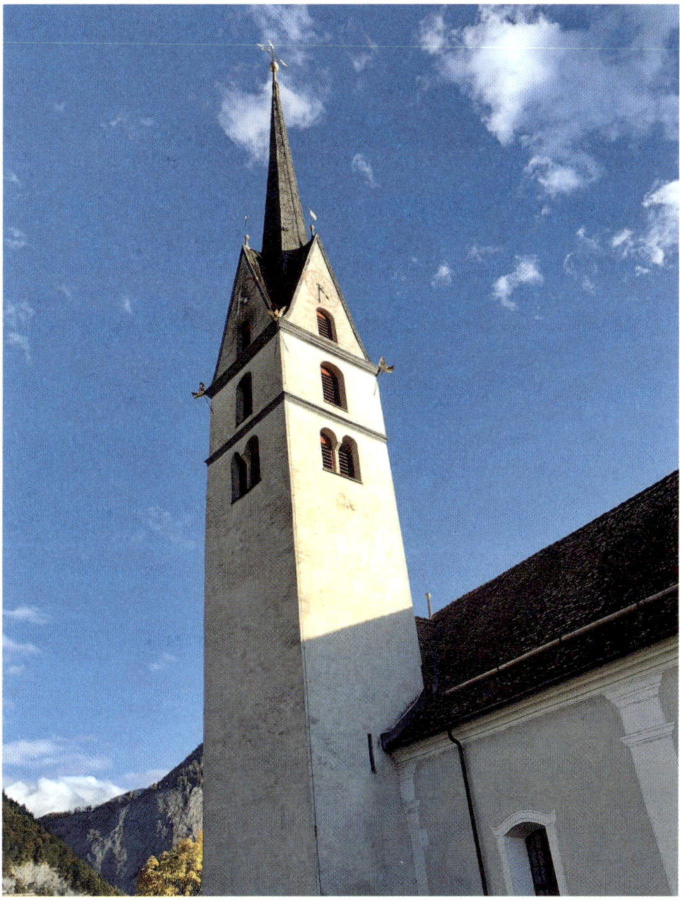

geht ihr rechts und folgt der Malanserstrasse ein kurzes Stück (hier gibt es keinen Gehweg, ihr müsst auf der Fahrbahn gehen). Zwei kleine asphaltierte Strassen gehen rechts ab, und gleich danach verlässt die Route die Hauptstrasse und führt geradeaus durch die Rebberge Richtung Malans. An einer Stelle biegt die Route nach rechts ab, dann wieder links und verläuft dann parallel zum tieferliegenden Weg durch die Rebberge. Die Strasse heisst Oberer Selviweg und führt direkt ins Ortszentrum. Vom zentralen Dorfplatz aus verläuft sie ca. 100 Meter der Sternengasse entlang, um zum Weingut zu gelangen.

Rückweg

Bis zur nächsten Bushaltestelle am Postplatz sind es nur wenige Minuten zu Fuss. Von dort fahren Busse zu verschiedenen umliegenden Bahnhöfen.

Ergänzende Hinweise

Die neue Weinhandlung und Degustationsbar am Dorfplatz von Malans führt die Donatsch-Weine nicht – dazu müsst ihr in den «Ochsen», der seit 125 Jahren zum Weingut dazugehört und zum Beispiel ein Degustationsbrett mit aktuellen eigenen Weinen anbietet. Am besten ruft ihr vorher an und reserviert.

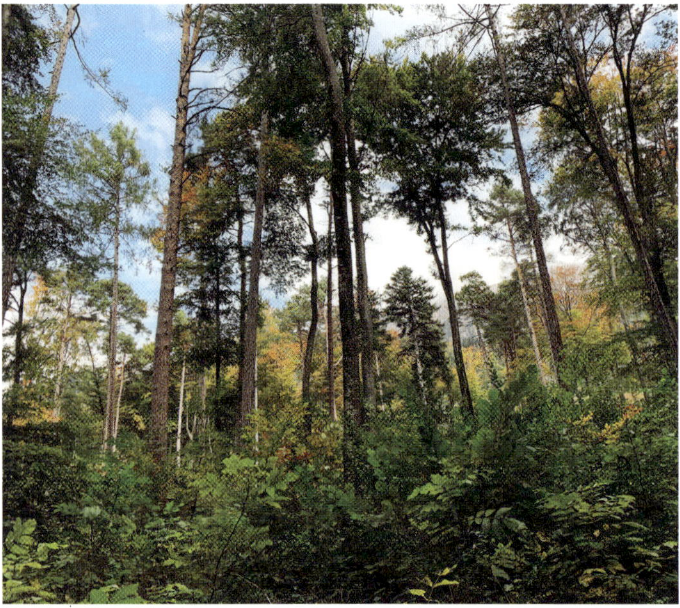

Dies ist ein herrlicher Spaziergang an einem sonnigen Tag, ideal für alle, die keine anstrengende Wanderung machen wollen. Die Tour ist auch für Familien mit kleinen Kindern inklusive Kinderwagen gut geeignet, da der Grossteil der Strecke über asphaltierte Weinberg- oder Dorfwege führt. Am Ortseingang von Jenins gibt es auch einen Spielplatz und einen kleinen Park. Die meisten Weingüter in Jenins sind sehr klein, aber oftmals national oder gar international sehr angesehen. Bei dem Spaziergang durch den Ort bekommt ihr vielleicht ein Gefühl dafür, wie aus so einem kleinen Dorf so gute Weine kommen können.

WEINGUT DONATSCH

Dass der Weinbaubetrieb der Familie Donatsch gerade auch im Ausland zu den bekanntesten Schweizer Weingütern zählt, ist ihrem erfolgreichen Exportgeschäft zu verdanken (nur wenige Schweizer Weingüter sind gross genug, um exportieren zu können) und natürlich der bestechenden Qualität ihrer Spitzenweine: Die Pinot Noirs haben mehrere internationale Preise gewonnen und bekommen regelmässig sehr hohe Punktzahlen. Die Chardonnays sind genauso hoch angesehen. Der Completer von Martin Donatsch gilt weithin als einer der besten aus dieser uralten, autochthonen Rebsorte, die fast verschwunden war, bevor eine kleine Gruppe von Winzern sie rettete. Die Familie keltert seit fünf Generationen Wein, und jede Generation hat einen neuen Aspekt eingebracht und das Renommee des Weinguts vergrössert. Fragt nach dem Keller, der sich unter den Strassen von Malans in ein Labyrinth aus verbundenen Kellerräumen erstreckt, die früher zu verschiedenen alten Häusern gehörten.

Completer: Completer ist eine uralte, sehr seltene Rebsorte, die in geringen Mengen in Graubünden und in noch geringerem Massstab im Wallis angebaut wird. Der Name der Rebsorte leitet sich vom *Completorium* genannten Abendgebet der Benediktinermönche ab, denn danach war ihnen ein Glas Wein erlaubt. Der Completer wird für seinen oxidativen Ausbau geschätzt und seine ausgeprägte Lagerfähigkeit: Er altert ausserordentlich gut. Er wird zwar spät geerntet (Spätlese-Typ), ist aber kein süsser Dessertwein. Mit dem Alter entwickelt er Honignoten, ohne an Süsse zu gewinnen – ein wahres Juwel, das man unbedingt probieren sollte, wenn sich die Gelegenheit bietet!

ADRESSE

Weingut Donatsch
Sternengasse 6
7208 Malans
+41 81 322 11 17
info@donatsch-malans.ch
donatsch-malans.ch
www.donatsch.info

DEGUSTATION

In der Winzerstube «Zum Ochsen», die ebenfalls im Besitz der Familie Donatsch ist, sind die Weine glasweise erhältlich. Für 18 Franken bekommt man vier der acht Weine, die im Offenausschank angeboten werden. Es gibt auch Degustationsmenüs, und neben Top-Weinen kommen auch die einfachen, guten Tafelweine nicht zu kurz.

ORTE IN DER NÄHE, AN DENEN DIE WEINE DIESER KELLEREI AUSSERDEM ZU FINDEN SIND

Chawi's Malanser-Stube, Karlihofstrasse 2, 7208 Malans,
+41 81 322 40 61
info@chawis-malanserstube.ch
Restaurant Weiss Kreuz, Dorfplatz 1, 7208 Malans,
+41 81 735 25 00
info@weisskreuzmalans.ch

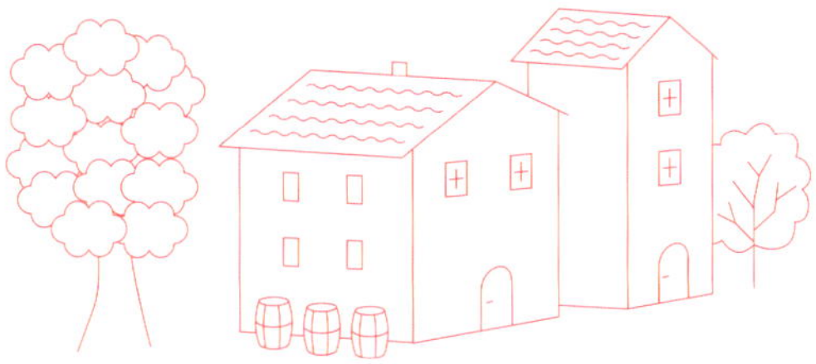

MALANS

SCHWEIZER REKORD: DIE MEISTEN HÖHENMETER OHNE UNTERBRECHUNG

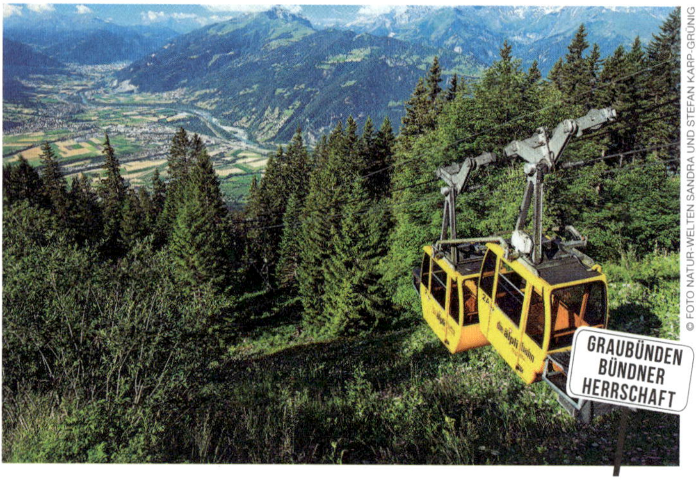

STARTPUNKT	ENDPUNKT
MALANS, TALSTATION ÄLPLIBAHN	WEINGUT FROMM, MALANS
JAHRESZEIT	SCHWIERIGKEITSGRAD
MAI–OKTOBER ODER NOVEMBER, ZU BETRIEBSZEITEN DER ÄLPLIBAHN	ANSPRUCHSVOLL
KARTE	DAUER
BLATT 238 T	3 STD. 20 MIN.
SEHENSWÜRDIGKEITEN	LÄNGE
BLICK AUF DAS GRAUBÜNDNER RHEINTAL.	12,3 KM
	AUFSTIEG / ABSTIEG
	677 M / 1869 M

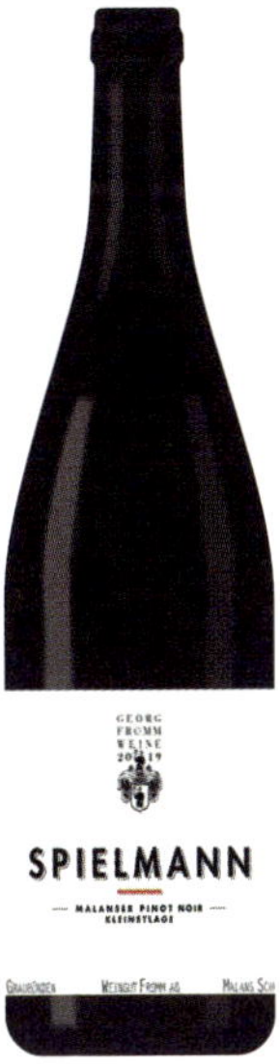

PINOT NOIR

PINOT NOIR SPIELMANN

WEINGUT GEORG FROMM

ROT

BEEREN

SEHR SCHÖNE STRUKTUR,
LANGER ABGANG,
SCHWARZE JOHANNISBEERE
UND BITTERMANDEL

TROCKEN,
STILL

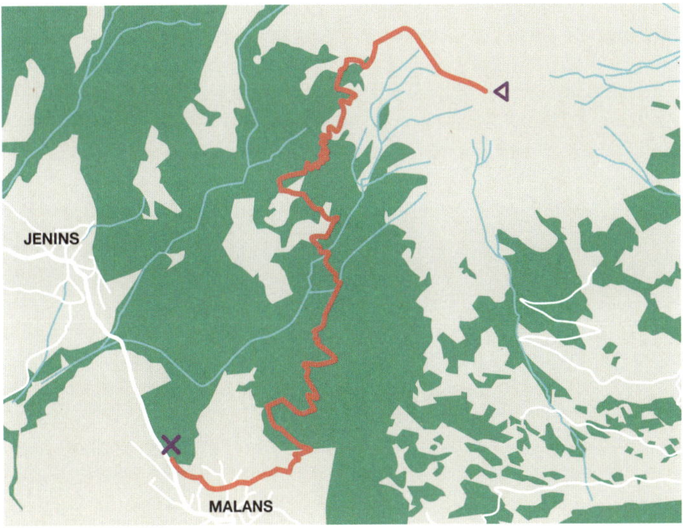

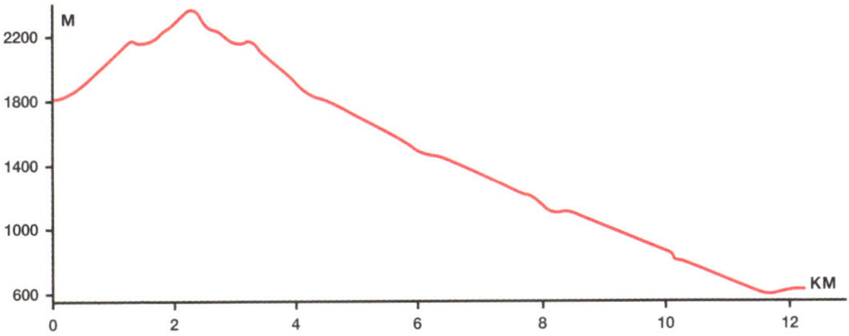

WEGBESCHREIBUNG

Ihr nehmt in Malans die Älplibahn, eine kleine, zweispurige Pendelseilbahn für maximal acht Personen, die vorab immer telefonisch reserviert werden muss – sie wirbt mit dem Slogan: «*die* wer nicht vorher bucht, muss sich nicht wundern, sondern wandern *bahn*». Sie hält den Schweizer Rekord für die meisten Höhenmeter (ca. 1200 Meter) ohne Zwischenhalt. Als die Bahn 1941 in Betrieb genommen wurde, diente sie als Militärseilbahn, um die an der Grenze stationierten Truppen mit Nachschubmaterial zu versorgen, wie es auf der Webseite heisst: «Während 1938 von der österreichischen Seite aus eine Strasse bis in Grenznähe erstellt wurde, mussten die Schweizer Grenzschutztruppen Munition und Verpflegung in einem beschwerlichen Aufstieg von Jenins an die Gebirgsfront tragen.» Die Finanzierung der Baukosten wurde rasch genehmigt und die in Hochseilbahnen erfahrene «Malanser Forsttruppe» zum Bau der Materialseilbahn abkommandiert. Seitdem wurde sie mit Unterstützung der Schweizer Armee mehrfach umgebaut. Es wurden ein Verein und eine Genossenschaft gegründet, und Freiwillige sorgen für den Betrieb und die Instandhaltung.

Die Talstation im Buochwald befindet sich auf 605 m ü. M., die Bergstation mit Restaurant auf 1802 m ü. M. Die Wanderung beginnt an der Bergstation und folgt der einfachsten Standardroute (rot-weiss markiert) zum 2375 m hohen Vilan. Für den 3.5 km langen Aufstieg solltet ihr mindestens zwei Stunden einplanen und noch einmal eineinhalb Stunden für den Rückweg zur Älplibahn. Da hier mehrere beliebte Hochgebirgsrouten starten, sind meist viele Wanderer unterwegs.

Für den Abstieg nach Malans gibt es mehrere Optionen, aber die hier gewählte Route ist die kürzeste und folgt grob der Seilbahn. Von der Bergstation der Älplibahn aus folgt ihr den Schildern Richtung Malans. Bis Älpliwald bleibt der Weg nah an der Seilbahn, danach führt die Route durch das Gebiet Heuwald und mal durch Wald, mal durch offene Abschnitte. (Auf 1245 m ü. M. teilt sich der Weg: Die rechte Option – die ebenfalls in Malans herauskommt – führt über die Burgruine Wynegg und überquert danach die Üll.) Folgt der Route, überquert ein Flüsschen und ignoriert drei kleinere Wege, die unterwegs abzweigen. Die letzten 100 m des Abstiegs lauft ihr durch das obere Ende von Malans. Biegt unter dem Bahnhof links in die Gassa ein, dann gleich links in die Degenstraße, folgt ihr bis zum Ende und biegt rechts in die Hintergasse ein. Das Weingut befindet sich nach wenigen Metern auf der rechten Seite.

Rückweg
Fünf Minuten Fussweg vom Weingut, kurz unterhalb des Dorfplatzes, befindet sich eine Bushaltestelle (Malans, Postplatz) mit guter Anbindung zum Bahnhof Landquart.

Ergänzende Hinweise
Eine gute Wanderung mit reichlich Höhenmetern für alle, die mehr wollen, als einfach nur bequem durch Rebberge zu spazieren. Und wer

beides will, kann diese Wanderung mit der Runde Malans-Jenins (Wanderung Nr. 43) verbinden. Es gibt auch einen Wanderweg von der Bergstation nach Jenins.

Die Älplibahn muss immer telefonisch reserviert werden: Tel. +41 81 322 47 64.

WEINGUT GEORG FROMM

Georg Fromm war schon ein erfolgreicher Weinproduzent in der Schweiz und Leiter eines Familienunternehmens, als er mit seiner Frau nach Neuseeland ging, um sein Glück in Marlboro zu versuchen. Sie bauten dort einen zweiten Betrieb auf, ohne das Weingut in der Schweizer Heimat ganz aus den Augen zu lassen, und zählten bald zu den besten Pinot-Noir-Erzeugern Neuseelands. Mit einem reichen Erfahrungsschatz aus der neuen Welt kehrten die beiden nach Malans zurück, um den Familienbetrieb auszubauen, der heute weithin als eines der besten Weingüter der Schweiz gilt, insbesondere im Bereich Pinot Noir (sechs ihrer acht Rotweine sind Pinots). Sie betreiben auch ein Guesthouse für bis zu sieben Personen, und Sohn Marco ist ebenfalls ins Unternehmen eingestiegen.

Pinot Noir Spielmann: Ein perfektes Beispiel dafür, welche grossen, eleganten Pinot Noirs diese Region berühmt gemacht haben.

ADRESSE

Weingut Fromm
Oberdorfgasse 11
7208 Malans
+41 81 322 53 51
malanser@weingut-fromm.ch
weingut-fromm.ch

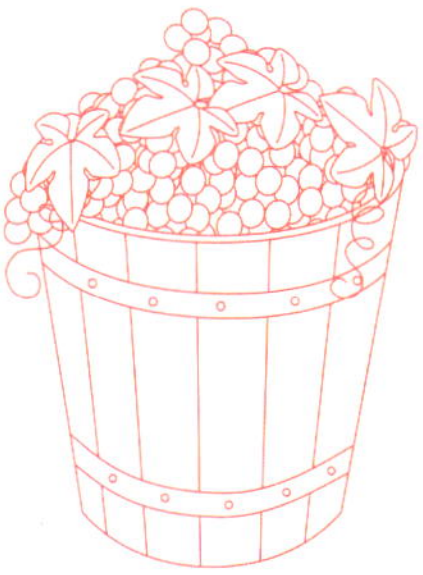

DEGUSTATION

Kostenlos.

ORTE IN DER NÄHE, AN DENEN DIE WEINE DIESER KELLEREI AUSSERDEM ZU FINDEN SIND

Sternen Malans, ein Geschäft und Café im Dorfzentrum, das auch Degustationen anbietet.

KASTANIENBAUM

VON DEN GLASBLÄSERN ZUM GRÖSSTEN RIED AM VIERWALDSTÄTTERSEE

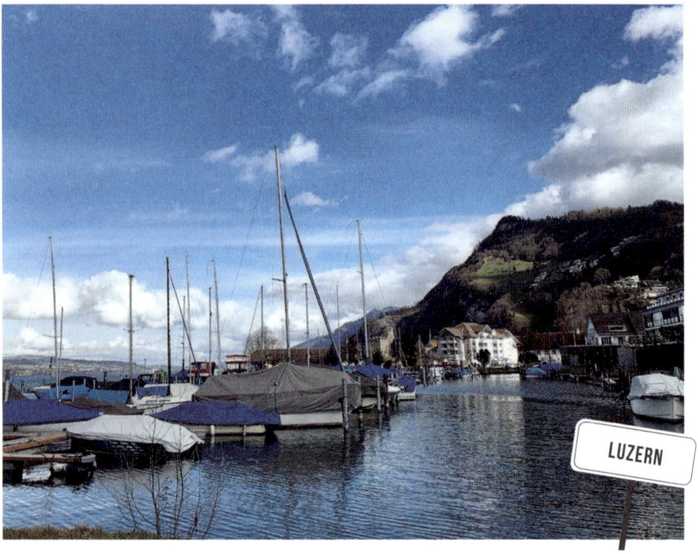

STARTPUNKT	ENDPUNKT
STANSSTAD, BAHNHOF (NIDWALDEN)	WEINBAU OTTIGER, KASTANIENBAUM
JAHRESZEIT	SCHWIERIGKEITSGRAD
GANZJÄHRIG	LEICHT
KARTE	DAUER
BLATT 235 T	2 STD. 45 MIN. INSGESAMT (JE NACH ZUGVERBINDUNG)
SEHENSWÜRDIGKEITEN	LÄNGE
GLASI-MUSEUM IN HERGISWIL. DIE BERGE BEZIEHUNGSWEISE BERGMASSIVE RIGI, BRUNNISTOCK UND PILATUS. DAS GESCHÜTZTE ALTE SCHILFGEBIET AM SEEUFER VON HORW.	9 KM (REINE WEGSTRECKE)
	AUFSTIEG / ABSTIEG
	110 M / 96 M

RIESLING-SYLVANER, SAUVIGNON BLANC

LE PETIT MOUSSEUX

WEINBAU OTTIGER

WEISS

PASSIONSFRUCHT, LIMETTE, HOLUNDERBEERE

LEICHT, FEIN PERLEND

MEDIUM BIS TROCKEN, PERLEND

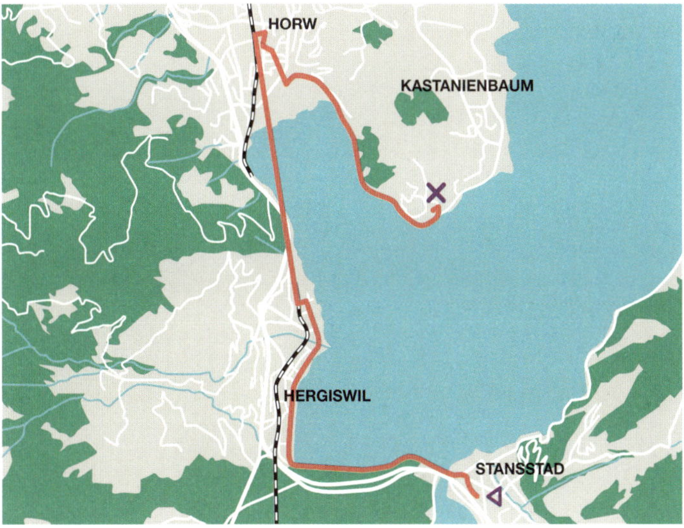

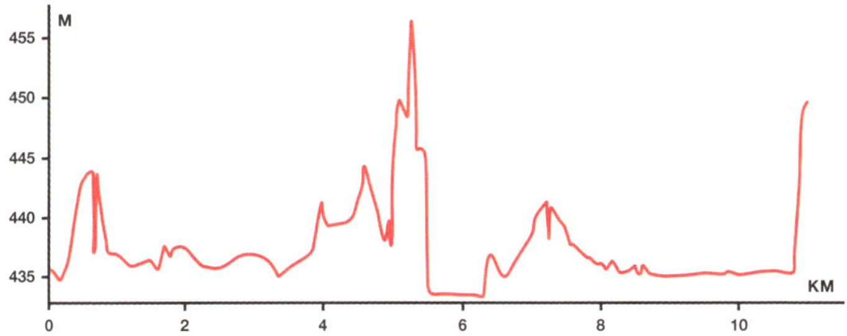

WEGBESCHREIBUNG

Vom Bahnhof Stansstad lauft ihr nach links Richtung Hergiswil. Folgt den Wanderwegschildern mit der kürzesten Wanderzeit, denn diese Strecke führt am Ufer des Vierwaldstättersees entlang. Lauft parallel zu den Gleisen die Bahnhofstrasse entlang bis zur Stanserstrasse und biegt links ab. Am Kreisel haltet ihr Ausschau nach dem Weg, der gleich nach der zweiten Strasse abgeht. Die Route führt an der «Voliere Stansstad» mit verschiedenen exotischen Vögeln vorbei und parallel zur Strasse über die Brücke. Folgt dem ausgewiesenen Rad- und Wanderweg und geht gleich nach der Brücke rechts zum Uferweg hinunter, immer parallel zu Hergiswils langer Seestrasse, der ihr bis zum Ortseingang folgt. Nach einer Rechtskurve kommt die Glasi Hergiswil in Sicht, die berühmt Glashütte der Stadt, die seit 1817 in Betrieb ist und heute auch ein Museum beherbergt. Lauft zum Seeufer hinunter, wo ihr den 20 Meter hohen Glasturm bestaunen und euch an den Wasserspielen erfreuen könnt. Plant etwas Zeit fürs Museum ein, um den Glasbläsern bei der Arbeit zuzuschauen und vielleicht etwas im Laden zu kaufen.

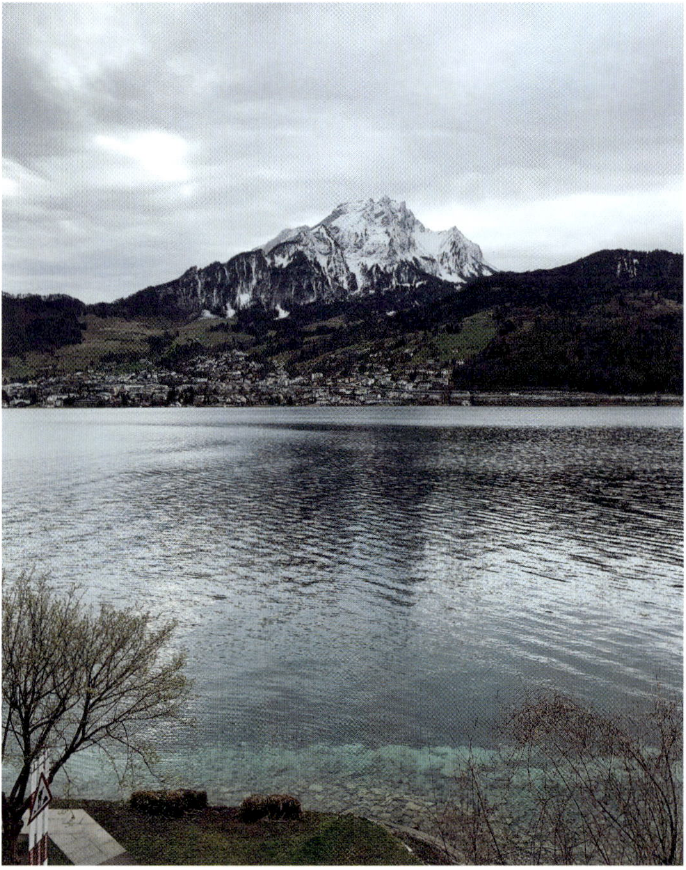

Hergiswil ist ein geschäftiges kleines Industriezentrum, und die Hauptstrasse vermittelt einen guten Eindruck davon, was sich verändert, wenn die Einwohnerzahl wächst und es wenig Arbeitslosigkeit gibt. Lauft am Zentrum vorbei und achtet auf Schilder zum Bahnhof Hergiswil Matt. An der kleinen Strasse Mattli (oder zwei Strassen weiter) biegt ihr links ab und lauft zum Bahnhof, wo ihr den Zug nach Horw (Fahrtrichtung Luzern) nehmt. Es ist nur eine Haltestelle, und die meiste Zeit fährt ihr durch einen Tunnel.

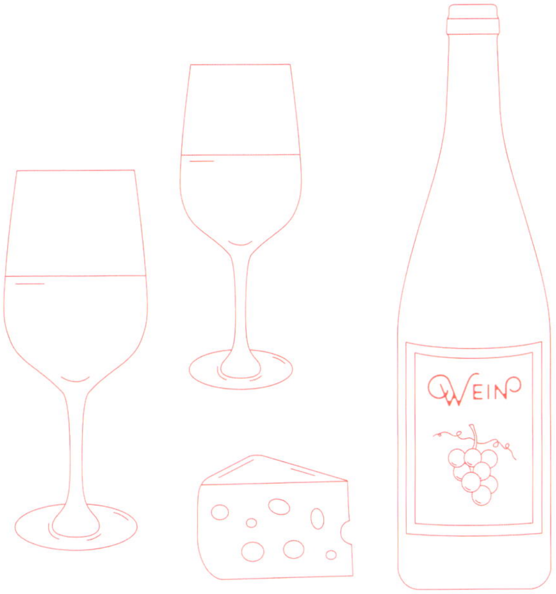

In Horw folgt ihr dem Schild «Wanderwege» am Bahnhof. Mit den Gleisen im Rücken geht ihr rechts ein kleines Stück die Bahnhofstrasse entlang und biegt dann auf den Bahnhofweg ab. Wenige Meter weiter biegt ihr rechts auf die Ebenaustrasse ab und folgt ihr bis zu einem kleinen Kanal. Den überquert ihr und biegt danach links ab auf den Promenadenweg, einen sehr hübschen Pfad, der am Kanal entlangführt und bei Familien und Hundebesitzern beliebt ist. Am Seefeldweg biegt ihr links ab, überquert den Kanal, geht links auf Rankried und biegt gleich darauf rechts ab. Nun befindet ihr euch auf der Winkelstrasse, die später, wenn sie ein Hotel und das Seeufer erreicht, Seestrasse heisst. Folgt diesem reizenden Uferweg um die Landzunge herum, bis ihr ein Hinweisschild zum Weingut in der Bergstrasse seht. Hier biegt ihr links ab und folgt der steilen, aber kurzen Strasse zu Weinbau Ottiger in der Breitenstrasse (auf der linken Seite).

Rückweg

Zehn Minuten bis zur Bushaltestelle mit Anbindung an Luzern. Bis zur Innenstadt von Luzern braucht ihr zu Fuss etwa eine Stunde.

Ergänzende Hinweise

Diese Wanderung ist gut für Familien mit Kindern geeignet, da es kleine Parks mit Spielplatz, Bänken und Picknicktischen gibt – und die

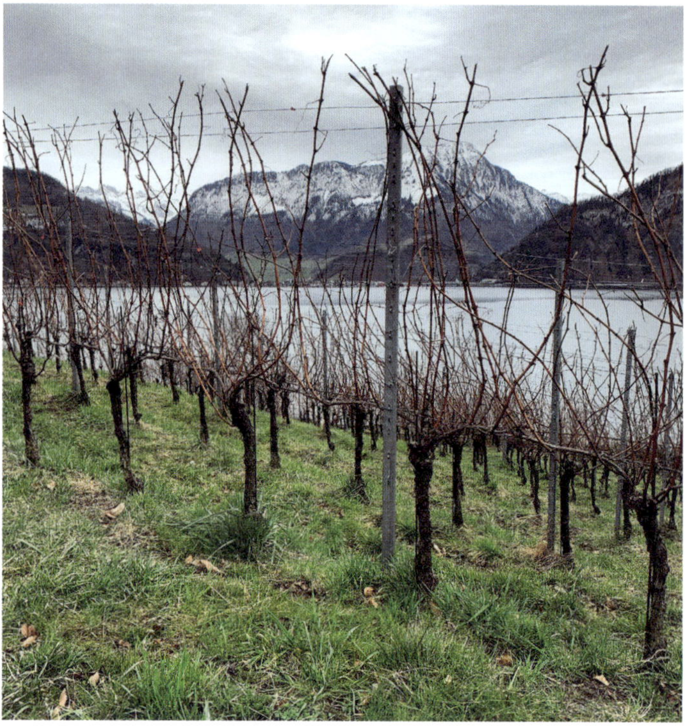

Wanderung auf halber Strecke durch eine kurze Bahnfahrt unterbrochen wird. Die Route ist leicht zu finden, auch ohne allzu häufig auf die Karte zu schauen.

Es ist zwar möglich, die gesamte Strecke zu Fuss zurückzulegen, um die Bahnstrecke und den Tunnel in Matterboden zu umgehen, machen die öffentlichen Wanderwege jedoch eine grosse Schleife oberhalb des Tunnels und um ihn herum und enden in einem unschönen Industriegebiet in Horw. Die dreiminütige Bahnfahrt von Hergiswil nach Horw ist daher die bei Weitem angenehmste Variante.

Die Route folgt der Seestrasse durch Hergiswil, weil es keine Verbindung zu den Uferwegen gibt. An mehreren Stellen weisen Schilder Richtung See: Es handelt sich um kleine Parks oder Strände, und wenn ihr eine Wanderpause machen möchtet, lohnt sich ein Abstecher. Hergiswil verfügt auch über eine Schiffsanlegestelle.

WEINBAU OTTIGER

Toni Ottiger begann 1981 mit dem Weinanbau, und im Januar 2022 verkaufte er sein Unternehmen an zwei junge Mitarbeiter, die schon bei ihm in die Lehre gegangen waren: Kevin Studer und Denis Koch. Den Namen des Weinguts haben die beiden beibehalten. Ottiger baute sein

Unternehmen aus und bewirtschaftete schliesslich sieben Hektaren, mit vier roten und vier weissen Rebsorten. Mehrere seiner Weine gewannen regelmässig Auszeichnungen. Einer seiner sieben Pinot Noirs wurde in die «Schatzkammer» des Mémoire des Vins Suisses als Wein mit besonders gutem Alterungspotenzial aufgenommen. Ottiger stand in dem Ruf, Qualität an die oberste Stelle zu setzen. Er war ein früher Anhänger der PIWI-Rebsorte Solaris, die in der Gegend zum Erfolg wurde, und heute hilft das Weingut etwa 25 kleineren Weinbauern, ihre Solaris-Trauben zu vinifizieren. Die Region hat sich zu einem Zentrum für diese resistenten Reben und die daraus nachhaltig produzierten Weine entwickelt. Die beiden neuen Inhaber sind entschlossen, das hohe Qualitätsniveau beizubehalten, nehmen aber auch neue Weine hinzu, von denen sie glauben, dass sie eine neue Generation von Weinliebhabern anziehen werden. Die Vielzahl an positiven Rezensionen und Auszeichnungen zeigt, dass sie wohl auf dem rechten Weg sind. Das von seinen Rebbergen umgebene Weingut am Vierwaldstättersee ist ein wunderschöner Ort und bietet einen herrlichen Blick auf den See und die Berggipfel drum herum.

Le Petit Mousseux: Dieser relativ neue Wein in dem fast 30 Weine umfassenden Sortiment ist ein schöner Ausblick auf die Zukunft vom Weinbau Ottiger. Die früheren Lehrlinge und Mitarbeiter, die Anfang 2022 die Leitung des Weinguts übernommen haben, wollen Weine für neue, jüngere Weinfans kreieren. Die Pinot Noirs, für die das Weingut berühmt ist, haben nach wie vor ihren festen Platz, sie bekommen jedoch Gesellschaft: Naturweine, *Orange Wines* und diesen beschwingten, leichten Schaumwein.

ADRESSE

Weinbau Ottiger
Breitenstrasse 6
6047 Kastanienbaum
+41 41 340 42 88
info@weinbauottiger.ch
weinbauottiger.ch

DEGUSTATION

Kostenlos. Feste Öffnungszeiten. Beachtet, dass die Kellerei sich in St. Niklausen befindet, rund 4 km von den Rebbergen entfernt. Damit garantiert jemand vor Ort ist, wenn ihr Wein degustieren möchtet, solltet ihr das Weingut vorab kontaktieren.

ORTE IN DER NÄHE, AN DENEN DIE WEINE DIESER KELLEREI AUSSERDEM ZU FINDEN SIND

Seehotel Kastanienbaum, St. Niklausenstrasse 105,
6047 Kastanienbaum,
+41 41 340 03 40
hotel@seehotel-kastanienbaum.ch

TESSIN

MONTE CARASSO

WIEDERBELEBTES ALTES BERGDORF UND TIBETISCHE BRÜCKE

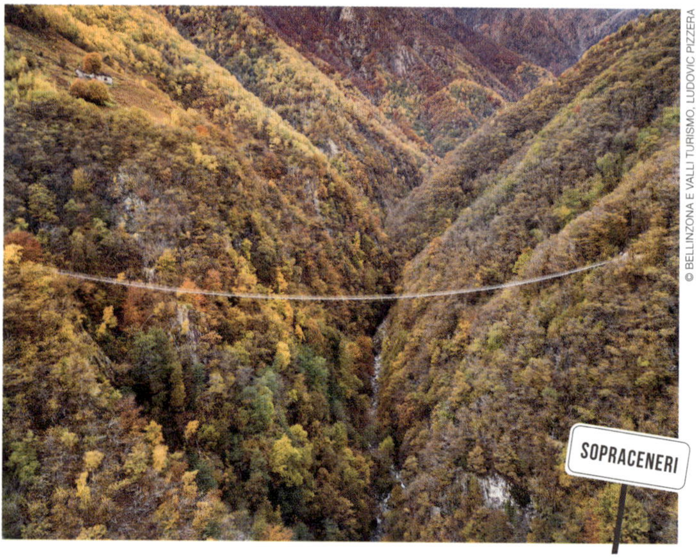

© BELLINZONA E VALLI TURISMO, LUDOVIC PIZZERA

STARTPUNKT	ENDPUNKT
MORNERA, BERGSTATION DER FUNIVIA MONTE CARASSO–MORNERA	**WEINGUT SETTEMAGGIO, MONTE CARASSO**
JAHRESZEIT	SCHWIERIGKEITSGRAD
MÄRZ - OKTOBER FÜR DIE GESAMTE STRECKE	**ANSPRUCHSVOLL**
KARTE	DAUER
BLATT 276 T	**3 STD. 30 MIN.**
SEHENSWÜRDIGKEITEN	LÄNGE
TIBETISCHE BRÜCKE. RESTAURIERTER HISTORISCHER DORFKERN VON CURZÚTT. FRESKEN VON SAN BARNÁRD. ARCHÄOLOGISCHE STÄTTE PUNCÈTÈ. PROJEKT KASTANIENWALD.	**10 KM**
	AUFSTIEG / ABSTIEG
	328 M / 1420 M

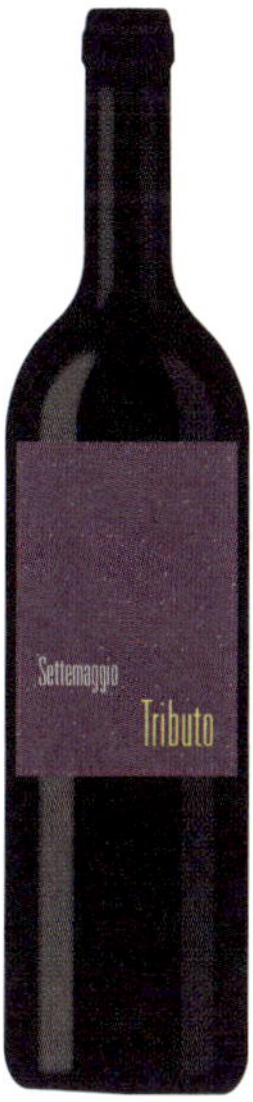

MERLOT

TRIBUTO
SETTEMAGGIO

ROT

KLASSISCHER MERLOT, ES DOMINIEREN FRISCHE SCHWARZE JOHANNISBEEREN UND BROMBEEREN, MIT KAFFEE- UND SCHOKOLADENOTEN

FRUCHTIG UND HERRLICH FRISCH, AUSGEWOGEN, WEICHE TANNINE

TROCKEN, STILL

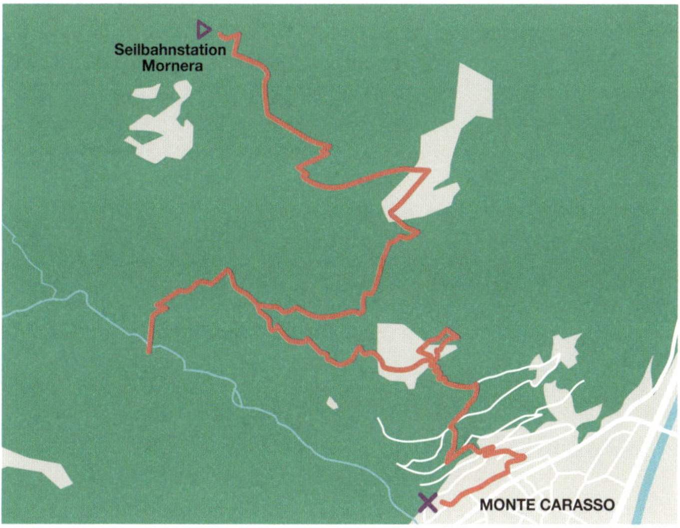

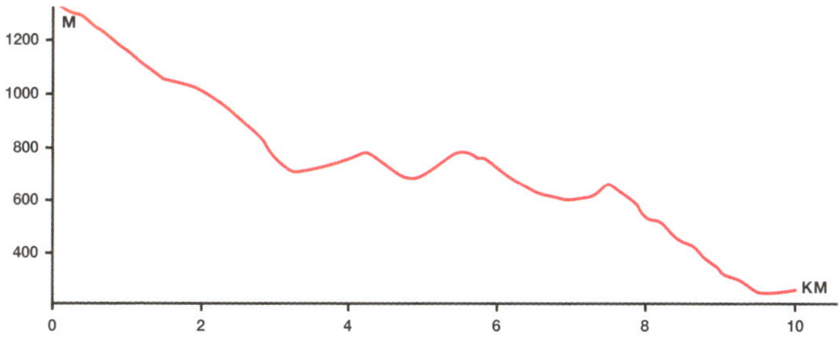

WEGBESCHREIBUNG

Von der Talstation der Luftseilbahn in Monte Carasso (zwischen Sementina und Bellinzona) fahrt ihr bis ganz nach oben zur Bergstation Mornera. Pientina (1000 m ü. M.) und Curzútt (600 m ü. M.) sind Zwischenstationen. Der Abstieg von Mornera nach Curzútt ist gut ausgeschildert und verläuft grösstenteils auf offenen Bergwegen, die eine fantastische Aussicht auf die fernen italienischen und Schweizer Alpen, das hügelige Bellinzona, die steilen Täler im Norden und die Städte unterhalb bieten.

Ihr startet unterhalb des Restaurants, biegt nach links ab und folgt den Schildern zum Wanderweg Curzútt. Die Route führt durch das Wohngebiet, biegt dann nach rechts ab und führt im Zickzack zu einem Punkt unter der Seilbahn bergab, wo der Weg nach rechts abbiegt. Weiter geht es den Berg hinunter, nie allzu weit von der Seilbahn entfernt, vorbei an Gebäuden und durch den Wald. An der Mittelstation Pientina schweift der Weg nach links ab, führt dann wieder nach rechts durch den Wald und nähert sich Pcemuritt, einer Ansammlung von Gebäuden und Ruinen. Hier macht die Route eine scharfe Rechtskurve, biegt dann nach links und dann wieder rechts ab, ihr lauft durch Pcemuritt. Dann geht es in einem grossen Zickzack, den Pfeilen folgend, wieder zurück Richtung Seilbahn. Dort, wo der Weg sich teilt, nehmt ihr die linke Option: Sie ist länger, aber nicht ganz so steil. In diesem Abschnitt der Route sind die Folgen von Trockenheit und Waldbränden schmerzlich sichtbar. Geht wieder unter der Funivia hindurch und weiter nach Pciàn de Rousg, direkt oberhalb der archäologischen Stätte Puncètè, die ihr entweder jetzt, indem ihr jetzt einen kleinen Umweg macht, oder später von Curzútt aus besuchen könnt.

Nach den Ruinen biegt ihr rechts ab: Hier bieten sich drei Möglichkeiten, von denen eine nach Puncètè hinunterführt. Die Route führt durch den Wald zur tibetischen Brücke «Carasc», und manchmal geht es etwas bergauf. Von dieser Seite des Flusses Sementina gib es zwei Wanderwege zu der Hängebrücke; dies ist der obere, und nach dem Besuch dieser Sehenswürdigkeit wandert ihr auf dem unteren Pfad zurück. Folgt einfach den Schildern Richtung Brücke. Nur einmal zweigt rechts ein Weg ab, nach der allmählichen Linkskurve der Route, den ihr aber nicht beachtet. Nach der Brücke lauft ihr eine Weile auf dem Weg zurück, den ihr gekommen seid, bis rechter Hand ein Schild auftaucht, das den Weg zur Kirche San Bernardo und zum Dorf Curzútt weist. Die Kirche ist 15 Minuten vom Dorf entfernt. Kurz nach San Bernardo, wo sich der Weg oberhalb der Rebberge gabelt, haltet ihr euch links.

Sobald ihr das Dorf erreicht, bietet sich die Option, um das Dorf herum und ein bisschen durch den Wald zu laufen, bevor der Weg in einer Schleife zurückführt: Wichtig ist, dass ihr wieder an der Mittelstation der Funivia herauskommt, denn dort beginnt der beschilderte Weg nach Sementina. Stufen kreuzen einen Weg, der unter der Seilbahn entlangführt. In Boccalign hält an Wochenenden von April bis Oktober an der Haltestelle Pairolo der Shuttlebus nach Monte Carasso. Behaltet ab hier die Seilbahn im Auge, damit ihr auch wirklich an der Talstation der Funivia in Monte Carasso herauskommt. Der Weg führt fünfmal unter der Seilbahn hindurch. Die Route ist markiert und führt zum Teil über Treppen zwischen den Häusern und auf alten Gleisen entlang, um einige Schleifen der Strasse abzukürzen. Letztlich führen beide Optionen ins Tal.

Von der Talstation aus lauft ihr etwa zehn Minuten nach rechts die Pedmùnt entlang. Das Weingut befindet sich auf der rechten Seite.

Rückweg
Das Weingut ist nur wenige Meter von der Hauptstrasse entfernt, wo regelmässig Busse verkehren.

Ergänzende Hinweise
Vorsicht: Lasst euch nicht davon täuschen, dass es «nur» 10 km sind! Es ist ein langer Abstieg über eine Bergflanke, mit holprigen Wegen und vielen, vielen Stufen. Solch lange Strecken bergab sind eine grosse Belastung für die Knie. Alternativ könnt ihr direkt unterhalb von El Gasg (etwa auf halber Strecke zwischen Curzútt und Sementina) die Strasse nehmen, die längere Schleifen macht, oder von der Mittelstation Curzútt aus mit der Seilbahn hinunterfahren. Damit die Seilbahn jedoch hier hält, muss entweder ein Fahrgast von der höheren Station den Knopf drücken oder eine Person auf der Plattform stehen – vergesst also nicht, die Treppe hinauf zur Plattform zu gehen, damit ihr gesehen werdet! Es gibt zwar auch einen Shuttlebus, der fährt jedoch ausserhalb der Saison nur sehr unregelmässig.

Die tibetische Brücke ist eine echte Touristenattraktion, daher empfiehlt es sich, sie jenseits der sommerlichen Hauptreisezeit zu besuchen. Ausserdem kann es hier im Juli und August sehr heiss werden. Die Brücke ist aber tatsächlich einen Besuch wert, selbst wenn man sie nur von Weitem betrachtet: 270 m lang, 130 m hoch und wunderschön gebaut. Sie schwingt im Wind und durch die Bewegungen der Menschen, die sie überqueren – nichts für Menschen mit Höhenangst.

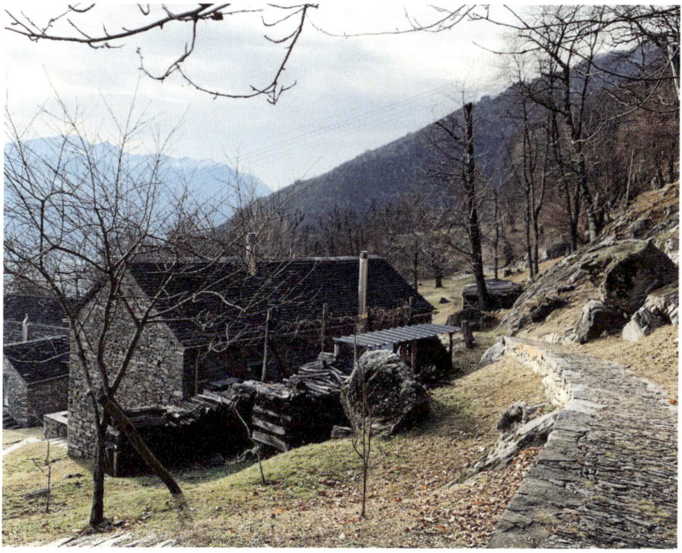

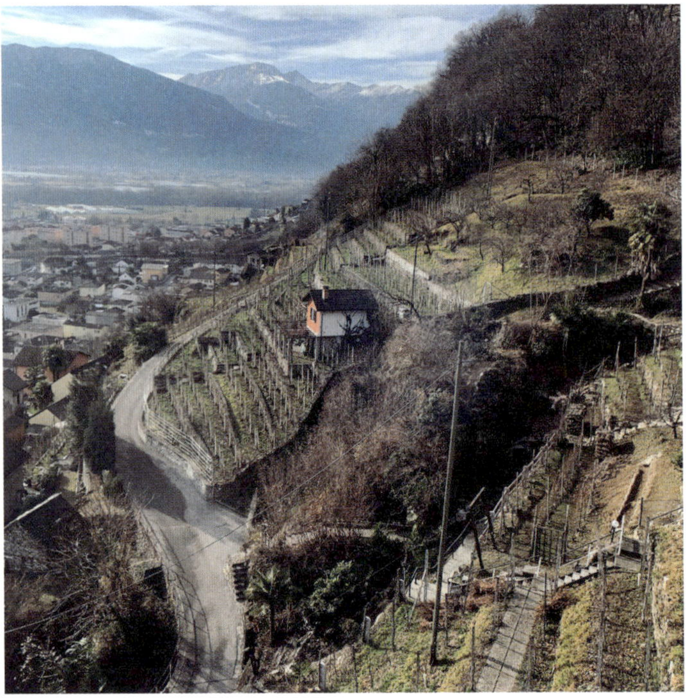

Die Hauptattraktion dieser Wanderung ist jedoch das alte Dorf Curzútt. Bis ins 18. Jahrhundert hatte es 700 Einwohner. Das meiste Leben spielte sich damals in den Bergen ab, in sicherer Entfernung von Krankheiten, Machtkämpfen und Heeren in Bellinzona, dem Tor zu wichtigen Schweizer Pässen über die Alpen. In Curzútt bekommt man eine Vorstellung davon, wie das bäuerliche Leben vor 500 Jahren aussah: wunderschöne (jetzt restaurierte) Steinhäuser, kleine Gärten, Terrassen für Wein und Getreide, Weideland und Wälder, die neben Brennholz auch Esskastanien lieferten. Die mitunter drastisch gestutzten Bäume, viele davon Kastanien, sind Teil der Wiederinstandsetzung des historischen Dorfs. Der heute zerfallene Weiler Puncètè wurde zur archäologischen Stätte.

Eine Stiftung hat, mit Unterstützung des Kantons, das alte Curzútt nicht als Museum, sondern als lebendiges Ausflugsziel hergerichtet. Der Wiederaufbau ist Teil eines grossangelegten, mehrere Bereiche umfassenden Projekts, welches das Gleichgewicht zwischen Natur und Landwirtschaft hier in der Vergangenheit thematisiert: Der Kastanienwald und die Weideflächen werden vom kantonalen Forstamt behutsam wiederhergestellt, sodass ein Freiluftlaboratorium für seltene Pflanzenarten entsteht. Durch die Pflege alter Maultierpfade soll der motorisierte Verkehr vom Berg ferngehalten werden, und von einer der höhergelegenen Quellen lenkt eine Leitung Wasser ins Dorf, das von Restaurants und Anwohnern genutzt werden kann, aber auch als Brandschutz dient. Der aussergewöhnlich lange steinerne Pfad, der um das Kerndorf herumführt, wurde von Arbeitslosen gebaut.

Die Wanderung ist hundefreundlich, allerdings ist der Weg zur Hängebrücke oft schmal. In der Luftseilbahn dürfen Hunde gegen Aufpreis mitfahren.

WEINGUT SETTEMAGGIO

Das Familienunternehmen Marcionetti ist mehr als ein Weingut, aber der Wein ist ihr Markenzeichen. Von ihren 32 Hektaren sind 24 für Feldfrüchte und Grünland reserviert; die übrigen acht sind Rebberge, die meisten an steilen Hängen in der Umgebung. Dieses Weingut lebt von der Handarbeit. Die Begeisterung für Qualitätsprodukte und kreative Marketinglösungen zeichnet diese Familie aus. Das Weingut ist nach dem Geburtstag des jüngsten Bruders, Raffaele, benannt («siebter Mai»), der zusammen mit seinem Bruder Nicola die Kellerei leitet. Schwester Eliana kümmert sich um Vertrieb und Verwaltung. Auch die Eltern sind immer noch im Unternehmen aktiv: Besucher werden meist von der Mutter begrüsst, die ihr umfangreiches Wissen über den Wein gerne teilt. Die Marcionettis waren die Ersten im Tessin, die PIWI-Reben kultivierten, und sie bleiben diesem nachhaltigen Ansatz treu, um den Einsatz von chemischen Mitteln weitestmöglich zu reduzieren.

Tributo: Dieser Merlot ist der Star: Er spiegelt die Anstrengungen wider, die perfekte Balance zwischen der Frucht, die die Schönheit des Merlot ausmacht, und der Tiefe, die das Reifen in Eichenfässern ihm verleihen kann, zu finden. Dieser Wein ist eine Hommage an all jene, die über die Jahre daran gearbeitet haben, diese Balance hinzubekommen.

ADRESSE

Settemaggio
Pedmùnt 15
6513 Monte Carasso
Tel: +41 91 825 69 01
Mobil: +41 79 705 26 45
info@settemaggio.ch
settemaggio.ch

DEGUSTATION

Zwischen 28 und 45 Franken, nur auf Anfrage. Feste Öffnungszeiten.

ORTE IN DER NÄHE, AN DENEN DIE WEINE DIESER KELLEREI AUSSERDEM ZU FINDEN SIND

Grotto Mornera, 6513 Monte Carasso,
+41 91 825 84 38
grotto@mornera.ch,
Ristorante Ostello Curzutt, Via I Fracc 1, 6513 Monte Carasso,
+41 91 835 57 23
curzutt@gastrosos.ch
Trattoria Er Pipa, El Stradun 23, 6513 Monte Carasso,
+41 91 826 45 03
agiuliani@bluewin.ch

CROGLIO-CASTELROTTO

ALLE FARBEN DES SÜDENS UND FREUNDLICHE TIERE

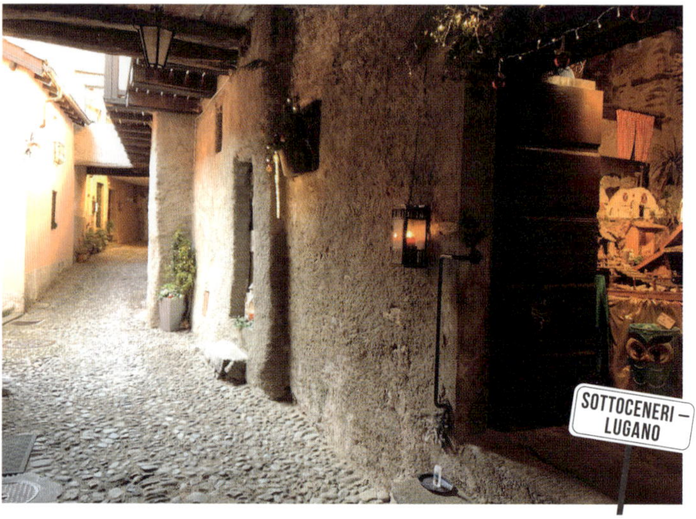

STARTPUNKT	ENDPUNKT
NOVAGGIO, POSTA (BUSHALTESTELLE)	ZÜNDEL AZIENDA AGRICOLA, BERIDE
JAHRESZEIT	SCHWIERIGKEITSGRAD
MAI–NOVEMBER	MITTEL
KARTE	DAUER
BLATT 286 T	2 STD. 10 MIN.
SEHENSWÜRDIGKEITEN	LÄNGE
«MURALES» IN NOVAGGIO. PANORAMABLICK AUF TESSINER SEEN. DIE ENGEN GASSEN UND TUNNEL VON BEDIGLIORA.	8,5 KM
	AUFSTIEG / ABSTIEG
	315 M / 462 M

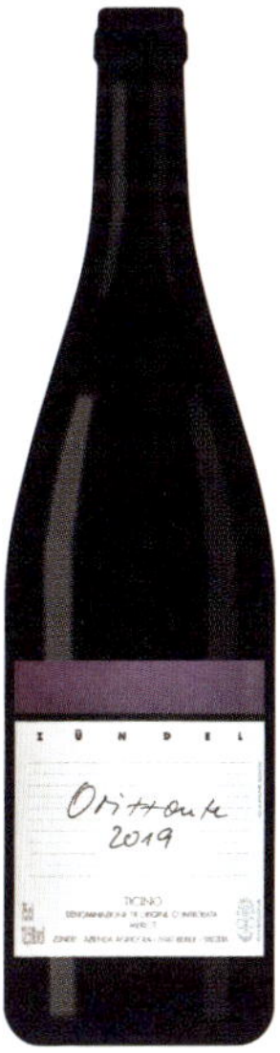

MERLOT (CUVÉE)

ORIZZONTE
ZÜNDEL AZIENDA AGRICOLA

ROT

REIFE PFLAUMEN UND SCHWARZKIRSCHEN

ÜBERRASCHENDE FRISCHE, AUCH HIER PFLAUMENNOTEN, EXZELLENTE STRUKTUR UND WEICHE TANNINE, GUTE BALANCE

TROCKEN, STILL

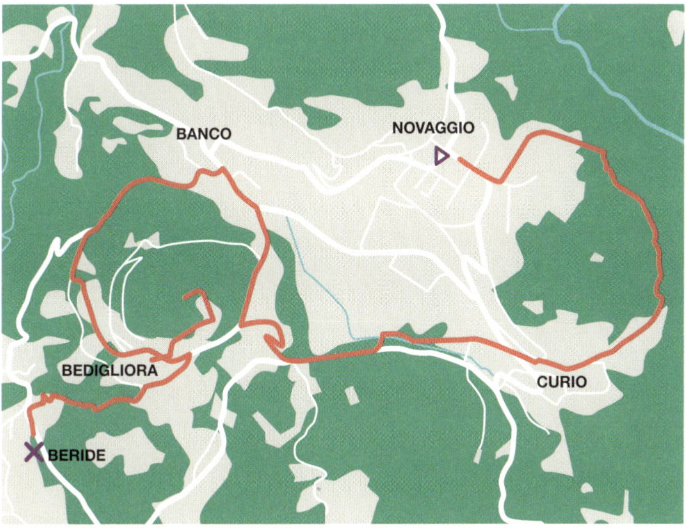

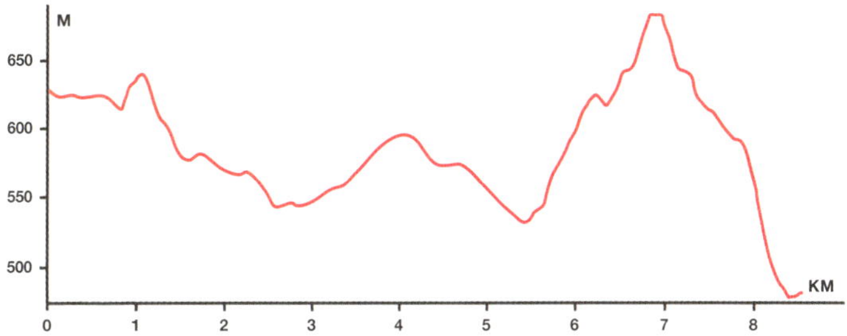

WEGBESCHREIBUNG

Novaggio, eine geschäftige Kleinstadt mit einer regional bedeutsamen Rehaklinik, besticht durch das Auf und Ab seiner Strassen. Von der Bushaltestelle lauft ihr auf der Viale Gisòra weg vom Ortszentrum und biegt links ab, um in einer grossen Schleife den Hügel Sciaroni zu umrunden. Dort, wo die Strasse sich teilt, haltet ihr euch links und lauft auf der Via Gána weiter, die zu einem Fussweg wird, während ihr weiter, meist durch lichte Wälder, in einer langen Rechtskurve um den Hügel herumlauft. Kurz nachdem die ersten Rebberge die Strasse säumen, die jetzt Via Sasselli heisst, kommt von links ein Pfad hinzu. Dann geht ihr auf der Piazza Grande durch das Örtchen Curio. Wo die Strasse zur Via Caradora wird, nehmt ihr den Fussweg Ra Strecia, der links abgeht. Überquert die Strada Cantonale und nehmt das Strässchen Via Ronchetto, das in die Via Pre Mulgé übergeht. Bald darauf biegt ihr nach links ab, um das Flüsschen Riale di Molge zu überqueren, und dann rechts auf die Via Sótt ara Còsta, einen Feldweg, und lauft durch den Wald.

An der Kreuzung haltet ihr euch rechts und folgt der Viale Pietro Grassi, die dann zwei Haarnadelkurven macht, während sie sanft ansteigt, und dann nach links abbiegt. Ihr geht durch Felder und seht weiter unten Rebberge. Biegt rechts scharf auf die Via Maria Boschetti Alberti ab und lauft geradeaus weiter. An einer Kreuzung biegt ihr links auf die Via Cruséta ab und nehmt danach die erste Strasse links, Strada per Beride. Die Route folgt dieser Strasse in einer langen Linkskurve durch den Wald, und wenn die Via Néda links abzweigt, nehmt ihr diese. Biegt links ab auf den Fussweg, der nach Bedigliora führt und sich am Ortseingang mit der Via Bellavista vereinigt. Spaziert erst durch das obere Ende des Dorfs und erkundet dann auf abschüssigen Wegen die engen Gassen dieses typischen alten Tessiner Dorfs. Dann führt die Route wieder bergauf durchs Dorf und zum Gipfel hinauf. Ihr überwindet etwa 50 Höhenmeter; danach geht ihr auf demselben Weg ins Dorf zurück – wem dieser Aufstieg zu viel ist, kann ihn einfach weglassen und die Wanderung um ca. 1 km verkürzen. Über die Via Piánca verlasst ihr Bedigliora und folgt den Wanderschildern Richtung

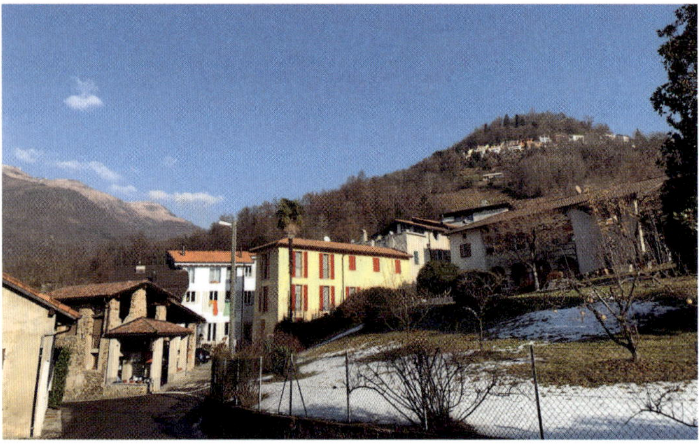

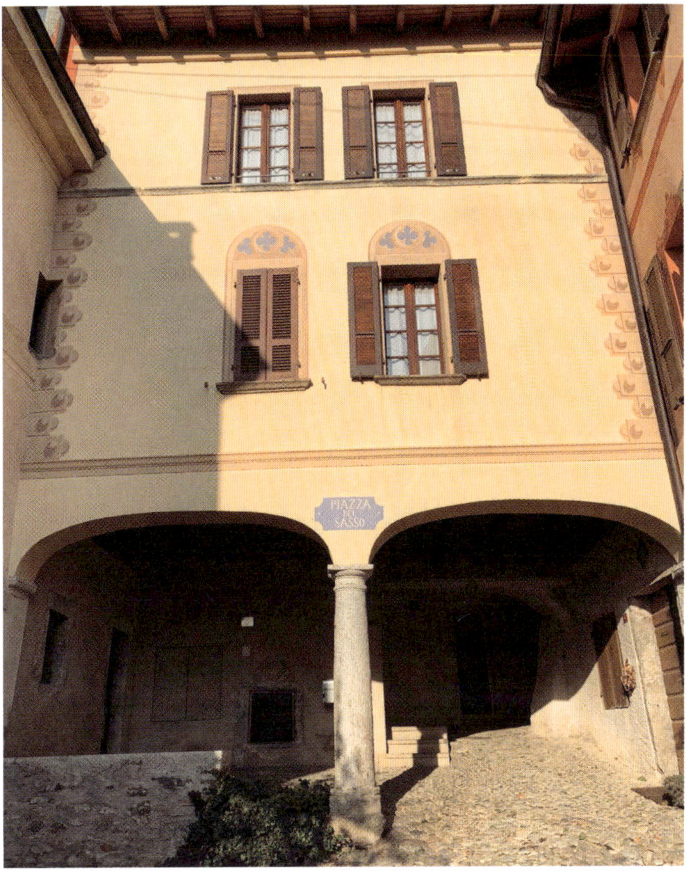

Beride, das unterhalb schon gut zu sehen ist. Lauft durch eine Mischung aus Wald und landwirtschaftlichen Flächen, mit teilweise sehr neugierigen Eseln, Ziegen, Schafen und Kühen.

Wo die Strasse sich teilt und rechts die Via Néda abgeht, nehmt ihr die kürzere Via Piánca, einen steilen Fussweg, auf dem ihr über das obere Ende von Beride direkt hinunter zur Ortsmitte gelangt. Folgt dem Weg links auf die Hauptstrasse. Das Weingut befindet sich ausserhalb des Ortes nach der Bushaltestelle auf der rechten Seite.

Rückweg
Die Bushaltestelle im Dorf (Beride, Paese) ist nur zwei Minuten vom Weingut entfernt.

Ergänzende Hinweise
Wenn in diesem Fleckchen Erde irgendetwas verwirrend ist, dann ist es der Versuch, mithilfe der Karte herauszufinden, wann es bergauf geht und wann bergab – der Verlauf der Strässchen ist immer wieder für eine Überraschung gut, und die Namen können einen Weiler, aber genauso gut ein grösseres Gebiet bezeichnen. Deshalb gilt: Strassenschilder sind mit Vorsicht zu geniessen! So gehört zum Beispiel das Weingut in Beride, Ziel unserer Wanderung, zu Bedigliora.

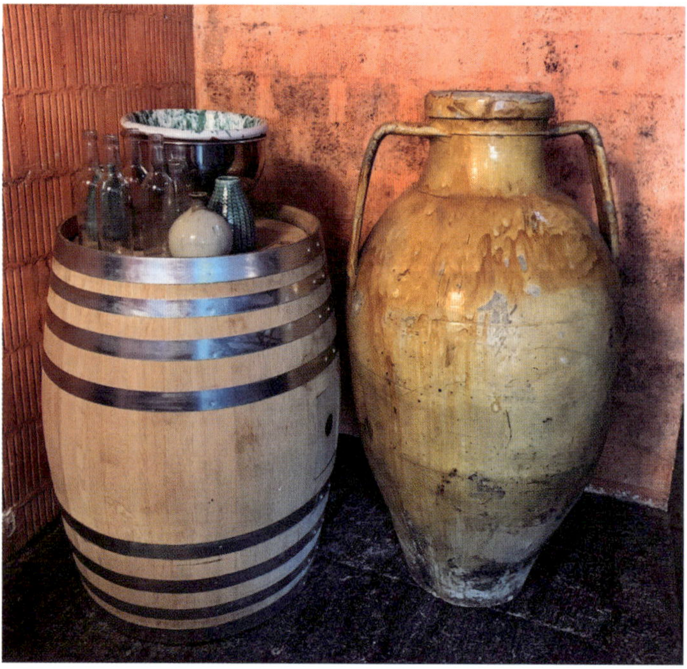

Bevor ihr loswandert, lohnt es sich, ein wenig durch Novaggio zu schlendern und sich die «Murales» anzuschauen, kunstvoll bemalte Hausfassaden. Die Aussicht ist eine Wucht: Luganersee, der kleine See bei Ponte Tresa und das Tal der Magliasina liegen euch zu Füssen – der Monte Lema ist ein beliebtes Wander- und Mountainbike-Ziel. In Novaggio startet der 6,5 km lange thematische Rundweg «Sentiero delle meraviglie» (Weg der Wunder), auf dem Besucher viel über die Geschichte und die alten Traditionen der Region erfahren und beispielsweise alte Mühlen, Minen und Burgen besuchen können. Wenn ihr länger als einen Tag in der Gegend seid, solltet ihr diese schöne Entdeckungsreise einplanen.

Zwar ist Bedigliora nicht für Autos gesperrt, es fahren jedoch nicht viele dort hinauf, und auch wenn es am Rande des Dorfs einige sehr schöne Neubauten gibt, ist der historische Ortskern mit seinen eng zusammenstehenden Häusern sehr gut erhalten, sodass es sich anfühlt, als reise man in die Vergangenheit. Man sieht viele kleine Kaninchenställe, offene Hühnergehege und Gemüsegärten für den Eigenbedarf – eine ländliche Idylle, in der man eine schöne Rast einlegen kann.

ZÜNDEL AZIENDA AGRICOLA

Christian Zündel war Teil einer kleinen Bewegung von Deutschschweizern, die in den 1980er Jahren im Tessin Kellereien aufbauten, häufig vom Wunsch, in einer relativ unberührten Umgebung aussergewöhnliche Weine zu kreieren, getrieben. Sie bearbeiteten häufig alte, aufgegebene

Rebflächen, weil sie davon überzeugt waren, dass hier Qualitätsweine produziert werden können. Diese Bewegung hatte grossen Einfluss auf die Weinproduktion in der Region, die, wie überall in der Schweiz, unter Überproduktion und Preisverfall gelitten hatte. Einige diese Newcomer kamen nicht vom Weinbau, sondern aus anderen Bereichen. So auch Christian Zündel, ein an der Züricher ETH ausgebildeter Spezialist für Bodenkunde. Er entschied sich schon früh für einen biodynamischen Ansatz im Rebberg, und seine Tochter Myra, die ihn heute im Rebberg und im Keller unterstützt, sammelte in einem anderen zukunftsweisenden Weingut, Maison Carrée in Neuenburg, Erfahrungen.

Die Zündels mögen es unprätentiös und minimalistisch: Sie stecken viel Arbeit in die Rebberge, damit die Reben bestmöglich gedeihen, und bemühen sich, im Keller so wenig wie möglich in den Prozess einzugreifen – sie setzen zum Beispiel keine kultivierten Hefen zu. Die Umstellung ihrer Arbeitsweise erfolgte nach und nach, und Weinliebhaber, die Zündels Weine vor 20 Jahren getrunken haben, werden überrascht sein, wie viel besser sie heute sind!

Orizzonte: Zündels Merlot-Cuvée wurde in die «Schatzkammer» des Mémoire des Vins aufgenommen, um zu sehen, wie gut er altern wird. Er wird als sehr vielversprechend angesehen. Nur alte Holzfässer kommen zum Einsatz, sodass die Eigenaromen des Weins präsent bleiben und nicht von den aromatischen Komponenten des Holzes überdeckt werden. So entsteht ein sehr frischer, fruchtiger Rotwein mit guten Fruchtaromen und einem hervorragenden Mundgefühl. Das erreicht man bei einem Merlot nur, wenn optimal gereifte, ausgesuchte Weintrauben verwendet werden und alles sofort im Weinkeller landet.

ADRESSE

Zündel Azienda Agricola
Beride 25/31
6981 Beride
+41 91 608 24 40
ufficio@zuendel.ch
zuendel.ch

DEGUSTATION

Kostenlos. Nach Vereinbarung.

ORTE IN DER NÄHE, AN DENEN DIE WEINE DIESER KELLEREI AUSSERDEM ZU FINDEN SIND

Bar Saraöö di Giada Manfrini, 6981 Beride
La Selvatica, Maria Boschetti Alberti 9, 6981 Banco,
+41 91 224 53 53
info@laselvatica.ch

LUGANO

GESELLIGE WANDERFREUDEN, NATUR UND VERLIEBTE REBEN

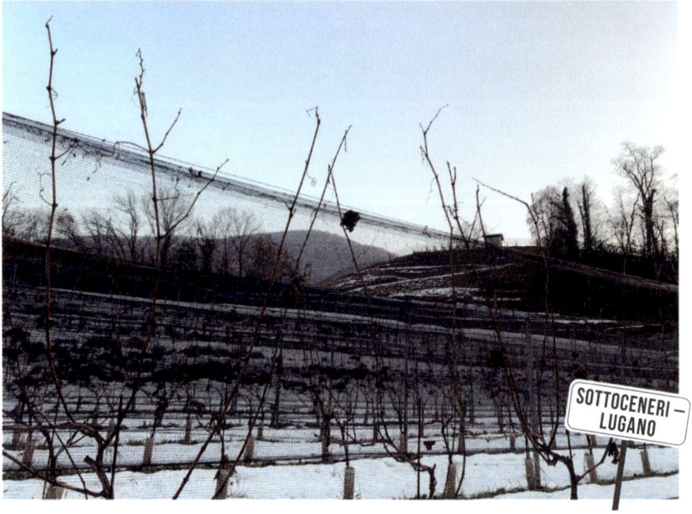

STARTPUNKT	ENDPUNKT
CANTONETTO DI GENTILINO (BUSHALTESTELLE), GENTILINO, LUGANO	CANTINA KOPP VON DER CRONE VISINI, BARBENGO
JAHRESZEIT	SCHWIERIGKEITSGRAD
GANZJÄHRIG ES SEI DENN, ES HAT GERADE GESCHNEIT	**LEICHT**
KARTE	DAUER
BLATT 286 T	**2 STD. 15 MIN.**
SEHENSWÜRDIGKEITEN	LÄNGE
BLICK AUF DEN LUGANERSEE. MONTAGNOLA: HERMAN HESSES WOHNHAUS, CASA CAMUZZI.	**7 KM**
	AUFSTIEG / ABSTIEG
	421 M / 322 M

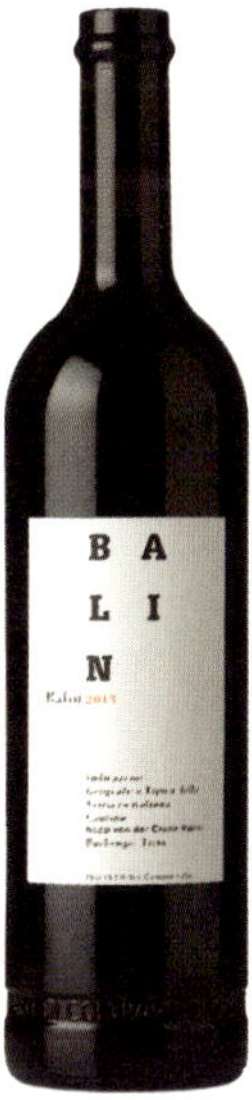

MERLOT (CUVÉE)

BALIN

CANTINA KOPP VON DER CRONE VISINI

ROT

INTENSIV UND EXTREM ANSPRECHEND: PFLAUMEN, SCHWARZKIRSCHEN, SCHWARZE JOHANNISBEERE, EIN HAUCH RÖSTNOTEN UND LAKRITZ

SAMTIG: DUNKLE SCHOKOLADE, GERÖSTETE MANDELN, SCHWARZE-JOHANNISBEER-BONBONS, SEHR LANGER ABGANG

TROCKEN,
STILL

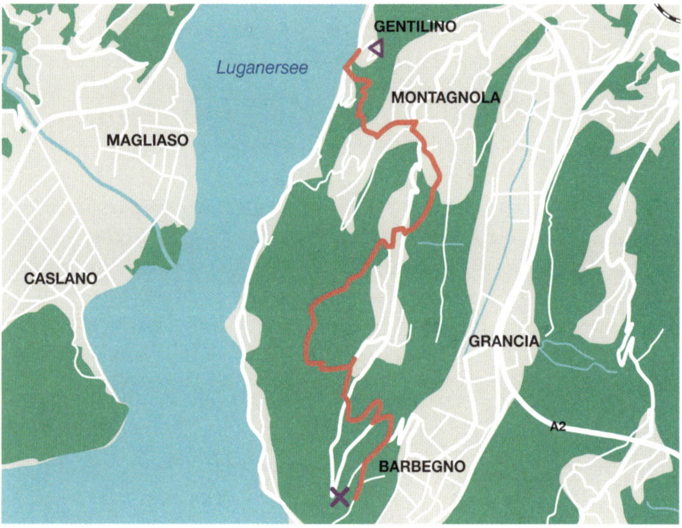

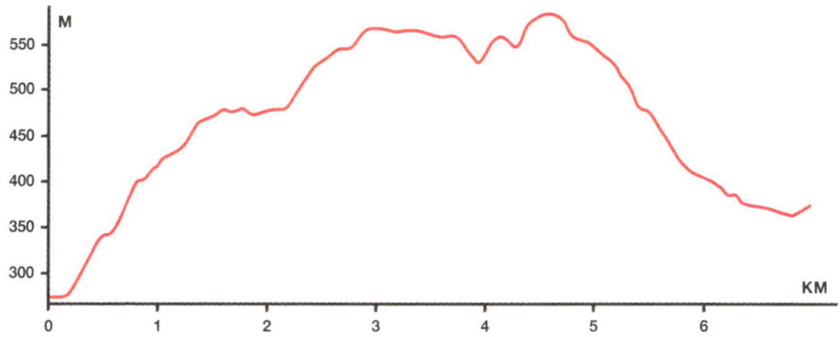

WEGBESCHREIBUNG

Von der Bushaltestelle an der Riva Cantonetto direkt am Seeufer lauft ihr ein paar Meter und biegt dann links auf den beschilderten Fussweg ab und wandert bergauf Richtung Val d'Orino. Er biegt nach rechts ab und verläuft dann parallel zum See. Geht geradeaus bis kurz vor Selva Piana, wo der Weg einen Links-rechts-Schlenker macht und dann direkt ins Dorf führt. Der Weg biegt nach links ab. Dort, wo die asphaltierte Strasse beginnt, biegt ihr rechts auf einen kurzen Fussweg ab, der zur Via Mariandа führt, und biegt links ab. Ihr lauft auf dieser Strasse weiter, und wenn sie sich teilt, haltet ihr euch rechts und folgt der Via Credee in die Ortsmitte Montagnola. In diesem Dorf hat Hermann Hesse seine zweite Lebenshälfte verbracht (zum Hermann-Hesse-Museum ist es nur ein kurzer Umweg). An der T-Kreuzung biegt ihr rechts ab und haltet nach Schildern des Wanderwegs «Zauber der Collina d'Oro» Ausschau. Bleibt auf dieser Strasse, der Via H. Hesse, bis sie in einen Fussweg übergeht. Geht geradeaus, meist durch den Wald, und folgt den Schildern Richtung Bigogno. Der Weg steigt durch lichten, offenen Wald leicht an.

Wenn ihr in dem langgezogenen Dorf angekommen seid, überquert ihr die Via Collina d'Oro, lauft weiter zur Via Cappelletta, biegt links ab und lauft weiter, bis sich die Strasse teilt. Dort biegt ihr scharf rechts ab und folgt der Strasse, die nach einer Rechtskurve zum Fussweg wird. Der nächste Abschnitt führt durch den Wald, um den Monte Croce herum; an einer Stelle passiert ihr linker Hand ein offenes Feld. An einer anderen Stelle, nach einer Linkskurve, befinden sich Rebberge auf der rechten Seite. Am Ortseingang des Dörfchens Agra biegt die Route sehr scharf nach rechts ab und führt bergab, vorbei am Resort Collina d'Oro (rechts). Nach der Überquerung der Via Roncone schlängelt sich die Route im Zickzack durch Wald und Rebberge bergab und mündet am Fusse eines Rebbergs in die Via Agra. Ihr bleibt auf der Strasse, die eine scharfe Rechtskurve macht, und gelangt so nach Barbengo. Auf der Via alle Chiesa lauft ihr durch den alten Ortskern. Folgt den Schildern zum Weingut und bleibt auf der Strasse, bis sie sich am Friedhof teilt, haltet euch rechts. Das Weingut kommt kurz nach dem Friedhof.

Rückweg
Bis zur nächsten Bushaltestelle sind es mindestens 20 Minuten zu Fuss.

Ergänzende Hinweise
Diese Wanderung eignet sich sehr gut als Familienausflug. Sie verläuft grösstenteils auf dem bekannten Wanderweg «Zauber der Collina d'Oro» von Montagnola nach Carona. Hier beginnt die Wanderung am westlichen Teil des Luganersees, wo ihr die beschauliche Uferlinie geniessen könnt, bevor ihr den Berg hinaufsteigt. Der Höhenzug erhebt sich zwischen den beiden Armen des Luganersees. Hier verlaufen mehrere Wanderwege, und die Gegend ist sehr beliebt: Die Leute besuchen die nahe gelegenen Sportzentren oder gehen mit Kind und Kegel spazieren. Der Wanderweg endet am Weingut. Wer danach noch nicht ausgelastet ist, kann den gut beschilderten Collina-d'Oro-Weg bis Carona weiterlaufen (ca. zwei zusätzliche Stunden).

CANTINA KOPP VON DER CRONE VISINI

Dieses Weingut ist in vielerlei Hinsicht bemerkenswert. Es entstand 2006 durch die Fusion zweier Weingüter, die in den Jahren davor eng zusammengearbeitet hatten. Ihre sieben Hektaren an Rebbergen verteilen sich über drei Tessiner Regionen: Mendrisiotto, Lugano und Bellinzona, eine grosse Herausforderung, was die Entfernung zur Kellerei in Barbengo angeht, wie auch hinsichtlich der sehr unterschiedlichen Bodentypen und klimatischen Bedingungen. Anna Barbara von der Crone, die in Zürich aufwuchs, und Paolo Visini verwirklichen hier ihre Vision von herausragenden Weinen: Man kombiniere die Urtümlichkeit des Tessins mit dem Verständnis dafür, was die kompetente urbane Kundschaft will. Sie bauen traditionelle Rebsorten an – Merlot macht 70 % davon aus –, aber auch krankheitsresistente und andere Spezialreben. Sie arbeiten mit «alternativen Pestiziden», verwenden aber keine Insekten- oder Unkrautvernichtungsmittel, was in Anbetracht der hier herrschenden feuchten Bedingungen eine Herausforderung ist. Der dritte Name des Weinguts stammt von Anna Barbaras seligem Ehemann, Ueli Kopp, mit dem sie 1994 eines der beiden Weingüter gegründet hatte, die sich später zusammengeschlossen haben. Er verstarb, als ihre vier Kinder noch klein waren.

Balin: Dieser unglaublich harmonische Wein mit seiner grossen Tiefe und Balance bekommt seit Jahren Auszeichnungen und Lobpreisungen. Er besteht aus Merlot und etwa 6% andere Rebsorten (Arinarnoa, 1% Cabernet Sauvignon). Das kreative, innovative Duo Anna Barbara und Paolo Visini hat ein aussergewöhnliches und vielfältiges Weinangebot aufgebaut; sie arbeiten mit Rebsorten aus verschiedenen Tessiner Gebieten.

ADRESSE

Kopp von der Crone Visini
Via Noga 2
6917 Barbengo
+41 91 682 96 16
info@cantinabarbengo.ch
cantinabarbengo.ch

DEGUSTATION

30 Franken für eine Führung durch den Weinkeller inklusive Degustation. Reservierung erforderlich.

ORTE IN DER NÄHE, AN DENEN DIE WEINE DIESER KELLEREI AUSSERDEM ZU FINDEN SIND

Grotto dell'Ortiga, Str. Regina 35, 6928 Manno,
+41 91 605 16 13
ortiga@bluewin.ch
Bottegone del Vino, Via Magatti 3, 6900 Lugano,
+41 91 922 76 89
bottegonelugano@gmail.com

MORCOTE

VOM «ZUCKERHUT DER SCHWEIZ» ZUM PRÄCHTIGEN SCHLOSS

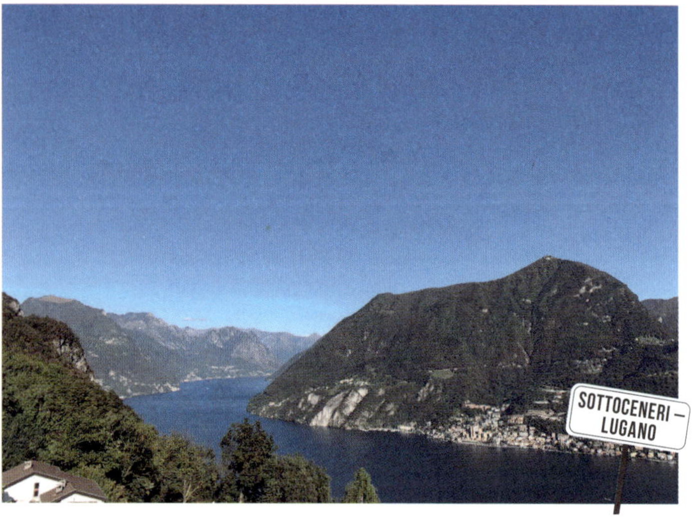

STARTPUNKT	ENDPUNKT
LUGANO-PARADISO (S. SALVATORE), TALSTATION DER STANDSEILBAHN	TENUTA CASTELLO DI MORCOTE, VICO MORCOTE
JAHRESZEIT	SCHWIERIGKEITSGRAD
GANZJÄHRIG, JE NACH WETTER	MITTEL/ ANSPRUCHSVOLL
KARTE	DAUER
BLATT 286 T	3 STD. 30 MIN.
SEHENSWÜRDIGKEITEN	LÄNGE
BOTANISCHER GARTEN PARCO SAN GRATO. WEIDEN DER ALPE VICANIA. HISTORISCHE REBBERGE UND WEINGUT CASTELLO DI MORCOTE.	11,8 KM
	AUFSTIEG / ABSTIEG
	421 M / 867 M

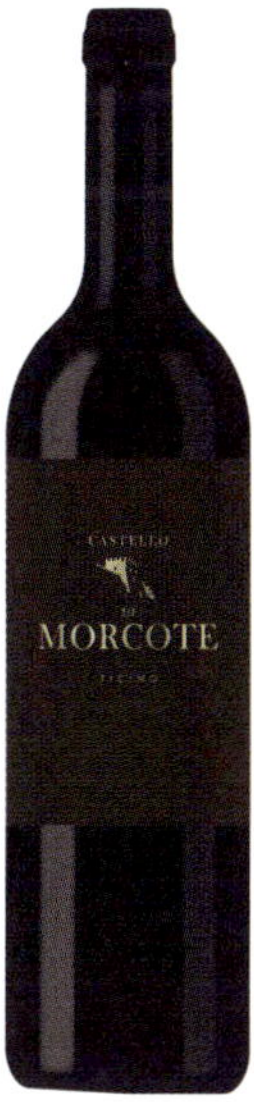

MERLOT 90%, CABERNET SAUVIGNON 10%

CASTELLO DI MORCOTE

TENUTA CASTELLO DI MORCOTE

ROT

BROMBEERE, AROMATISCH, LEICHT RAUCHIG

VOLLMUNDIG, REICHHALTIG, GUTE STRUKTUR, AUSSERORDENTLICH ELEGANT

TROCKEN, STILL, EIN JAHR IM EICHENFASS AUSGEBAUT

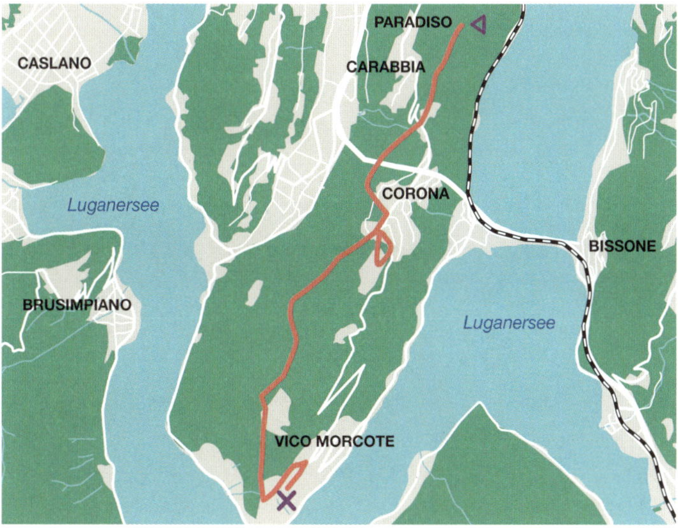

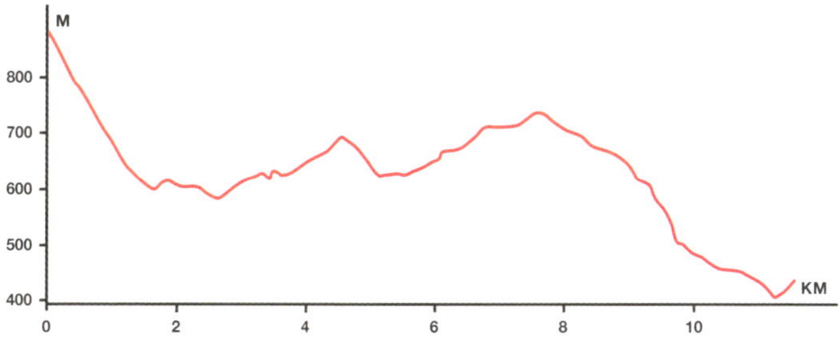

WEGBESCHREIBUNG

Mit der Standseilbahn fährt ihr von Paradiso aus zum Monte San Salvatore hinauf. Es bietet sich an, das Funiculaire zu nehmen, da der Aufstieg sehr steil, grösstenteils bewaldet und vor allem für Fitness-Freaks von Interesse ist. Haltet an der Bergstation, wo meistens viel los ist und Tagesausflügler die Aussicht geniessen oder am Restaurant Schlange stehen, Ausschau nach Wanderschildern. Die rot-weissen Rauten, die den (anspruchsvollen!) Wanderweg zurück nach Paradiso weisen, ignoriert ihr und geht stattdessen um das Restaurant herum, bis ihr die gelben Wanderzeichen entdeckt. Hier beginnt euer Weg ins Tal, über zig Holzstufen, durch friedliche Waldstücke und hin und wieder mit einem Blick auf den westlichen Teil des Sees und das in der Ferne liegende Italien.

Der Weg bergab durch den Wald ist angenehm und leicht zu bewältigen. Geht durch den Weiler Ciona und bald danach durch das Dorf Carona mit seinem sehr gut erhaltenen historischen Ortskern. Carona, das man

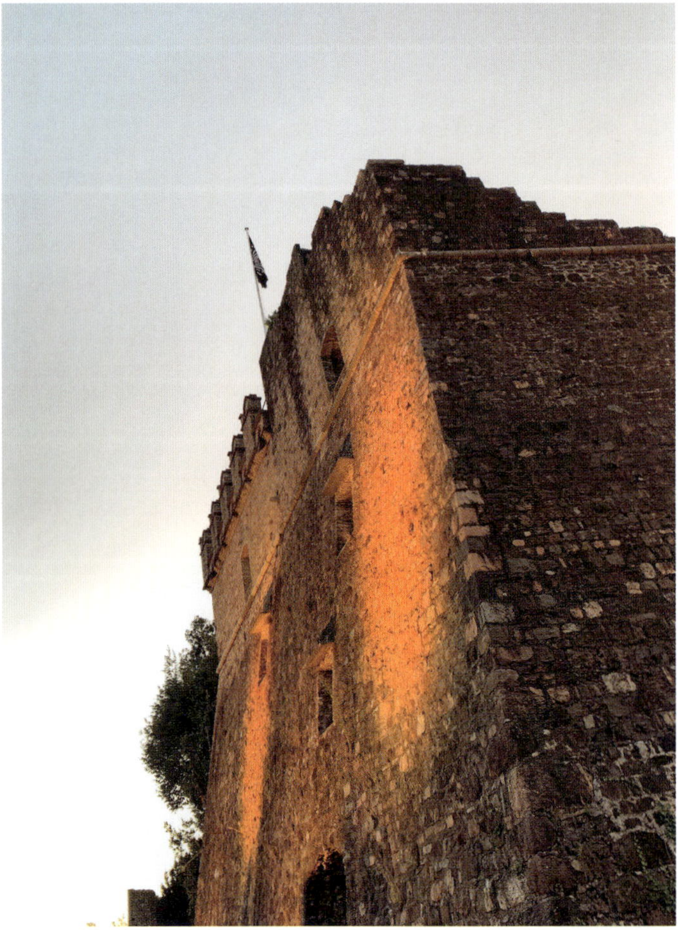

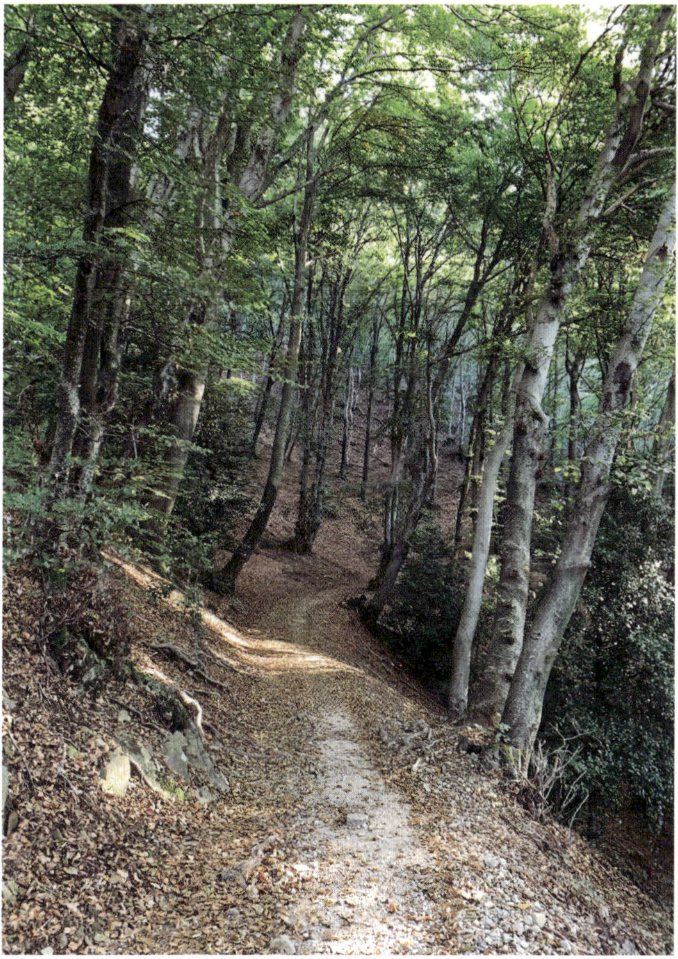

über die Strasse Lugano-Vico Morcote und Melide erreicht, ist bei Touristen beliebt und kann daher entsprechend voll sein. Das «Künstlerdorf» war die Heimat vieler Architekten, Stuckateure und Bildhauer, die von hier aus in die ganze Welt ausgewandert sind, und die engen Gassen sowie die herrschaftlichen Häuser mit eindrucksvoll verzierten Fassaden sind einen Abstecher wert. Folgt den Schildern Richtung Botanischer Garten. Der Parco San Grato mit zahllosen Rhododendren, Azaleen und vielen anderen Pflanzen erstreckt sich über eine Fläche von 200 000 m^2. Weitere Sehenswürdigkeiten in Carona sind die Wallfahrtskirche Madonna d'Ongero mit barocken Fresken oder die aus dem 13. Jahrhundert stammende Klosteranlage.

Am Ortsausgang von Carona scheinen seltsamerweise alle Wege nach Vico Morcote zu führen, das ist verwirrend. Wenn ihr nicht die GPX-Datei nutzt, behelft euch damit, dass ihr einfach den Weg nehmt, der die kürzeste Wanderzeit angibt. Zwischen Carona und dem Ristorante Vicania wandert ihr eine Stunde lang durch einen luftigen, offenen Wald mit vielen Wildtieren, die man manchmal sogar zu Gesicht bekommt.

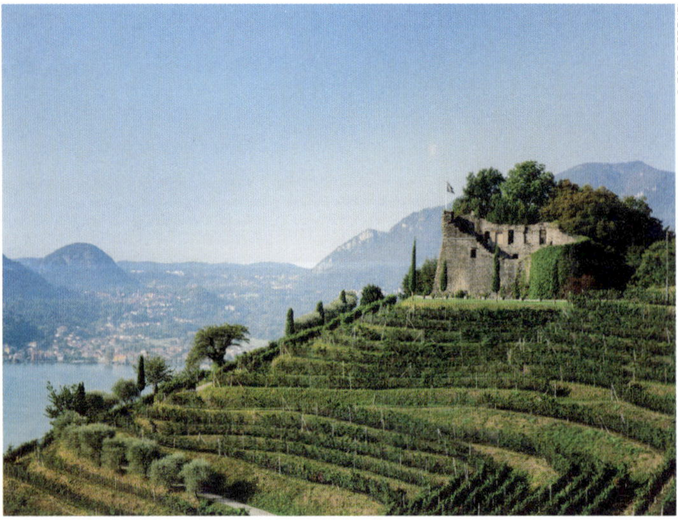

© EGLE BERRUTI

Von der Alpe Vicania aus folgt die Route dem öffentlichen Weg, der von der Westseite des Restaurants aus über abenteuerlichen Stufen bergab führt. Ihr kommt an den alten Mauern des Castello di Morcote vorbei, einer Burganlage aus dem 15. Jahrhundert, die von Rebbergen umgeben ist und dem dazugehörigen Weingut den Namen gibt. In der Nähe der Kirche Santa Maria del Sasso in Morcote geht linker Hand ein Pfad ab, der zum Eingang des Weinguts führt.

Vico Morcote, oberhalb von Morcote gelegen, ist ein gut erhaltenes, typisches Tessiner Bergdorf mit engen Gassen, Säulengängen und schönen alten Häusern, das es zu erkunden lohnt.

Rückweg

Im Zentrum von Vico Morcote ist eine Bushaltestelle mit Verbindungen nach Morcote und Melide, und von dort kommt man mit dem Zug nach Lugano.

Ergänzende Hinweise

Die Alpe Vicania besteht nicht nur, wie man häufig lesen kann, aus Weiden mit freilaufenden Pferden, sondern ist Teil eines umfangreichen Biolandbau- und Forschungsprojekts, das auch das biologisch arbeitende Weingut Tenuta Castello di Morcote einschliesst. Der Blick von den Rebbergen des Castellos ist selbst für Tessiner Verhältnisse spektakulär.

Seid vorgewarnt, wenn ihr keine Treppen mögt: Hier gibt es sie in beeindruckender Zahl, sowohl zu Beginn wie auch am Ende der Wanderung!

TENUTA CASTELLO DI MORCOTE

Gaby Gianini, eine Kunsthistorikerin, die zur Winzerin wurde, hat die *tenuta* innerhalb von einem Dutzend Jahren in ein zukunftsorientiertes Bioweingut verwandelt. Die 13 Hektare rund um das Castello sind nur ein Teil der insgesamt 150 Hektaren des gesamten Landguts. Der absolute Star ist hier der Castello di Morcote, 90 % Merlot und 10 % Cabernet Sauvignon, aber auch die anderen Weine zeigen, was Granit- und Porphyrböden (Porphyr ist körniges, kristallines Gestein) und die speziellen Winde, die über diese Landzunge hinwegfegen, hervorbringen können.

Castello di Morcote: Ein hochwertiger, klassischer Merlot aus der Region.

ADRESSE

Tenuta Castello di Morcote
Strada al Castel 28
6921 Vico Morcote
+41 91 996 12 30
info@castellodimorcote.ch
castellodimorcote.ch

DEGUSTATION

Besichtigung und Verkostungen von Mittwoch bis Samstag nach Vereinbarung. Preise auf der Website unter dem Tag «Experiences».

ORTE IN DER NÄHE, AN DENEN DIE WEINE DIESER KELLEREI AUSSERDEM ZU FINDEN SIND

Ristorante Vicania, 6921 Vico Morcote,
+41 91 980 24 14
info@ristorantevicania.ch

CAPOLAGO

DIE ITALIENISCHE ECKE DES TESSINS PER ARCHÄOLOGIE UND ARCHITEKTUR

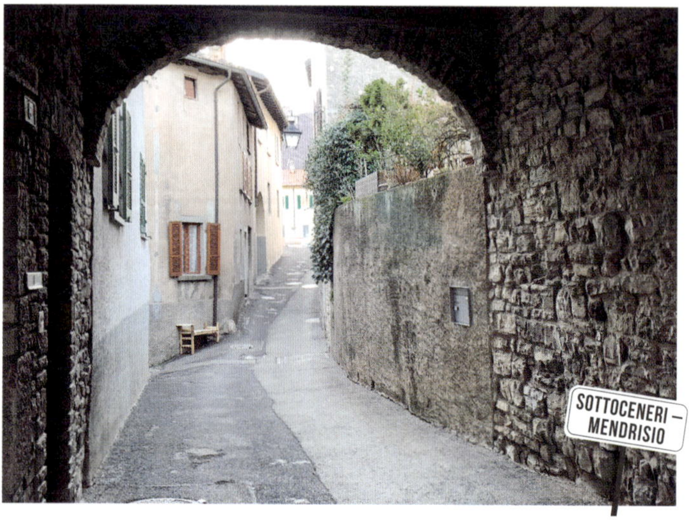

STARTPUNKT	ENDPUNKT
BESAZIO, CRUSAGH (BUSHALTESTELLE, 15 MINUTEN MIT DEM BUS VOM BAHNHOF MENDRISIO ENTFERNT)	**CASTELLO DI CANTONE, CAPOLAGO**
JAHRESZEIT	SCHWIERIGKEITSGRAD
GANZJÄHRIG	**MITTEL/ ANSPRUCHSVOLL**
KARTE	DAUER
BLATT 286 T	**2 STD. 30 MIN.**
SEHENSWÜRDIGKEITEN	LÄNGE
ARCHÄOLOGISCHE AUSGRABUNGEN IN TREMONA-CASTELLO. BLICK AUF DEN MONTE GENEROSO. FOSSILIENMUSEUM MONTE SAN GIORGIO. BAPTISTERIUM RIVA SAN VITALE (ÄLTESTES FRÜHCHRISTLICHES BAUWERK IN DER SCHWEIZ).	**8,7 KM**
	AUFSTIEG / ABSTIEG
	317 M / 542 M

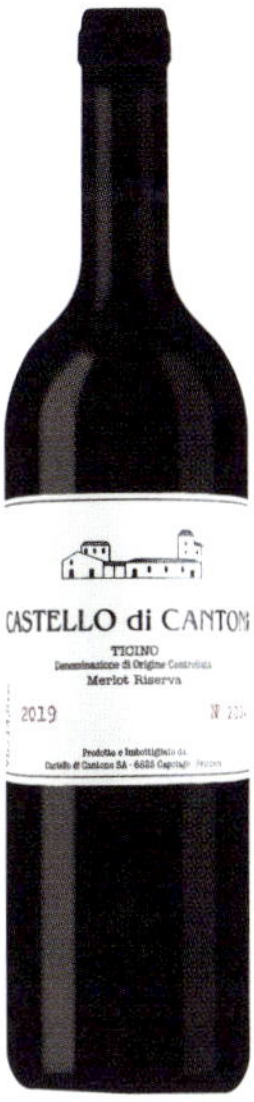

MERLOT

MERLOT RISERVA

CASTELLO DI CANTONE

ROT

KOMPLEX: REIFE SCHWARZE UND KLEINE ROTE BEEREN, VANILLE, SPUREN VON TABAK UND SÜSSEN GEWÜRZEN

REICHHALTIG, TIEF, ELEGANT, GESCHMACK VON SEHR REIFEN BEEREN, SEIDIGE TANNINE, DIE ZEIT BRAUCHEN, SICH ZU SETZEN

TROCKEN, STILL

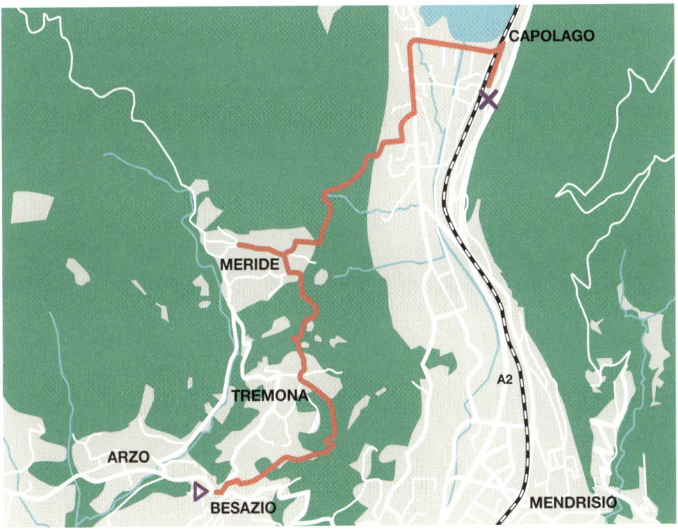

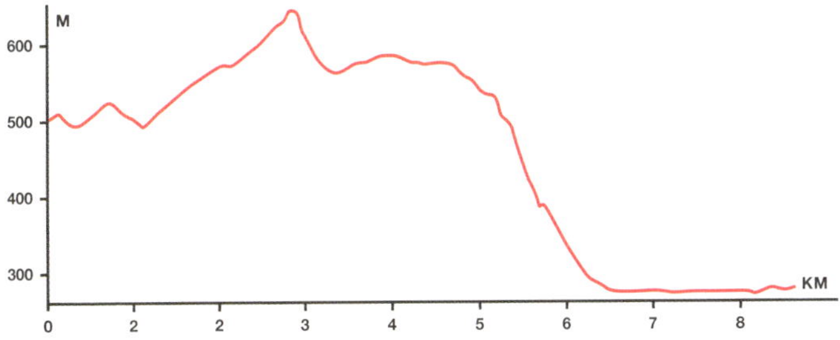

WEGBESCHREIBUNG

Von der Bushaltestelle in Besazio lauft ihr ein paar Meter bergab und biegt dann links auf die Via Sant' Antonino ab. Bald darauf, direkt unterhalb der Kirche, biegt ihr rechts ab und folgt den Wanderschildern bergab ins Dorf und durch das Dorf hindurch – links an der Ferdinando Bustelli, wieder links an der Via alla Cava, und dann bleibt ihr auf dieser Strasse, die zum Fussweg wird und den Berg hinauf und aus dem Ort hinausführt. Lauft auf einem sehr schönen, teilweise gepflasterten Weg zwischen den Rebbergen hindurch, die sich an den Hang schmiegen. Bleibt auf dem Weg und folgt den Schildern Richtung Tremona. Wenn der Weg sich teilt, nehmt ihr die linke Option, einen Pfad bergauf, der die Fortsetzung der Via Barozzo ist, und kommt nach Tremona. An der T-Kreuzung mit der Via Antonio Rinaldi biegt ihr rechts ab, und am Kreisel nehmt ihr die zweite Strasse: Folgt der Via al Castello geradeaus bergauf, aber wenn diese nach rechts abbiegt, geht ihr weiter geradeaus. Folgt den Schildern Richtung «Ruderi del Castello», der archäologischen Stätte, die auf jeden Fall einen Abstecher wert ist; sie befindet sich nur wenige Meter rechts von der Route, ist aber vom Weg aus nicht zu sehen. Nach der Besichtigung der alten Siedlungsreste kehrt ihr auf den Wanderweg zurück. Um nach Meride zu gelangen, folgt ihr einfach den gelben Pfeilen durch die bewaldete Hügellandschaft. Ihr erreicht das Dorf am Fusse des Monte San Giorgio nach einem etwas steileren Anstieg.

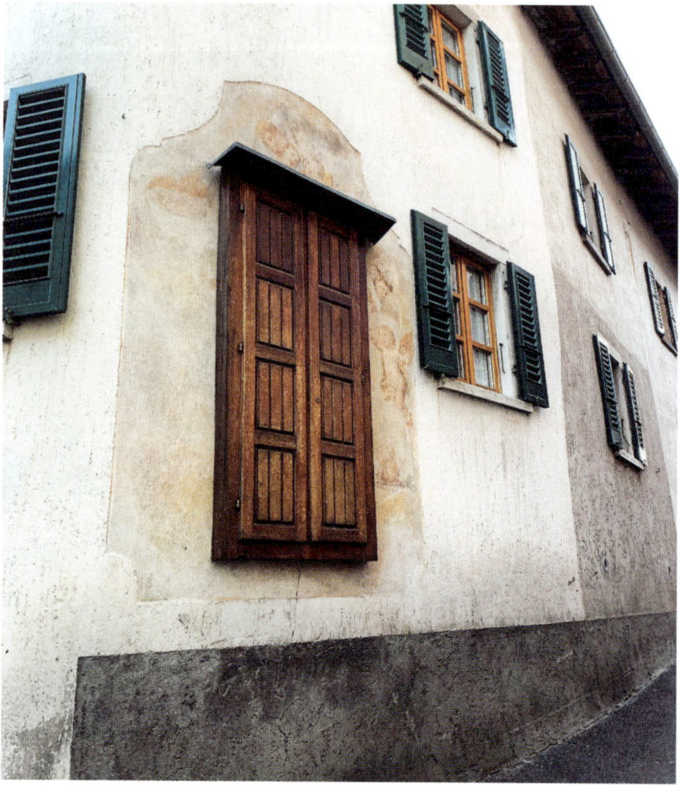

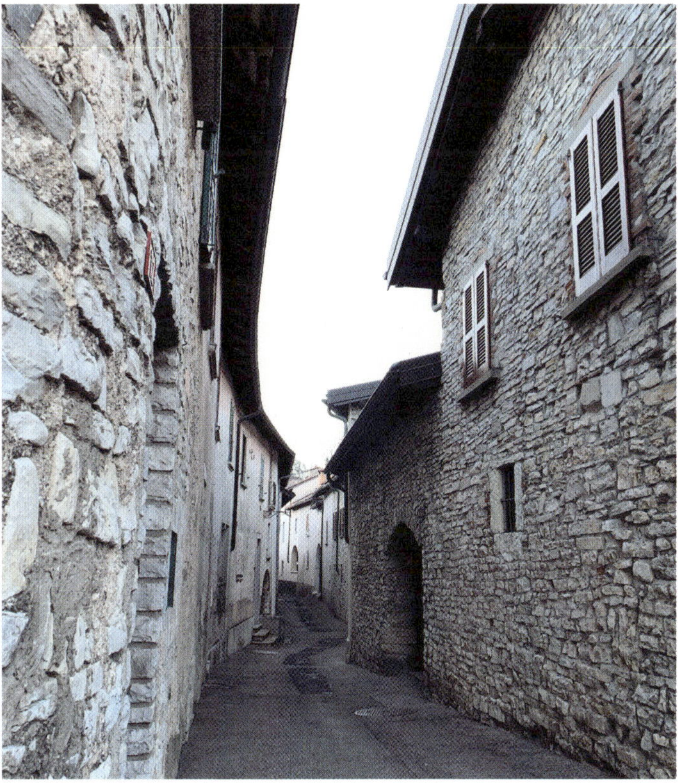

Hier macht die Route einen kleinen Abstecher nach links in den historischen Ortskern. Ihr spaziert durch die schmalen Gassen, bewundert die schönen alten Häuser und passiert rechter Hand ein Museum, das der weltberühmte Tessiner Architekt Mario Botta entworfen hat. Der Monte San Giorgio ist eine berühmte Fossillagerstätte, und das Museum stellt die beeindruckenden Funde zur Schau. Danach lauft ihr den Weg durchs Dorf zurück bis zu dem kleinen steinernen Bildstock des San Antonio, wo die markierte Route nach links auf die Strasse A Sant' Antonio weist. Kurz nachdem die Strasse endet und ein unbefestigter Weg beginnt, teilt sich der Weg: Haltet euch rechts. Bei der nächsten Abzweigung, wo der Weg eine Linkskurve macht, haltet ihr euch links. Ab hier folgt ihr einfach den Schildern Richtung Riva San Vitale. Ihr überquert einen Bach und kreuzt einen anderen Wanderweg (lauft geradeaus weiter). Der Weg verliert etwa 200 Höhenmeter, während er sich gen Tal windet, und führt dann mehr oder weniger gerade auf die Stadt zu.

Aus dem Fussweg wird eine Strasse, die gleich darauf eine Rechtskurve macht, mit Rebbergen auf der rechten Seite. Ihr bleibt auf der Via alle Pianche, die nach links abbiegt und Richtung Zentrum führt. Nach dem Friedhof folgt ihr der Rechtskurve und biegt an der T-Kreuzung links auf die Via Giuseppe Motta ab, die später zur Via Settala wird. Das schöne Baptisterium Riva San Vitale befindet sich nach dem Oratorium auf der rechten Seite (beide sind ausgeschildert, ein Besuch lohnt sich). Die Via Settala führt nach einer Rechtskurve zur Piazza Grande. Hier biegt ihr rechts auf die Via dell'Indipendenza ab und folgt ihr geradeaus, parallel

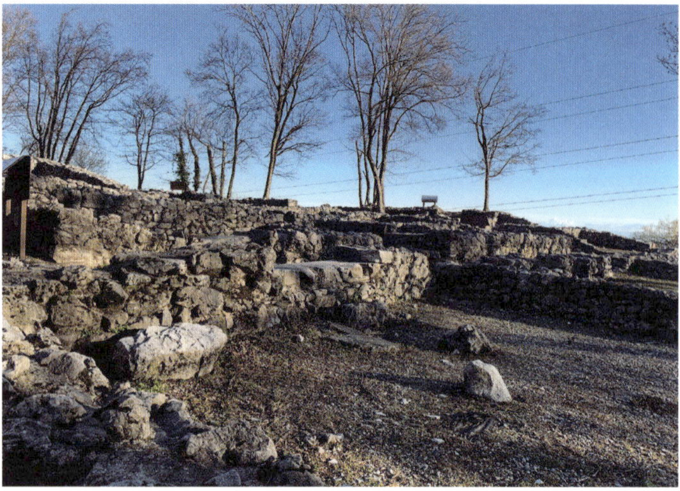

zum Seeufer, über den Laveggio. Die Strasse ändert ihren Namen, und kurz vor den Bahngleisen und der Hochautobahn biegt sie nach rechts ab. Hier haltet ihr nach einem schmalen Pfad auf der linken Seite direkt nach der Via Lüera Ausschau. Dieser Fussweg bringt euch auf die andere Seite der Gleise wie auch der Autobahn und zu einer Ortsstrasse. Diese führt nach Capolago hinauf, ein langgestrecktes Dorf, in dem seit 130 Jahren eine Zahnradbahn zum Monte Generoso hinauffährt – damit ist sie die am längsten in Betrieb stehende Bahn dieser Art in der Schweiz. Auf der Via Municipio geht ihr parallel zur Bahnstrecke fast bis zum Ende der Strasse. Das Weingut befindet sich auf der linken Seite.

Rückweg
Fünf Minuten zu Fuss zum Bahnhof Capolago.

Ergänzende Hinweise
Castello di Cantone ist ein junges, kleines Unternehmen, und es ist manchmal schwierig, dieses vielbeschäftigte junge Paar zu erreichen. Sie zählen zu den aufregendsten jungen Weinmachern der Schweiz, und eine Degustation ihrer Weine ist eine echte Offenbarung. Merlot ist im Tessin die bei Weitem dominante Rebsorte und wird in verschiedenen Stilen produziert, aber hier ist der Ansatz ein ganz anderer, stark beeinflusst von der italienischen Weinherstellung.

CASTELLO DI CANTONE

Wenn man in Mendrisio ist, denkt man an Italien: Zwar gehört die Region zur Schweiz, sie hat aber jahrhundertealte, starke Verbindungen zu Italien. Die Grenze ist nur drei Felder vom Startpunkt dieser Wanderung entfernt, und wenn ihr kurz hinter Tremona die Ausgrabungen besucht, könnt ihr in der Ferne Mailand sehen. Viviana Pasta und Dario Pistarà haben sich bei ihrem Studium der Önologie und des Weinbaus an der

Universität Mailand kennengelernt. Danach war er für führende italienische Weingüter tätig, während sie in Bordeaux einen weiteren önologischen Studienabschluss erwarb und in Australien Erfahrungen sammelte. Sie heirateten und pachteten anfangs Rebstöcke, die in 1990er Jahren gepflanzt worden waren und von sorgfältig ausgewählten französischen Stöcken abstammten. Von Anfang an träumten sie davon, grossartige Merlots für den internationalen Markt herzustellen, die gut altern. Ihr erster Wein kam 2016 heraus. Im 2021 kauften sie die benachbarten Weinberge von Vecchia Masseria. Die Trauben wachsen grösstenteils in Rancate, an Rebstöcken, die zum UNESCO-Welterbe Monte San Giorgio gehören. Die Gegend ist im Weinbau seit Langem als günstige Lage bekannt, zum Teil durch die Einflüsse von Berg und Luganersee auf die Temperaturen. Sie kauften weitere Rebberge und verfügen heute über 15 Hektar Anbaufläche. Die Weinproduktion geschieht in einem alten Keller in der Nähe von Capolago, aber das Paar hat Pläne für eine neue Kellerei. Von Capolago aus startet die Zahnradbahn, die zum Monte Generoso hinauffährt, dem höchsten Berg im Tessin, dessen andere Flanke am Comersee zu Italien gehört.

Castello di Cantone Merlot Riserva: Dieses junge Duo hat sich vorgenommen, grosse Merlot-Weine mit grossem Alterungspotenzial nach dem Vorbild der besten italienischen und französischen Weine zu machen. Dieses Ziel haben sie bereits mit zwei Weinen aus «rosinierten» Trauben erreicht: dem Cru dei Folli (Merlot) und dem Ungulus (Cabernet Franc). Sie werden ausschliesslich in solchen Jahren produziert, wo die Qualität der geernteten Trauben es zulässt. Sie werden zwei Jahre lang in neuen Eichenfässern ausgebaut und reifen danach noch einmal zwei Jahre auf der Flasche, bevor sie in den Verkauf gehen. Es ist klar, dass diese Weine Zeit brauchen. Wenn sie jung sind, vermitteln sie beinahe ein wenig den Eindruck, sich zu viel vorgenommen zu haben, haben aber auch dann noch ihren Reiz. Die Trauben für den Merlot Riserva werden relativ spät geerntet, wenn sie voll ausgereift sind, werden sie vor der Pressung drei Wochen lang getrocknet, genau wie die italienischen Appassimento-Weine der Rebsorte Valpolicella. Der Wein wird sehr langsam in Zementtanks vergoren und reift dann 14–18 Monate im Eichenfass.

ADRESSE

Castello di Cantone
Via Municipio 6
6825 Capolago
+41 91 630 60 00
castellodicantone.ch

DEGUSTATION

Kostenlos. Nach Vereinbarung.

ORTE IN DER NÄHE, AN DENEN DIE WEINE DIESER KELLEREI AUSSERDEM ZU FINDEN SIND

Grotto Eguaglianza, Via Municipio 20, 6825 Capolago,
+41 91 630 56 17
eguaglianza.ch

TOP 5

MEINE 5 LIEBLINGSWEINGÜTER

CAVES FRÈRES DUTRUY – Founex

DOMAINE LE PETIT CHÂTEAU – Môtier

RUTISHAUSER WEINGUT AM STEINIGEN TISCH – St. Gallen-Thal

CASTELLO DI MORCOTE – Vico di Morcote

MONT D'OR – Sitten

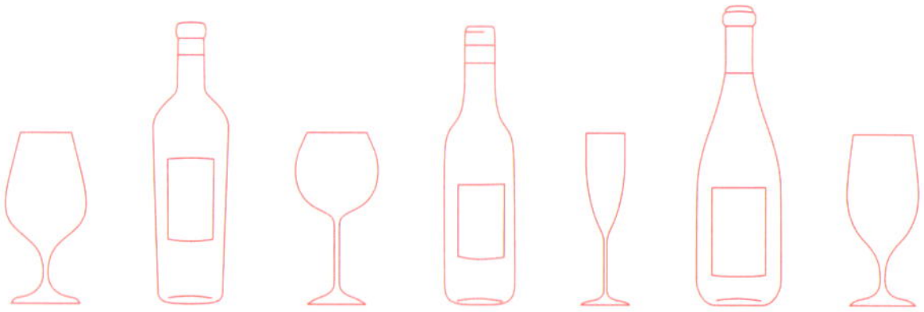

MEINE 5 LIEBLINGSWANDERUNGEN

MAIENFELD – Graubünden

MONTE CARASSO – Tessin

RARON – Wallis

SAINT-PIERRE-DE-CLAGES – Wallis

ARAN VILLETTE – Waadt (vor allem in Kombination mit Cully)

IN ZAHLEN

267

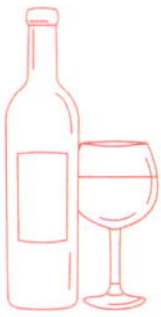

ANZAHL DER DEGUSTIERTEN WEINE

252

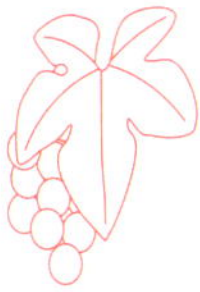

REGISTRIERTE REBSORTEN

6000

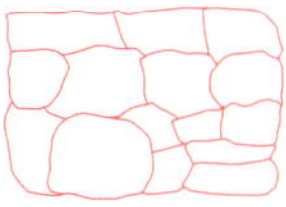

GESCHÄTZTE GESAMTLÄNGE AN TROCKENMAUERN

335

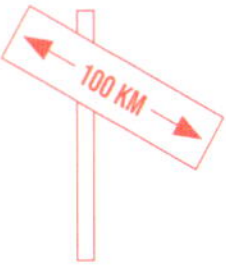

ANZAHL DER GESICHTETEN WANDERSCHILDER

675

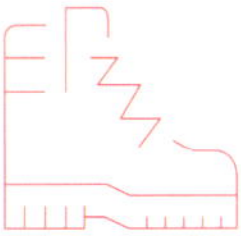

GEWANDERTE KILOMETER

3-MAL

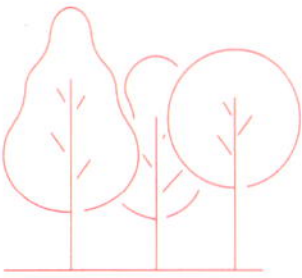

IM WALD VERLAUFEN

6700

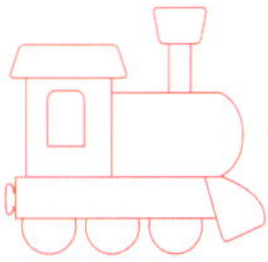

ZURÜCKGELEGTE KM IN ZÜGEN UND BUSSEN

6:35 / 21:30

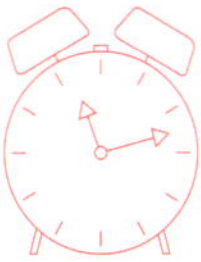

FRÜHESTER AUFBRUCH / SPÄTESTE ANKUNFT

36 °C / -9 °C

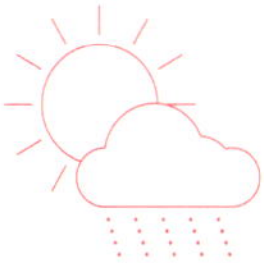

HÖCHSTE/NIEDRIGSTE WANDERTEMPERATUR

2500

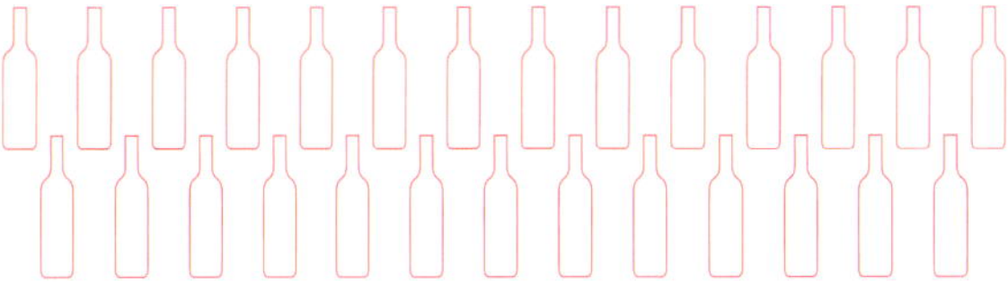

ANZAHL DER SCHWEIZER WINZERINNEN UND WINZER

DANKSAGUNG

Zwei Gruppen von sehr grosszügigen Menschen bekommen ein riesengrosses Dankeschön von mir: Die eine umfasst die traditionell handwerklich arbeitenden Schweizer Winzerinnen und Winzer, die mir regelmässig und voller Leidenschaft halfen, ihre Arbeit und ihre Weine zu verstehen. Zu meinem grössten Bedauern ist es mir nicht gelungen, sie alle in diesem Buch unterzubringen!

Die andere Gruppe umfasst all die Freiwilligen und Ehrenamtlichen, die die unglaublichen 66 000 km an Wanderwegen in der Schweiz pflegen und mit Markierungen versehen. Ihnen verdanken wir es, dass die Schweiz eine Schatztruhe für alle ist, die gerne wandern.

Ein weiterer Dank geht an die vielen Organisationen, die mich für mein Buch mit aktuellen und zuverlässigen Informationen rund um das Thema Wein versorgt haben, vom Schweizer Bundesamt für Landwirtschaft bis hin zu Swiss Wine, dem «offiziellen Portal für Schweizer Rebe und Wein», und den Marketingorganisationen für jede der sechs offiziellen Weinregionen.

Zwei Gruppen, bei denen ich stolzes Gastmitglied bin, haben mir geholfen, mein Weinwissen auf das gegenwärtige Niveau zu heben: Die Vereinigung «Mémoire des Vins Suisses» und der internationale «Circle of Wine Writers»; danke an meine Kolleginnen und Kollegen, von denen ich immer wieder so viel Neues lerne.

Sehr teuer sind mir jene Freundinnen und Freunde, die gerne ein Glas Wein (oder zwei) mit mir trinken – häufig Weine, die sie noch gar nicht kennen. Vielen Dank, David und Evelyn, für das wundervolle Essen, das ihr zu unseren Weinen gekocht habt. Liam und Jess danke ich für die Perspektive der nächsten Generation. Danke an Michael Ribordy, der mir 2016 zwei neue Knie eingesetzt und dann gesagt hat: «Laufen Sie mindestens eine Stunde am Tag, bis zum Ende Ihres Lebens!», und an meinen Physiotherapeuten Didier Collard, der sich um die Sehnenentzündung in meiner Ferse gekümmert hat, während ich dieses Buch schrieb – danke, dass Sie mir wieder auf die Beine geholfen haben!

Und schliesslich eine Verbeugung vor der Vergangenheit: Ich danke meiner Mutter, die für ihr Leben gern gewandert ist und mit über 90 Jahren noch mit gutem Beispiel voranging, und ihrem Vater, ebenfalls ein passionierter Fussgänger, bis er mit 91 starb, und der ihr und später auch mir beibrachte, dass man seinen Kummer im Gehen überwinden und zur Freude zurückfinden kann – oder dass man beim Zu-Fuss-Gehen immer aufs Neue etwas über die Welt dazulernt.